《上高通览》编委会

名誉主任：金　彪　陈爱红

主　　任：晏慧珍

副 主 任：黄初元　王　萍　杨智清　熊　辉
　　　　　冷国华　李相明　李成效　毕福林

成　　员：毛军花　杜小留　易理平　邓耀平
　　　　　肖欠根　陈龙宝　幸　龙　刘文华
　　　　　潘向东　黄卓俊　简绍平　黎　敏
　　　　　曹丽艳　晏　鹏　况永国　李亦涵
　　　　　游启明　袁雯馨　罗庆荣

《上高通览》编辑部

主　　编：晏慧珍

副 主 编：熊　辉

编　　辑：易理平　黎　敏　仇　笛　昝鸿祥

晏慧珍 ◎ 主编

上高通览

江西人民出版社
Jiangxi People's Publishing House
全国百佳出版社

图书在版编目(CIP)数据

上高通览/晏慧珍主编；熊辉副主编. -- 南昌：江西人民出版社，2024.6
ISBN 978-7-210-14986-6

Ⅰ.①上… Ⅱ.①晏… ②熊… Ⅲ.①上高县-地方史 Ⅳ.①K295.64

中国国家版本馆CIP数据核字(2023)第221987号

上高通览
SHANGGAO TONGLAN

晏慧珍　主编

策　　　划：梁　菁　黄心刚
责 任 编 辑：魏如祥
封 面 设 计：同异文化传媒
版 式 设 计：鸿星图文设计中心

江西人民出版社 出版发行
Jiangxi People's Publishing House
全国百佳出版社

地　　　址：江西省南昌市三经路47号附1号(邮编：330006)
网　　　址：www.jxpph.com
电 子 信 箱：27867090@qq.com
编辑部电话：0791-86895309
发行部电话：0791-86898801
承　印　厂：长沙超峰印刷有限公司
经　　　销：各地新华书店

开　　　本：787毫米×1092毫米　1/16
印　　　张：28.5
字　　　数：480千字
版　　　次：2024年6月第1版
印　　　次：2024年6月第1次印刷
书　　　号：ISBN 978-7-210-14986-6
定　　　价：160.00元
赣版权登字-01-2023-536

版权所有　侵权必究

赣人版图书凡属印刷、装订错误，请随时与江西人民出版社联系调换。
服务电话：0791-86898820

前　言

文化是一个地方最厚重的底色,也是一座城市最独特的印记。上高这座赣西北古县,经过1800多年岁月洗礼,拥有深厚的文化底蕴。从上蔡、望蔡到上高,从蒙山、天山到末山,从锦江、罗河到漳河,这里的一草一木、山山水水,都缀满了故事,汇聚成独具魅力的上高文化。

党的十八大以来,上高县以习近平新时代中国特色社会主义思想为引领,发扬"开明诚信、务实创新"的上高精神,解放思想、开拓进取,真抓实干、砥砺奋进,取得了经济社会发展的瞩目成就,产业升级提质增效、城乡面貌焕然一新、民生福祉厚重殷实,实现了从传统农业立县到现代产业兴县的发展跨越,打造了全国文化先进县、平安中国建设示范县、全国义务教育优质均衡先行创建县等一批国家级名片,充分展现了上高"天天向上、步步登高"的精神风貌。

为了更好地传承和发展上高文化事业,忠实地记录上高经济社会的发展变化,我们在县委、县政府的大力支持和高位推动下,编纂《上高通览》一书。本书打破传统的编写方式,创新以词条的形式,将上高的历史和现状,简洁明了地展现在读者的面前。全书约48万字,共1700余个词条,从地理、历史、政治、经济、文化、社会、城建、人物、乡镇、大事记等十个方面,系统梳理汇总了上高的基本情况,为广大读者快速、全面、准确了解上高提供了一扇窗口。

习近平文化思想为我们做好此书编纂工作提供了强大思想武器和科学行动指南。我们始终站在担负起"新时代新征程新的文化使命"的战略高度,立足推动上高文化持续繁荣,认真把控好书稿的内容和方向。在时间上,本书上起春秋战国,下迄2022年,跨度很大,但重点突出,主要集中在中华人民共和国成立之后,尤其改革开放之后。古代历史在《上高县志》中有较为翔实的叙述,因而,《上高通览》侧重于重大事件和重要人物,能略则略,只求轮廓。而对于现代的,特别是改革开放以后的内容,则能详尽详,尽力展示它的全貌。我们认真贯彻落实习近平总书记"坚定文化自信"的要求,忠实记录上高丰富的自然和文化资源,客观还原上高辉煌的历史和人文，准确把握上高精神时代价值。值得一提的是，本书还将乡镇单列一章，并将姓氏也纳入进来，做了比较翔实的记述。

《上高通览》是习近平文化思想在上高落地生根的生动实践。本书作为文化上高的具像、了解上高的平台，我们希望它能够成为讲好上高故事的重要一环、推介上高的有力抓手，让更多的老上高人热爱上高、建设上高，引导更多的新上高人熟悉上高、融入上高，吸引更多人关注上高、了解上高。我们坚信，在县委的坚强领导下，上高县一定会在全面建设社会主义现代化新征程上书写更加绚丽的篇章。

目 录

概 述

地 理

自然环境 ……………… 9
  区位 ………………………… 9
  地层 ………………………… 9
    前震旦系 …………………… 9
    泥盆系 ……………………… 9
    石炭系 ……………………… 9
    二叠系 ……………………… 9
    三叠系 ……………………… 9
    侏罗系 ……………………… 9
    白垩系 ……………………… 10
    第四系 ……………………… 10
    岩浆岩 ……………………… 10
  地势 ………………………… 10
  地形 ………………………… 10
    侵蚀构造地形 ……………… 10
    构造剥蚀地形 ……………… 10
    侵蚀剥蚀地形 ……………… 10
    溶蚀侵蚀地形 ……………… 10
    堆积地形 …………………… 10
  山岭 ………………………… 10

    蒙山 ………………………… 10
    末山 ………………………… 11
    天山 ………………………… 11
    七宝山 ……………………… 11
    大北山 ……………………… 11
    太阳㘭 ……………………… 11
    杨树岭 ……………………… 11
    羋牯㘭 ……………………… 11
    马颈坳 ……………………… 11
    鸡公㘭 ……………………… 11
    五里㘭 ……………………… 12
    仙姑㘭 ……………………… 12
    仙姑岭 ……………………… 12
    白泥石 ……………………… 12
    莲花山 ……………………… 12
    马岭 ………………………… 12
    烂石壁 ……………………… 12
    蜡烛岭 ……………………… 12
    雷公尖 ……………………… 12
  气候 ………………………… 12
    气温 ………………………… 13
    日照 ………………………… 13
    降雨量 ……………………… 13
    湿度 ………………………… 13

风	13	红石	17
霜	13	动植物资源	17
雪	14	动物资源	17
自然资源	14	兽类	17
土地资源	14	鸟类	17
土壤	14	两栖爬行类	18
水稻土	14	昆虫类	18
红壤	14	植物资源	18
黄壤	14	乔木类	18
潮土	15	藤本灌丛类	18
紫色土	15	竹类	18
石灰土	15	水生植物	18
金属矿藏	15	水资源	19
赤铁矿	15	地表水	19
褐铁矿	15	锦江	20
黄铁矿	16	城陂河	20
铜矿	16	漳河	20
铅锌矿	16	斜口港	20
钴矿	16	田心河	20
钴铁矿	16	泰溪	20
钴铅锌矿	16	野鸡水	20
钴铁锌矿	16	耶溪河	20
非金属矿藏	16	地下水	21
煤	16	江南温泉	21
大理石	16	乌塘温泉	21
花岗岩	16	自然灾害	21
石灰石	16	水灾	21
硅灰石	17	旱灾	22
瓷土	17	冰冻	22
溶剂灰岩和白云岩	17	雷击	23
水泥灰岩矿	17	地震	23

风雹(大风、冰雹)·········· 23

历 史

区划·区域·················· 24
　建置沿革·················· 24
　行政区划·················· 25
　区域勘界·················· 26
政权·党派·················· 26
　县署(县衙)·············· 26
　县公署(政府)············ 27
　县参议会·················· 27
　国民党县党部············ 28
历史事件······················ 28
　钟传封南平王············ 28
　置银场······················ 28
　建跃锦桥·················· 28
　筑上高城门··············· 28
　修里陂······················ 28
　卢锦三农民起义········· 28
　修《上高县志》············ 29
　太平天国军鏖战上高··· 29
　黄懋材出国考察········· 29
　废科举,兴学堂············ 29
　上高夏布获奖············ 29
　抵制日货·················· 29
　北伐军攻克上高········· 29
　创建上高国民革命先锋社··· 30
　创建中共上高第一个支部干事会
　　·························· 30
　官桥农民暴动············ 30
　晋昌钱庄成立············ 30
　埠头农会和赤卫队成立··· 30
　新建青阳大桥············ 30
　泗溪苏维埃政府成立··· 31
　红一军团转战上高······ 31
　中共傅家墟支部成立··· 31
　徐家渡苏维埃政权建立··· 31
　红十六军三克上高······ 31
　上宜新游击队成立······ 32
　县卫生院成立············ 32
　中共上高临时中心县委成立··· 32
　兴修赣湘公路············ 32
　宁泰乡苏维埃政府成立··· 32
　兴修上新公路············ 32
　日机轰炸上高县城······ 32
　上高会战·················· 32
　上高解放·················· 33
　支援解放战争············ 33
　抗美援朝·················· 33
　合作化······················ 34
文物·古迹·················· 34
　文物普查·················· 34
　馆藏文物·················· 34
　恐龙蛋化石··············· 34
　古代遗址·················· 35
　　莲花洞遗址············ 35
　　狮子堖遗址············ 35
　　鹭鸶岭遗址············ 35
　　院山遗址··············· 35
　　唐窑遗址··············· 35
　　蒙山古银矿遗址······ 36
　　葫芦洞遗址············ 36

城头东汉墓群……36
堆峰隋代墓群……36
南唐荆王墓……36
明聂珙墓……36
明王纲墓……36

古代建筑……37
　孔庙……37
　圣济寺……37
　崇福禅寺……37
　大观塔……38
　观澜阁……38
　三朝侍御牌坊……38
　五世同堂牌坊……39
　梅沙桥(金锁桥)……39
　儒里桥……39
　苑新桥……39
　官桥老桥……39
　普济桥……39
　石洪桥……40

革命历史遗址……40
　红一军团红四军第三纵队指挥部旧址……40
　马鞍山革命烈士纪念碑……40
　中共田心区委旧址……40
　傅学祥烈士墓……40
　红十六军军部旧址——陈氏老屋……41
　红三军指挥部旧址——罗氏宗祠……41
　红十六军第九师指挥部旧址……41

湖境红军旧址……41
泗溪红军赤卫队旧址……41
埠头红军购盐旧址……41
小步蒙山游击队旧址……41
陇塘革命旧址……41
浒江革命旧址……42
堆峰农民协会旧址……42
抗日战争遗址……42
抗日阵亡将士陵园……42

书院……42
　正德书院……42
　金石书院……43
　敖阳书院……43
　高湖书院……43
　尚友楼……43
　景高书院……43
　上高历代书院、书屋、书舍一览表……43

儒学……46

艺文·史志……47
　上高县图书馆馆藏古代上高籍文人著作……47

科举……50
　进士……50
　　唐代(2名)……50
　　宋代(15名)……50
　　元代(3名)……51
　　明代(17名)……51
　　清代(14名)……52
　举人……52

政治

- 中共上高地方组织 ················ 53
  - 中共上高支部干事会 ············ 53
  - 中共上高特别支部 ·············· 53
  - 中共万宜上县委 ················ 53
  - 中共万载中心县委 ·············· 53
  - 中共上高县委 ·················· 53
  - 中共赣西北特委 ················ 53
  - 中共县政府党支部 ·············· 53
  - 中共上高支部 ·················· 53
- 中共上高县委 ···················· 53
  - 中共上高县工作委员会 ·········· 53
  - 中共上高县委员会 ·············· 53
  - 党的代表大会 ·················· 54
  - 中共上高县委常委会 ············ 54
  - 上高县革命委员会党的核心小组
    ·································· 54
  - 县委办公室 ···················· 54
- 县人民代表大会 ·················· 54
  - 县各界人代会 ·················· 54
  - 县人民代表大会 ················ 54
  - 县人大常委会 ·················· 55
  - 人大"一办六委" ················ 55
- 县人民政府 ······················ 56
  - 县人民政府 ···················· 56
  - 县人民委员会 ·················· 56
  - 县革命委员会 ·················· 56
  - 县政府办公室 ·················· 57
- 政协上高县委员会 ················ 57
  - 政协上高县委员会 ·············· 57
- 政协上高县委员会常委会 ········ 57
- 政协"一办六委" ················ 57
- 中共上高县纪律检查委员会上高县
  监察委员会 ···················· 58
- 县人民武装部 ···················· 58
- 县人民法院 ······················ 59
- 县人民检察院 ···················· 59
- 县委工作机关 ···················· 59
  - 组织部 ························ 59
  - 宣传部 ························ 60
  - 统战部 ························ 60
  - 政法委 ························ 60
  - 编办 ·························· 60
  - 县委巡察机构 ·················· 61
  - 信访局 ························ 61
- 县政府工作部门 ·················· 61
  - 发改委 ························ 61
  - 教体局 ························ 61
  - 科技局 ························ 62
  - 工信局 ························ 62
  - 公安局 ························ 62
  - 民政局 ························ 63
  - 司法局 ························ 63
  - 财政局 ························ 63
  - 人社局 ························ 64
  - 自然资源局 ···················· 64
  - 住建局 ························ 64
  - 交通运输局 ···················· 65
  - 水利局 ························ 65
  - 农业农村局 ···················· 65
  - 商务局 ························ 66

文广新旅局……67
卫健委……67
退役军人事务局……67
应急管理局……67
审计局……68
国资办……68
林业局……68
市监局……68
统计局……68
乡村振兴局……69
医保局……69
城管局……69
县委县政府派出机构……70
 高新园区……70
 行政服务中心……70
民主党派……70
 民革上高总支……70
 民盟上高总支……71
群众团体……71
 总工会……71
 团县委……71
 妇联……72
 工商联……72
 侨联……72
 社联……72
 科协……72
 残联……73
 文联……73
 红十字会……73
 法学会……73
 中国国际贸易促进委员会上高县委员会……73

县委、县政府直属事业单位（经济组织）……73
 党校……73
 史志办……74
 融媒体中心……74
 物流产业发展服务中心……74
 上甘山林场……74
 金融与营商环境服务中心……75
 全民健身促进中心……75
 机关事务管理中心……75
 住房保障中心……75
 国有资产服务中心……75
 供销社……76
驻县单位……76
 综合……76
  国家税务总局上高县税务局……76
  生态环境局……76
  公路分中心……77
  国家统计局上高调查队……77
  公积金中心……77
  气象局……77
  水文大队……77
  新华书店……78
  武警大队……78
  消防救援大队……78
  中储粮库……78
  火车站……79
 金融商贸服务……79
  人民银行……79

银保监组 … 79	家庭联产承包责任制 … 86
农发行 … 79	农业产业化经营 … 86
工商银行 … 79	农村税费改革 … 87
农业银行 … 80	土地流转 … 87
中国银行 … 80	厂长(经理)负责制 … 87
建设银行 … 80	企业承包经营责任制 … 87
邮政储蓄银行 … 80	企业产权制度改革 … 88
农商银行 … 80	**经济指标** … 88
九江银行 … 81	国内生产总值 … 88
江西银行 … 81	工农业总产值 … 88
上饶银行 … 81	财政收入 … 89
赣州银行 … 81	固定资产投资总额 … 89
富民银行 … 81	社会消费品零售总额 … 89
盐业公司 … 81	城乡居民储蓄存款 … 89
烟草公司 … 82	职工年人均工资收入 … 89
石油公司 … 82	农民年人均纯收入 … 90
人保财险 … 82	招商引资 … 90
人寿保险 … 82	外贸出口 … 90
人寿财险 … 82	**五年计(规)划** … 91
供水公司 … 83	"一五"计划 … 91
供电公司 … 83	"二五"计划 … 91
网络公司 … 83	"三五"计划 … 91
邮政公司 … 84	"四五"计划 … 91
电信公司 … 84	"五五"计划 … 91
移动公司 … 84	"六五"计划 … 92
联通公司 … 84	"七五"计划 … 92
铁塔公司 … 84	"八五"计划 … 92
汽运公司 … 84	"九五"计划 … 92
	"十五"计划 … 92
经 济	"十一五"规划 … 93
经济体制 … 86	"十二五"规划 … 93

"十三五"规划 …………… 93
"十四五"规划 …………… 93
经济管理 ………………………… 94
　经济普查 ………………………… 94
　财政管理 ………………………… 94
　税收管理 ………………………… 94
　金融管理 ………………………… 95
　价格管理 ………………………… 95
　市场监督管理 …………………… 95
　土地管理 ………………………… 96
　矿产资源管理 …………………… 96
　水资源管理 ……………………… 96
　森林资源管理 …………………… 96
　国有资产管理 …………………… 97
农业 ………………………………… 97
　农业普查 ………………………… 97
　土壤普查 ………………………… 97
　耕作制度 ………………………… 98
　农业区域布局 …………………… 98
　　水稻 …………………………… 98
　　蔬菜 …………………………… 98
　　果业 …………………………… 99
　　中药材 ………………………… 99
　　苎麻 …………………………… 99
　　茶叶 …………………………… 99
　粮食作物 ………………………… 99
　油料作物 ……………………… 100
　　油菜、花生 ………………… 100
　　油茶林 ……………………… 100
　全国商品粮基地 ……………… 100
　农产品质量安全 ……………… 100

脱贫攻坚与巩固脱贫成果 …… 101
测土配方施肥 ………………… 101
高标准农田建设 ……………… 102
水稻绿色高质高效行动 ……… 102
新型农民专业合作社 ………… 102
富硒农业 ……………………… 103
北粳南移 ……………………… 103
水稻科技小院 ………………… 103
再生稻 ………………………… 103
水稻生产全程机械化 ………… 104
全国绿色食品原料标准化生产
　基地 ………………………… 104
农田水利 ……………………… 104
　河长制 ……………………… 104
　蓄水工程 …………………… 105
　　南港水库 ………………… 105
　　蒙山水库 ………………… 105
　　江南水库 ………………… 105
　　马岗水库 ………………… 105
　　保丰水库 ………………… 106
　防洪排涝工程 ……………… 106
　提水工程 …………………… 106
　引水灌溉工程 ……………… 106
　　锦惠渠 …………………… 106
　小水电站 …………………… 106
　镇渡拦河坝重建工程 ……… 106
　灌区渠系工程 ……………… 107
农业机械 ……………………… 107
　耕作机具 …………………… 107
　植保机械 …………………… 107
　排灌机械 …………………… 107

林业 …………………… 107	公司 …………………… 112
林长制 ………………… 107	上高高能佳电源科技有限公司
林权制度改革 ………… 108	…………………… 112
人工造林 ……………… 108	江西天则电源有限公司 113
退耕还林工程 ………… 108	上高县佳业科技有限公司 … 113
防灾减灾 ……………… 108	江西锂顺再生资源有限公司
畜牧水产 ………………… 108	…………………… 113
生猪养殖 ……………… 108	江西荣欣防爆电器有限公司
蒙山猪 ……………… 109	…………………… 113
水产养殖 ……………… 109	上高海创环保科技有限公司
家禽养殖 ……………… 109	…………………… 113
病死畜禽无害化处理 … 110	上高县顺民天然气有限公司
禽蛋供应 ……………… 110	…………………… 113
稻蛙养殖 ……………… 110	江西湘赣新材料有限公司 … 113
工厂化养殖 …………… 110	江西景泽新材料有限公司 … 114
工业 ……………………… 110	绿色食品 ………………… 114
工业发展概述 ………… 110	旺旺集团 ……………… 114
现代能源 ……………… 111	江西李子园食品有限公司 … 114
江西赣能上高综合能源 … 111	江西朗朗食品有限公司 … 114
江西新威动力能源科技有限	江西金农米业集团有限公司
公司 …………………… 111	…………………… 114
江西天成锂业公司 ……… 112	江西圣牛米业有限公司 … 114
江西领能锂业有限公司 … 112	江西家和米业有限公司 … 114
上高县神州铜业有限公司 … 112	江西双胞胎投资有限公司 … 114
上高县荣炭科技有限公司 … 112	宜春特驱饲料有限公司 … 115
宜春神越电工科技有限公司	江西晶升粮油食品有限公司
…………………… 112	…………………… 115
上高县佳杰塑料制品有限公司	江西长汇食品有限公司 … 115
…………………… 112	江西海盛仁粮油有限公司 … 115
上高飞乐电子科技有限公司	江西海富生物工程有限公司
…………………… 112	…………………… 115
江西锐天科创电气科技有限	江西正盈食品有限公司 …… 115

江西春晓米业有限公司 …… 115
上高一直旺农业开发有限公司
　　　　　　　　　…… 115
上高海大生物科技有限公司
　　　　　　　　　…… 116
上高双胞胎饲料有限公司 … 116
上高县宝龙食品有限公司 … 116
江西佳昌食品有限公司 …… 116
江西正宇生物科技有限公司
　　　　　　　　　…… 116
江西中盈生物科技有限公司
　　　　　　　　　…… 116
江西鸿鹄油脂有限公司 …… 116
生物医药 …… 117
江西如益科技发展有限公司
　　　　　　　　　…… 117
江西侨明医疗器械有限公司
　　　　　　　　　…… 117
江西倍肯药业有限公司 …… 117
上高县协和生物科技有限公司
　　　　　　　　　…… 117
上高县松宜林化有限公司 … 117
江西碧林实业有限公司 …… 117
江西聚合医药科技有限公司
　　　　　　　　　…… 117
江西合达科技实业有限公司
　　　　　　　　　…… 117
江西博士达药业有限公司 … 118
江西宏祥医药发展有限公司
　　　　　　　　　…… 118
江西方尊医药化工有限公司

　　　　　　　　　…… 118
江西瑞雅药业有限公司 …… 118
江西鸿烁制药有限公司 …… 118
江西长远科技有限公司 …… 118
江西索孚特生物科技有限
　公司 …… 118
江西特莫尔药业有限公司
　　　　　　　　　…… 119
江西正梦新材料有限公司
　　　　　　　　　…… 119
宜春惠众生物能源有限公司
　　　　　　　　　…… 119
江西铭强新材料科技有限
　公司 …… 119
上高县兴港塑业有限公司 … 119
上高远大化纤有限公司 …… 119
上高隆宇实业有限公司 …… 119
江西奉兴化工有限公司 …… 119
江西润星新材料有限公司 … 120
上高县宏昌化纤有限公司 … 120
江西佰仕得新材料有限公司
　　　　　　　　　…… 120
江西伟群塑胶有限公司 …… 120
上高县奇峰涂料有限公司 … 120
江西宏远化工有限公司 …… 120
江西科宁科技有限公司 …… 120
江西省江诚再生资源有限公司
　　　　　　　　　…… 120
宜春上高源达利化工有限公司
　　　　　　　　　…… 120
上高金安实业有限公司 …… 121

上高县晟宇橡胶有限公司 … 121
江西博特高分子材料有限公司 …………………………… 121
上高县美新橡塑有限公司 … 121
江西三缘涂料科技有限公司 …………………………… 121
江西省益丰化工有限公司 … 121
江西浙商实业有限公司 …… 121
江西新光塑业有限公司 …… 121
江西省铭新科技有限公司 … 122
纺织鞋业 …………………… 122
 上高裕盛工业有限公司 …… 122
 匹克江西实业有限公司 …… 122
 上高县中杰鞋业有限公司 … 122
 上高杰圣实业有限公司 …… 122
 江西同良鞋材有限公司 …… 122
 上高县协晟鞋业有限公司 … 122
 上高裕盛加元工业有限公司 …………………………… 123
 美雅(江西)鞋材有限公司 …………………………… 123
 江西东新鞋业有限公司 …… 123
 成志(江西)包装有限公司 …………………………… 123
 江西高达新材料有限公司 … 123
 江西隆华材料科技股份有限公司 …………………… 123
 众安科技(上高)有限公司 …………………………… 123
 上高日升隆纺织股份有限公司 …………………… 123
 江西上高宏景盛纺织有限责任公司 ………………… 123
 上高县鑫宜纺织有限公司 … 124
 上高县纬力纺织实业有限公司 …………………… 124
 上高县意隆纺织有限公司 … 124
 上高县嵘昌纺织有限公司 … 124
 江西屿木服装有限公司 …… 124
 上高县凌云纺织实业有限公司 …………………… 124
 上高县登发纺织有限公司 … 124
 上高弘大织造有限公司 …… 124
 上高县昆扬纺织有限公司 … 125
 上高县杰欣纺织有限公司 … 125
 上高县佳仁工贸有限公司 … 125
 宜春市维祺纺织有限公司 … 125
 江西国其光实业有限公司 … 125
 江西鸿棉纺织有限公司 …… 125
 江西省金俊再生纺织实业有限公司 ………………… 125
 江西温鑫实业有限公司 …… 125
 宜春焌荣纺织有限公司 …… 125
 宜春市登云纺织有限公司 … 126
 江西青阳棉麻纺织有限公司 …………………… 126
 江西省上高县上福化纤制品有限公司 ……………… 126
 江西振业化纤实业有限公司 …………………… 126
 上高县宏迈纺织有限公司 … 126
 上高金富裕实业有限公司 … 126
机械建材 …………………… 126

江西金利隆橡胶履带股份有限公司 …………………… 126
江西省上高县永江五金制造厂 …………………………… 126
上高县越都机械有限公司 … 127
江西银利隆锻造有限公司 … 127
江西固德实业有限公司 …… 127
江西省德卡农牧科技有限公司 …………………………… 127
宜春佰畅机械有限公司 …… 127
江西永锦洁净材料有限公司 …………………………… 127
宜春市东俊机械有限公司 … 127
宇工阀门有限公司 ………… 127
上高县鑫镱恒科技有限公司 …………………………… 127
江西第三机床厂 …………… 128
七宝山矿业有限公司 ……… 128
江西上高南方水泥有限公司 …………………………… 128
江西冠溢陶瓷有限公司 …… 128
江西鑫聚力建材有限公司 … 128
江西智博建材有限公司 …… 128
江西连福矿业有限公司 …… 128
上高瑞州陶瓷有限公司 …… 129
江西天瑞陶瓷有限公司 …… 129
江西宝庆陶瓷有限公司 …… 129
上高县奥古特陶瓷有限公司 …………………………… 129
江西省圣诚矿业有限公司 … 129
上高县锦鑫竹木加工厂 …… 129
上高县老钱木业有限公司 … 129

上高县永丰木业有限公司 … 129
上高县亿帆安木业有限公司 …………………………… 130
上高县一和石材有限公司 … 130
上高县新界埠水泥厂 ……… 130
上高县和畅预制构件有限公司 …………………………… 130
上高齐祥矿品有限公司 …… 130
江西高坎新型建材有限公司 …………………………… 130
上高县杭强建材有限公司 … 130
上高县鎏冠商砼有限公司 … 131
上高县富源矿业有限公司 … 131
上高县宏发采石场 ………… 131
江西锦发矿业有限公司 …… 131
上高县翰堂镇有源发邦采石场 …………………………… 131
上高县志诚矿业有限公司 … 131
江西天寅矿业有限公司 …… 131
江西上高县恒泰矿业有限公司 …………………………… 131
上高县新潮矿业有限责任公司 …………………………… 131
江西星济实业有限公司 …… 132
上高县蒙特英矿纤有限公司 …………………………… 132
上高县富莲装饰材料有限公司 …………………………… 132
上高县腾顺钙业有限公司 … 132
上高县瑞隆混凝土有限责任公司 …………………………… 132

上高县通达乾盛新材料有限
　　责任公司 …………… 132
上高县聚昇矿业有限公司 … 132
江西恒盛泰新材料有限公司……
　　……………………………… 132
江西金利源陶瓷有限公司 … 133
上高县宏鑫木业有限公司 … 133
江西洪子江保温建材有限公司
　　……………………………… 133
江西山工建材有限公司 …… 133
江西金塔钢结构有限公司 … 133
江西金唯冠建材有限公司 … 133
江西上高上甘山水泥有限公司
　　……………………………… 133
江西上高县中林白水泥有限
　　责任公司 …………… 133
江西水缘新材料有限公司 … 133
江西华厦水泥有限公司 …… 133
江西江东网架工程有限公司
　　……………………………… 134
江西圣翔构件有限公司 …… 134
江西鸿基管桩有限公司 …… 134
上高县巨升实业有限公司 … 134
上高华源玻璃科技有限公司
　　……………………………… 134
江西上高县华厦塑业有限公司
　　……………………………… 134
江西省润通工贸有限公司 … 134
上高县宏大镍业有限公司 … 134
江西祥鹄新型建材有限公司
　　……………………………… 135

数字经济 ………………………… 135
　江西省华佳显示技术有限公司
　　……………………………… 135
　上高县卫玲电子科技有限公司
　　……………………………… 135
　上高县齐力电子有限公司 … 135
　江西天合光电有限公司 …… 135
　力源电池科技(宜春)有限公司
　　……………………………… 135
　上高县炜新科技有限公司 … 135

建筑业 …………………………… 136
　县设计院 ………………… 136
　江西东利隆建设工程有限公司
　　……………………………… 136
　江西鸿辉建设工程有限公司
　　……………………………… 136
　江西省荣盛建筑工程有限公司
　　……………………………… 136
　腾威建设工程有限公司 …… 136

商贸 ……………………………… 137
　批发和零售 ……………… 137
　　中心农贸市场 …………… 137
　　锦江农产品批发市场 ……… 137
　　上高县李华秀农资批发中心
　　　…………………………… 137
　　澳联·国际商博城 ………… 137
　　上高县电子商务产业园 …… 137
　　晟茂汽车城 ……………… 137
　　步行街 …………………… 137
　　建材大市场 ……………… 138
　　上高中心 ………………… 138

赣西再生资源大市场 ……… 138
江西福高医药有限公司 …… 138
江西浩丰供应链管理有限责任
　公司 …………………… 138
江西省锐天医药科技有限公司
　………………………… 138
江西沃田农机销售有限公司
　………………………… 138
上高县茶杉禽业有限公司 … 138
江西若石医药供应链管理有限
　公司 …………………… 139
江西新威废旧电池回收利用
　有限公司 ……………… 139
江西省鑫隆农业发展有限公司
　………………………… 139
江西力之奇新能源科技有限公司
　………………………… 139
华润万家 ………………… 139
银海购物广场 …………… 139
上高县欣荣购物广场 ……… 139
紫金购物广场 …………… 139
千百惠超市 ……………… 140
上高丽轩购物中心 ………… 140
上高县花园购物广场 ……… 140
昌盛大药房 ……………… 140
九九红药房 ……………… 140
每天连锁超市 …………… 140
赵一鸣量贩零食连锁店 …… 140
西门子家电专卖店 ………… 140
广达汽车维修服务有限公司
　………………………… 140

国菱汽车销售有限公司 …… 141
江西三人行机电有限公司 … 141
上高永裕贸易有限公司 …… 141
上高县骏宇电器销售有限公司
　………………………… 141
上高县乐每家商贸有限公司
　………………………… 141
上高县煌煌餐饮有限公司 … 141
聚果鲜 …………………… 141
上高县得一家居装饰有限公司
　………………………… 141
上高县东方星城京东家电旗舰店
　………………………… 141
江西米亮通讯科技有限公司
　………………………… 142
老凤祥 …………………… 142
周大生 …………………… 142
住宿和餐饮业 …………… 142
镜花湾酒店 ……………… 142
迎宾馆酒店 ……………… 142
皇元大酒店 ……………… 142
九龙半岛大酒店 …………… 142
新名典商旅酒店 …………… 142
彼岸咖啡中西餐厅 ………… 143
锦江宴 …………………… 143
论手名宴 ………………… 143
上岛咖啡上高店 …………… 143
上高森粥坊 ……………… 143
友香饭店 ………………… 143
辣椒炒肉 ………………… 143
和天下 …………………… 143

老山村土菜馆 …………… 143
御尚粥 ………………… 143
潮汕牛肉火锅 …………… 143
清阳阁 ………………… 143
房地产 …………………… 143
　江西晟茂地产开发有限公司
　　………………………… 143
　上高县德建誉房地产 …… 144
　上高县桂丰实业有限公司
　　………………………… 144
　上高县和鸣置业有限公司
　　………………………… 144
　上高恒大房地产开发有限公司
　　………………………… 144
　江西盛王置业有限公司 …… 144
　江西新地旅游开发有限公司
　　………………………… 144
　上高江成棉麻纺织有限公司
　　………………………… 144
　上高顺梁置业有限公司 …… 144
　上高县碧园置业有限公司
　　………………………… 144
　上高县东兴房地产开发有限
　　公司 …………………… 144
　上高县浩耀置业有限公司
　　………………………… 144
　上高县恒垒置业有限公司
　　………………………… 144
　上高县华海投资有限公司
　　………………………… 145
　上高县长兴房地产开发有限
　　公司 …………………… 145
　上高县正禾置业有限公司
　　………………………… 145
　上高县正银置业有限公司
　　………………………… 145
　上高县正盈置业有限公司
　　………………………… 145
　上高县祥龙房地产开发有限
　　责任公司 ……………… 145
　上高县春台置业有限公司 … 145
　江西省鼎大投资开发有限公司
　　………………………… 145
　上高新城建设开发有限公司
　　………………………… 145
　上高县官唐置业有限公司
　　………………………… 145
　江西省上高县欣荣房地产开发
　　有限公司 ……………… 145
　上高县一行置业有限公司
　　………………………… 146
服务业 …………………… 146
　上高纵腾物流有限公司 …… 146
　旅行社 ………………… 146
　共享单车 ……………… 146
　上高县美团外卖 ………… 146
　饿了么上高站 …………… 147
　上高县富民运输有限公司 … 147
　江西上高县恒定物流有限公司
　　………………………… 147
　江西省报春晖养老产业有限

公司 …………………… 147
　　上高县瑞恒安物流有限公司……
　　　　………………………… 147
　　上高县加利纳汽运有限公司……
　　　　………………………… 147
　　江西扩顺实业有限公司 …… 147
　　橙天影院 ………………… 147

科技·文化

科学技术 ……………………… 148
　　科技活动 ………………… 148
　　科技成果 ………………… 148
　　重点新产品项目 ………… 157
　　省级以上科技计划项目 ……… 164
　　国家高新技术和创新型企业 … 174
　　专利申请和授权情况 …… 174
教育 …………………………… 174
　　幼儿园 …………………… 174
　　　县幼儿园 ……………… 174
　　　县第二幼儿园 ………… 174
　　　县第三幼儿园 ………… 174
　　　县第四幼儿园 ………… 174
　　　县第五幼儿园 ………… 174
　　　县第六幼儿园 ………… 174
　　　县第八幼儿园 ………… 174
　　　县第九幼儿园 ………… 175
　　　县第十一幼儿园 ……… 175
　　　县红太阳艺术幼儿园 … 175
　　　泗溪镇中心幼儿园 …… 175
　　　敖山镇中心幼儿园 …… 175

　　　野市乡中心幼儿园 …… 175
　　　锦江镇中心幼儿园 …… 175
　　　塔下乡中心幼儿园 …… 175
　　　上甘山中心幼儿园 …… 175
　　　新界埠镇中心幼儿园 … 175
　　　蒙山镇中心幼儿园 …… 176
　　　南港镇中心幼儿园 …… 176
　　　翰堂镇中心幼儿园 …… 176
　　　芦洲乡中心幼儿园 …… 176
　　　徐家渡远航中心幼儿园 … 176
　　　墨山乡中心幼儿园 …… 176
　　　田心镇中心幼儿园 …… 176
　　　镇渡乡中心幼儿园 …… 176
　　小学 ……………………… 176
　　　实验小学 ……………… 176
　　　向阳小学 ……………… 177
　　　学园路小学 …………… 177
　　　镜山小学 ……………… 177
　　　敖阳小学 ……………… 177
　　　锦阳小学 ……………… 177
　　　青阳小学 ……………… 177
　　　正德小学 ……………… 177
　　　特殊教育学校 ………… 178
　　　华美实验学校(小学部)…… 178
　　　泗溪镇中心小学 ……… 178
　　　敖山镇中心小学 ……… 178
　　　野市乡中心小学 ……… 178
　　　锦江镇中心小学 ……… 178
　　　塔下乡中心小学 ……… 179
　　　上甘山中心小学 ……… 179

新界埠镇中心小学 …………… 179
翰堂镇中心小学 ……………… 179
芦洲乡中心小学 ……………… 179
徐家渡镇中心小学 …………… 179
墨山乡中心小学 ……………… 180
田心镇中心小学 ……………… 180
中学 …………………………… 180
上高二中 ……………………… 180
上高中学 ……………………… 180
上高中等专业学校 …………… 181
上高开放学院 ………………… 181
上高县教师进修学校 ………… 181
上高三中 ……………………… 181
上高四中 ……………………… 182
上高五中 ……………………… 182
锦阳中学 ……………………… 182
上高七中 ……………………… 182
泗溪中学 ……………………… 182
新界埠中学 …………………… 182
蒙山中心学校 ………………… 183
南港中心学校 ………………… 183
翰堂中学 ……………………… 183
芦洲中学 ……………………… 183
徐市中学 ……………………… 183
田心中学 ……………………… 184
镇渡中心学校 ………………… 184
其他 …………………………… 184
县青少年校外活动中心 ……… 184
文化艺术 ………………………… 184
文化机构 ……………………… 184

县图书馆 ……………………… 184
县文化馆 ……………………… 184
县博物馆 ……………………… 185
县电影公司 …………………… 185
县文演公司（县采茶剧团）
……………………………… 185
业余演出团体 ………………… 186
春英戏曲艺术团 …………… 186
采茶戏艺术团 ……………… 186
桂第艺术团 ………………… 186
翰堂剧团 …………………… 186
葫芦丝协会 ………………… 186
职工艺术团 ………………… 186
文学艺术创作 ………………… 186
小说创作 …………………… 186
散文、诗歌创作 …………… 186
其他文艺创作 ……………… 186
获奖文学艺术作品（2005—2022年）
……………………………… 187
影视类 ……………………… 187
文学类 ……………………… 187
戏曲、小品类 ……………… 187
歌曲类 ……………………… 188
诗词类 ……………………… 189
舞蹈类 ……………………… 190
美术类 ……………………… 190
书法类 ……………………… 192
摄影类 ……………………… 193
非物质文化遗产 ……………… 195
车马灯 ……………………… 195

旱船舞 …………………… 195
排字舞 …………………… 196
麒麟舞 …………………… 196
上高龙灯 ………………… 196
上高狮灯 ………………… 196
十样景 …………………… 196
鱼仔灯 …………………… 197
上高锣鼓戏 ……………… 197
上高喝彩调 ……………… 197
上高道情 ………………… 198
员山花鼓 ………………… 198
观澜塔的传说 …………… 198
酱油伢仔的故事 ………… 198
接官亭由来 ……………… 198
太子壁的传说 …………… 199
端阳副节 ………………… 199
上高社火 ………………… 199
肃字迎亲 ………………… 200
上高打灯 ………………… 200
榜眼蹄花 ………………… 200
七宝酒酿造技艺 ………… 201
陈宗浊酒酿造技艺 ……… 201
帝缘桂花酒酿造技艺 …… 202
五谷村酒酿造技艺 ……… 202
堆峰青花釉料 …………… 202

社会科学 …………………… 202
 志书 ……………………… 202
  古县志简介 ……………… 202
  《上高县志》(1990年版) … 203
  《上高县志》(2016年版) … 203

  《上高年鉴(2012—2021年)》
   ………………………… 203
  《上高县地名志》 ………… 203
  专业志书 ………………… 204
  地方资料 ………………… 204
 党史著作 ………………… 204
  《上高人民革命史》 ……… 204
  《中国共产党上高县历史大事记
   (1919—2002)》 ………… 204
  《中国共产党上高历史》第一卷
   (1925—1949) ………… 205
  《中国共产党江西省上高历史》
   第二卷(1949—1978) … 205
  《中国共产党江西省上高县组织
   史资料》 ………………… 205

旅游 ………………………… 205
 大观老街 ………………… 205
 紫薇人间 ………………… 205
 五谷村丛林酒博园 ……… 206
 白云峰漂流 ……………… 206
 神山湖生态园 …………… 206
 洋林少数民族村 ………… 206
 桐山红色名村 …………… 206

体育 ………………………… 207
 县体育馆 ………………… 207
 重大体育赛事 …………… 207
 中小学运动会 …………… 207
 排球 ……………………… 207
 自行车 …………………… 208
 气排球 …………………… 208

龙舟赛 …………………… 208
舞龙与舞狮 ……………… 208
气功 ……………………… 208
老年体协 ………………… 209
老干部活动中心 ………… 209

社 会

人口 ………………………… 210
　不同历史时期人口 ……… 210
　人口普查 ………………… 211
　人口密度 ………………… 211
姓氏 ………………………… 211
　上高 100 大姓 …………… 211
　散居稀有姓氏 …………… 219
社会管理 …………………… 220
　村庄 ……………………… 220
　地名普查 ………………… 220
　地名管理 ………………… 221
　市域社会治理 …………… 221
　网格化管理 ……………… 222
　民间组织管理 …………… 223
　蓝天救援 ………………… 223
　婚姻登记管理 …………… 223
　殡葬改革 ………………… 223
　殡仪馆 …………………… 224
宗教 ………………………… 224
　佛教 ……………………… 224
　基督教 …………………… 224
卫生 ………………………… 224
　医疗机构 ………………… 224

县人民医院 ……………… 224
县中医院 ………………… 225
县妇幼保健院 …………… 225
县第三人民医院 ………… 225
县疾控中心 ……………… 225
县地防站 ………………… 226
县卫生监督综合执法局 … 226
乡级医疗机构 …………… 226
村级医疗机构 …………… 226
个体诊所 ………………… 227
医护人员 ………………… 227
计划生育服务 …………… 227
计划免疫 …………………… 228
流行病防治及公益卫生事业 … 228
　血吸虫病防治 …………… 228
　出血热病防治 …………… 229
　麻风病防治 ……………… 229
　碘缺乏病防治 …………… 229
　艾滋病防治 ……………… 229
　非典预防 ………………… 230
　"光明·微笑"工程 ……… 230
　新型冠状病毒疫情防控 … 230
　血液管理 ………………… 230
社会保障 …………………… 231
　城镇职工养老保险 ……… 231
　城乡居民养老保险 ……… 231
　城乡居民基本医疗保险 … 232
　城乡居民医疗救助 ……… 232
　失业保险 ………………… 233
　工伤保险 ………………… 233

生育保险	234	窑鸡	242
住房公积金	234	紫皮蒜炒鸡蛋	242
城市低保	234	伯温斋鱼	243
农村低保	235	挂面	243
高龄津贴	235	牛肉炒扎粉	243
县社会福利中心	235	梅沙湿粉	243
乡镇敬老院	235	红薯丸子	243
县慈善总会	235	芋头圆（薯粉坨）	243
福利彩票	236	艾里米饼	244
民俗风情	236	葱油饼	244
传统节日	236	麻糍	244
春节	236	南瓜发糕	244
元宵节	237	油条	244
清明节	237	二来子油条	245
端午节	237	米糕	245
中元节	237	麻圆	245
中秋节	237	雪枣	245
重阳节	237	油果子	246
谚语	237	麻花	246
歇后语	240	麻糖	246
特色美食	241	红薯片和红薯糖	246
食全食美宴	241	嗦嗦（红薯）丝和红薯粉	247
上高十大本地菜	241	徐家渡串子泡腐	247
特色菜品	241	霉豆腐	247
蹄花（榜眼蹄花）	241	糖醋生姜	248
上高松肉	241	南瓜酱	248
酒糟土猪肉	242	酒类	248
马湖烂熟	242	七宝系列酒	248
包圆	242	五谷村系列纯粮酒、年份酒	248
辣炒仔鸭	242		

陈宗浊酒 …………… 248
帝缘桂花酒 …………… 248
土特产品 …………… 248
　上高三辣 …………… 248
　上高鳙 …………… 249
　上高富硒鸡蛋 …………… 249
　上高黄椒 …………… 249
　上高粉防己 …………… 250
　石菖蒲 …………… 250
　田心凉薯 …………… 250
　石湖香芹 …………… 250
　大窝里野生茶 …………… 250

城乡建设

土地空间规划 …………… 252
城市建设 …………… 252
　城市建设规划 …………… 252
　锦阳新区规划建设 …………… 253
　旧城改造 …………… 253
给排水 …………… 253
　城区供水 …………… 253
　城区排水 …………… 254
　乡村供水工程 …………… 255
供电 …………… 255
　电力设施 …………… 255
　水力发电站 …………… 256
　农村电网改造 …………… 256
　变电站(所) …………… 257
　　锦江变电站 …………… 257
　　上高变电站 …………… 257

车溪变电站 …………… 257
敖山变电站 …………… 257
长山变电站 …………… 257
五里岭变电站 …………… 257
墨山变电站 …………… 257
泗溪变电站 …………… 258
观塔变电站 …………… 258
梅沙变电站 …………… 258
野市变电站 …………… 258
新华变电站 …………… 258
锦江变电站 …………… 258
大庙变电站 …………… 258
蒙山变电站 …………… 258
江口变电站 …………… 258
翰堂变电站 …………… 258
黄金堆变电站 …………… 258
徐家渡变电站 …………… 258
田心变电站 …………… 258
新界埠变电站 …………… 258
供气 …………… 259
　城区供气 …………… 259
交通 …………… 259
　铁路 …………… 259
　　上新铁路 …………… 259
　　浩吉铁路 …………… 259
　高速公路 …………… 259
　　大广高速公路上高段 …………… 259
　　昌栗高速公路上高段 …………… 259
　国道 …………… 260
　　G320国道上高段 …………… 260

G320 宜万同城快速通道 ……… 260
省道 ………………………………… 260
 S221 港东线 ………………… 260
 S431 锦南线 ………………… 260
 S428 棠敖线 ………………… 260
 S309 抚长线 ………………… 261
 S527 黄上线 ………………… 261
县道 ………………………………… 261
 敖山—新塘公路 ……………… 261
 上高—邓家埪公路 …………… 261
 上高—八角亭公路 …………… 261
 上甘山—蒙山公路 …………… 261
 黄田—田心公路 ……………… 261
 塔下—七宝山公路 …………… 261
 黄金堆—城陂公路 …………… 261
 徐家渡—湖境公路 …………… 261
 田背—徐家渡公路 …………… 262
 官桥—泗溪公路 ……………… 262
 新庄—石梅公路 ……………… 262
 三十把—镇北公路 …………… 262
 芳溪—打石塘公路 …………… 262
 城禾—华阳公路 ……………… 262
 瓦棚山下—罗家公路 ………… 262
 田心—芳山公路 ……………… 262
公路桥梁 …………………………… 262
 上高大桥 ……………………… 262
 青阳大桥 ……………………… 263
 镜山大桥 ……………………… 263
 锦阳大桥 ……………………… 263
 锦江大桥 ……………………… 263
 敖阳大桥 ……………………… 263
 石湖大桥 ……………………… 263
 团结大桥 ……………………… 263
 袁埠大桥 ……………………… 263
 良田大桥 ……………………… 263
 钟家渡大桥 …………………… 263
 接官大桥 ……………………… 263
 陈埠大桥 ……………………… 263
 新界埠大桥 …………………… 263
 凌江大桥 ……………………… 263
 白沙洲大桥 …………………… 263
 镇渡大桥 ……………………… 264
 蛇尾大桥 ……………………… 264
 社田大桥 ……………………… 264
 埠头大桥 ……………………… 264
 官桥新桥 ……………………… 264
 泗溪大桥 ……………………… 264
 叶家大桥 ……………………… 264
 游市大桥 ……………………… 264
隧道 ………………………………… 264
 杨树岭隧道 …………………… 264
 梅沙隧道 ……………………… 264
 南石壁隧道 …………………… 264
涵洞 ………………………………… 264
 有源涵洞 ……………………… 264
 员山涵洞 ……………………… 264
客运 ………………………………… 264
 客运西站 ……………………… 264
 汽车客运省际班线 …………… 265
 汽车客运省内班线 …………… 265

汽车客运县内班线	265	交通路	268
市政工程	265	敖阳路	268
城市公交	265	商城路	269
1路线	265	朝阳路	269
2路线	265	友谊路	269
3路线	265	东丰路	269
5路线	266	九郎路	269
6路线	266	兰桥路	269
城乡公交	266	锦丰路	269
上高—界埠	266	镜山大道	269
上高—蒙山	266	正达路	269
上高—城陂	266	正通路	269
上高—官桥	266	园林路	269
上高—泗溪	266	清莲路	269
上高—田心(镇渡)	266	锦宁路	269
上高—新屋	266	锦阳大道	269
上高—七宝山	267	阳霞路	270
上高—南港	267	胜利路	270
上高—翰堂	267	团结路	270
城市路灯	267	解放路	270
城区道路	267	爱民路	270
和平路	267	幸福路	270
人民路	268	戏院路	270
黄家桥路	268	刘家桥路	270
建设路	268	锦江大道	270
沿江路	268	锦惠路	270
敖山大道	268	惠民路	270
学园路	268	兴旺路	270
青年路	268	青阳路	270
宣化路	268	大观大道	270

田北路	271	街心花园	273
铁龙路	271	锦阳广场	273
锦华路	271	文化广场	273
太子路	271	芙蓉广场	273
镜缘路	271	**城市住宅**	273
芙蓉路	271	敖阳街道	273
锦绣路	271	紫金国际	273
翠霞路	271	怡景花园	273
峨眉路	271	亿景花园	273
旺旺路	271	荣盛华府	273
沙基路	271	金色家园	273
飞云路	271	清华园	273
新光路	271	祥生小区	273
清源路	271	天一国际	274
阳光路	271	园丁苑	274
和谐路	271	高阳小区	274
长水路	271	星河山庄	274
黄金大道	272	友谊小区	274
嘉美路	272	怡然居	274
蓝亭路	272	御山华府	274
汇锦路	272	九鼎国际花苑	274
正宇大道	272	上高印象	274
伟业路	272	时代广场	274
宏业路	272	建筑小区	274
兴业路	272	生资大院小区	274
裕兴路	272	学园名仕	274
公园·广场	272	商城小区	274
镜山森林公园	272	锦泰佳苑	274
镜湖公园	272	富康小区	274
滨江公园	273	锦富佳园	274

凤凰小区 …………… 275
国际文苑 …………… 275
星辉小区 …………… 275
盛荣滨江 …………… 275
怡园小区 …………… 275
希尔顿小区 ………… 275
锦园小区 …………… 275
站前小区 …………… 275
世纪园 ……………… 275
万象广场 …………… 275
和平花苑 …………… 275
正阳锦江华庭 ……… 275

锦阳街道 ……………… 275
世纪豪庭 …………… 275
华丰茗苑 …………… 275
鼎盛家园 …………… 275
泰业尚居 …………… 276
锦江豪庭 …………… 276
上鼎国际 …………… 276
滨江一号 …………… 276
东方星城 …………… 276
金泰嘉苑 …………… 276
中央城 ……………… 276
锦阳明珠 …………… 276
首府 ………………… 276
新城国际 …………… 276
锦欣小区 …………… 276
镜山国际 …………… 276
帝景豪庭 …………… 276
高盛·欧锦名城 …… 276

芙蓉佳苑(欣发小区) ……… 276
新芙蓉佳苑 ………… 276
香溢花城 …………… 277
森林海 ……………… 277
都市绿洲 …………… 277
名爵豪邸 …………… 277
金领国际 …………… 277
佳旺小区 …………… 277
东方郡望府 ………… 277
人才公寓 …………… 277
橡树湾 ……………… 277
城市之光 …………… 277

锦江镇 ………………… 277
上高花园 …………… 277
锦都圣地雅阁 ……… 277
都市江南 …………… 277
大公馆 ……………… 277
汇锦城 ……………… 277
今世缘(欧陆名居) ……… 278
岸都花苑 …………… 278

塔下乡 ………………… 278
和谐家园 …………… 278
大观天地 …………… 278

镇村建设 ……………… 278
村庄整治 …………… 278
镇村联动 …………… 278
乡村道路建设 ……… 279
乡道 ……………… 279
村道 ……………… 279

320国道及昌栗高速上高段沿线

综合整治 …………… 279
　　农饮工程 …………… 279
城市管理 ……………… 280
　　市政设施管理 ……… 280
　　城市园林管理 ……… 280
　　城市卫生管理 ……… 280
　　城市综合治理 ……… 280
环境保护 ……………… 281
　　大气污染防治 ……… 281
　　水污染防治 ………… 281
　　土壤污染防治 ……… 282
　　生态环境监测 ……… 282
　　污染源普查 ………… 282
　　生态创建 …………… 283

人　物

春秋战国(前770—前221) …… 284
　　老莱子 ……………… 284
西晋(265—317) ……… 284
　　敖真人 ……………… 284
东晋(317—420) ……… 284
　　陶渊明 ……………… 284
唐代(618—907) ……… 284
　　易　重 ……………… 284
　　钟　传 ……………… 285
　　普　满 ……………… 285
　　任　涛 ……………… 285
宋代(960—1279) ……… 285
　　易延庆 ……………… 285
　　赵伯崇 ……………… 285

　　罗　肱 ……………… 286
　　罗善同 ……………… 286
　　邹国宾 ……………… 286
　　邹琏玉 ……………… 286
元代(1271—1368) …… 286
　　邹实则 ……………… 286
　　曾义山 ……………… 286
　　邹民则 ……………… 286
　　伍杰夫 ……………… 286
明代(1368—1644) …… 286
　　李益显 ……………… 286
　　李益忠 ……………… 287
　　况和卿 ……………… 287
　　黎　凤 ……………… 287
　　吴应期 ……………… 287
　　李正华 ……………… 287
　　曹汝兰 ……………… 287
　　晏　镳 ……………… 287
　　易大年 ……………… 288
　　况　文 ……………… 288
　　王　纲 ……………… 288
　　罗九逊 ……………… 288
　　陈　愚 ……………… 288
　　黄　景 ……………… 288
　　简　芳 ……………… 288
　　黎　龙 ……………… 288
　　聂　琪 ……………… 288
　　晏若川 ……………… 289
　　聂应科 ……………… 289
　　吴学诗 ……………… 289

王　京	289	任际虞	293
晏仕翘	289	晏命世	293
晏日曙	289	黄梦兰	293
晏日启	289	傅九渊	293
黄朝宣	289	陈卿云	293
潘　涛	289	李乔松	294
李敬忠	290	黄光岳	294
李　文	290	晏　侊	294
黄　美	290	晏　炎	294
潘仕绅	290	黄克显	294
黄居德	290	江学训	294
肖　佳	290	廖廷佐	294
肖尚宾	290	罗学泗	294
黄启生	290	任文溥	295
王文建	290	黄祚昌	295
况　锷	290	黄士续	295
李开春	290	晏善澄	295
罗若金	291	潘有本	295
毛万方	291	黄　绂	295

清代(1616—1911) 291

近现代(1840年至今) 295

罗光辉	291	廖正才	295
晏斯盛	291	傅学祥	295
罗福闹	291	王祥兴	296
李祖陶	291	袁　舍	296
郑秉恬	292	伍继祖	297
黄懋材	292	胡菊花	297
晏旭升	292	郑锡龄	297
江廷魁	293	冷载清	297
聂　炜	293	黄贤度	297
潘述祖	293	易师闵	298

朱用光	298	刘家村	307
胡绍祖	299	安塘村	307
黄　先	299	曾家村	307
汪祖美	300	良田村	307
		城头村	307
		中宅村	308

乡　镇

泗溪镇 …… 301

　泗溪集镇 …… 301

　"一乡一品":美丽乡镇建设 … 302

　住宅小区 …… 302

　　春天里 …… 302

　　幸福花园 …… 303

　村、社区 …… 303

　　泗溪社区 …… 303

　　淋溪村 …… 303

　　塘下庙村 …… 303

　　墓田村 …… 303

　　官桥村 …… 304

　　小港村 …… 304

　　床里村 …… 304

　　马岗村 …… 304

　　熊家村 …… 304

　　张家村 …… 305

　　游市村 …… 305

　　胡家村 …… 305

　　漕港村 …… 305

　　芦家园村 …… 306

　　杜家村 …… 306

　　叶山村 …… 306

　　洋港村 …… 306

敖山镇 …… 308

　敖山集镇 …… 309

　"一乡一品":七彩洋林 …… 309

　住宅小区 …… 310

　　洪福小区 …… 310

　　新昌小区 …… 310

　村、社区 …… 310

　　石洪桥社区 …… 310

　　接官村 …… 310

　　晏家村 …… 310

　　廖家村 …… 310

　　贯埠村 …… 311

　　店上村 …… 311

　　居井村 …… 311

　　镜山村 …… 312

　　长岭村 …… 312

　　洋林归侨少数民族聚居村
　　　…… 312

　　洋艺村 …… 312

　　大坪归侨少数民族聚居村
　　　…… 312

野市乡 …… 312

　野市集镇 …… 313

　"一乡一品":将军故里,山水野市

.... 313

住宅小区 313
　半山壹号院 313
村、社区 314
　东翔社区 314
　野市村 314
　水口村 314
　连山村 314
　稍溪村 314
　南村 315
　游家村 315
　高岗村 315
　明星村 315
　河里村 315
　新塘村 316

敖阳街道 316
"一乡一品":"1+6"工作体系
.... 317
村、社区 317
　商城路社区 317
　镜山路社区 317
　沿江中路社区 317
　学园路社区 318
　和平路社区 318
　桂林社区 318
　建设北路社区 318
　正阳社区 319
　东门村 319
　敖山村 319
　何家垴村 320

　五马村 320
锦江镇 320
"一乡一品":农民摄影之乡
.... 321
村、社区 321
　青阳路社区 321
　观音阁社区 322
　万寿宫社区 322
　锦惠路社区 322
　锦河村 322
　锦南村 322
　大塘村 322
　凌江村 323
　钟家渡村 323
　新华村 323
　六口村 323
　朱桥村 324
　五里村 324
　团结村 324
　石湖村 324
　斜口村 325
　董丰村 325
　垴上村 325
　南源村 325
塔下乡 325
　塔下集镇 326
"一乡一品":剪纸之乡 326
村、社区 327
　大坪社区 327
　田北村 327

上新村 …… 327	城陂村 …… 334
长山村 …… 327	三星村 …… 334
下林村 …… 328	**蒙山镇** …… 334
塘富村 …… 328	蒙山集镇 …… 335
茅江村 …… 328	"一乡一品":蒙山水酒 …… 335
建新村 …… 328	村、社区 …… 335
茶十村 …… 328	水口圩社区 …… 335
天山村 …… 329	小下村 …… 335
槐树岭村 …… 329	小上村 …… 336
黄家村 …… 329	楼下村 …… 336
新界埠镇 …… 329	浒江村 …… 336
新界埠集镇 …… 330	富坑村 …… 336
"一乡一品":桐山红色文化 …… 330	抗头村 …… 337
住宅小区 …… 331	清湖村 …… 337
界埠花园 …… 331	潢里村 …… 337
村、社区 …… 331	钧石塘村 …… 337
仰山社区 …… 331	肖坊村 …… 338
横江村 …… 331	芦家田村 …… 338
洲上村 …… 331	月星村 …… 338
堆峰村 …… 331	新村村 …… 338
车溪村 …… 332	芰湖村 …… 338
先锋村 …… 332	**南港镇** …… 339
光明村 …… 332	南港集镇 …… 339
湾溪村 …… 332	"一乡一品":南港藏书票 …… 340
泽山村 …… 332	村、社区 …… 340
桐山村 …… 333	南港社区 …… 340
富港村 …… 333	南港村 …… 340
五星村 …… 333	梅沙村 …… 340
端溪村 …… 333	小坪村 …… 341

茶坡村	341	芦家洲社区	348
前进村	341	江口村	349
长坑村	341	新桥村	349
员山村	342	中腰村	349
庙前村	342	黄山村	349
大窝里村	342	大垣村	349
萤火村	343	田溪村	350
蒙山林场	343	田背村	350

翰堂镇 …………………… 343
　翰堂集镇 ………………… 344
　"一乡一品":磻村赛龙舟
　　　　　　　　　　　 344

		郭溪村	350
		儒里村	350
		章江村	351
		陈家村	351

　村、社区 ………………… 345

徐家渡镇 …………………… 351
　徐家渡集镇 ……………… 352
　"一乡一品":九峰森林公园
　　　　　　　　　　　 352

翰堂社区	345		
翰堂村	345		
棠陂村	345		
下山村	345		
磻村村	345		
陇塘村	346		
有源村	346		
中楼村	346		
钊田村	346		
江边村	347		
广坪村	347		
密村村	347		

　村、社区 ………………… 353

		徐家渡社区	353
		火溪村	353
		燮田村	353
		塘下村	353
		蛇尾村	353
		石源村	354
		万坑村	354
		山背村	354
		王陂村	354
		东边村	354
		麻塘村	355
		洲江村	355

芦洲乡 ……………………… 347
　芦洲集镇 ………………… 348
　"一乡一品":芦洲的民间器乐
　　　　　　　　　　　 348
　村、社区 ………………… 348

秀美村 …………………… 355

路口村	……………	355	田心村	…………… 362
泉港村	……………	356	坪溪村	…………… 362
寨里村	……………	356	官溪村	…………… 362
坎头村	……………	356	河龙村	…………… 363
白土村	……………	356	店前村	…………… 363
村泉村	……………	357	坑里村	…………… 363
破塘村	……………	357	斗门村	…………… 363
下兰村	……………	357	新生村	…………… 364
九峰林场	……………	357	王丰村	…………… 364

墨山乡 …………… 357
　　墨山集镇 …………… 358
　　"一乡一品"：上高西部商贸中心
　　　…………… 358
　　住宅小区 …………… 359
　　　墨山新城 …………… 359
　　　锦昌小区 …………… 359
　　　墨山花园 …………… 359
　　村、社区 …………… 359
　　　思泉铺社区 …………… 359
　　　思泉村 …………… 359
　　　果园新村 …………… 359
　　　界港村 …………… 359
　　　香山村 …………… 359
　　　坑林村 …………… 360
　　　石水村 …………… 360

田心镇 …………… 360
　　田心集镇 …………… 361
　　"一乡一品"：三八影社 …………… 362
　　村、社区 …………… 362
　　　田心社区 …………… 362

新田村 …………… 364
红卫村 …………… 364
湖境村 …………… 364
南江村 …………… 365
枧头村 …………… 365
洙村村 …………… 365
堑陂村 …………… 365
球湖村 …………… 366
斜溪村 …………… 366
王家村 …………… 366
江南村 …………… 366
南塘村 …………… 367
册塘村 …………… 367
赤卫村 …………… 367
更生村 …………… 367
利石村 …………… 368
石造村 …………… 368

镇渡乡 …………… 368
　　镇渡集镇 …………… 369
　　"一乡一品"：镇渡三样 …………… 369
　　村、社区 …………… 369

镇渡社区	369	"一乡一品":"红色物业"服务体系	
镇南村	369		372
洋田村	370	村、社区	373
罗溪村	370	锦阳社区	373
社田村	370	锦绣路社区	373
江东村	370	敖背村	373
黄田村	370	田东村	374
镇北村	371	港口村	374
井头村	371	卢家店村	374
龙家村	371		
罗家村	371	**大事记**	375
苑新村	371	**资料来源和参考文献**	413
埠头村	372	**后　记**	415
锦阳街道	372		

概 述

一

上高县位于江西省西北部,属宜春市,北连宜丰,东接高安,南界新余市渝水、分宜,西邻袁州、万载,处东经114°28′—115°10′,北纬28°02′—28°25′,东西最大横距68千米,南北最大纵距45千米,总面积1350.25平方千米。

上高历史悠久,早在新石器时代就有先民在此繁衍生息。古属扬州,春秋战国时期为吴越楚之地。秦属九江郡。西汉属豫章郡。东汉灵帝中平年间(184—189),始建上蔡县,治三十里铺,为上高立县之始。后改为望蔡县。唐中和年间(881—885),镇南节度使钟传以望蔡地势比高安高,又处于高安上游,设立上高镇,上高因此得名。继废镇改上高场。南唐保大十年(952)升场为县,县治设今址,上高县名沿用至今。截至2022年末,全县辖9镇5乡2街道1场,198个村委会(含直属队),28个居委会,户籍人口38.6万人。境内有瑶、侗、苗、傣、土家、彝、回、京、布依、满、蒙古、维吾尔、畲族等13个少数民族,人口819人。县城城区包括敖阳街道和锦阳街道,居敖山之南,跨锦江南北,是全县政治、经济、文化、教育、交通中心。

二

上高地势西南高,东北低。蒙、末二山雄峙于西南,敖山列嶂于县北,均为幕阜山脉余脉。山地、丘陵、平原分别占全县总面积的1.76%、65.79%、32.45%。蒙山主峰白云峰海拔1004.2米,为全县最高点。丘陵主要分布于末山、蒙山向东北方向延续的边缘地带。平原主要分布于锦江两岸。县东与高安邻界的泗溪镇良田村东北田塅海拔30米,为境内最低点。

锦江自西向东横贯县境,田心河、泰溪、耶溪河、斜口港、野鸡水、城陂河、漳河等支流呈叶脉状分布全县,汇入锦江。全县水资源较为丰富,地表水总径流量17.7亿立方米,地下水总径流量达3.1亿立方米。

上高属亚热带季风气候,温暖湿润,雨量充沛,日照充足,无霜期长。年均气温18.7℃;最冷的1月平均气温5.2℃,最热的7月平均气温29.6℃;极端最低气温为-10.0℃,极端最高气温为40.8℃。年均降雨量1678.7毫米,其中4至6月降雨较多,7月后,降雨渐少。年平均日照1483.5小时,年平均无霜期300天。

上高山川毓秀,地阜物华,资源丰富,末山秀丽,蒙山雄伟。唐初佛教兴盛,蒙、末二山曾建有较大寺庙,此后历代都有名僧在此讲经。坐落于末山之阴的九峰森林公园,为江西省政府公布的第一批省级重点风景名胜之一。早在唐初,著名僧尼了然禅师在近千米的峨岷峰下建立道场,聚集法徒500余人。唐昭宗乾宁年间(894—897),南平王钟传捐故宅建"崇福禅林寺"于九峰山中,请曹洞宗始祖洞山良价弟子普满禅师开山,传播佛经,僧徒云集。蒙山因"峭壁横险,厥材千寻,常有白云青霭蒙蔽其上"而得名,"蒙岭晴云""蒙顶积雪",皆为奇观。南北朝高僧道明禅师,在蒙山脚下的善塘村开山建圣济寺,寺庙雄伟壮观,明建文帝为此寺书写"佛自西域来似大冶洪炉是铁皆堪铸,僧往东蒙去如孤云野鹤何天不可飞"对联,增添几分皇家之气,清嘉庆皇帝钦赐"圣济梵刹""唐朝佛国"碑刻,更显壮观。县城东北的镜山,山势陡峭,林木葱郁,是上高会战的核心战场,被列为江西省爱国主义教育基地,1993年被列为全国重点文物保护单位,2014年被国务院列入第一批国家级抗战纪念设施、遗址名录。

上高矿产资源丰富,是物华天宝之地。古谚云"末山长草(药),蒙山出宝(白银)"。宋、元、明三朝,朝廷在蒙山设立"蒙山务""蒙山银场提举司",开采冶炼白银,稳产时年产3万两左右,规模颇大,前后延续近400年。大理石储量2亿多立方米,有豆绿、雪花白、汉白玉等10余个品种,其中"豆绿"为全国大理石四大名牌品种之一。石灰石矿遍布70%以上县域,储量约200亿吨,居全省首位。太阳埚矿区的水泥灰岩,是全国南方储量最大的A级非金属矿。上高的硅灰石储量约1350万吨,居全国第2位。此外还有钴、铅、锌、铜、锡、熔剂用白云岩、水泥用灰岩、熔剂用灰岩、硫(硫铁矿)等矿产资源。

三

上高扼湘赣通衢要冲,自古有"商旅要栈"称号。历史上的锦江航道,上溯万载,下经高安达赣江。陆路交通,古有东接高安、西入万载的驿道。1933年,湘赣公路上高段竣工通车。新中国成立后,全县交通事业迅速发展,先后修建了上(高)浏(阳)、上(高)新(余)、上(高)分(宜)、上(高)棠(浦)、上(高)八(角亭)等5条通往县外的交通干线。1994年,横贯东西的320国道建成通车,成为上高对外联络的交通要道;2008年,大广高速建成通车,从此上高迈入高速时代;2016年,昌栗高速投入运营;2019年,在上高设站、连接内蒙古浩勒报吉和江西吉安的重载铁路——浩吉铁路通车,全县"两横三纵五联"(昌栗高速、G320;大广高速、S221、浩吉铁路;宜万同城连线、S428、S309、S527、S431)的干线交通网络全面形成。城区建有敖山大道、镜山大道、上高大道、锦江路、宝塔路等5条50米以上宽的主干道路,沿江路联通东西,石湖大桥、敖阳大桥、上高大桥、青阳大桥、镜山大桥、锦阳大桥、锦江大桥等"一江七桥"连接锦江南北。

四

开放型经济是上高的一张靓丽名片。改革开放以来,县委、县政府始终坚持开放发展不动摇,经过多年的探索和变革,走出了一条具有上高特色的开放发展之路。敢于拼搏、勇闯新路的开放型经济成为上高的最大品牌、最重要的活力源泉。从2006年起,上高13次获评全省开放型经济工作综合先进,是全省获评次数最多的两个县(市)之一。

县委、县政府以解放思想破冰突围,1999年起就陆续出台在全省具有开创性、引领性的"三十六条""三十条"等政策文件,在全省率先成立整治经济发展环境领导小组办公室,持续打造"开放的上高欢迎您""上高最大的优势就是上高人"等人文品牌,涵养了"开明诚信、务实创新"的精神品格。2007年,上高抓住"台商西进"和"台资跨海转移"机遇,确立了打造"江西昆山"、建设台商聚集地的定位,持续加大开放力度,优化营商环境,目前全县台商台企数量全省最多。在此基础上,上高将招商引资触角进一步延伸,通过由大招商向招大商、由招商引资向择商选资的转变,实现产业规模的"由小变大"、产业链条的"由短变长",先后引进了旺旺集团、宝成集团、匹克集团、李子园、新威动力、康隆达、威领股份等一批上市公司、领军企业。2022年签约引进的总投资270亿元的江西赣能上高综合能源服务项目,实现全县百亿项目"零"的突破。2022年,全县引进客商投资项目45个,总投资469.4亿元;引进省外资金107亿元;实际利用外资1.4亿美元。

五

上高素有"赣中粮仓"之称,是全国商品粮基地县、全国生猪调出大县、全国"三辣"之乡。一直以来,上高深入实施"藏粮于地、藏粮于技"战略,切实加强耕地保护,提高农业综合生产能力,共建成高标准农田35.6万亩,全县年粮食播种面积和产量分别稳定在65.5万亩、5.1亿斤左右,在上高示范种植成功的"中科发早粳1号"填补双季早粳品种在中国水稻生产中的空白。上高着力发展特色农业,富硒蛋鸡规模居全省前列,粉防己、黄精规范化生产技术规程列入江西地方标准,"紫皮大蒜""蒙山猪"获评国家地理标志产品。

近年来,上高把发展现代农业作为提升传统农业的基础工程来抓,用市场化理念、工业化办法发展农业,大力推广"龙头企业+合作社+基地+农户"的产业化经营模式,建立龙头企业、合作社、基地、农户之间风险共担、利益共享的长效运作机制,促进传统农业向现代农业加速转型。目前,全县共发展各类农民合作社949家,其中国家级示范社7家、省级示范社22家、市级示范社68家,扶持壮大了金农米业、圣牛米业、茶杉禽业、鑫隆农业、海富生物、长汇食品等一批国家级、省级农业产业化龙头企业。

六

上高工业底蕴深厚。上世纪六、七十年代建成的江西专用设备厂、江西标准件厂、江西机床电器厂、江西第三机床厂等全民所有制企业就见证了20世纪上高工业的辉煌。1997年,县委、县政府印发《关于建立上高县镜山工业开发试验区的决定》,在全省较早地开启了建设县级工业园区的探索。2001年,上高县科技工业园管理委员会成立,旺旺集团上高瑞麦食品有限公司成为首家入园企业,从此,工业园开始走上持续扩张、飞速发展的道路。至2016年,园区形成包含镜山综合园、五里岭产业园、黄金堆功能园的"一区三园"发展格局,入园企业达300余家,绿色食品产业和鞋业产业被列为全省首批重点产业集群。进入"十三五"后,县委、县政府积极转变发展理念,提高项目准入门槛,设立产业发展引导基金,出台产业结构调整负面清单,并启动标准厂房建设,着力培育电子信息、新能源新材料等新兴产业,成功引进魅动电子、弗兰德通讯等重大项目,黄金堆化工集中区被认定为首批省级化工园区。

2021年,县第十五次党代会提出加快构建"以新能源新材料、医药精细化工为首位产业,以机械建材、绿色食品、纺织鞋业为主攻产业,以电子信息、数字经济、装备制造等为新兴产业"的"2+3+N"现代产业体系,众多龙头企业接连落户,新能源新材料产业实现爆发式增长,工业园成功升级为省级高新技术产业园区。2022年底后,县委、县政府顺应形势变化,将全县现代产业体系构建格局进行优化调整,着力打造以现代能源为首位产业,以绿色食品为主导产业,以生物医药、纺织鞋业、机械建材、数字经济为重点产业的"1+1+4"产业体系,全县工业发展路径进一步明晰。截至2022年底,全县规上工业企业达223家。

七

上高城乡建设日新月异。改革开放以来的40余年,是上高城镇化建设和城市发展取得巨大成就的时期。城市发展框架持续扩大,县城总体规划于1998年、2006年、2015年进行了3次调整,近十年全县建设用地年均增长约3000亩。大力推进新城区开发,于2021年设立锦阳街道。截至2022年底,全县城区面积由1985年的3平方公里扩大至26.36平方公里,城区总人口达17.97万人,城镇化率提升至60.03%。城区范围东至敖山华侨农场石洪桥,南至上甘山变电站,西至锦江镇斜口村,北至野市乡明星村。

县城公用事业蓬勃发展。建成自来水厂2座,铺设安装自来水管375千米,设计日供水能力9万吨。保丰、南港水库新水源点于2019年正式启用,城区居民从此喝上干净安全的水库水。设有日供气能力达80万立方米的天然气供气总站,城区供气充足稳定。城区污水处理设施较为完善,总处理规模达4.5万吨/天,污泥无害化处理率达100%。生活垃圾焚烧发电项目于2019年建成投用,年处理能力达16.7万吨,全县生活垃圾处理实现了无害化、减量化、资源化。全县建有5G基站638个,城区园区、重点集镇实现5G网络连续覆盖。

持续推进城乡路网建设和城乡公交一体化,完成农村水泥路"组组通"、公交"村村通",全县综合交通网络里程达1901.6千米,城乡人流、物流快速通道全面打通,形成了县内半小时经济圈,入选全省"四好农村路"示范县、全省交通强国建设试点县。

八

上高物产丰富,商贾云集,市场繁荣。城区有上高中心、万象广场、时代广场、新天地等城市综合体和澳联商博城、晟茂汽车城等专业市场,上高迎宾馆、皇元大酒店、九龙半岛大酒店、新名典酒店等星级酒店以及全省最大的县级标准化农贸市场。2022年末,全县共有商贸企业2万余家、个体工商户3万余家,民用汽车拥有量7.1万辆,全年完成社会消费品零售总额62.07亿元。

上高大力发展对外贸易,全县外贸出口总量持续位居全市10个县市区首位。2000年以前,全县外贸出口以农副产品为主,涉及大米、生猪、蜂蜜、茶叶、夏布等10余个品种;2000年之后,随着全县工业化进程加快,全县外贸出口以鞋革、橡胶履带、电子产品等工业产品为主。出口地区集中在港澳台地区及日韩、拉美、东南亚、南亚、中东、东欧、非洲等。2022年,全县完成外贸出口9.56亿美元,其中中杰鞋业有限公司1.46亿美元、裕盛工业有限公司1.4亿美元、江西金利隆进出口有限公司9000万美元、上高县炜新有限公司1623万美元。

上高县财政稳步增长。近十年,全县财政收入年均增长9.7%,2022年,全县财政收入达45.5亿元,其中税收收入37.5亿元、非税收入8亿元,税占比为82.4%。

上高金融事业发展迅速。自1985年首家银行——农业银行入驻以来,上高接连引进中国银行、工商银行、建设银行等银行机构11家,目前全县共有银行机构12家、城乡网点51个,其中全县首家村镇银行——富民村镇银行于2019年入驻,全县首家城市商业银行——九江银行于2014年入驻。共有保险机构19家、证券机构2家、融资担保公司2家。截至2022年底,全县金融机构各项存款余额384亿元,贷款余额298亿元。

九

上高人杰地灵,民风淳朴,人才辈出。自唐至清,有中进士者51人、中举人者125人,诞生了唐代诗人任涛、明朝监察御史王纲、清钦点榜眼郑秉恬、晚清外事活动家黄懋材、开国少将汪祖美等杰出人才。

上高历来重视教育,宋有梅湾书院,原蒙山银场于元代所建正德书院开中国厂矿办教育之先河。清末上高共有书院66所,民国期间共有私塾70余所。新中国成立后,全县教育事业迅速发展,1982年基本扫除文盲,1983年基本普及小学教育,1986年被评为全国基础教育先进县,1988年被评为全国扫除文盲先进县,1989年被评为全国幼儿教育先进县,2009年被评为全国推进义务教育均衡发展工作先进地区,2016年被国务院教育督导委员会授予"2015年全国义务教育发展基本均衡县"。2022年被评为全国义务教育优质均衡发展先行创建县。目前,全县有各级各类学校231所,共有在校学生7万余人、教职工3000余人。上高高中教育声名远扬,一本、二本上线率万分人口比持续保持全市前列。

上高文化事业兴盛,农民摄影享誉全国,是中国民间文化艺术之乡。文化基础设施完善,近年来高标准新建文化馆、图书馆、博物馆、档案馆,城市规划馆的文化艺术中心,县图书馆被评为国家一级图书馆。公共文化服务体系健全,现有乡镇综合文化站16个、村级(社区)综合文化服务点218个、业余文艺演出队4支、电影放映队2支,打造了农民版画、蒙山水酒节、南港马墟节、"三月三"少数民族民俗文化节等"一乡一色""一村一品"文化品牌。

上高医疗卫生事业持续健康发展,曾获评全国基层中医药工作先进单位、江西省卫生县、全省卫生应急综合示范县等荣誉。上高医疗网络健全,全县共有人民医院、中医院、妇幼保健院、疾控中心、地方病防治站等5家县级医疗机构及13个乡镇卫生院、252个村卫生所,有卫生技术人员1800余人。其中,县人民医院为二级甲等综合医院,入选国家"千县工程"计划;县中医通过三级中医医院验收,现有省级重点中医专科2个、省级基层中医特色专科4个。健全的医疗卫生体系,在应对非典、新冠病毒疫情等历次重大突发公共卫生事件和突发事件的紧急医学救援中发挥了重要作用。

十

上高人民有反压迫、反剥削、反侵略的斗争精神和革命传统。明末,南江卢锦三率万余棚民揭竿起义。1926年,北伐军在斜口与北洋军激战,民众自发组织担架队和运输队为北伐军送子弹、抬伤员。1927年3月,朱用光建立中共上高支部干事会,并于该年5月领导了声势浩大的官桥农民暴动。1930年3月,朱用光在上海被国民党杀害,年仅22岁。1930年10月,蒙山充武人傅学祥建立了傅家墟党支部和农民协会,并担任了党支部书记和农民协会主席,领导当地民众打土豪、分田地,为红军筹粮筹款。红军撤离后,傅学祥被捕入狱。敌人要他写投降书,他却给支部其他同志写下一封饱含革命深情的遗书,鼓励他们继续革命,彻底推翻国民党的反动统治。傅学祥的这份遗书,被后人称为《血泪传》,是进行革命传统教育极好的教材。此后,上高人民在中国共产党领导下,开展了一系列革命斗争。1930年,红军来到上高,400余名青壮年踊跃参加红军。1941年3月,震惊中外的上高会战在上高打响,在中共地下党员、时任上高县长黄贤度的领导下,全县四分之一的百姓冒死支前,与抗日军队并肩作战,毙伤日军一万五千余人,此役被誉为"抗战以来最精彩的一战"。

十一

在上高这片美丽而神奇的土地上,上高人民脚踏实地,勤劳刻苦,奋发向上。改革开放以来,上高经济发展突飞猛进,社会面貌发生深刻变化。全县人民在中共上高县委的坚强领导下,坚持以经济建设为中心,不断深化改革、扩大开放,推动国民经济和社会事业迅速发展,物质文明、政治文明、精神文明、社会文明、生态文明建设取得令人瞩目的成就,人民生活水平显著提高,全县上下呈现出一派"政治清明、经济繁荣、社会和谐、城乡美丽、人民幸福"的生动景象。

地 理

自然环境

区位 上高县位于江西省西北部,东与高安市为邻,西同万载县接壤,南和新余市渝水区、分宜县交界,北跟宜丰县相连。地势西南高,东北低。所辖地域处于北纬28°02′—28°25′和东经114°28′—115°10′之间,东西长68千米,南北宽45千米,总面积1350.25平方千米。

地层 上高县境内地层构造较为复杂,出露地层有前震旦系、泥盆系、石炭系、二叠系、三叠系、侏罗系、白垩系、第四系及岩浆岩。

前震旦系 主要出露于杨古塆、镜山口、铁子岭、七宝山等地。

泥盆系 主要出露于七宝山、杨梅岭、铁子岭等地。

石炭系 下部为海陆交互相含煤建造,为浅灰色泥岩、长石石英细砂岩、深灰色薄层黏土岩及黑色炭质泥岩,局部为煤层,中、上部为浅海相碳酸盐岩沉积,为白云岩、白云质灰岩、灰岩;下统华山岭组,以末山、浮楼顶分布最广;中统黄龙组,出露在江南、新田、田心、东边、上高城区等地;上统船山组,在七宝山、翰堂、田心、江南等地均有出露。

二叠系 下部为浅海相碳酸岩沉积建造,为泥岩灰岩夹燧石层。上部为海陆交互相含煤建造,为粉砂岩、细砂岩、泥岩、炭质泥岩及煤层,顶部为灰岩。其下统栖霞组,零星出露于茶亭岭、翰堂、南港等地;下统茅口组、小江边组,分布于茶亭岭至徐家渡一带,以及南港、翰堂、城陂等地;上统龙潭阶在黄金堆、翰堂、南港等地均有出露。

三叠系 仅见下统及中统。下统大冶组以泥灰岩、泥岩及灰岩为主。大冶组下段出露于摇篮窝、江南等地;上段在新界埠至城陂、湖境至江南一带都有出露;中统杨家群在陶陂有小片出露,以紫红色、黄绿色绢云母页岩、粉砂质泥岩、页岩为主。

侏罗系 仅见下统,以陆相为主的碎屑沉积,由粉砂岩、细砂岩、泥岩及炭质泥岩组成。东部漕港,南部城陂,中部凌江、南源,西部思泉铺等地均有

· 9 ·

出露。

白垩系 仅见上统，为紫红色厚层钙质粉砂岩、泥岩、粉砂岩夹细砂岩，似层状砾岩等一套河湖相堆积。

第四系 为冲积、残积、洪冲积松散沉积物，由沙砾层、蠕虫状红土、亚黏土、亚砂土组成。主要见于河谷、冲积平原地区。

岩浆岩 县境内岩浆岩活动以中生代（燕山期）最为强烈。燕山早期以细粒斑状黑云母花岗岩、细粒含斑花岗岩及细粒花岗岩为主，组成蒙山花岗岩体。这类岩体与接触交代型钨、锡多金属矿床，中温热液铅、锌、银、钴多金属矿床，以及接触变质大理石矿床有密切关系。燕山晚期的橄榄辉绿珍岩，呈岩墙或岩脉产出于县城以北的红色盆地之中，其他仅见零星的花岗斑岩脉及云煌斑岩脉。

地势 上高地势比较平缓，以低丘区为主，由西南向东北倾斜，具有西南高、中部平、东北部低的特征，可明显分为西南低山丘陵区和东北低丘平原区两部分。多数山岭走向近似西南—东北，南部蒙山主峰白云峰海拔1004.2米，为县内最高点。东部泗溪镇良田村下陈犁口，海拔30米，为县内最低点。

地形 境内地形可分为五大类。

侵蚀构造地形 砂岩为主的低山高丘，以末山、浮楼顶一带为代表。形呈垅状、坡陡、谷深。植被发育，海拔高300~800米。花岗岩为主的中山，唯有蒙山属此类型，山势陡峻，沟谷切割呈"V"形，深达700~900米植被垂直分带发育。

构造剥蚀地形 分布于城陂、南港一带。其植被发育，多长松、杉等乔木，海拔200~450米，切割深度小于700米。

侵蚀剥蚀地形 砂页岩为主的波状低丘陵，分布在镇渡、徐家渡、铁子岭一带。形呈波状、垅状，沟谷呈"U"形，植被发育，生长油茶等树木，海拔150~200米；红土、砂页岩为主的微波状高岗岩地形，分布在锦江以北大部分地方，形呈波状、垅状，沟谷浅缓，植被为松树油茶和杂草，海拔100~150米；红土、砂页岩为主的微波状低岗，主要见于泗溪、新界埠等地，呈微波状，沟壑不明，植被发达，海拔100米左右。

溶蚀侵蚀地形 分布在县城南和西南的蒙山、南港、翰堂、九峰、田心等地区，海拔在100~450米。

堆积地形 主要分布于锦江两岸及其一级支流两侧，地势平坦，海拔50米左右。

山岭 上高境内主要山岭有蒙山、末山，其他山岭有天山、七宝山、大北山、太阳垴、杨树岭、聋牯垴、马颈坳、鸡公垴、五里垴、仙姑垴、白泥石、莲花山、马岭、烂石壁、蜡烛垴、雷公尖。

蒙山 位于县城南约30千米处，

南界渝水区，西接分宜县，是上高县最高的山，总面积约113平方千米，上高境内约52平方千米。清同治《上高县志》记"峭壁横险，厥材千寻，常有白云青霭蒙蔽其上，故曰蒙山"。海拔500米以上的山峰有5座，西面有香炉山(587米)仙姑寨(558米)，西南面有九龙山(954米)、鲤鱼石(527米)和高山(549米)，另外还有韭菜塯、马老里、瑶嘴塯、长山、宝珠岭等。大小山峰成椭圆形，围拱在主峰白云峰(海拔1004.2米)周围，天然形成主峰独秀、群峰峥嵘的格局。山区云气频绕，青霭常凝，年平均气温17.4℃，昼夜温差大，春迟冬早，植物生长期短，属山区气候。区内成土母质，主要以石灰岩、砂页岩、花岗岩的风化物为主，主要植被为松、杉、毛竹和灌木林，是上高林业基地之一。

末山 位于县城西南约30千米处，东起翰堂镇钊田、广坪村，西至田心镇田心、坑里村，南起田心镇南江、湖境村，北至徐家渡东边、寨里村，总面积约50平方千米，是上高境内的大山。清同治《上高县志》记，末山得名取"韫映回合、迥出云末"之意。山内山峦起伏、谷深林茂、悬峰突起、各有异姿。其成土母质属石灰岩及山地黄壤层结构。最高峰在云霄岭(又名龙尖上)，海拔801.9米。海拔500米以上的山峰有2座：刀背尖(678米)、浮楼顶(605.3米)。区内有香炉、天竺、芙蓉、云末、峨眉、清流、翠霞、苍玉、飞云9座山峰和云霄岭。山上茂林修竹、古松巨泉、石林岩洞千姿百态。佛教曹洞宗大寺庙之一的九峰崇福寺，坐落在香炉峰后。寺周层峦叠翠，景色瑰丽，是避暑游览之佳境。山上气候温凉湿润，山高水冷，昼夜温差大，年平均气温16.7℃，宜于木竹生长。植被以松、杉、灌木和毛竹为主，野生药材较多。

天山 位于县城南上甘山林场境内，海拔471.9米。植被以杉木林和野生灌木林为主。清同治《上高县志》记"山势矗立，行若登天"，故名。

七宝山 位于县城南面塔下乡建新村与芦洲乡章江村之间，同天山并行，海拔314米。因有铁、铅、锌、铜、硫、钴、磷等7种矿而得名。

大北山 原名大白山，位于县城南偏西芦洲乡章江村土桥东侧，海拔387米，植被为灌木林。

太阳塯 位于县城南偏西芦洲乡漳江村土桥南侧，海拔366米，植被为灌木林。

杨树岭 位于县城西南翰堂镇境内，海拔370米，植被为杉、灌木林。

聋牯塯 位于县城西南翰堂镇境内，南与分宜接界，海拔300米，植被多灌木。

马颈坳 位于县城西南田心镇境内，西与万载接界，海拔408米。

鸡公塯 因山似公鸡而得名。位

于县城西南,田心镇湖境村南面,是上高、分宜的分水岭,岭北属上高,岭南属分宜,海拔360.5米,植被以杉、灌木林为主。

五里垴 因山绵延五里而得名,位于县城西南翰堂镇广坪村北面,海拔351米,植被为灌木林。

仙姑垴 位于县城西南田心镇王丰村境内,东南接分宜县、西南界袁州区,海拔344.5米,植被为松、杉和灌木林。

仙姑岭 位于县城西南田心镇南塘村,西北界万载县,海拔499.5米,植被为松、杉和灌木林。

白泥石 又名白银石。山中白色泥土藏量丰富,坚硬如石,故名。位于县城南蒙山水库北侧,海拔318米。

莲花山 因山顶有大石耸立似莲花,故名,位于县城南偏西南港水库南面,南与分宜县接界,海拔458米,植被以灌木林为主。

马岭 位于县城西南南港镇里田村境内,南与分宜县接界,海拔334米,植被为灌木林。

烂石壁 位于县城西南南港镇白水坑西南,南与分宜县交界,海拔355米,植被以灌木林为主。

蜡烛岭 又名鸡笼峰、文笔峰、异峰。因山形似蜡烛,故名。位于县城西南南港镇白水坑村北侧,海拔381米,植被为杂草。

雷公尖 位于县城西南南港镇石水村南面石山,海拔374米,植被为野生灌木。

气候

上高属于亚热带季风气候,每年上半年,以连续5天滑动平均气温大于或者等于10℃、小于22℃为标志,进入春季。春季正处冬夏季风交替的过渡时期,冷空气和暖空气在上高境内上空交织频繁,导致天气晴雨变化无常,降水较多,气温波浪式缓慢上升。自3月上旬至5月上旬,为期平均71天,2005—2022年,春季平均降水量455.3毫米,占全年总降水量的27.0%。期内常出现低温阴雨和强对流天气。

以连续5天滑动平均气温大于或等于22℃为标志,进入夏季。初夏期间雨日多、雨量大、温度高、湿度大、暴雨多、光照少,形成高温多雨、温暖湿润的气候特点。盛夏季节天气晴好、光照强、气温高、蒸发大。自5月中旬至10月上旬,为期平均151天。2005—2022年,夏季平均降水量839.5毫米,占全年总降水量的49.8%。期内常出现暴雨、高温等灾害性天气。

每年下半年以连续5天滑动平均气温小于22℃、大于10℃为标志,进入秋季。秋季北方冷空气影响上高的次数逐渐增多,强度逐渐增强,气温逐渐下降,但天气晴好,风和日丽。自10月中旬至12月上旬,为期平均59天。2005—2022年,平均降水量165.1毫米,占全年总降水量9.8%。期内常出现干旱、"秋老虎"及寒露风等灾害性天气。

以连续5天滑动平均气温小于10℃为标志,进入冬季。冬季在冬季风的影响下,常受北方冷空气侵袭,产生大风、降温、雨雪、冰霜冻等天气。天气比较干燥寒冷,多偏北风。自12月中旬至2月下旬,为期平均82天。2005—2022年,平均降水量224.8毫米,占全年总降水量13.3%。期内常出现冰冻、大雪灾害性天气。

气温 1957—1985年,累年平均气温17.5℃;1986—2005年,累年平均气温17.9℃;2005—2022年,累年平均气温18.7℃。年平均气温最高19.3℃,出现在2021年;最低17.0℃,出现在1984年。最热月为7月,月平均气温29.6℃;最冷月在1月,月平均气温5.2℃。极端最冷气温－10.0℃,出现在1991年12月29日;极端最高气温40.8℃,出现在2003年8月2日。

日照 2005—2022年,境内年均日照时数1483.5小时。年均日照时数最多为1855.4小时,出现在2022年;年均日照时数最少为1170.4小时,出现在2015年。7月日照时数最多,平均为209.0小时;2月日照时数最少,平均为63.8小时。

降雨量 1957—1985年,累年平均降雨量为1655.3毫米;1986—2005年,累年平均降雨量1733.4毫米;2005—2022年,累年平均降雨量1678.7毫米。年降雨量最多为2334.0毫米,出现在2012年;年降雨量最少为1055.3毫米,出现在2011年。6月份降雨量最多,平均为294.5毫米;12月降雨量最少,平均为52.6毫米。日最大降雨量为166.5毫米,出现在2010年6月17日。

湿度 2005—2022年,境内年均相对湿度76%。年均最高相对湿度81%,出现在2018年;最小相对湿度11%,出现在2014年12月16日和2015年1月1日以及4月13日。

风 上高属亚热带季风气候,具有明显的季风气候特征。全年最多风向是东风,年平均风向频率13%,其次是东北偏东风,年平均风速1.1米/秒。大风一般出现在3—10月,以4月出现最多,占30%;7月次之,占22%。3—5月出现的大风大多数是强冷空气入侵前后的锋面大风;6月后出现的大风,一般是地方性热力作用产生的雷雨大风。

霜 2005—2022年,初霜平均日期为12月8日,终霜平均日期为2月14日。初终霜平均间隔时间67.3天。初霜最早时间出现在2007年和2008

年的11月28日,最晚时间出现在2012年12月19日。终霜最早时间出现在2014年1月24日,而最晚为2009年3月15日。平均无霜期304天。2019年无霜期最长,达337天;2009年无霜期最短,只有263天。

雪 初雪平均日期为1月6日,终雪平均日期为2月4日。初雪最早出现在2006年12月3日,最晚出现在2017年2月24日。近十年内2015年和2019年未下过雪,历史最大积雪深度25厘米,出现在1991年12月28日。

自然资源

土地资源 全县土地面积约13.5万公顷。上高县地处中亚热带湘赣丘陵区中部,土地资源具有多种特征:一是全县有岩石裸露山地约4260公顷(约占全县土地面积3.1%);二是水域面积7100公顷(约占全县土地面积5.3%);三是林地面积约6.03万公顷(约占全县土地面积44.67%);四是耕地面积约2.7万公顷(约占全县土地面积19.9%);五是其他用地(包括居民点及矿山用地约1026.7公顷,交通用地约586.7公顷,牧草地1万公顷,园地2166.7公顷)和没有被利用的土地共2.6万公顷(占全县土地面积19.28%)。

土壤 根据上高县第三次土壤普查成果,上高县土壤有水稻土、红壤、黄壤、潮土、紫色土、石灰土6个土类,11个亚类,27个土属,47个土种。

水稻土 是一类在植稻或以植稻为主的耕作制度下,经长期水耕熟化而成的特殊耕种土壤。水稻土是上高县耕地土壤中数量最多的土类,分布于全县各乡镇,共有面积3.78万公顷,占全县面积的28.06%。水稻土是上高县粮食生产上最重要的土壤类型。根据水稻土的水分类型及其剖面构型特征,上高县水稻土划分淹育水稻土、潴育水稻土、潜育水稻土、漂洗水稻土4个亚类。

红壤 是我国亚热带地区地带性土壤的代表类型。上高县的地理位置和自然条件,为红壤的形成和发育提供了适宜的环境条件。红壤在上高县各乡镇均有分布,红壤土类面积为5.56万公顷,占全县面积的41.25%,是上高县农业生产和今后总体开发利用的重要土壤资源。上高县红壤土类主要分布在低丘陵及山地上,红壤常在高温、高湿,春夏雨水多,秋冬干旱的气候条件下铝硅酸盐类的矿物质强烈分解,硅和盐基遭到淋失,高岭化黏粒与其他生矿物不断形成红色铁、锰、铝氧化物明显积聚而成。根据成土条件以及利用状况又将上高县红壤土类划分为红壤、红壤性土、黄红壤三个亚类。

黄壤 形成于气候温凉湿润、日照

少、云雾多、湿度大,自然植被以茂密的亚热带常绿阔叶林或针阔叶混交林及灌木林为主的蒙山山脉。上高县共有黄壤面积292.58公顷,占全县面积0.22%,主要分布在蒙山镇和南港镇海拔800~1000米的蒙山山脉,母质为多种岩石风化残积物。植被保存较好,有机质含量比较高,土层相对较薄。上高县黄壤主要为麻砂质黄壤。

潮土 主要是由于地下水参与成土作用及其频繁的季节性变化,引起了经氧化还原作用而出现的潮化特征,又由于生草作用而出现表土层有机质的积累及腐殖质的形成的土壤。上高县潮土面积共计74.85公顷,其中锦江镇分布15.86公顷,徐家渡镇分布16.06公顷,泗溪镇和新界埠镇等河漫滩和一级阶地42.93公顷。上高县潮土的亚类分湿潮土和灰潮土。

紫色土 是由紫色岩石风化发育而成的土壤。全县共有312.07公顷,占全县面积的0.23%,主要分布于翰堂镇、芦洲乡、塔下乡、上甘山林场、徐家渡等低丘岗地。上高县紫色岩层组成复杂,大体为由酸性紫红色砂质岩和砂岩风化物发育成酸性紫色土亚类。紫色岩石性松脆抗蚀力弱,物理风化强烈,土层深厚不一,但风化石较深厚,具有一定的保水能力。质地多为中壤至重壤土,土体中夹有石子。酸性紫色土pH值为5.5~6.5,由于土地利用方式不同,上高县紫色土的土属分为酸性紫土质土(旱地)、酸性紫土质壤(自然土壤)。

石灰土 石灰(岩)土是指发育在含大量碳酸盐母质(包括石灰岩、白云岩、质页岩等风化物)上的岩成土。上高县西南面山地多为石灰岩地区。上高县共有石灰土2.40万公顷,占全县面积的17.84%,主要分布在翰堂镇、芦洲乡、蒙山镇、南港镇、塔下乡、田心镇、新界埠镇、徐家渡镇等乡镇。石灰岩风化物形成的土壤,有石灰反应,加酸有泡产生,多呈中性或弱碱性反应,土质黏重,土层厚薄不一,磷素缺乏。

金属矿藏 上高资源丰富,已探明储量的矿藏有铁、银、铜、铝、锌、钴、锡、钨等金属矿。

赤铁矿 县内赤铁矿有8个矿点:主要分布在七宝山、铁子岭、铜鼓岭、宝丰山等地,总储量2354万吨。七宝山赤铁矿位于天山脚下石门岭,矿区长320米、宽310米,平均厚度30.89米,深约100米,储量达2250万吨,矿石品位42.92%。铁子岭赤铁矿位于新界埠镇桥子头村民小组,矿区长250米、宽45米,储量42万吨,矿石品位45%左右。铜鼓岭赤铁矿位于上甘山林场铜鼓岭分场,矿区长170米、宽40米、深20米,储量61万吨。

褐铁矿 县内主要有4处:七宝山、三碗饭、龙山上、江家山。其中七宝山褐铁矿是江西省六大矿山之一,储量440万吨,品位42.92%;三碗饭褐铁矿位于翰堂镇境内,储量1800吨;龙山上褐铁矿位于锦江镇境内,储量约500吨;江家山褐铁矿位于锦江镇境内,储量约400吨。

黄铁矿 主要有马湖黄铁矿,位于南港镇境内,储量约150万吨。

铜矿 县内铜矿有3处:位于南港镇境内下坑里、下嘴龙、太子壁。储量共达9000万吨。

铅锌矿 分布在七宝山和蒙山,矿藏量约1700万吨。

钴矿 分布在七宝山,是江西至今仅知的原生钴矿,保有含量占全省钴矿保有量72.3%。

钴铁矿 主要分布在七宝山、铜鼓岭、铁子岭、燕子窝等地。七宝山钴铁矿区储量69.5万吨,品位45.79%;铜鼓岭钴铁矿区储量15.98万吨,品位39.5%;铁子岭钴铁矿区储量39.3万吨,品位41.75%;燕子窝钴铁矿区,储量371.2万吨,品位33.42%。

钴铅锌矿 主要分布在七宝山,属伴生矿,品位29.77%,储量328.6万吨。

钴铁锌矿 主要分布在七宝山,属伴生矿、中型矿区,品位1.48%,储量15853吨。

另外,七宝山还有硫铁矿、磷铁矿,蒙山太子壁的锡、钨多金属矿和银矿储量也很丰富。

非金属矿藏 初步探明上高境内非金属矿藏主要有煤、大理石、花岗岩、石灰石、硅灰石、瓷土、溶剂灰岩和白云岩、水泥灰岩矿、红石等。

煤 全县煤矿资源点较多,除徐家渡镇没有煤矿外,各乡镇场均有。尤以南港、蒙山、芦洲、野市、泗溪等地较多。上高煤矿虽然分布较广,但多属鸡窝煤,埋藏深,不易开采。历史上曾在南港梅沙、前进,塔下天山,敖山黄金堆,芦洲江口,新界埠城陂,田心茶亭岭、湖境等地开采。

大理石 上高大理石资源丰富,花色品种多、质量好、储量大,分布在蒙山的乌老山、猪头山,南港的长坑、渔坑,翰堂的钊田,芦洲的陈家和章江等7个地方,总储量26729.5万立方米。主要品种有豆绿、雪花白、汉白玉、鸭蛋青、玫瑰红、浅红奶油、浅灰、晶灰、深灰、云灰、灰奶油、黑白花、全黑猪肝色等10余种。

花岗岩 主要分布在南港渔坑、长坑,蒙山乌老山等地,储量约1470万立方米。主要品种有浅灰、灰白、肉花、浅红、灰紫、黄褐、浅绿、豆绿8种。其矿大多裸露地表,品位高、质量好、易开采。已开采南港渔坑、长坑、蒙山乌老山等。

石灰石 矿体呈露天状,遍布全县70%以上的丘陵山地,储量约200亿吨,居江西省首位。主要矿区有太阳垴、末山、塘富、大泉窟等。

硅灰石 主要分布在蒙山一带,储量约1350万吨,居全国第二位。上高硅灰石的断面呈针状、束状,三氧化铁含量在0.3%以下,属低铁质硅灰石,氧化钙、二氧化硅总含量在93%以上,属国家一级品。现在开采的硅灰石矿区有月光山矿区,大窝里矿区、鸭婆坑矿区等。

瓷土 主要分布在蒙山、南港、新界埠、野市等乡镇。其中南港的镁质黏土和野市的耐火砂是较好的耐火原料。新界埠堆峰村的石子青是明代青花瓷的主要原料之一。

溶剂灰岩和白云岩 主要分布在太阳垴、葫芦山、蒙山肖坊。其矿层稳定,构造简单,矿藏规模大,质量好,是冶金业的辅助原料,开发前景好,储量约6.4亿吨。

水泥灰岩矿 主要分布在塔下天山、塘富,储量约15亿吨,其开采远景好,规模大。

红石 主要分布在泗溪、田心、野市等乡镇,储量800余万立方米。

动植物资源

动物资源 1989年7月,县林业局进行了为期一个月的野生动物资源调查。调查显示,上高县有野生动物43种,其中兽类8种,鸟类24种,在鸟类中有陆栖鸟类18种、水栖鸟类6种,两栖爬行类11种。

另据县林业部门外业实地调查换算,野生动物数量均值为42285只,其中兽纲2716只,鸟纲35883只,两栖爬行类3686只。野生动物优势品种有28种,其中,兽纲4种,鸟纲15种,两栖爬行类8种。各乡镇(场)都有分布。野生动物珍稀品种(上高逐渐稀少的保护动物或非保护动物)14种。其中,兽纲3种:黄麂、花面狸、黄鼬。鸟纲9种:领角鸮、草鸮、白颈鸦、灰胸竹鸡、画眉、灰头啄木鸟、蓝翡翠、斑点狗。两栖爬行类2种:银环蛇、火赤链蛇。黄麂、灰胸竹鸡、画眉主要分布在末山、蒙山中。斑鱼狗主要分布在泗溪、锦江水域。其他品种全县各地偶有分布,但数量不多。

兽类 黄麂、花面狸、华南兔、普通伏翼、黄鼬、小家鼠、黑线姬鼠、田鼠、野猪、黄鼠狼。

1963年以来发现的穿山甲、果子狸、豺、豪猪、狗獾、水獭、小灵猫、金猫、云豹、獐、中华竹鼠、冬茅老鼠、黑家鼠、黄毛鼠有少量存在。

鸟类 其中陆栖鸟类18种,具体为:领角鸮、草鸮、山斑鸠、炎斑鸠、白颈鸦、灰胸竹鸡、环颈雉、白颈长尾雉、画眉、八哥、灰背燕尾、厌喜鹊、灰头啄木鸟、白腰文鸟、青菜鸟、撒雀、麻雀、家燕。其中家燕、厌喜鹊属省级重点保护陆生野生动物。

水栖鸟类6种，具体为：普通翠鸟、蓝翡翠、白鹭、麻背白鹭、斑鱼狗、野鸭。

1963年以来发现的苍鹰、普通鹭、白鹇、大杜鹃、寿带鸟、雁、白胸翡翠、草鹭、绿鹭有少量存在。

两栖爬行类 眼镜蛇、银环蛇、王锦蛇、灰鼠蛇、乌梢蛇、火赤链蛇、中国水蛇、蝾螈、中华蟾蜍、懒狗、青蛙。

1963年以来发现的竹叶青蛇、蟒蛇、石拐（刺胸蛙）、树蛙有少量存在。

另外，据县林业局1992年9月的蛇类资源调查，全县有蛇类品种13个，其中有毒蛇5种，分别为眼镜蛇、银环蛇、蝮蛇、青竹蛇、百步王。无毒蛇有8种，其中常见于山上的有6种，分别为火赤链蛇、菜花蛇、水律蛇、黄金条蛇、乌梢蛇、两头蛇。栖息在水中的有泥蛇、水蛇。眼镜蛇、银环蛇属省级重点保护野生动物。

昆虫类 蜻蜓、纺织娘、蟋蟀、蝼蛄（土狗子）、蝴蝶、桑天牛、星天牛、金龟子、象鼻虫、吉丁虫、椿象、胡蜂、中华蜂、蝉、蜘蛛、松毛虫、竹蝗、茶毛虫、蝎子、百足、蜈蚣、大雨虫等。

植物资源 全县植物有49科，114种，其中优势植物有壳头科、樟科、杉科、松科、柏科、山茶科、蔷薇科、豆科、金缕梅科、大戟科、杜鹃科类等；其次是木兰科、榫科和槭科。

乔木类 主要有杉、油茶、马尾松、湿地松、毛竹、南酸枣、檫木、樟木、木荷、枫香、黄檀木、花榈木、水杉、千年桐、苦楮、栎树、香椿、枫杨、柏木、油桐、女贞、桂花、池杉、旱柳、板栗、枇杷、桃树、梨树、李树、枣树、柑橘、柚树、橙树、杨梅、柿树等。此外，还有柳杉、垂柳、豆梨、棕榈、桑树、盐肤木、槐树、刺槐、漆树、樱桃树、石榴树等。1986年后引进的池杉、黑杨、桤木，以及2012年引进的杨树均在上高栽种成功。

藤本灌丛类 主要有山苍子、山姜、梅桐、山胡椒、午姆瓜、紫藤、紫玉兰、野山楂、玫瑰、五加、油茶树、猕猴桃、野葡萄、细叶黄杨、月季花、茶叶树、木半夏、杜鹃、无花果、米饭花、乌饭树、茉莉花、金银花、铁凉伞、臭牡丹、枸杞、野枇杷、钩藤、茅栗、土茯苓、红孩儿、糯米条、狗骨柴、六月雪、阔叶十大功劳等。

竹类 主要有毛竹、方竹、紫竹、楠竹、苦竹、桂竹、淡竹、面条竹、丛竹、笋用竹（主要品种有高竹、青竹、雷竹和哺鸡竹等）。

水生植物 主要有茭笋、莲藕、红菱角、鸡头莲、水浮萍、水葫芦等。

有三类列为国家保护珍贵树种。

一类珍贵树种。有银杏，属乡土树种，在南港小坪、蒙山钩石塘、锦江南源、田心湖境、新界埠镇堆峰等地有老树生长。1995—1996年在广西桂林引种20万株银杏苗,分别栽培在泗溪、敖山、敖阳、锦江、徐家渡、芦洲、墨山、田心等乡镇的320国道两旁。当时形成百里银杏果业带,如今银杏树只在黄金堆路段还有少量残存。

二类珍贵树种。有伯乐树,属乡土树种,主要分布在南港白云峰。香果树也属乡土树种,分布在蒙山、墨山、徐家渡九峰一带。

三类珍贵树种。有楠木、青钱柳、花榈木、紫茎、樟树、天竺桂、罗汉松、樟树槭,均属乡土树种。分布在县内各地低山丘陵或房前屋后。罗汉松在蒙山陷里、楼下等分布。樟叶槭属乡土树种,生长在徐家渡九峰境内。楠木属乡土树种,在南港、徐家渡九峰境内分布。

水资源

县境水资源主要来自降雨。境内因受东南季风控制,多为锋面雨。这是上高水资源丰富的基本因素。县境降雨年际变化很大,县城1954年降雨量2368毫米。1968年降雨量仅有1069.3毫米,1986—2005年总降雨量34668.7毫米,年平均1733.4毫米。而且在年内季节分配上也很不均匀,年内降雨多集中在4—6月,占全年雨量的50%。全县水资源按径流深等值线图求出,平水年总水量为11.3亿立方米。牛头山水文站1984年记载:年径流量为25.6亿立方米,年径流深为942.8毫米,天然年径流量为26.753亿立方米,还原水量1.15亿立方米。全县地表水按相应频率50%计算,年径流总量达11.7亿立方米,地下水按均匀布井法和模数法计算,全县地下水流量为9.9立方米/秒,按频率50%计算,地下水总径流量为3.1亿立方米。据勘测,全县水力资源,可开发的蕴藏量有10252千瓦,其中已开发3356千瓦,以新界埠镇水力资源最为丰富,蕴藏量有3358千瓦,还有镇渡、徐家渡、锦江、泗溪、田心、南港及蒙山林场等乡镇场,水力资源也较多。

地表水 上高县境内各河流统属锦江水系,锦江古称"蜀水",源出宜春市西北部坪子岭。河流总长306千米(去除左、右岸重复之后,县域河流总长292.11千米),总流域面积7506平方千米,上高县境干流河长61.9千米,良田村以上集水面积5014平方千米。锦江流经的乡镇从上游到下游分别是:镇渡乡、墨山乡、徐家渡镇、锦江镇、敖阳街道、锦阳街道、塔下乡(含县农业科技示范场)、敖山镇、新界埠镇、泗溪镇。上高县境内河长20千米以上的锦江支流有城陂河、漳河(棠浦港)、斜口港、田心河、泰溪(罗河)、野鸡水、耶溪河。除城陂河发源于境内,在境外注入锦江外,其余河流均来自邻县,于境内注入锦江。

锦江　锦江,古名蜀江、属赣江支流,发源于袁州区慈化镇锡杖山,自万载县湖潭入县,流经镇渡、徐家渡(中途流经宜丰县芳溪乡、石市镇)再入县域,再经锦江、敖阳街道、锦阳街道、塔下、新界埠、敖山、泗溪等乡镇,在泗溪镇良田村入高安市。境内流程71千米,河面平均宽190米,县城洪水水位标高50.12米(1993年7月6日)。枯水水位标高41.66米(1997年3月15日)。平常流量为18~20立方米/秒,最大流量3090立方米/秒(2010年5月22日),最小流量2.66立方米/秒(2022年9月25日)。锦江河床多由卵石及粗、细砂组成,沿江两岸以沙壤土为主,植被稀疏,多灌木及草层。支流主要有城陂河、漳河、斜口港、田心河、泰溪、野鸡水、耶溪河等。

城陂河　又名蒙水。发源于蒙山北麓,源头下有蒙山水库,出库倾东北,过水口圩,与城陂左岸纳楼下水,续向东北流,经端溪、桐山、于下简村出境至高安县楼屋里注入锦江。总河长42千米,上高境内河长35.9千米,总流域面积206平方千米。

漳河　上游称棠浦港,发源于宜丰县北缘边境云峰坛南麓,自北向南流过同安乡至花桥乡丁家桥,与另一溪流社溪水汇合。南下棠浦于官桥进入上高县境,流经游市、泗溪、洋港于安塘左岸纳马岗水,至袁埠注入锦江,河主长67千米,上高境内24.8千米,流域面积553平方千米。

斜口港　又名江口水。发源于境内南港镇长坑村,东流入南港水库,出库此流经南港、梅沙至芦洲,左岸纳钊田水,至丁家陂、洋塘纳田溪水,折东流至斜口村注入锦江,主河长36千米,上高境内35千米,总流域面积351平方千米。

田心河　又称坪溪水、江南水。源出宜春市寨下镇杨柳坡,北流过社江背进入上高县江南水库,出库后倾东北,经江南、湖塘至连桥,右岸纳山陂水,至石垄里于左岸纳河龙水,北经坪溪于镇渡乡苑新村入锦江,总河长33千米,上高境内29.7千米,总流域面积164平方千米。

泰溪　又名罗河、卢江。发源于万载、铜鼓及湖南省浏阳三县之交大围山南侧,经万载县芦家洲进入上高县境洋田村,与镇渡北咀上注入锦江。主河全长61千米,上高境内仅6.9千米。流域面积415平方千米。

野鸡水　又名野市河、水口水。源出宜丰县澄塘镇袁家,南流过沙湾与野鸡垴纳稍溪水后,倾东南经下陂桥、石洪桥注入锦江,河长21千米,上高境内17.5千米,流域面积106平方千米,上高境内75平方千米。

耶溪河　古称盐溪、鸦溪、藤江,是宜丰县的第一大河流。源出石花尖山麓之胡家山，东向而行，纳逍遥诸水和石桥水后南流至潭山，经天宝乡纳芳源、黄沙、何思桥诸水进入桥西乡境内，再收曹溪、册河诸水直泻新昌镇，绕县城西、南而过，经石埠、茶咀折东而流，于敖桥乡樟陂村的港仔口纳敖溪、清水溪诸水，于凌江村入上高境内，至凌江口汇入锦江。干流（从院前至凌江口）全长72千米，上高境内仅1.9千米，总流域面积731平方千米。

地下水 境内地下水补给主要来源于大气降水，水量季节性变化较为明显。地下水径流量为20.18立方米/秒，分别储存在第四系冲积层孔隙含水岩组、碳酸盐岩裂隙溶洞含水岩组、其他各碎屑岩含水岩组等3种含水岩组中。第四系冲积层孔隙含水岩组主要出露在锦江Ⅰ级阶地和锦江Ⅰ级支流河口地段的冲积层上。碳酸盐岩裂隙溶洞含水岩组主要分布在县城、新界埠镇富港、墨山、田心、田心江南等地。

江南温泉 出露在田心镇江南村西南方向400米处，占地面积0.23公顷。泉眼有10余处，中有小溪流过，沿水溪两边排列，延伸长度300余米，宽50～80米，总流量为17升/秒，水温随流量而化，流量大，水温高。流量小，水温低。水温一般在25～40℃之间。

乌塘温泉 出露在翰堂镇乌塘村旁，占地面积0.4公顷，总流量70升/秒，水温20～40℃，主要泉眼有4处，其中一号泉眼水温24.6℃，流量60～70升/秒，四号泉眼水温23℃，流量0.5升/秒，水质类型为重碳酸钙型偏碱性淡水、总矿化度0.5克/升，属深循环的灰岩裂隙溶洞水。

自然灾害

水灾 境内主要自然灾害之一。历史上上高有记录的较大水灾37次。其中，明代4次，清代7次，民国8次，新中国成立后18次（1949—2022）。1954年5月6日至6月28日，雨期长达54天。期间，连续涨水7次，锦江洪峰停留时间持续达一星期以上，锦江水位超过警戒线1.4米。徐家渡街上可划船，水深达2.5米，水浸5天。全县受灾面积52010亩，因灾死亡12人，伤26人，倒塌房屋606间，冲毁山塘、陂坝、水圳297座。

1969年6月23日至26日，最大日降雨量258.2毫米，徐家渡街全部被淹，连地势较高的粮站水深也达1米，县城河南下街头水深达1.5米。青阳石桥被冲毁。全县水库、土陂、渡槽、筒车、水轮站毁坏32座（个），受淹农作物面积12万余亩。

降雨量在200毫米以上的年月还有1973年6月、1975年8月、1983年7月、1989年6月、1993年6月、1995年6月、1998年6月。1998年6月12日晚上至26日，全县出现连续性降水集中期，过程降雨量498.6毫米。全县大多数乡镇出现洪涝灾害，受灾人口23.2万，倒塌房屋4220间，死亡牲畜1156头，农作物被淹21.55万亩（其中10.2万亩绝收），粮食减产4万吨，淡水养殖1.5万亩被淹，公路塌方5万立方米，直接经济损失5567万元。

暴雨造成损失2000万以上的年月有：1999年8月29日普降大暴雨，全县损失房屋4300间，受淹农作物10000公顷，死亡大牲畜200多头，冲毁桥梁35座，直接经济损失5537万元。2002年6月下旬，连续暴雨，全县受灾农田8920公顷，其中被淹农田1350公顷，倒塌房屋20间，被洪水围困村庄10个，直接经济损失4100万元。2014年5月25日暴雨，全县受灾人口67700人，倒塌损坏房屋71间，农作物受灾面积4277公顷，直接经济损失2085万元。2019年6月8—9日，大暴雨，有14个乡镇受灾人口25058人，导致经济作物受灾3176公顷，直接经济损失2639万元。2020年5月7日，大暴雨。有14个乡镇受灾人口9230人，导致经济作物受灾921公顷，绝收6.7公顷，农房损失损毁44间，直接经济损失2797.45万元。

旱灾 境内主要自然灾害之一。历史上上高县有记录的较大旱灾33次，其中，元代2次，明代3次，清代6次，民国5次，新中国成立后17次（1949—2022）。其中1978年6月、2003年7月、2022年7月这三次尤为严重。1978年6月至10月，连续干旱4个月之久，全县受旱面积18.2万亩。2003年7月降水量32.7毫米，8月降水量仅0.6毫米，全县受旱面积95550亩。2022年7月，全县高温天气比历史同期偏多12天，平均降雨72毫米，较历史同期偏少67%，部分乡镇出现人畜饮水困难。全县共实施火箭作业22次，发射火箭弹52次，进行持续人工增雨作业。

2013年8月6、7、8、20日全县受持续高温天气，旱灾面积3142公顷，受灾人口29300人，直接经济损失2021万元。2022年7月，全县持续高温天气，导致15个乡镇受灾。农作物成灾面积3960.19公顷，其中粮食作物成灾面积2595.43公顷，直接经济损失6380.82万元。

冰冻 历史记载明、清至民国发生过9次，新中国成立后10次（1949—2022）。

据现有资料记载，从1991年至2022年，全县冰冻灾害出现6次，即：1991年12月27—28日，降雪量24.6毫米，最大积雪深度25厘米，极端最低气温-10℃，积雪6天不化。1998年1月22—23日，出现大雪，中断交通近12小时，柑橘受到一定冻害。2004年12

月28日,全县普降大雪,县城积雪深度6厘米,全县受灾人口2.5万人,农作物受灾面积650公顷,损坏房屋98间,倒塌房屋18间,直接经济损失592万元。2005年3月12日出现大雪,积雪深度5厘米,全县受灾人口2万人,农作物受灾面积550公顷,倒塌房屋20间,直接经济损失517万元。2006年3月13日,出现大雪,积雪深度6厘米,全县受灾人口2.5万人,农作物受灾面积550公顷,损坏房屋180间,倒塌房屋20间,直接经济损失456万元。2008年1—2月,持续冰冻天气,受灾人口16.0万人,农作物受灾面积10200公顷,农作物绝收面积8100公顷,损坏房屋1560间,死亡牲畜4600只(头),直接经济损失2.72亿元。

雷击 史料记载,1947年4月12—13日,遭雷击轻伤24人,重伤15人,死亡1人。

地震 上高境内在公元319年元月曾发生七级左右地震。另据史料记载:元至正二十年(1360)夏六月地震,清乾隆二十一年(1756)冬十月十六酉时地震,乾隆二十九年(1764)夏六月二十日地震。

风雹(大风、冰雹) 明、清及民国先后发生14次,新中国成立后13次(1949—2022)。

2021年5月10日到5月14日17时,上高县遭受冰雹伴随雷电强降雨天气,导致田心镇、泗溪镇、南港镇、翰堂镇、敖阳街道、工业园区等地区受灾,造成早稻秧苗受损,蔬菜、烟叶、油菜、广场绿地树木、企业厂房等不同程度受损。造成10744人受灾,农作物受灾面积747.41公顷,农作物绝收面积78.6公顷,一般损坏房屋15户15间,直接经济损失512.98万元。

历 史

区划·区域

建置沿革

春秋战国时,上高境域先后属吴、越、楚三国。

秦朝,上高属九江郡。

汉代,西汉高祖六年(前201)置建成县(辖今高安、上高、宜丰、万载及樟树一部分)时为建成县地,属豫章郡。新莽时(9—23)改建城为多聚县地,属九江郡。东汉光武中仍改为建成县地,属豫章郡。

上高建县始于东汉中平年间(184—189),县治先后设于三十里铺(今徐家渡镇破塘村)、敖阳街道。县名多有变更,依次为:上蔡县、望蔡县、上高镇、上高场、上高县。

上蔡县。东汉中平间(184—189),在萍居建成的汝南上蔡(今属河南省)人聚居地析置上蔡县,这是上高立县之始。

望蔡县。西晋太康元年(280),因上蔡人怀念故土,改上蔡县为望蔡县,属豫章郡。

南北朝梁(502—556),望蔡县属豫章王国。

隋朝开皇九年(589),望蔡县复并入建城县,属洪州。大业初(605)洪州复改豫章郡,仍属豫章郡。

唐朝,武德五年(622)复立望蔡县,属靖州(后属米州、筠州);七年(624)望蔡县并入高安,属洪州。

上高镇。唐朝中和元年到五年(881—884),镇南节度使钟传以望蔡地居高安之上游,加上地形较高,初置上高镇。上高因此得名。

上高场。南唐升元(937—942)年间废上高镇,改设上高场。

上高县。南唐保大十年(952)升场为县,始名上高县,属筠州。

北宋太平兴国七年(982),划上高县义钧、宣风二乡之半入宜丰县。

南宋宝庆元年(1225)属瑞州。

元元贞元年(1295)上高属瑞州路。

明洪武二年(1369),改瑞州路为瑞州府,上高属瑞州府。

清朝,沿袭明制,隶属未变。

民国三年(1914)江西省分为四道,上高县属庐陵道;民国十五年(1926)废道,上高直属于省;民国二十一年(1932)省下设行政区,上高隶属第八行政区;民国二十四年(1935),上高属第二行政区。

1949年7月14日,上高县解放,属袁州专区;1952年9月属南昌专署;1958年12月属宜春专署;1968年2月属宜春地区。2000年8月,宜春撤区设市,上高属宜春市。

行政区划

1949年7月上高解放后,废除保甲制;8月设立城厢区、徐市区、田心区、磻村区、界埠区5个区;新中国成立后,11月,从界埠区划出一部分增设官桥区,区下设立208个村农会。

1951年7月,各区改为以数字命名,即城厢区为第一区,徐市区为第二区,田心区为第三区,磻村区为第四区,界埠区为第五区,官桥区为第六区。

1955年3月,区由数字命名改以地名命名,原一区为敖阳区、二区为徐市区、三区为梅沙区、五区为界埠区、六区为官桥区、七区为江口区、八区为翰堂区。

1956年2月,裁江口区入敖阳区,梅沙、翰堂合并为磻村区(区公所驻磻村),撤销徐市镇并入徐市乡。全县调整为6区、31乡、1镇。

1957年3月,精简整编,全县由6个区调整为田心、翰堂、泗溪3区及敖阳片。11月,成立敖山垦殖场。12月,撤销3个区和敖阳片,32个乡调整为15个乡。

1958年2月,徐市街改为徐家渡办事处(含徐市街与宜丰县廖市街),改堑陂乡为江南乡,划田心乡为田心乡、湖境乡。10月,改乡为人民公社制,实行政、社合一,公社以下设生产大队。全县有13个人民公社,233个生产大队。

1984年春,改人民公社为乡建制,全县设12个乡、1个镇、5个农(林)垦殖场。乡以下设村民委员会(简称村委会)和村民小组。江口乡更名芦洲乡,界埠乡更名新界埠乡,上甘山乡更名塔下乡。

1986年2月,墨山垦殖场、上甘山林场、蒙山林场分别设置墨山乡、上甘山乡、大庙乡,实行场、乡合一。全县有15个乡,1个镇,1个省属华侨农场,1个林场。1988年1月,敖山华侨农场由省侨务办公室移交上高管理,同时设立敖山乡,实行场乡合一。

1992年,田心、徐家渡撤乡设镇,设立田心镇、徐家渡镇。1997年8月,泗溪乡、锦江乡、墨山乡分别撤乡,设立泗溪镇、锦江镇、思泉铺镇。1998年,撤销南港乡设立南港镇。2000年,撤销翰堂乡设立翰堂镇。

2003年，全县乡镇机构进行改革：撤销敖阳镇，设立敖阳街道办事处；撤销敖山乡，成建制划归野市乡管辖；撤销大庙乡和蒙山林场，成建制划归南港镇管辖；撤销思泉铺镇，成建制划归田心镇管辖；撤销上甘山乡，成建制划归塔下乡管辖；九峰林场划归徐家渡管辖。经过调整，全县辖6乡、6镇、1街道、3个农林场。

2013年11月，墨山重新设立乡建制，保留墨山垦殖场，再次成为场乡合一单位。

2021年3月成立锦阳街道。

2022年，全县有泗溪镇、敖山镇、野市乡、敖阳街道、锦江镇、塔下乡、新界埠镇、蒙山镇、南港镇、翰堂镇、芦洲乡、徐家渡镇、墨山乡、田心镇、镇渡乡、锦阳街道、上甘山林场9镇5乡1场2街道共17个乡镇场街道，198个村委会(含直属队)，28个区委会。

区域勘界 1996—2000年，按照省政府整体部署和要求，以《江西省县级行政区域界线勘定办法》和《江西省县级行政区域勘界测绘技术规定》为依据，上高与万载、高安、袁州、宜丰、分宜、渝水6个县(市、区)开展行政区域界线和交汇点勘测。勘定行政区域界线总长362.34千米，其中万(载)上(高)线58.1千米，袁(州)上(高)线14.96千米，高(安)上(高)线90.26千米，上(高)宜(丰)线108.2千米，分(宜)上(高)线61.07千米,渝(水)上(高)线29.75千米。同时，分别完成6个三县(市、区)边界线交汇点的勘定任务。即1996年10月22日勘定宜(春)万(载)上(高)三县(市)交会点，1996年11月29日勘定万(载)上(高)宜(丰)三县交会点，1997年9月28日勘定渝(水)高(安)上(高)三县(市区)交会点，1997年12月30日勘定宜(春)分(宜)上(高)三县(市)交会点及渝(水)分(宜)上(高)三县(区)交会点，1998年3月31日勘定高(安)上(高)宜(丰)三县(市)交会点。

政权·党派

县署(县衙)

上高县秩官宋以前无考。

宋制上高为中县，设县署(俗称县衙门)，官职有知县、县丞、主簿、尉。

元，置达鲁花赤、县尹、县丞、主簿、尉。县学设教谕。

明定县为三等，上高为中县。设知县、县丞、主簿、典史、教谕、训导。离楼桥、麻塘设有巡检司和税课司大使。

清朝定上高为简缺。设知县、县丞、典史、外委把总、教谕、训导。知县总揽全县行政事务及刑民案件，县丞专管文书、田赋并兼管漕务事项，典史掌管缉捕、狱囚，外委把总掌管县汛、防守城池，教谕主持文庙祭祀，训导掌管教育。县署下设"吏、户、礼、兵、刑、工"六房和"快、皂、壮"三班。承知县之命,分掌各有关具体事务。

吏房:主管役人等升降黜陟,开缺短额,经管、支领薪饷,缮写公文。

户房:管理征收、解交国库钱粮及全县的财政事务。

礼房:主管祭祀、典礼、考试及有关文化风俗等事务。

兵房:掌管兵役事项和缮写兵役公文等。

刑房:主管民刑案件的票案、勘验、堂审、关押、文稿起草及归档等事务。

工房:专管县城建筑实施,全县土地丈量及有关土地、房产纠纷等事务。

快班:主管案发后缉拿案犯和随同知县下乡巡视、检验。

皂班:专管审讯时候站班、传票、带案、行刑拷打等事宜。

壮班:专管知县出发时的仪仗,如背牌、打旗、提锣、执板之事。

清康熙四年(1665),裁教谕,只设训导。清同治六年(1867),复设教谕。

光绪和宣统,县署设置同上。

县公署(政府) 民国初,县署改为县公署,知县改称县知事。公署内设内务、财政、教育、实业4课。1926年,县公署改称县政府,县知事改称县长。县政府下设公安、财政、教育、宾兴局。1929年,增设秘书室、民政科、清查田亩总局、清乡局、县地方自治筹备分处、县禁烟委员会。1934年设立保长讲习所,公安局改科,县政府内设警佐室。1937年,县政府增设建设科、县财务委员会、县司法处。1938年增设兵役科,同年改为军事科。1939年,增设社会科、地政科、警佐室、会计室,设立电报局、江西裕民银行上高办事处,成立上高粮食管理处、邮政局、经征处、农村合作指导处和上高县警察队。同年11月,县粮食管理处改称县粮食管理委员会。

1946年,县政府设有民政、财政、教育、建设、军事、社会6科,秘书、户政、合作指导、会计、统计5室。江西税管局万载征收局上高查征所改称上高办事处,成立上高县救济院,县征借实物监察委员会,县地籍整理办事处,县田粮处改为县田粮科。

县参议会 1941年,县政府设县行政会,代行县参议会职权。由县长、国民党县党部书记长、国民兵团副团长、县立中学校长和聘任会员(地方人士每乡1人、县职业团体每团1人)组成。会议期间,县属机关主管人员、区长、乡(镇)长列席。闭幕后,由聘任会员中推选3~5人组成常驻委员会。

1943年11月,筹建县临时参议会,临时参议会设秘书股、议事股、总务会计股。

1946年1月1日,县参议会成立。至1948年11月8日,先后召开参议会

5次。

国民党县党部 1926年8月,成立中国国民党上高县党部。

1927年3月,中共江西区执行委员会派中共党员朱用光到上高县改组国民党上高县党部,改组后的国民党上高县党部委员中有4名中共党员(朱用光、易师闵、胡绍祖、黄翔北)。朱用光负责全面工作并兼组织部长。同年7月,国共合作的国民党上高县党部停止工作。

1929年7月召开国民党上高县第一次党员代表大会,选举了县党部执行委员和监察委员会成员。

从1929年7月—1946年6月,先后召开4次国民党上高县代表大会。

历史事件

钟传封南平王 唐末洪州枧桥(今上高县田心镇枧头村)人。适逢王仙芝领导农民起义,众人推钟传为首领,聚万人在末山的九峰,自称高安镇抚使。先据抚州,占州县。上报朝廷,诏命封为刺史。中和二年(882)赶走江西观察使高茂卿,占有洪州。唐僖宗升他为江西团练使,继授予镇南节度使检校太保中书令,后来又封为南平王。

置银场 南宋庆元六年(1200)在蒙山多宝峰(又名太子壁)置银场。元至元十三年(1276)设提举司,至正十一年(1351)提举陈以忠申报停办。明永乐四年(1407),复立炉冶炼;明万历二十二年(1594)六月立碑封禁。蒙山银矿历宋、元、明三朝,前后390多年。

建跃锦桥 跃锦桥(浮桥)旧名通济桥,横卧锦江,曾为勾通县城南北两岸的主要通道。宋开禧(1206)知县赵元夫重修浮桥。自宋开禧至明初浮桥四次修建,四易其名,明嘉靖癸丑年(1553),知县陈延举始迁跃锦门,易名跃锦桥。1981年敖阳大桥建成后,跃锦桥停止使用。

筑上高城门 南宋嘉熙间(1237—1240)知县江湘修葺城墙,城有四门:东为礼贤门,南为朝京门,西为宣化门,北为宜丰门。

修里陂 上高古谚云:"若要上高米价平,除非作得里陂成。"明洪武八年(1375),知县黄权顺从民意,修筑两月,费工一万三千而成里陂。作有《里陂行并叙》。此后,里陂8次兴废。1956年兴建锦惠渠,在里陂原址改建成钢筋混凝土滚水坝,拦里陂水入锦惠渠,成为上高重要的水利工程。

卢锦三农民起义 明崇祯年间,李自成领导的农民起义席卷全国。南江人卢锦三率领万余棚民,以万载天井窝为营垒,揭竿而起。明崇祯十七年(1644)二月二十九日,卢锦三率领起义军1万余人攻克上高县城。退出后不久,卢锦三会同宜丰起义军数万人再次攻克上高县城。次日进攻宜丰县城受阻,卢锦三受抚。

修《上高县志》 康熙十三年(1674)九月,知县刘启泰主持编纂《上高县志》6卷。

嘉庆十六年(1811)二月,知县刘丙知主持编纂《上高县志》17卷,首1卷,末1卷。

清同治九年(1870)八月,知县冯兰森主持编纂《重修上高县志》14卷,首1卷,末1卷。

太平天国军鏖战上高 清咸丰五年(1855)十月,太平天国翼王石达开率部攻破上高县城。咸丰六年(1856),石达开所部近2万人,攻打万载受阻,被清兵三路围攻。太平军孤立无援,寡不敌众,被迫撤出上高县城。

咸丰十一年(1861)三月三十日,太平军忠王李秀成率领2万人马,抵达上高湾头、田北一带。四月,太平军攻入新昌驻扎县城。六月,由新昌入上高。七月初九,清总兵鲍超率兵抵上高,太平军见势危急,南撤而去。

黄懋材出国考察 光绪四年(1878)七月初七,上高斗门人黄懋材奉命从四川成都出国考察,历时2年,行程5万里,足迹遍及印度、缅甸、孟加拉、新加坡、越南等国,完成考察使命。回国时向朝廷呈交了《五印度全国图》1册、《西域回部图》1册、《四川至西藏程图》1册、《云南至缅甸程图》1册、《游历刍言》和《西徼水道》各1卷。

废科举,兴学堂 清代末期,科举制度崩坏,开始兴办学堂。学堂分官立、公立、私立三种。光绪二十九年(1903)二月,上高县城开办官立敖峰高等小学堂1所,分甲乙两班,学生60名,校址设考棚。光绪三十年(1904)十月,开办公立高等小学堂1所,学生40名,校址设末山北麓石水,即原景高书院旧址。光绪三十二年至宣统三年(1906—1911)间兴办私立小学堂2所,一所是杨寺岭高等小学堂,原为白云庵书院;一所是德星高等小学堂,校址设官桥。

上高夏布获奖 清末至民国,上高盛产夏布,清《江西物产总会工艺品说明书》载:宣统二年(1910)上高"官纱夏布""格子夏布"因其"质料细腻、朗润光滑"获江西省物产总会二等奖。

抵制日货 1919年5月10日(农历四月十四,县城当墟),受五四运动的影响。上高县立高等小学(又名锦德小学,后改为敖峰小学)百余名师生,在县城各商店清查和销毁日货、并进行游行、讲演,宣传进步思想,鼓动群众起来反帝爱国,张贴"外争国权、内惩国贼""拒绝和约签字""废除二十一条"等标语,很多当墟的青年农民,也积极同学生在一起行动。

北伐军攻克上高 1926年9月上旬,北洋军阀孙传芳部将谢文炳率数千人,从万载败退上高,在斜口一带布防。14日早晨,北伐军第九师二十二团,在团长李明扬的率领下,驰至斜口与北洋军交战。战斗打响后,上高民众自动组织起来,帮助北伐军抬伤员、送子弹。激战3小时,北洋军防线崩溃,谢文炳向东南方向逃窜。北伐军占领上高县城后,安民告示,宣扬北伐军宗旨,帮助成立上高县国民政府。

创建上高国民革命先锋社 1926年9月下旬,共青团员胡绍祖等人回到上高,积极传播马克思主义思想,鼓励民众起来革命,打倒军阀和土豪劣绅。胡绍祖与进步青年一起,召集当时上高中学进步学生,组织成立了上高国民革命先锋社,胡绍祖任社长。先锋社制定了简章,宗旨是:"团结、组织上高青年参加国民革命,打倒军阀、列强和土豪劣绅,建立新上高。"国民革命先锋社组织不断扩大,不久,成员发展到200余人。

创建中共上高第一个支部干事会

1927年2月,朱用光奉中共江西区执行委员会的指示,以农运特派员的身份回到上高,发展中共党组织,开展农民运动,发展了9名党员。同年3月,在县城河北街五区试馆成立了中共上高支部干事会,朱用光任支部书记。这是中共上高地方的第一个党支部。

官桥农民暴动 1927年5月25日,时任县农民协会主席的朱用光,在泗溪官桥组织了3000多名农民,手持梭镖、大刀,清算当地的大地主、大恶霸喻开元(时任五区区长),抄了他的家,收缴了喻开元自卫队的武器装备,烧毁了地契,没收了财产。这次农民暴动,沉重地打击了土豪劣绅的嚣张气焰,让贫苦农民扬眉吐气。

晋昌钱庄成立 清至民国初,本县有钱庄,但缺具体资料。1928年,严其才开设晋昌钱庄,资本3000元,庄址县城河南观音阁。钱庄低利吸收存款,高利转放,利率常有变动。

埠头农会和赤卫队成立 1929年2月,共产党员廖所福接党的指示,从湘鄂赣革命根据地来到镇渡洋田、罗家园一带,召集江里祥、谢文兴等人在镇渡王家祠堂内秘密开会,成立了田心地区第一个农会——埠头农会。一个多月的时间里,埠头农会会员发展到100多人。在此基础上,又成立了埠头赤卫队,队长张茂才。赤卫队的主要任务是配合苏区游击队打土豪、打击铲共义勇队,搜集敌人情报。

新建青阳大桥 青阳桥位于县城青阳门外,始建于明万历年间(1573—1619),原为浮桥,称下浮桥。浮桥建成后,县人晏以清等首倡改建石桥,并购石砌建,因财力不支,仅成桥墩,遂架木为桥。此后300余年,官绅多次议建石桥,都因工程艰巨而未有着落。1929年6月,本县平民廖正才募捐建桥,于同年11月10日正式动工兴建,经六年零一个多月的时间,于1935年12月24日竣工,耗资50余万贯。新建的青阳大桥为9孔料石拱桥,每孔净跨15米,全长215米,桥宽6.2米,高13.5米,拱顶厚度0.5米。这是上高有史以来最大的料石拱桥。

泗溪苏维埃政府成立 1930年7月底,中国工农红军第一军团第四军(简称红四军)第三纵队第七支队到达泗溪。八月初在第七支队的帮助下,中共上高特支在泗溪召开了群众大会。会上宣布成立泗溪苏维埃政府。这是上高境内最早的人民政权。

红一军团转战上高 1930年8月6日,为了支援红三军团,打开湘鄂赣革命斗争局面,红四军从奉新出发,分三路向上高进发。其中一路攻克上高县城;另一路攻克高安,再由高安经灰埠、石头街,到界埠桐山,在这里发动群众,建立群众组织。

中共傅家墟支部成立 1930年10月,红三军团一部分由长沙撤退,进驻蒙山地区的傅家墟、水北、沟陂一带。在红军的帮助下,10月中旬成立了中共傅家墟党支部和傅家墟农民协会,傅学祥任党支部书记,农协会主席。成立支部后,傅学祥带领支部积极开展群众运动,为红军筹款筹粮,后被国民党反动派杀害。他在狱中留下一封书信给支部其他成员,鼓励他们继续革命。后人将这封书信称为《血泪传》。

徐家渡苏维埃政权建立 1931年2月初,中国工农红军第一方面军第三军团第十六军(简称红十六军)决定攻打上高县城,向北发展。进攻上高县城,徐家渡为必经之地。红十六军第九师很快派遣干部进入徐家渡,秘密帮助当地群众建立了苏维埃政府。徐家渡苏维埃政府积极组织群众为红军筹款筹粮,探听敌军消息,为红十六军攻打上高县城提供情报。

红十六军三克上高 1931年2月,红十六军主力从万载向上高县城出发,与国民党军朱耀华第十八师激战,第一次攻克上高县城。在田心江南、斗门、徐家渡东边、界埠等地发动群众,打土豪,消灭反革命武装。

1932年9月9日,红十六军为粉碎敌人对革命根据地的"围剿",在田心游击队的配合下,决定打击驻扎在上高县城朱耀华的第十八师工兵营,第二次攻克上高县城后,释放了被敌人关押的200多名被捕的同志和革命群众,开展了宣传活动。10日,红十六军离开上高县城向奉新进发。

1933年4月,红十六军执行中央革命委员会的命令,与敌军第七十七师一个团在上高发生激战,歼敌一个营。俘获敌副团长,缴枪200余支、机枪4挺,俘虏士兵100余人,第三次攻克上高县城。

上宜新游击队成立 1931年6月,上宜新(上高、分宜、新余)游击队成立,队长张化晏,队员20余名,枪10余支。

县卫生院成立 1931年6月20日,成立上高县立诊疗所,为上高有西医之始。1937年1月,改名为上高县立卫生院,隶属上高县政府,列为丁级卫生院,编额12名,实有5名。同年升为丙级卫生院,编额不变。院址设青阳桥南端段家村(今林业局后面)。1943年迁城北龙王庙。1948年医护人员增至10名。

中共上高临时中心县委成立 1932年秋,上高临时中心县委成立。上高临时中心县委辖上高、高安、分宜、新余4个县。整个中心县委共有7个区,245名党员,农协会员2300多名。上高临时中心县委成立后,湘赣省委拨付一部分枪支,成立游击队,发动赣江、袁江区域的游击战争。

兴修赣湘公路 南(昌)东(峰)公路1932年修建时称赣湘公路,1933年划为京黔国道,1936年划为京滇国道,新中国成立后划为320国道。赣湘公路全长264.69千米,在上高境内(泗溪至斗门)52.91千米。1932年5月1日,上高境内路段动工兴建,同年11月20日举行通车典礼。修建该路时,上高县征集桥梁水管费5万元(银洋),兴建泗溪、徐家渡两座大桥。

宁泰乡苏维埃政府成立 1933年底,中共修(水)铜(鼓)宜(丰)奉(新)县委在官桥建立了宁泰乡苏维埃政府,乡苏维埃政府办公地点驻官桥村,喻文成任主席。同时建立了反帝大同盟组织。到1934年2月,官桥地区参加反帝大同盟组织的农民达上百人。

兴修上新公路 上新公路自上高县城,往南经塔下、城陂、傅家圩、花鼓山止于新余,全长64千米,县境内长18.5千米。1938年,国民政府为军事需要征集上高、高安、新余三县民工兴修该线,1938年9月14日动工,同年10月上高境内路面铺筑完工。1939年,因抗日战争损毁。1951年2月开始修复,1959年5月1日正式通车。

日机轰炸上高县城 1938年11月5日(农历九月十四日)下午,侵华日机18架轰炸县城。适逢圩日,炸死743人,县城成了一片废墟。1939年6月15日,侵华日机再次轰炸县城,伤亡数百人。

上高会战 1941年3月,盘踞在南昌的日军2个师团,1个旅团,共6.5万多人,实施所谓的"鄱阳扫荡战"和"锦江作战",企图消灭驻守在以上高为中心的中国军队第十九集团军。这次战役史称"上高会战",是抗战时期,中国军队在正面战场上取得战略和战术完胜的一次著名战役。

上高会战从1941年3月15日开

始,到1941年4月9日结束,分三个阶段进行。第一阶段,为诱敌深入阶段。这一阶段日军兵分三路,向上高合围而来。北路日军,以三十三师团为主,由奉新南下;南路日军,以二十混成旅为主,向樟树进击;中路日军以三十四师团为主,由南昌向高安、上高而来。这一阶段,驻守在上高的第十九集团军,在罗卓英的指挥下,主动放弃一些阵地,将日军引诱到官桥、泗溪、华阳一线,实施分割包围。

第二阶段,为分割围歼阶段,这一阶段,第十九集团军,对进犯的日军给予迎头痛击。战争进行得非常惨烈,许多阵地失而复得,镜山口方圆几十里的山头上,万木枯焦,到处是残肢断臂。中国军民不怕牺牲,前赴后继,给来犯的日军以沉重打击。

第三阶段,为乘胜追击阶段。由于中国军队的顽强阻击,进犯的日本军队损失惨重,3月30日,不得不向南昌、奉新一线溃退。中国军队分两路追击。31日,收复高安后,一路向大城一路向奉新、安义追击。至4月9日,日军退入安义、南昌,双方形成对峙。至此,上高会战结束。

上高会战,历时26天,共毙伤日军官兵15729人(击毙6252人)。击落飞机4架,缴获大炮18门,机枪96挺,步枪2000余支,战马500多匹。中国军队也付出了沉重的代价,伤亡官兵20533人(其中阵亡9541人)。

上高会战期间,中共上高地下党组织,模范执行党的抗日民族统一战线思想。组织数万民众参与筹集粮草、运送弹药、救护伤员、修复通信线路等踊跃支前,有力保障了上高会战的胜利。

上高解放 1949年7月14日上午,中国人民解放军第四十三军一二九师三八五团在团长赵月光率领下向上高县城进军。下午击溃所有残余敌军,解放了上高县城。

支援解放战争 上高解放后,1949年7月18日,中共上高县工作委员会、上高县人民政府成立"支援前线指挥部",提出"筹粮借草,支援二野进军西南"的口号。上高县工商界也随即成立了支援前线委员会,配合中国人民解放军第四十八军的征粮部队组成4个工作队,深入农村筹粮借草。共筹集大米53.35万公斤,稻谷180万公斤,马草58.1万公斤,柴草13.3万公斤。支前指挥部还积极组织民工22794人,抢修公路55.94千米,桥梁22座。在泗溪、敖阳、徐市、田心公路沿线设茶水供应站,以解决过往军队困难,帮助转送解放军伤员362人。

抗美援朝 1950年6月25日,朝鲜内战爆发。美国打着联合国旗号,武装干涉朝鲜内政,并派遣第七舰队入侵台湾海峡。10月26日,中共中央发出《关于在全国进行时事宣传的指示》,

发出抗美援朝的动员令。同日，中国人民保卫世界和平反对美国侵略委员会成立，负责领导全国人民的抗美援朝运动。

全县广大青年响应抗美援朝号召，踊跃报名参军，并出现了不少"父送子""妻送夫"参军的感人现象。1951年7月10日，经审核，全县有318名青年光荣入伍，超额完成了当年的征兵任务。11月，上高县成立抗美援朝反侵略委员会，全县人民捐献购买飞机款37565元（折新币）。

合作化 1951年9月20—30日，中央召开了全国第一次农业互助合作会议。会议经过讨论，制订了《中共中央关于农业生产互助合作的决议（草案）》，12月15日该《决议（草案）》正式印发各级党委试行实施。

1952年2月，上高县第一个互助组新华乡徐家村徐九万互助组成立。

1953年3月初，上高县委根据江西省委的指示，提出了"大量发展临时性、季节性互助组，重点发展常年互助组，试办农业合作社"的要求。

1953年底，全县有互助组998个，参加农户5792户，占总农户14.8%。其中季节性互助组865个，4832户；常年性互助组133个，960户。1954年2月19日，上高县委开办互助合作训练班，439人参加培训。

1956年春，全县有初级社684个，入社农户32033户，占总农户79%。并且出现了农业高级合作社23个，入社7870户，占农户总数19.7%。至此，全县入社农户达98.7%，到年底全县实现了农业初级合作社化。

文物·古迹

文物普查 自2008年以来，遵循国家、省、市有关文件及会议精神，开展第三次全国文物普查工作。共普查到文物点372处，复查29处，新发现351处，消失30处。在普查的文物点中，古遗址类89处；古墓葬121处，古建筑124处，石窟及石刻3处，近、现代重要史迹及代表性建筑33处，其他类2处。

馆藏文物 上高县博物馆馆藏文物丰富，藏品主要来源于解放初期接收、文物市场收购、执法部门移交、考古发掘和社会民间组织捐赠。现有陶瓷、书画等各类文物藏品2234件（套），其中珍贵文物457件。馆藏文物主要有三类：一是抗战文物，二是大革命时期及土地革命时期文物，三是历史文物。包括一级文物3件，二级文物30件，三级文物424件。

恐龙蛋化石 2016年5月18日，在野市游家，工业园区电子产业园建设工地发现了由12枚恐龙蛋组成的蛋窝。根据结构特征判断，这批化石属于石笋蛋科石嘴湾珊瑚蛋，时代为距今约

1亿年至6000万年的晚白垩纪。上高恐龙蛋化石的发现不仅丰富了珊瑚蛋属的古地理分布,也为地层的划分与对比提供了更多的古生物证据。这12枚恐龙蛋被县博物馆收藏。

古代遗址

上高有古代遗址多处,代表性的包括:远古时期莲花洞遗址、先秦时期狮子垴遗址、鹭鸶岭遗址、院山遗址、葫芦洞遗址,唐窑遗址、蒙山古银矿遗址等,为研究早期人类活动和历史文化沿革提供了重要依据。

莲花洞遗址 位于翰堂钊田石洞山。洞口朝北,背靠深山,洞高6米,宽12米,长35米,面积420平方米。洞顶岩石呈莲花状,故名。洞口宽阔,阳光充足,洞底平坦。洞下同一方向有一出水洞,长年不涸。1982年10月,县文物普查队进洞考察,发现各种古脊椎动物牙齿化石:虎豹牙1枚、野猪牙4枚、野牛牙2枚、鹿牙4枚、熊牙1枚、羊牙1枚、豪猪牙2枚。经中国科学院古脊椎动物古人类研究所鉴定,为10万年至1万年前的古脊椎动物牙齿化石。1983年4月,第二次对莲花洞调查,又发现犀牛牙齿化石1枚,在出水洞口又发现剑齿象牙齿化石1枚。经上海自然博物馆鉴定,属华南中更新世时期广泛分布的大熊猫——剑齿象动物群的典型成员,距今100万年左右。1983年公布为上高县文物保护单位。

狮子垴遗址 位于敖山晏家西南的一个黄土山岗上,南邻锦江,东毗水口溪,西北靠潘家山。圆角方形,中高周低,占地面积约3万平方米,相对高度8米。地表遗存极为丰富,主要石器和陶器。石器有石斧、石凿、石球、石镰、石戈、砺石等。陶器(具)残片多以灰陶和夹粗砂红陶的软陶为主,多饰篮纹、菱形回纹等。1982年,初步探测文化堆积厚60厘米左右,为新石器晚期至商周时代的遗址。1983年公布为上高县文物保护单位。

鹭鸶岭遗址 位于泗溪中宅东南,占地面积约4.5万平方米,文化堆积层厚40~50厘米,实地采集到石斧、石范、石镞及陶片等文物数十件,时代约为商晚期至周初期。1983年公布为上高县文物保护单位。

院山遗址 位于翰堂院山,占地面积约2万平方米,文化堆积层厚2米左右,实地采集到石斧、石镞、石凿及陶器若干,根据器物特征初步判断为西周至春秋时期文化遗址。1983年公布为上高县文物保护单位。

唐窑遗址 位于县城东南5千米的窑坊南,窑址面积1600平方米,地势高低不平,高处瓷片堆积1.5~2米。窑址未经发掘,据采集遗物观察,器物胎厚质粗,施蟹壳青釉,釉不及底。从遗物的造型和釉色分析,具有唐代器皿特点,属于唐代瓷窑遗址。2018年公布为市级文物保护单位。

蒙山古银矿遗址 位于南港鉴里，东至垴子上、西至南港水库、南至肖家村、北至东风桥，东西长约4200米，南北宽约2800米，分布面积达10余平方千米，是我国宋、元、明时期一处集采矿、选矿、冶炼和铸币一条龙生产的大型银矿遗址。蒙山古银矿遗址有蒙山务（银场提举司）旧址1处、书院1座、主矿洞27个、大型露采遗迹探槽和槽坑各1处、冶炼场4处、石板古道4条和古桥梁2座，以及宋、明两代有关矿山禁采的石刻4处，并有大型护卫性土垣和壕沟遗址。这些丰富的遗存涵盖了古代矿山生产、运输、管理、教化和信仰的方方面面，为研究古代矿产遗址提供了极其珍贵的历史资料。2013年公布为全国文物重点保护单位。

葫芦洞遗址 位于县城南6千米的葫芦石南。洞内迤逦蜿蜒，虚冲剔透，四壁光明如镜，可容数十人，其状如葫芦，故名。相传，元末本县人曾义山在此洞赠"天书"《银河棹》于刘基（字伯温），后者尽知其密，辅佐朱元璋建立明朝。嘉庆十二年（1807），知县刘丙知为洞镌"栖云"二字。本县人晏善澄游览此洞，著《游葫芦石洞记》。从此，葫芦洞声名远播。

城头东汉墓群 位于泗溪城头委岭里自然村南。古墓葬共7座，均为砖室券顶墓，坐北朝南，方向东南154°—170°，墓葬形制分"十"字形和长方形两类。所出随葬品，完整及可复原器物153套，计171件。按质地分有陶器、青瓷器、酱釉瓷器、金银器、铁器、铜钱、滑石器等。通过对清理出的十字交叉纹、半同心圆纹、网纹、车轮纹等墓砖纹样、五铢钱等遗存，据此判断，属东汉中晚期的墓葬。2018年公布为市级文物保护单位。

堆峰隋代墓群 位于新界埠堆峰北。1982年，县博物馆清理其中2座墓。其中一号墓为砖石拱形结构，墓室长2.10米，宽0.80米，深0.90米。二号墓拱形砖室结构，前有一室，墓室长4.22米，宽1.12米，高1.50米。右旁有一耳室，耳室长1米，宽0.71米，高1.88米。墓中出土长颈莲花瓣青瓷瓶1件和其他青瓷5件，经考证认定为南朝和隋代墓群。

南唐荆王墓 位于新界埠端溪白云山。旧传荆王就封，道薨于此，其墓主为南唐后主李煜之子李文颎。

明聂珙墓 位于九峰苏公坪后山中。墓冢椭圆形，长4米，宽3米，石砌罗围、中间封土。坐南向北，地势高岸，视野远阔。墓前有石碑两块相连，碑文横式，阴刻隶书体"山东兵备道副使聂珙公墓"，墓前两侧竖望柱一对。已被公布为县级文物保护单位。

明王纲墓 位于县城东郊，墓地坐北朝南，墓地周围麻石所砌，中间圆石顶。墓中出土2只石狮,1只石龟,1只石马(均损坏)。墓现已毁。

古代建筑 虽然历经千百年的战争洗礼和风雨侵袭,上高依旧留下不少古建筑,有阁楼、宝塔、牌坊、寺庙、古墓、桥梁、民居、祠堂、窑址、作坊等等,如圣济寺、崇福寺、大观塔、观澜阁塔、三朝侍御牌楼、五世同堂牌坊、金锁桥、儒里桥、苑新桥、万墩桥、普济桥、石洪桥等,这些古建筑都是历史文化的重要载体。

孔庙 原址位于上高中学校园内,现已毁。孔庙亦称学宫,是祭孔讲学之地。据同治《上高县志》记载,宋元丰五年(1082),知县李怀道首建。苏辙曾为建庙撰写《上高县学记》:"古者以学为政,择其乡间之俊而纳之胶庠,示之诗书礼乐,揉而熟之。"南宋乾道五年(1169)知县赵师复迁今址(上高中学)。元、明、清多次修葺扩建。明邑人王纲在他《重修学宫记》中开篇明义:"古之为治者,未有不以兴学之贤为先务。"修建孔庙除尊孔祭孔外,主要是为培养人才。孔庙以大成殿为主体,由崇圣殿、乐台、泮池、棂星门、讲堂、尊经阁、明伦堂、敬一亭、近圣书院、金石书院、考棚、射圃、名宦祠和乡贤祠等建筑群组成,规模宏大,气势磅礴。从宋乾道五年(1169)至明嘉靖二十七年(1548)的380年中,相继有八次较大的修葺增扩。明末毁于战火。康熙三年(1664)知县范时英重修大成殿,康熙十二年(1673)知县刘启泰又将殿庑修葺一新。乾隆三十一年(1766)修葺大成殿东西两庑。咸丰五年(1855)曾被烧毁一半,同治元年(1862)知县魏赢集资修葺。1922年,在孔庙建立上高中学。其间,原有建筑屡有拆除改建,唯存大成殿。该殿为木质结构,斗挑梁,双飞檐,庑殿顶,四角翘起,麻石方柱,青砖粉绘墙,面宽21米,三开间,四边有围廊,高台基,台阶中心铺有云龙纹石刻丹陛。整个建筑面积388平方米。

圣济寺 蒙山圣济寺远在九峰崇福寺之先即由僧道明开山,称圣济派。宋治平元年(1064)赐额"圣济梵刹",与九峰崇福寺齐名。清顺治间(1644—1661)由思懒融和尚集门下诸僧募捐重建。寺内正殿有木刻长联一幅。联云:"佛自西域来似大冶洪炉是铁皆堪铸,僧归东蒙去如孤云野鹤何天不可飞。"至嘉庆时又有御赐"圣济梵刹""唐朝佛国"两块碑石矗立山门左右,更显壮观。20世纪70年代后期,因所在国营林场基建施工,寺院被拆除。目前圣济寺正在重建。

崇福禅寺 俗称九峰寺,位于徐家渡九峰。唐昭宗乾宁年间(894—897),钟传捐出九峰故宅作寺庙,请高僧普满禅师开山,昭宗皇帝赐名"宏济寺"。天复年间(901—904),昭宗改名"崇福寺",并赐匾额"崇福禅林"。元延祐年间（1314—1320）崇福寺第四十四代主持正慧明德禅师道全，捐衣钵，兴建佛殿、藏经殿、蒙堂、前资堂、东庵重楼。明洪武十年（1377），主持悟空禅师增建堂宇15间。清初，被火烧毁。清康熙十年（1671），有僧众在崇福寺旧址重建佛殿，寺院占地1800多平方米，殿堂为前后二进一天井、砖木结构，门额镂刻"崇福禅林"。1983年公布为上高县文物保护单位。1993年对崇福禅寺进行了修复，同时更名为"九峰禅寺"。2010年开始扩建，2016年落成。与宜丰洞山，黄檗、五峰、高安真如，并称筠州"五大道场"。

大观塔 位于上高县城东南方向的塔下锦江南岸。建于清乾隆五十二年（1787）。砖石结构，塔基平面呈正八边形，边长为8.86米，用大块麻条石（花岗岩）铺就。塔高46.53米，塔身用青砖砌成，塔墙厚度自下而上逐层收缩，第一层塔墙厚2.27米，顶层为1.90米。每层塔檐用角砖和莲瓣形的青砖逐级挑出，叠砌八面而组成塔檐，再用雕有翘头鳌鱼的石板压住檐砖，然后再复砌一层形成重檐造型。向上翘起的鳌鱼口衔铁钩，钩上悬挂黄铜风铃，每层8个，共56个。塔顶呈八角攒尖式，安置有铁质紫金色宝葫芦塔刹。塔内设石阶环形通道，拾级而上。宝塔每层皆置8门，其中4门为实门，另4门为虚门，只起装饰作用。底层正门朝向县城，门楣上镶嵌麻条石横额，上刻"大观塔"楷书大字和"大清乾隆丁未桂月云吉""邑倏范元飚全工五乡士民公建"题记小字，书法遒劲有力，是当时的上高县令范元飚手迹。2018年公布为省级文物保护单位。

观澜阁 是一座三层八边的塔，坐落在徐家渡东边。清代嘉庆二十一年（1816）李氏族众建造。该塔三层双檐，平面八边形，砖石结构。通高23.3米，底径7.55米，墙厚1.51米，中空4.53米。不显塔基，底层高6米，三门。正门顶呈外圆内方，高2.73米，宽0.88米。上有石刻横额，镌"观澜阁"三字，据说是村中举人李祖陶的手迹。1987年公布为省级文物保护单位。

三朝侍御牌坊 坐落在上南港马湖，是为明朝"三朝御史"曹汝兰而建的。曹汝兰历任明代万历、泰昌、天启三朝御史。为了表彰他的功绩，崇祯二年（1629），皇帝颁旨为其建立"三朝侍御"牌坊。牌坊始建于县衙前，清乾隆初移建于状元洲，后被洪水冲坏。清道光二十七年（1847）重建于马湖村。重建的牌坊系木质楼阁式结构，十二柱三门三间、殿庑顶，通高8.50米，宽7.55米，长5.80米，通体朱漆彩绘。正楼和边楼皆用多层斗拱承托梁架，琉璃瓦覆盖，正脊中冠宝瓶，两端鳌鱼吻。牌坊正中的斗拱部位，高悬"恩荣"竖匾；之下横挂"三朝侍御"横匾。立柱上对称书写两副对联,中间是"笏插云端朝拱壮乌台气象,印浮水面荣徊启翰苑文章",两边是泥金楷书字体"伯虎家声旧,乌台气象新"。2018年公布为省级文物保护单位。

五世同堂牌坊　坐落在芦洲儒里牌坊巷内,清代乾隆四十九年(1784)为表彰村民黄粤常一家五世同堂而建立。该坊为青石斗榫结构,建在两栋高宅大屋巷道中间,坊两端嵌入屋墙之内,造型为两柱一门一楼,高3.9米,宽2米。条石为础,方柱前后置抱鼓石支撑,方梁正面雕刻双龙抢珠图案,其上方用条石镶嵌长方形横额,一面为楷书阴刻"五世同堂",另一面"眉寿延庆"。横额之上用斗拱支撑坊顶,中间嵌一石刻竖匾,镌刻"恩荣"楷书二字。"五世同堂"牌坊,表达了中华民族对长寿老人的尊重与敬仰的传统美德。1983年公布为县级文物保护单位。

梅沙桥(金锁桥)　梅沙桥,俗名金锁桥,位于上高县南港镇梅沙村东北方向的村头,上高至分宜公路东侧。东西向跨于江口水上,是一座桥面建有长亭的三孔石拱桥。梅沙桥始建于明代洪武二年(1369)。现今的金锁是光绪六年(1880)重修的,1988年因遭火灾而毁,1989年村民自发集资重建凉亭。梅沙桥全长65.9米,宽5.38米,高7.18米。金桥用青石纵联券拱,两墩三拱。桥面设置凉亭,亭两边各设一排长凳,供过往行人休息。2018年公布为江西省文物保护单位。

儒里桥　位于芦洲儒里。因位于儒里村而得名,上高古桥之一。清同治《上高县志》记载,元泰定年间翰堂李姓捐资修砌石墩。后圮,架木以渡。清康熙十二年(1673),李群玉捐资修建石墩木桥梁,后倒塌。1956年修建上分公路时重新修复。

苑新桥　位于镇渡苑新。清乾隆八年(1743)由族人捐资修建,桥栏槛于1979年重修。是一座双孔麻石拱桥。长32米,宽6米,高8米,最大跨度12.5米。现为上高县名胜古迹之一。2018年公布为省级文物保护单位。

官桥老桥　位于泗溪镇官桥村。始建于清乾隆二十四年(1759),1961年江西省交通厅拨款维修加固。2009年6月重建,2010年7月建成。长55.8米,宽8米。

普济桥　位于锦江斜口西南,江口水与锦江河汇合处。是一座七墩八孔梁式石桥,麻石堆砌桥墩,并排四根长条青石架梁,全长73米,宽1.6米,高5.13米。南唐升元中(约940),上高县衙由三十里铺迁今至敖阳,设立上高至万载的驿站与驿道,普济桥就是这条驿道上一座重要桥梁,也是最长的一座桥梁。普济桥原有一座寺庙,叫普济寺,桥以寺名,故立碑冠名普济桥。1983年公布为上高县文物保护单位。

石洪桥 石洪桥位于上高县敖山镇洪桥村，为清代建筑。石洪桥整体为七字形，总长50米，由水陆两段组成：一段是跨水二孔石桥，该段长32米，宽4.6米，桥面距水面高5.30米；另一段为三孔石桥，长18米，宽4.6米。该桥不仅造型奇特，功能双重，而且原状保存好，跨水段的桥基建在岩石上，桥体坚固，无一块构石脱落。2018年公布为江西省文物保护单位。

革命历史遗址

红一军团红四军第三纵队指挥部旧址 位于新界埠桐山，为当地一祠堂，清末民初修建，纵深55.2米，宽12米，高6.5米，砖木结构，由前厅、三天井及左右侧廊、后堂组成，占地面积662.4平方米。1930年8月初，红一军团红四军第三纵队（总指挥为萧克）在高安、上高交界地区分散做群众工作。其指挥部就设在桐山村陈氏祠堂。1931年至1933年间，湘鄂赣苏区红军部队以桐山为根据地开展革命斗争，并在桐山村陈氏宗祠大门两侧墙上开辟宣传栏，宣传栏高1.4米，宽5.6米，其上书写的《中国工农红军优待条例》及"反对保甲制度""工农不打工农""打倒卖国的国民党"等标语至今保存完好。现为江西省文物保护单位。

马鞍山革命烈士纪念碑 位于田心马鞍山。第二次国内革命战争时期，中共湘鄂赣省委和苏维埃政府领导的上宜万田心游击队在上高县田心、镇渡一带开展革命武装斗争，先后有卢细芽、高雪妹、江疤八等数十名同志在马鞍山被国民党反动派杀害于马鞍山下，为中国革命献出了宝贵生命。为缅怀他们的英雄事迹，1968年，田心公社革命委员会在马鞍安山立碑纪念。1983年公布为县级文物保护单位，2018年公布为宜春市文物保护单位。

中共田心区委旧址 位于田心仇湖，砖木结构，占地420平方米。1932年4月初，中共万载中心县委召开了第一次会议，会议提出了首先创立上高、分宜根据地的任务，制定了4月15日到6月15日2个月的工作计划，并由李亮等9人组成了"上、分、清、高、宜工作委员会"。深入到田心、江南一带做组织发展工作，2个月便建立了5个支部。5月底，中共万载中心县委指示成立田心临时区委，始建于镇渡埠头，一度移至田心仇湖。

傅学祥烈士墓 傅学祥同志是上高县土地革命时期牺牲的革命烈士，上高县蒙山镇充武村人，1894年出生，1928年参加革命，1929年加入中国共产党，1930年10月在傅家圩建立中共支部和农民协会，任支部书记、农民协会主席，1930年11月被杀害于高安县城石桥头。其墓位于上高县蒙山月星棚下村后山，原墓碑是1994年蒙山乡政府所立。县博物馆保存有傅学祥烈士手书的《血泪传》《农民协会诞生宣告》等6件珍贵遗物。

红十六军军部旧址——陈氏老屋 位于徐家渡塘下陈家,是第二次国内革命斗争时期党领导人民反抗国民党反动统治,发展红军,传播革命火种的历史见证物。1932年6月红十六军进驻徐家渡,至今旧址的大门两侧仍保留有当年红军留下来的标语,内容有"打倒日本帝国主义""反对瓜分中国""打倒倭匪""建立工农苏维埃政府"等,是湘鄂赣革命斗争中具代表性的革命史迹,对研究湘鄂赣革命史具有较高的历史价值和参考价值。

红三军指挥部旧址——罗氏宗祠 位于镇渡洋田。1930年8月红一方面军第三军从上高进攻万载途径洋田,部队在此宿营。红三军驻扎在此期间建立了苏维埃政权,播下了革命的种子。洋田红军旧址是红一方面军转战赣西北及在湘鄂赣革命斗争中具代表性的革命史迹,是红一方面军转战赣西北及湘鄂赣革命斗争的历史见证和缩影。

红十六军第九师指挥部旧址 位于田心江南。1931年2月师部就设在陈克昌旧居内。红军驻扎在此期间,积极宣传红军政策,打击土豪劣绅,建立苏维埃政权。

湖境红军旧址 位于田心湖境。建于清同治年间,占地面积为590平方米。1930年8月红一军团红四军攻占上高县城后,于8月中旬兵分两路向万载进军,左路红四军第二纵队由上高—翰堂—田心—万载方向进发,途经湖境时,留下了"打土豪、分田地""当兵就要当红军"等红色标语,播下了革命的种子。

泗溪红军赤卫队旧址 位于泗溪熊家。1930年8月,红四军第三纵队第七支队到达泗溪。在红军的帮助下,中共上高特支在泗溪召开了群众大会,会上宣布成立了泗溪地区苏维埃政府,同时成立了工农革命委员会、农民协会筹备委员会和红军赤卫队。

埠头红军购盐旧址 位于镇渡埠头。为老党员黄水生同志祖屋,建于清光绪丁亥年(1887)。该屋是湘鄂赣革命根据地田心游击队红军秘密购盐点。

小步蒙山游击队旧址 位于蒙山小步,为小步村两栋黎姓宗祠。1932年中共上简区委成立后,在蒙山、南港一带广泛发动群众,宣传革命思想,组建了农会和反帝大同盟。当时农会组织就设在黎姓宗祠内。为了创建蒙山革命根据地,红十六军派出一支百余人的队伍进入蒙山由邱明贵带领,成立了地方武装组织,在蒙山地区开展了打击反动团兵、伏击敌正规军、打土豪的游击战争,由邱明贵带领的游击队大本营也设在黎氏宗祠。黎氏宗祠当时即既是游击队指挥部,也是游击队医院。

陇塘革命旧址 位于翰堂陇塘。

1935—1936年,中共湘鄂赣省委率领红十六师在湘鄂赣坚持游击战争,成立了中共新崇区委和区苏维埃政府,当时区委和区苏维埃政府就设在陇塘祠堂里,在这里宣传革命思想,武装群众,进行革命斗争。

浒江革命旧址　位于蒙山浒江,1930年前后上高革命先驱傅学祥等在浒江建立农民协会,开展对敌斗争,配合红军打土豪、筹军饷。浒江祠堂当时就是红军的粮食中心、情报中心、联络中心、伤员救治中心。

堆峰农民协会旧址　位于新界埠堆峰。1927年2月底,在原上高农会的基础上成立了上高县农民协会,朱用光担任主席,全县6个区都相继成立了农协会,1927年3月,中共上高支部干事会成员晏国昌负责四区(界埠、堆上、水口)农协会,四区农协会就设在新界埠镇堆峰村"大夫第"老宅。农协会发动农民起来减租、减息,打击土豪劣绅,在人民心中播下了革命火种。

抗日战争遗址　2013年,上高县上高会战遗址群入选第七批全国重点文物保护单位。其中包括:镜山战场遗址(县城);中国军队第十九集团军总指挥部旧址(翰堂);中国军队第十九集团军妇女战地服务团旧址(翰堂);中国军队第十九集团军总部特务营(翰堂);中国军队第七十四军指挥部旧址(泗溪、锦江);中国军队第七十四军五十八师战时指挥部旧址(泗溪);中国军队第七十二军新编十五师战时指挥部旧址(泗溪);中国军队第七十四军五十八师战时指挥部旧址(新界埠);中国军队战时医院旧址(新界埠);中国军队驻军旧址群(新界埠);中国军队后方征粮站旧址(田心);中国军队战略物资储备处旧址(南港);上高会战战时监狱旧址(芦洲);上高自卫队支前联络处旧址(镇渡);日军第三十四师团指挥部旧址(野市)。

抗日阵亡将士陵园　抗日阵亡将士陵园位于县城东郊的镜山。陵园依山而建,布局仿中山陵,门额横刻国务院原副总理、国防部原部长张爱萍手书"抗日阵亡将士陵园"八个大字。陵园中部有一座仿古凉亭——会战亭,亭内立一青石碑,上刻《上高会战抗日阵亡将士陵园重修记》。凉亭西侧移存一堵上高会战时标语墙,内容为"军爱民,民助军,军民合作打日本"。陵园顶部为上高会战抗日阵亡将士墓,由墓碑和三个衣冠冢组成,两侧墙上刻有上高会战阵亡将士名录。上高抗日阵亡将士陵园2012年被列为全国红色旅游经典景区,2013年被列为国家重点文物保护单位。2014年9月1日,成为国务院首批公布的80处国家级抗战遗址之一。

书院

正德书院　正德书院位于蒙山鉴

里南面。元至元二十七年(1290),蒙山银矿提举姜荣始建此书院。至元二十八年(1291),提举侯孛兰奚割己俸续建,越三年告成。集贤院学士、元代大书法家赵孟頫为书院题写刻石横额"正德书院"。延请师儒,召集众徒,诵习其间。礼请邹民则为主讲,并延请庐陵彭卿云、理学家吴澄、瑞州邹宗伯等名贤到此讲学。延祐二年(1315),提举陈以忠私费扩建。扩建后的书院建有大成殿、两庑、明伦堂、致思堂、佑善堂、先览祠等。鼎盛之时,招集徒众诵习,达千人之多。该书院明万历年间毁于兵燹。正德书院开我国厂矿办教育之先例。

金石书院 明嘉靖十五年(1536)始建金石书院。院址在学宫东,面临金石,故名。明末被毁。

敖阳书院 设于县东状元洲,清康熙辛卯(1711)知县王耘创建。清道光二年(1822)榜眼郑秉恬,咸丰三年(1853)进士况逢春、举人周大龙曾在此就读。

高湖书院 设于河西高湖。康熙六十一年(1722)傅姓建,傅崧首倡。数学家傅九渊曾在此就读,御史陈庆镛为傅九渊读书堂书"有不为斋"匾额。1941年春,私立上高大同小学迁此。

尚友楼 筑于县西的东边贯陇村,清道光举人李祖陶建。为两层小楼,上层藏书3万余卷,下层则"课读孙曾",类似私塾,因李祖陶生性崇尚古人,以书为友,故改名"尚友"。李"朝夕寝馈其中,日尽数十百纸,虽盛暑祁寒不辍,或夜半即起,篝灯危坐达日"。李祖陶是清朝中晚期上高著名学者、教育家。

景高书院 设于县西末山北麓石水,清道光己亥(1839)由高载铭首倡集资创建,占地30余亩,学产颇厚。遍布千春上乡各地。清代著名学者李祖陶曾在此讲学,听者云集。光绪三十年(1904)改为公立高等小学堂。民国初改为私立景高小学校。

上高历代书院、书屋、书舍一览表

名 称	地 址	创建时间及创建者
梅湾书院	蒙山小坪	宋邹渊潭建
正德书院	蒙山鉴里西夜合山	元至元二十七年姜荣建①
金石书院	儒学前	明嘉靖十五年建②
敖阳书院	状元洲	清康熙辛卯王耘建③
近圣书院	学宫西偏	清乾隆十二年建,嘉庆十五年刘丙复建,并置考棚于其中

续表：

名　称	地　址	创建时间及创建者
五之书院	学宫崇圣祠后	清道光十九年建
景高书院	末山北麓石水	清道光十九年(千春)上乡公建④
西箴书院	官路口	清道光十九年(千春)上乡公建
留余别业	大东门外	明万历李偕建
联壁书院	田北村	(不详)
高湖书院	河西团高湖(今团结墟上)	清康熙六十一年傅姓建
向若书屋	洋田龙坛西	罗锦川支下建
汇海书院	县东二十里简家	简捷兄弟同建
含晖别墅	横江(岭窝)	胡学演建
正蒙别墅	河西团六口(今锦江乡)	任崇德建
述园	辛义中团(今堆峰)	晏善澄筑
尚友楼	东边贯陇	清道光年间李祖陶建⑤
桐岗书屋	辛义下团(今五星村)	陈洪文建
竟成书屋	大东门外	郑圣赞建
诞登书屋	大观塔下文觉寺	(不详)
学圃	白沙湾	黄旻显黄克显建
小瀛洲	白沙湾	(不详)
艺芳书屋	白沙湾	黄遇建
飞跃轩	六口	任绍塾建
得一斋	六口	任周建
时习斋	大塘	况素庵建
惜阴书屋	河西团曲水	陶化建

续表：

名　称	地　址	创建时间及创建者
兰玉书屋	上城	漆姓建
培薲书屋	徐家渡寿塘下	李日晖建
洙溪书舍	永平团洙村	易姓建
聚星书屋	益乐团江南	陈文焕支下建
萃秀书屋	益乐团球湖	仇姓义学会建
理静轩	上蔡团燮田	黄洪钧建
凌云阁	南里团马湖员山	（不详）
上进书屋	劳松团风山（今章江村）	陶应时建
桂馥轩	修仁团泽山	黄耀英建
蒸蔚山房	泗溪下房	（不详）
观澜轩	泗溪	胡大成建
见龙书屋	葛步千子岗（今泗溪熊家村）	李维谦建
绿天园	景行团新峰	冷观光建
晴峰别墅	景行团新峰	冷近光建
来一轩	景行团峨溪	刘士超建
桂林书屋	广乐乐枧头（今泗溪乡良田村）	（不详）
独占轩	白土上泉港鳌头（敖头）	吴姓建
心田书屋	忠诚池坡（今泗溪乡杜家）	杜飞汉建
近道书舍	正西团水口（今野市水口）	（不详）
香祖园	宁泰官桥（今泗溪官桥）	喻良连建
静明书舍	田心	黄廷献建
五元轩	益乐团江南	陈两宜会建

续表:

名　称	地　址	创建时间及创建者
养正书屋	磻村	易汉诚众建
延青轩	潢村(今上甘山槐树岭村)	(不详)
青云书舍	上京陂团东边	李从龙建
文澜别墅	唐良团楼	潘仲端众建
桐轩	泗溪龙潭	胡用宾建
育英书舍	东边	李文辉李国泉同建
四教书舍	斗门	黄绂建
凌云轩	斗门	黄科盛建
文昌书屋	唐良团楼下	潘姓建
渠成书舍	修仁团(今新界埠光明)	简焕建
驻云轩	清源(今野市水口村)	冷燮和众建
启蒙轩	漳湖(今锦江五里村)	傅崇公支下建
进修轩	辛义中团车溪	黄小岩建
立本轩	后塘南港(今田心南江村)	卢耀朝建
韫玉山房	后塘冷水石下(今末山石水村)	罗学颁、允禧同建
印月轩	辛义下团(今新界埠横江)	胡文奇建
白云庵书院	翰堂杨树岭白云庵	清光绪甲寅左吉士在此主讲

注:①明万历时圮。②明末圮。③同治时圮。④⑤新中国成立后拆除。

儒　学

上高儒学初在县治北,孔庙在县治东。北宋元丰五年(1082),县治李怀道合迁于县治西。南宋乾道五年(1169),知县赵师复再迁今址(上高中学)。历宋、元、明、清诸朝,屡经修葺,至1985年仅剩同治元年(1862)修复的大成殿。20世纪90年代初,大成殿因年久失修成一类危房被拆除,改建上高中学教学楼。

清代每年二月在县城考棚举行童子试,由知县主持。县考录取者始得参加府试,府试合格者再参加院试(临案),院试录取者称儒学生员(秀才)。被录取的生员,照例先依额拨入府学,其余拨充儒学。清同治时,上高县童试文武学额各22名。

儒学有学田、学潭和学地等资产。清同治时,上高儒学有早晚田247.92亩、租谷335.235石,立"上高儒学户"管理其资产。学潭东起雷峰嘴,西迄状元洲,学地在蒙山鉴夫子堂。光绪三十一年(1905),废科举,兴学堂,儒学遂废。

艺文·史志

上高县图书馆馆藏古代上高籍文人著作

序号	著作	作者	版本	容量
1	《沪游胜记》(不分卷)	(清)黄懋材撰	清光绪二十二年(1896)刻本	1册
2	《平政录》(不分卷)	(清)黄懋材撰	清抄本	1册
3	《楚蒙山房集》	(清)晏斯盛撰	清刻本	28册
4	《楚蒙山房集》	(清)晏斯盛撰	清刻本	20册
5	《楚蒙山房集》	(清)晏斯盛撰	清刻本	25册
6	《楚蒙山房集》	(清)晏斯盛撰	清刻本	23册
7	《楚蒙山房集》	(清)晏斯盛撰	清刻本	18册
8	《楚蒙山房集》	(清)晏斯盛撰	清乾隆新喻晏氏刻,道光二十一年(1841)补修本	17册
9	《地舆方》(个分卷)	(清)李祖陶撰	稿本	1册
10	《归震川先生文选》6卷	(明)归有光撰 (清)李祖陶评点	清道光二十五年(1845)刻本	1册
11	《归震川先生文选》6卷	(明)归有光撰 (清)李祖陶评点	清道光二十五年(1845)刻本	3册

续表：

序号	著作	作者	版权	容量
12	《国朝文录》	（清）李祖陶辑	清道光刻本	50册
13	《国朝文录》	（清）李祖陶辑	清道光刻本	32册
14	《国朝文录》	（清）李祖陶辑	清道光刻本	32册
15	《国朝文录》	（清）李祖陶辑	清道光刻本	34册
16	《国朝文录》	（清）李祖陶辑	清道光刻本	34册
17	《国朝文录》	（清）李祖陶辑	清道光刻本	74册
18	《国朝文录续编》	（清）李祖陶辑	清同治七年(1868)刻本	32册
19	《国朝文录续编》	（清）李祖陶辑	清同治七年(1868)刻本	33册
20	《国朝文录续编》	（清）李祖陶辑	清同治七年(1868)刻本	30册
21	《国朝文录续编》	（清）李祖陶辑	清同治七年(1868)刻本	32册
22	《国朝文录续编》	（清）李祖陶辑	清同治七年(1868)刻本	45册
23	《国朝文录续编》	（清）李祖陶辑	清同治七年(1868)刻本	29册
24	《国朝文录续编》	（清）李祖陶辑	清同治七年(1868)刻本	76册
25	《金元明八大家文选》	（清）李祖陶辑	清道光二十五年(1845)刻本	24册
26	《金元明八大家文选》	（清）李祖陶辑	清道光二十五年(1845)刻本	34册
27	《金元明八大家文选》	（清）李祖陶辑	清道光二十五年(1845)刻本	31册
28	《金元明八大家文选》	（清）李祖陶辑	清道光二十五年(1845)刻本	24册
29	《金元明八大家文选》	（清）李祖陶辑	清道光二十五年(1845)刻本	42册
30	《李祖陶札记》（不分卷）	（清）李祖陶撰	清咸丰元年(1851)誊稿本	1册
31	《迈堂时文》1卷	（清）李祖陶撰	清刻本	1册
32	《迈堂文略》4卷	（清）李祖陶撰	清道光十五年(1835)刻本	1册
33	《迈堂文略》4卷	（清）李祖陶撰	清刻本	1册

续表：

序号	著作	作者	版权	容量
34	《迈堂文略》4卷	（清）李祖陶撰	清刻本	1册
35	《迈堂文略》4卷	（清）李祖陶撰	清刻本	1册
36	《迈堂文略》4卷	（清）李祖陶撰	清同治七年(1868)尚友楼刻本	2册
37	《迈堂文略》4卷	（清）李祖陶撰	清同治七年(1868)尚友楼刻本	4册
38	《迈堂文略》(1卷)、《时文》(1卷)	（清）李祖陶撰	清道光十五年(1835)鹭洲书院刻本	6册
39	《史论》5种11卷	（清）李祖陶撰	清刻本	2册
40	《史论》5种11卷	（清）李祖陶撰	清道光刻本	5册
41	《史论》5种11卷	（清）李祖陶撰	清道光刻本	5册
42	《史论》5种11卷	（清）李祖陶撰	清道光刻本	5册
43	《史论》5种11卷	（清）李祖陶撰	清刻本	4册
44	《史论》5种11卷	（清）李祖陶撰	清同治十年(1871)刻本	5册
45	《史论》5种11卷	（清）李祖陶撰	清同治十年(1871)刻本	5册
46	《唐荆川文选》7卷	（明）唐顺之撰（清）李祖陶评	清道光二十五年(1845)刻本	3册
47	《吴草庐文选》6卷	（元）吴澄撰（清）李祖陶评述	清光绪二十五年(1845)刻本	4册
48	《姚牧庵先生文选》5卷	（元）姚燧撰（清）李祖陶选	清道光二十五年(1845)刻本	2册
49	《元文选》3卷	（清）李祖陶撰	清刻本	1册
50	《元遗山先生文选》7卷	（金）元好问撰（清）李祖陶点评	清道光二十五年(1845)刻本	1册
51	《和鸾集》6卷	（清）李乔松撰	清抄本	1册

续表：

序号	著作	作者	版权	容量
52	（道光）《重修上高县志》12卷首1卷末1卷	（清）林元英修（清）傅祖锡等纂	清道光七年(1827)木活字印本	12册
52	（道光）《重修上高县志》12卷首1卷末1卷	（清）林元英修（清）傅祖锡等纂	清道光七年(1827)木活字印本	13册
53	（嘉庆）《上高县志》17卷首1卷末1卷	（清）刘丙修（清）晏善澄 等纂	清嘉庆年刻本	2册
54	（同治）《重修上高县志》14卷首1卷末1卷	（清）冯兰森修（清）陈卿云等纂	清同治九年(1870)刻本	13册
55	（同治）《重修上高县志》14卷首1卷末1卷	（清）冯兰森修（清）陈卿云等纂	清同治九年(1870)刻本	26册
56	《敖阳三诗合编》（不分卷）	（清）黄光岳编	清雍正十二年(1734)刻本	1册
57	《敖阳孝友李氏三修族谱》	未著撰者	清刻本	1册
58	《敖阳钟氏族谱》6卷	未著撰者	清刻本	2册
59	《敖阳重九韵事录》（不分卷）	（清）刘岳景撰	清同治三年(1864)刻本	1册
60	《敖阳三诗事始末》	（清）黄鼎彝撰	清道光八年(1828)刻本	1册

科举

进士

上高县唐代至清代共有进士51名,其中唐代2名,宋代15名,元代3名,明代17名,清代14名。

唐代(2名)

易重,字鼎臣,千春北乡钦仁团人,进士第一,官大理寺评事。

任涛,河西六口人。

宋代(15名)

易纶,千春北乡钦仁团人,易重之重孙。

黄子谅,名质以,字行,斗门人。官刑部郎中。

李端本,字彦信,官从政郎。

沈钧,字洪卿,河北岸人,官寿昌军司法。

袁应老,字国卿,官朝议大夫、京西漕运。

李崇义,仁里长凌下人,官少卿。

赵舆仁,字载仲,官酃县令。

易子美,字天祥,官乐平知县。

肖纲,字仲野,义城上肖坊人,任福建按察司副使。

赵与湴,字星台。

漆秀彦,字俊卿,河西上城人,官韶州录事参军。

漆秀茂,字蜚卿,秀彦之弟,官刑部主事。

赵必过,字志贤。

赵与淦,字景渊,官星子县主簿。

肖尹,字季野,义城上肖坊人,逢年幼子,任浙江按察司副使。

元代(3名)

黄执中,河西湾溪人,官中书左丞。

肖天寿,义城上肖坊人,官大理评事。

李路,字遵道,全安枥树下人。官翰林待制兼国史院编修,按省志、府志作新昌州判。

明代(17名)

李渊,字伯澄,全安枥树下人,官吏科给事中。

易大年,忠义下人,官户科给事中,奏对忤旨,谪福宁县丞。

况文,河东团人,官广东左参政。

邓谦,字以逊,白土下团巢下人。官刑部郎中,历任浙江左布政使,按省志、府志,官刑部郎中。

晏文铭,字仲哲,章冈人,官怀安知县。

李冕,字从文,河南岸人,官监察御史。

邹维宗,宁泰团人,官山东济南知府。

王纲,字存纪,河东团田北人,官山西左布政使。

黄景,字文昭,修仁团坪上人,官礼部侍郎。

简芳,字德馨,修仁团人,官兵部郎中。

聂珙,字周执,矛上人,官山东兵备副使。

简沛,字一川,官两浙都转运使。

吴学诗,字伯兴,河北岸人,翰林院庶吉士,官山西副使。

王京,字来觐,河东团田北人,官南直隶徽州知府。

聂应科,矛上人,官河南道监察御史。

李开春,字真吾,号古梅,上京陂东边人,官广东广州府同知。

曹汝兰,字斯馨,南里团马湖人,官南台浙江道御史。

清代(14名)

晏斯盛,蒙山浒江人,官户部侍郎。

潘述祖,字绍衣,号念齐,河南岸人,官翰林院检讨。

任际虞,字唐臣,号日峰,河西团六口人,官翰林院检讨。

晏命世,字觉先,号九奄,仁里团钟家渡人,历任山东武城县、贵州印江知县。

黄光岳,字聚生,号硕庐,河西团湾西人,历任浙江宁海兰溪、金华知县。

江学训,字慕尹,号任齐,崇本团山枣渡人,官河南桐鲵知县,改饶州府教授。

李实,字伯蕃,号贻亭,南里团山口人,官山西沁源知县。

晏善澄,字淮吴,号秋渠,辛义堆头人,历任湖北孝感崇阳知县。

郑秉恬,字性和,号云銮,河北团人,殿试一甲第二名(榜眼),授翰林院编修,历任山西五寨、平遥、曲沃知县。

傅九渊,字深甫,号拙斋,河西高湖人,任湖北远安知县。

任起鹏,字和麟,号称溟,河西六口人,官刑部主事。

李上林,字汉囿,号杏庄,下京陂井上人,任直隶、苏州知府。

况逢春,字元初,号蔼如,河北五马坊人,任广西平乐知县。历署天河、宜山、思恩、怀集、武宣知县。军功保举运同衔。钦赐花翎,以直隶州知州补用。

陈卿云,新界毕桐山人,官扬州知府。

举人

上高县宋代至清代共有举人145名,其中宋代17名,元代3名,明代65名,清代60名。

政 治

中共上高地方组织

中共上高支部干事会 中国共产党在上高创建的第一个党组织。1927年3月在县城五区试馆成立(今沿江西路1号),泗溪官桥人朱用光任支部书记。该支部干事会隶属中共江西区执行委员会。

中共上高特别支部 1929年5月,中共江西省委指派原中共上高支部干事会成员胡绍祖回上高,同年6月,组建中共上高特别支部,胡绍祖任支部书记。

中共万宜上县委 1932年8月,中共湘鄂赣省委决定成立万(载)宜(春)上(高)县委。

中共万载中心县委 1937年12月,中共万载中心县委成立,辖万载、宜春、上高3个县委,隶属中共湘鄂赣特委。

中共上高县委 1938年中共万载中心县委指派上高人漆连云为中共上高临时县委书记。同年11月,中共上高县委成立,漆连云任书记。

中共赣西北特委 1939年1月,中共江西省委将湘鄂赣特委下辖的万载和奉新两个中心县委合并,组成中共赣西北特委。

中共县政府党支部 1940年初,中共江西省委利用中共特别党员黄贤度担任上高县长之机,派遣十几位中共地下党员到上高,成立县政府党支部。这个支部先由中共江西省委直接领导,后来转受赣西北特委领导。

中共上高支部 1949年4月,在南昌读书的中共党员上高人郑信芳,受中共闽浙赣区党委湘赣边工委指派,回县城成立中共上高支部,迎接解放。

中共上高县委

中共上高县工作委员会 1949年7月11日,中国共产党上高县工作委员会在南昌成立。7月17日,县工委在上高正式开展工作,隶属于中共袁州地委。

中共上高县委员会 1949年10月,中国共产党上高县工作委员会改称中国共产党上高县委员会（简称中共上高县委），隶属中共袁州地委；1952年9月至1958年12月隶属中共南昌地委；1958年12月至2000年7月隶属中共宜春地委；2000年8月至今隶属中共宜春市委。到2022年，中共上高县委下辖29个党委，37个党总支，697个党支部，16631名党员，9个工作机关。

党的代表大会 1956年开始形成中共上高党的代表大会制度。参加党的代表大会代表，由县委按全县党员总数，按一定比例，将名额分配到各基层党委，由基层党委召开党员大会，酝酿代表候选人，并采取无记名投票差额选举的办法，选举出席县党代会的代表。代表选出后，报县委代表资格审查委员会审查。符合党章规定者，代表资格有效；不符合党章规定者，代表资格无效，由原基层党委补选。党的代表大会的主要任务是：审议并通过上届县委和县纪委的工作报告；选举产生新一届县委员会以及县纪律检查委员会。1956—2021年，中共上高县委共召开了15次代表大会。

中共上高县委常委会 1956年4月之前，中共上高县委没有设常委，县委领导成员均由上级组织任命。1956年5月，中共上高县委第一次代表大会召开，选举常委7人。以后历次党的代表大会分别选举常委若干名。2020年10月，中共上高县委召开第十五次党的代表大会，选举产生常委11人，委员35人，候补委员7人。

上高县革命委员会党的核心小组 1969年8月29日，成立上高县革命委员会党的核心小组，行使县委职权。1970年12月，恢复中共上高县委。

县委办公室 县委工作机关，正科级。2018年机构改革中，县委办公室职责机构作出调整，内设文秘股、信息股、政研股、保密机要股（国安股）、台湾事务工作办公室、法规股、改革股、档案监督管理股。2021年，增设县保密机要技术服务中心，副科级，为县委办所属事业单位。2022年，县委县政府接待办公室调整为县委办所属事业单位，副科级。

县人民代表大会

县各界人代会 上高县各界人民代表会议，简称县各界人代会。1949年11月至1953年10月，先后召开5届11次各界人民代表会议。第三届第二次会议至第五届第二次会议设会议主席团，代表会议行使职权，体现在会议期间。1952年10月第五届各界人代会设常务委员会，本届会议经省人民政府批准代行人民代表大会职权，选举政府组成人员。

县人民代表大会 上高县人民代

表大会,简称县人民代表大会。根据《中华人民共和国地方各级人民代表大会和地方各级人民委员会组织法》,上高于1954年3月实行人民代表大会制度,取代各界人民代表会议制度。至1965年12月先后召开6届19次县人民代表大会。1966年至1975年县人民代表大会停止工作。1975年宪法规定,革命委员会行使县人民代表大会职权。1981年2月,县第七届人民代表大会召开,任期3年。1993年1月召开第十一届人民代表大会起至今,每届任期5年。1981年至2022年8月,共召开11届50次县人民代表大会。县人民代表大会的主要议题是:听取和审议县长作的政府工作报告;听取和审议县国民经济计划报告、财政决算和预算报告;听取和审议县人民法院和县人民检察院工作报告;选举人大常委会正、副主任、县人民政府正、副县长,选举县人民法院院长和县人民检察院检察长;通过有关决议。

县人大常委会　上高县人民代表大会常务委员会(简称县人大常委会),为县人民代表大会常设机构,对县人民代表大会负责并报告工作,每届任期与县人民代表大会任期相同。县人大常委会成立于1981年2月,由第七届县人民代表大会选举产生。县人大常委会成立后,行使本县国家权力机关职能。2022年上高县第十七届人大常委会设主任1人,副主任6人,委员19人。

人大"一办六委"　根据《中华人民共和国地方各级人民代表大会和地方各级人民政府组织法》规定,县级以上地方各级人民代表大会常务委员会根据工作需要,设立办事机构。1981年2月,上高县第七届人民代表大会第一次会议决定设立人大常委会办公室,第七届人大常委会第二次会议决定增设国民经济科、法制科和教科文卫科。1987年7月,县第九届人大常委会第二次会议根据省委办公厅(赣办字〔1986〕168号)文件精神,决定设立人大常委会办公室、政法办公室、财政经济办公室、教科文卫办公室4个办事机构。原设置的法制科、国民经济科、教科文卫科予以撤销。1988年10月,根据中共江西省委(赣办发〔1988〕14号)文件和省人大工作会议精神,县第九届人大常委会第十次会议决定增设上高县人大常委会选举任免联络办公室。2006年10月,县第十三届人大常委会根据中共宜春市委(宜发〔2005〕34号)文件精神,经中共上高县委常委会会议同意和县编委(上编字〔2006〕10号)文件,县人大常委会内设机构不再称办公室,改称委员会。增设农业农村和城乡建设环境资源保护工作委员会,将政法办公室、财经办公室、教科文卫办公室、选任联办公室分别更名内务司法工作委员会、财政经济工作委员会、教育科学文化卫生外事侨务民族宗教工作委员会、选举任免联络工作委员会。至2022年底，上高县人大常委会共设有"一办六委"：办公室、监察和司法委员会（同时挂备案审查工作委员会牌子）、财政经济委员会（同时挂预算审查工作委员会牌子）、选举任免联络工作委员会、教育科学文化卫生外事侨务民族宗教工作委员会、农业农村和城乡建设环境资源保护工作委员会、社会建设委员会。

县人民政府

县人民政府　1949年7月11日，上高县人民政府在南昌成立。7月18日，上高县人民政府在上高正式开展工作，政府下设秘书室，民政、财政、教育、建设4科，税务、粮食、公安、邮政、电报5局。县政府由县长、副县长和政府工作部门组成。县政府在县委和上级政府领导下，对全县行政工作履行计划、组织、协调、控制、监督职能。县长承担全县行政责任，副县长若干名协助县长承担分工内的相应工作职责。任期内，县长、副县长由县人大及其常委会任免，政府工作部门正职由县政府提名，县人大常委会任命，副职由县政府任命。县政府组成部门的各委（办）主任、各局局长负责本部门工作。至2022年底，县政府工作部门有28个，辖9镇5乡2街道。

县人民委员会　1955年7月20日，县政府改称上高县人民委员会（简称县人委）。1956年6月16日，县人委改科设局，秘书室改称办公室，改组后设有1室（办公室）14局（即民政、财政、文教、卫生、工商、人事、农林、水利、商业、粮食、税务、公安、手工业管理、农产品采购）1委（计划委员会）和1站（广播站）。1968年3月27日，撤销县人委，成立上高县革命委员会。

县革命委员会　1967年3月11日，江西省上高县抓革命促生产委员会成立，设办公室和党政群、农林水、工交、财贸、政法、文卫6个领导小组，同时宣布中共上高县委、县人委及其直属部委办局停止行使职权。同年12月5日，成立"上高县临时领导小组"，领导小组下设办公室、干部组、毛泽东思想宣传组、文化革命组、保卫组、抓革命促生产指挥部。12月14日，县临时领导小组召开会议，研究成立县革命委员会筹备办公室。1968年3月27日，成立江西省上高县革命委员会（简称县革委），正式宣布县人委撤销。县革委下设办公室、政治部、抓促部、保卫部；7月17日，将原来的3部1室改为5个组；7月23日，县革委将原部、室调整为办事组、组织组、宣教组、农工组、综合组和毛泽东思想学习班。1981年3月6日，撤销上高县革命委员会改为上高县人民政府,沿用至今。

县政府办公室　1949年7月18日,上高县人民政府成立,设立秘书室,为上高县人民政府办公室(简称县政府办)前身。1956年,秘书室改称办公室。1968年3月27日,改称县革委办公室,1981年3月20日,撤销县革委办公室,更名为县人民政府办公室,1986年,县政府机关事务室撤销,其职能及人员归口县政府办,政府办内设接待科、督查科、调研科、法制科。后随经济发展和政权建设需要,政府办机构设置多次变更。至2022年底,县政府办内设秘书股、综合股、调研股、督查室(县长督查室)、工交股、城建股、农业股、科教股、商金股、外事股等10个职能股(室),挂县营商环境建设办公室、县政府金融工作办公室、县政府外事办公室牌子,下设大数据服务中心,有工作人员20名。

政协上高县委员会

政协上高县委员会　中国人民政治协商会议江西省上高县委员会(简称政协上高县委员会)。1981年2月26日成立,至今已历经11届,其政协委员由中国共产党、各民主党派在上高的地方组织,以及县工商联、无党派人士、人民团体、少数民族和各界代表以及特邀人士组成。政协委员中非中共党员占委员总数60%以上,1981年2月至2022年,共召开11届44次全体会议。

政协主要职能:政治协商、民主监督、参政议政。

历届政协委员会其主要议程是:听取和审议县政协常委会工作报告、委员提案办理情况报告;列席县人大代表会议,听取和讨论《政府工作报告》和其他报告;选举政协主席、副主席、秘书长、常委,通过相关决议。

政协上高县委员会常委会　中国人民政治协商会议江西省上高县委员会常务委员会的简称。1981年成立政协上高县委员会常委会,为政协上高县委员会常设机关。在委员会闭会期间,主持政协日常工作,召集并主持政协委员会会议,履行政治协商、民主监督、参政议政职能。政协常委会由全体委员会议选举产生,由主席、副主席、秘书长、常委组成。1981—2022年共选举产生11届常委会。政协上高县第十一届委员会常务委员会设主席1人,副主席6人,秘书长1人,常务委员31人。

政协"一办六委"　政协上高县委员会于1984年2月设立机关办公室,为政协上高县委员会办公室(简称县政协办)。1985年3月5日,经请示县委同意,增设联络科和政治宣传科2个办事机构。1988年8月29日,根据中共上高县委(上发〔1988〕20号)文件,增设协商监督科,为正科级单位;政治宣传科更名为政治宣传文史科,联络科更名为咨询联络科。政协上高县第六届委员会期间的2002年10月,实行机构改革,取消科的设置,改设专门委员会。2003年4月5日,中共上高县委批准县政协机关内设"一办五委"六个机构,即办公室、学习与提案委员会、科技与经济管理委员会、"三胞"与法制社团委员会、教文卫体委员会、金融与民营经济委员会。至2022年底,县政协内设机构为"一办六委":办公室、提案委员会、经济委员会、教科卫体和文化文史学习委员会、人口资源环境委员会、农业和农村委员会、社会和法制(港澳台侨和外事)委员会。

中共上高县纪律检查委员会
上高县监察委员会

简称县纪委县监委,履行党的纪律检查和行政监察两项职责。1950年7月底,成立中共上高县纪律检查委员会。1955年8月20日改为中共上高县监察委员会。1960年2月,中共上高县监察委员会改为中共上高县委监察委员会。1967年1月,中共上高县委监察委员会停止工作。1973年3月成立上高县革命委员会政治部纪律检查组。1979年12月,选举产生中共上高县纪律检查委员会。1983年3月,中共上高县委纪律检查委员会改为中共上高县纪律检查委员会。1993年6月12日,县纪委和县监察局合署办公,实行一套工作机构,两个机关名称,履行党的纪律检查和行政监察两种职能。2010年8月,县乡监察机构管理体制改革,除保留县法院、县检察院、县公安局的纪检监察机构以及乡镇场街道纪委(纪工委)外,撤销其他县直单位设置的纪检监察机构,组建6个县纪委监察局派出的纪工委监察分局(正科级)。2017年12月监察体制改革。2018年2月县监察委员会挂牌成立,产生监察委员会主任及其他组成人员,撤销县监察局和县人民检察院反贪、反渎、预防职务犯罪等部门,将相关机构、职能、人员转隶到监察委员会,实行机构、职能、人员上的融合。县纪律检查委员会、县监察委员会合署办公,履行纪检、监察两项职责。至2022年底,县纪委内设科室16个,有直属事业单位2个,派驻机构10个。

县纪律检查委员会由党的全县代表大会选举产生;县监察委员会由县人民代表大会产生。

县人民武装部

全称为中国人民解放军江西省上高县人民武装部,是本辖区内的军事领导指挥机关,是同级地方党委的军事工作部门和政府的兵役工作机构,先后经历了县大队、县人民武装支队部、县人民武装部、县兵役局、县人民武装部五个阶段。2017年3月,国防和军队体制改革,县人武部为正团级单位。上高县人武部下设军事科、政治工作科、保障科,下辖16个乡镇(街道)基层武装部,12个县直武装部。

县人民法院

上高县人民法院的简称,国家审判机关。成立于1949年9月26日,内设刑事审判庭、民事审判庭、看守所(1951年移交县公安局)、办公室。1967年县人民法院停止工作,先后由公检法军管小组、保卫部审判组行使审判职能。1972年11月恢复县人民法院。1973年恢复徐家渡、南港人民法庭,1973年增设泗溪、田心人民法庭。至2022年底,县人民法院辖立案庭(诉讼服务中心)、刑事审判庭、民事审判庭(环境资源审判庭)、行政审判庭(综合审判庭)、执行局、审判管理办公室(研究室)、政治部、综合办公室8个内设机构及墨山、南港、锦江、敖山4个基层人民法庭和单独设置的司法警察大队。下设派出机构:墨山检察室。

县人民检察院

上高县人民检察院,法律监督机关。1953年4月,成立县人民检察署。1955年6月,成立县人民检察院,内设自侦组、办案组、秘书室。1967年9月县人民检察院实行军管,1968年4月并入县保卫部,1975年1月检察院机关被撤销。1979年5月,重建上高县人民检察院,1981年3月,设置检察委员会。2018年,因国家监察体制改革,反贪污贿赂局、反渎职侵权局、职务犯罪预防科3个内设机构划转至县监察委员会。2019年,根据司法责任制改革,县检察院内设办公室、政治部、第一检察部、第二检察部、第三检察部、司法警察大队,下设派出机构墨山检察室。

县委工作机关

组织部 1949年7月,上高县工委组织部成立。同年10月,改设上高县委组织部。1968年3月,县革委会成立后,组织部并入县革委会政治部组织组。1978年3月15日,恢复县委组织部。1997年4月28日,老干部局归口县委组织部,撤销组织员办公室、知识分子工作办公室、干部审查办公室,职能由组织部承担;直属机关党委更名为直属机关工作委员会,与组织部合署办公,一个机构两块牌子。2006年11月,恢复县委组织员办公室。2011年8月,成立上高县农村党员干部现代远程工作办公室,归口县委组织部。2019

年3月,县委组织部内设机构进行了调整,设秘书(老干工作)股、调研信息股、直属机关工委综合股、组织一股、组织二股、组织三股、干部(干训)股、公务员股、人才工作股、干部监督管理股。2021年,下设1个正科级事业单位,并成立县委党建和人才服务中心,1个副科级事业单位县老干部服务中心(县关心下一代工作服务中心)。

宣传部 1949年7月,成立中共上高县工委宣传部。同年10月,改设上高县委宣传部。1957年3月16日,与文化教育部合并为宣传教育部。1958年9月,宣传教育部撤销,恢复宣传部。1968年3月,县革委会成立后,宣传部并入县革委会政治部宣传组。1978年3月15日,经宜春地委批准,撤销县革委政治部宣传组,恢复县委宣传部。1997年4月,精神文明建设活动委员会办公室更名为精神文明建设指导委员会办公室,与宣传部合署办公。2019年内设股室:秘书股、意识形态股、新闻股、宣教股、理论股、精神文明建设股。2021年,县网络应急指挥中心和县新时代文明实践促进中心成立,为县委宣传部所属的正科级和正股级事业单位。

统战部 中共上高县委统一战线工作部,简称统战部。是县委主管统一战线工作的职能部门,自1986年起,县委统战部为县委工作部门。2002年,县委统战部内设民族宗教事务局。2007年,县民族宗教局升格为正科级单位。2019年3月,县委统战部统一管理民族宗教工作和侨务工作,对外加挂县民族宗教事务局、县政府侨务办公室牌子。

政法委 上高县委政法委员会,简称政法委,是上高县委主管政法工作的职能部门。1981年10月4日成立县委政法委员会。1989年3月10日撤销县委政法委员会,成立县委政法办公室,正科级机构。1990年5月25日恢复县委政法委员会,下设政法委员会办公室和社会治安综合治理委员会办公室。1997年4月撤销政法委员会办公室。2001年1月4日成立县委610办公室,为正科级机构,隶属县委政法委。2003年8月4日成立县维稳信息督查办公室,为正科级机构,隶属县委政法委。2019年3月18日撤销县社会治安综合治理委员会办公室、县委610办公室、县维稳信息督查办公室,2021年3月24日批复成立县法学会,正科级事业机构,归口县委政法委员会管理。2022年2月,县委政法委内设机构调整为综合股、维稳指导和反邪教协调股、综治督导股、执法监督股4个股室,下设县综治中心(县矛调中心)1个事业单位。

编办 中共上高县委机构编制委员会办公室的简称,负责全县行政管理体制改革和机构改革以及机构编制管理工作。1984年7月成立上高县机构编制委员会办公室,2011年12月政府机构改革,由议事协调机构调整为县委工作部门。2019年3月党政机构改革,更名为中共上高县委机构编制委员会办公室,作为县委机构编制委员会的办事机构,为县委工作机关,归口县委组织部管理。下属事业单位有县事业单位登记管理局。2021年4月23日事业单位登记管理局更名为县机构编制实名制中心。至2022年底内设机构编制股、人秘股、登记管理股、监督检查股。

县委巡察机构 县委巡察机构是由县委巡察工作领导小组办公室(简称巡察办)和县委3个巡察组(县委第一、二、三巡察组)构成的,于2017年12月成立,均为正科级机构。受县委巡察工作领导小组领导,设在县纪委。县委巡察办的主要职责是,统筹协调、指导督导、服务保障县委巡察工作。县委巡察组的主要职责是,履行党内监督职责,承担具体的巡察任务。

信访局 上高县委信访局,接待群众来信来访的行政机关。1983年成立上高县来信来访办公室。2003年4月25日更名为上高县信访局,归口县委办公室。2012年11月19日,设立县长专线办公室。2019年3月28日,更名为上高县委信访局。内设网上信访办公室、人民来访接待股、督查股、秘书股4个股室。2021年4月23日,县长专线办公室更名为县人民来访接待中心。至2022年底,县委信访局内设综合股和督查股2个股室。

县政府工作部门

发改委 县发展和改革委员会的简称。1956年设县计划委员会,1958年与县财政经济委员会合并为县经济计划委员会。1968年3月计划工作归县革命委员会抓革命促生产指挥部管理。1970年县革命委员会抓革命促生产指挥部设计划组。1976年恢复县计划委员会,2003年4月更名为县发展计划委员会。2005年4月改组为县发展和改革委员会。2019年3月划入原粮食局职能,不再保留县粮食局、县物价局牌子。后又划入涉及国防动员、人民防空相关职能,加挂上高县国防动员办公室、上高县人民防空办公室牌子。至2022年底,县发改委下设1个副科级事业单位上高县重点项目推进中心。内设秘书股、农村和地区经济股、投资股、综合股、产业股、交通能源股、重大项目推进管理办公室、价格和粮食调控股、公共资源交易管理办公室、执法监督股、价格股。

教体局 县教育体育局的简称,1949年县政府内设教育科,1956年更名文化教育局。1968年后,文化教育局一度停止工作,由政治部教育组行使管理职能。1973年恢复文化教育局。1984年更名文化教育体育局,年底改称教育局。1997年,更名教育委员会,2002年更名教育局。2019年体育局并入,更名教育体育局。至2022年底局内设有秘书股、党委办、师资股、教育股、财务股等内设机构。下辖教师进修学校、青少年活动中心2个副科级机构。

科技局 上高县科学技术局的简称。前身是1978年2月26日成立的县科学技术委员会。2002年10月更名为县科学技术局,内设秘书股、业务股、综合股和科技创新服务中心。

工信局 上高县工业和信息化局的简称,主管全县工业和信息化、中小企业和非公有制经济。工信局前身为上高县经济委员会,成立于1965年3月。1968年经委工作划归县抓革命促生产部工交组、工业组主管,1979年10月恢复县经济委员会。1997年5月,县经济委员会更名为经济贸易委员会。2011年12月组建县工业和信息化委员会,2019年3月更名为县工业和信息化局,内设秘书股、资源综合利用股、政策法规股、经济运行股、投资规划股、非公有制经济股、安全生产督察股,下属县工业经济发展服务中心(副科级事业单位)。

公安局 1949年7月18日成立上高县人民政府公安局。1955年4月,改称上高县公安局。1967年至1972年,公安工作先后由公检法军管小组、保卫部行使职能。1973年1月15日恢复县公安局。至2022年年底,县公安局内设办公室、政工科、老干科、局纪委督察大队、指挥中心、信访科、警务保障室、情报大队、户籍管理大队、流管办、法制大队、出入境管理大队、国内安全保卫大队、经济犯罪侦查大队、治安警察大队、刑事警察大队、交通警察大队、禁毒大队、网络安全保卫大队、特巡警大队、审计科、626服务中心、森林分局等23个机构,下属看守所、拘留所和敖阳、锦江、敖山、泗溪、塔下、新界埠、蒙山、南港、翰堂、芦洲、锦江、五里岭、徐家渡、田心、墨山、镇渡16个基层派出所。

交警大队。上高县公安局交通警察队于1988年成立,1992年4月更名为上高县公安局交通警察大队。2018年3月,设立县公安局交警大队指挥中心。2022年,内设办公室、科技股、指挥中心、业务科、事故处理科、法制股、宣传股、装备财务科、交通设施科、交通秩序科。下属南港中队、泗溪中队、墨山中队、公路巡逻中队、城区一中队、城区二中队。

公安森林分局。1988年7月,在上甘山林业派出所的基础上组建县公安局林业分局,隶属林业局和公安局两个主管部门。2003年,成立县公安局森林分局和县公安局森林警察大队。2006年5月,县公安局森林分局更名为县森林公安局。2010年11月县森林公安局升格为正科级单位。2020年3月,县森林公安局从林业局转隶县公安局,其单位性质和级别保持不变。2022年4月,县公安局内设机构食品药品卫生和环境保护侦查大队整合到森林分局。职责调整后,森林分局内设生态环境犯罪侦查大队、治安管理大队(火源管理科)、侵犯知识产权和食品药品犯罪侦查大队、综合办公室、政工监督室,对外挂牌上高县公安局森林分局和上高县公安局食药犯罪侦查大队。

县公安局森林分局主要职责:负责森林火场警戒、交通疏导、治安维护、火案侦破、火源管控等,查处涉及森林资源、野生动植物资源、林地资源等涉林领域的违法犯罪行为。协调林业等部门开展防火宣传、火灾隐患排查、重点区域巡护、违规用火处罚等工作。分析掌握全县食品药品、知识产权、生态环境、生物安全等领域和制售伪劣商品犯罪动态,拟定预防、打击对策;组织、指导、监督全县公安机关食品药品、知识产权、生态环境、生物安全等领域和制售伪劣商品犯罪案件侦查、区域性专项整治行动;组织侦办县委、县政府和上级公安机关交办及社会影响重大的食品药品、知识产权、生态环境、生物安全等领域和制售伪劣商品犯罪重大案件。

民政局 1949年9月成立上高县民政科。1960年12月正式成立上高县民政局。1967年3月11日上高县民政局撤销,民政业务并入县革委会监管,1973年恢复上高县民政局。2022年县民政局内设办公室、社区治理和区划地名股、养老服务股、儿童福利(未成年人保护)和社会事务股。下辖副科级事业单位社会救助中心(未成年人保护中心)、正股级事业单位社会福利院(县养老服务中心)。

司法局 1980年10月,成立县司法局,主管全县司法行政工作。2022年,县司法局内设办公室(信息中心)、政工室、行政复议受理与应诉股(县人民政府行政复议办公室)、行政执法监督股、法治宣传教育股(县普法办)、社区矫正管理股(社区矫正中心)、基层工作股、公共法律服务管理股(法律援助中心)律师管理股(县直公职律师办公室)、医疗纠纷调解中心、县委全面依法治县委员会办公室秘书组11个股室,下辖1家公证处(为全额拨款事业单位),指导管理3家律师事务所、1家基层法律服务所、1家司法鉴定中心。1986—1990年,在全县开展了第一个全民普法教育活动(简称"一五"普法)。至2022年止,全县已开展了"一五"至"八五"普法活动。

财政局 1949年7月,县人民政府设立财粮科,后更名为财政科。1956年6月,更名为财政局。1985年7月,在全县各乡镇场建立乡级财政所18个。1986—1995年,增设国有资产管理局、税收物价大检查办公室、财政信托投资公司等3个副科级单位。2020年15个乡镇财政所移交到所在乡镇管理,业务上接受财政局指导。2021年机构改革,整合财政局所属县财政局信息中心、县工资支付中心、县信用担保中心、县驻厂办公室、县国库支付局、县财政投资项目评审中心等6个事业单位及职能,组建副科级事业机构县财政公共服务中心,整合所属县乡镇财政管理局、县非税收入管理局、县重点项目财政资金管理办公室、县住房租金管理所等4个事业单位及相关职能,组建副科级事业机构县财政绩效评价中心。2022年,县工业园区财政所并入县财政公共服务中心。至2022年底,县财政局辖12个内设股级机构,财政公共服务中心、财政绩效评价中心2个副科级事业机构。

人社局 上高县人力资源和社会保障局的简称。1984年2月,劳动、人事机构合并,更名为县劳动人事局。1997年5月,更名为县人事劳动局。2003年5月机构改革,更名为县人事劳动和社会保障局。2009年,更名为县人力资源和社会保障局,内设办公室、工资福利股、干部股、职称股、劳动股、就业股、劳动监察大队、仲裁院共8个股室(单位)。2021年事业单位改革下辖单位县就业创业服务中心、县社会保险事业服务中心2个副科级机构和上高县技工学校。

自然资源局 1988年5月8日,撤销土地利用管理办公室,成立土地管理局。2003年4月,土地管理局和县地质矿产管理局合并,组建县国土资源局。2015年11月6日,加挂不动产登记局牌子,成立不动产登记中心,为县国土资源局下属副科级事业机构。2019年3月28日,成立自然资源局,整合了原国土资源局职责,以及原住房和城乡建设局的城乡规划管理职责,林业局的森林、湿地等资源调查和确权登记管理职责。至2022年底,县自然资源局内设办公室、耕地保护和征地管理股、国土空间规划股、地质矿产股、国土空间修复股、自然资源督察办公室(执法监察)、自然资源所有者权益股等7个机构,下辖执法大队、不动产登记中心和国土空间调查规划研究中心3个单位和城区所、锦江所、田心所、工业园区所、新界埠所、南港所、蒙山所、徐家渡所、翰堂所、泗溪所等10个基层务服务所。

住建局 县住房和城乡建设局的简称。1949年8月成立上高县人民政府建设科,1958年12月成立上高县建筑工程局,1981年4月更名为上高县基本建设委员会。1984年9月县基本建设委员会撤销,成立县城乡建设环境保护局。1993年7月房地产公司从县城乡建设环境保护局析出,2001年9月环境保护股从县城乡建设环境保护局析出,县城乡建设环境保护局改名为县建设局。2002年10月,县市政所、园林所、环卫所从建设局析出,2011年12月县城市建设监察大队从建设局析出,2007年8月县城市规划管理办公室撤销,成立县城乡规划管理局,从建设局析出隶属县政府办,2012年又划归建设局,县建设局改为县城乡规划建设局。2019年2月县城乡规划管理局从城建局析出,划入县房地产管理局和县人民防空办公室,成立县住房和城乡建设局,加挂县人民防空办公室牌子。内设人秘股、建管股(行政服务股)、重点办、村镇股、房地产开发管理办公室、综合股、物业办、人民防空办公室。下属事业单位县城乡发展服务中心。

交通运输局 上高县交通运输局的简称,主管全县交通运输行业。1956年6月,原交通科改为工业管理局。1958年6月县交通管理局成立,1962年10月与工业局合并为工业交通局。1964年经济委员会成立,主管全县工业交通工作。1979年12月原县工业交通局撤销,分别设立县工业局、县交通局。2010年4月,县交通局更名为县交通运输局。至2022年底,县交通运输局内设综合股、规划建管股、公路养护股、道路运输股(行政审批服务股)、应急管理股(港航运输管理股),辖交通运输综合行政执法大队(副科级)、交通运输保障中心(股级)2个下属单位。

水利局 1949年8月成立建设科,兼管农林水利。1954年5月建设科改为农林水利科。1956年3月更名为农林水利局,6月16日撤销农林水利局,分别成立水利局和农林局。1968年6月水利局并入农业技术服务站,1969年2月改称农业服务站。1970年3月3日,撤销农业服务站,成立上高县水利电力局。2003年4月,更名为上高县水利局。至2022年底有下属副科级全额拨款事业单位1个,内设人秘财务股、水利建设管理股(挂行政审批服务股、监督站牌子)、水政水资源水土保持股、水旱灾害防御股、农村水利股(挂县农村饮水安全领导小组办公室)、"河长制"办公室、移民股。

农业农村局 1954年,成立农林水利科。1956年改设农林局。1957年,与水利局合并为县农林水利局。1960年,改县农业水利局。1967年设立农林水领导小组,各局停止行使职权。1968年,设立农林局。1972年,农林局分为农业局和林业局。2019年2月将县委农村工作委员会办公室的职责,县农业局的职责、县发展和改革委员会的农业投资项目、县财政局的农业综合开发项目、县国土资源局农田整治项目,县水利局的农田水利建设项目管理职责,以及县畜牧水产局、县农业机械管理局、县农业综合开发办公室的行政职能等整合,组建县农业农村局,作为县政府工作部门。县委农村工作领导小组办公室设在县农业农村局。根据《上高县深化事业单位改革试点实施方案》的通知(上办发〔2021〕8号),整合县农产品质量安全检验检测站、县植保植检站、县粮食作物技术服务站、县科教站(县农民科技教育培训中心)、县经管站、县经济作物站、县土壤肥料站、县农村能源环保办公室、县新农村建设办公室,组建县农产品服务中心,同时将县种子管理局、县农业科技示范场、县烟叶服务中心并入县农产品服务中心,为县农业农村局内属公益一类财政金额补助事业单位。根据《关于调整部分党政机关内设机构设置的通知》(上编字〔2022〕22号),2022年将畜牧水产股、农业机械化管理股并入农业生产综合股。至2022年底,县农业农村局内设农业综合行政执法大队、现代农业示范区管理办公室2个副科级事业单位和县农产品服务中心1个正股级事业单位。内设机构有人秘股(县委农办秘书股)、计划财务股、政策法规与农村发展改革股、农业生产综合股、新农村建设与农村人居环境综合股。

现代农业技术服务中心。在2021年4月的机构改革中,上高县整合县农业综合开发办公室、县农业机械管理局、县畜牧水产局及上述下属单位县动物卫生监督所、县畜牧兽医站、县水产渔政站、县畜牧业开发公司、县城中心动物防疫检疫站、县农机安全监理站、县农机化服务中心等单位及相关职能,组建现代农业技术服务中心,为正科级参公事业单位。主要承担制订全县农业技术推广计划,承担农业、水产技术的专业专题培训指导,开展农技服务咨询活动,农产品无公害标准化服务指导等职责。内设机构设置6个,即人秘股、畜牧兽医股、渔业发展股、动物检疫总站、畜禽屠宰股、农机化服务与技术培训股。

商务局 主管全县商务工作。1992年8月,成立县招商局。1997年县招商局与县经济技术协作委员会合并为县经济协作招商局。2003年更名为县招商局。2005年4月,县招商局和县对外经济贸易合作局合署办公。2011年组建县商务局,将县招商局、县对外经济贸易合作局、县商业管理办公室、县物资行业管理办公室的职责,县经济贸易委员会的内贸管理职责以及县发改委第三产业发展的服务性职责整合划入县商务局。2019年县商务局由参公单位转为行政单位。2021年,成立下属事业单位县商贸服务中心,将县外商服务中心、县商业总公司、县物资总公司职能并入商贸服务中心。2022年底,县商务局内设秘书股、商贸管理股、内资管理股、外资外贸管理股,下属县商贸服务中心1个事业单位。

文广新旅局 县文化广电新闻出版旅游局的简称,前身是1954年成立的县人民政府文教科。1956年,文教科改为文化教育局。1984年,县文化教育局分为县教育局、文化局。2010年,县文化局与县新闻出版局组建县文化和新闻出版局。2015年9月,县文化和新闻出版局与县广播电影电视局组建县文化广电新闻出版局。2019年3月,县文化广电新闻出版局与县旅游发展委员会组建县文化广电新闻出版旅游局,为县政府直属正科级行政部门。内设人秘股、市场监督管理股、文物广电新闻出版股、产业发展股、群文艺术股5个股室及县文化市场综合执法大队。下属单位经多轮机构改革,至2022年底,下辖文化馆、博物馆、图书馆、电影公司、文工团5个单位。2022年10月,加挂上高县文物局牌子,为两块牌子一套人马。

卫健委 上高县卫生健康委员会的简称。1951年7月,县人民政府设立卫生科,1956年6月改称卫生局。1968年,县直各医药卫生单位合并组成县人民卫生服务站。1970年8月恢复卫生局。1980年后,先后增设爱卫办、红十字会、武装部等副科级单位。1997年,设立职工医疗保障管理局,2003年8月划归县人事劳动和社会保障局管理。2006年1月成立县新型农村合作医疗管理局,为副科级单位。2016年9月划归县人事劳动和社会保障局管理。2015年9月县卫生局和县人口和计划生育委员会合并简称"卫计委"。2019年2月将县卫生和计划生育委员会以及县民政局的老龄工作职责、县安全生产监督管理局的职业安全健康监督管理职责整合,组建县卫生健康委员会。2021年3月将县老龄工作委员会办公室、县爱国卫生运动委员会办公室并入县卫生计生综合监督执法局,调整为股级。至2022年底,内设人秘股、组织人事股、规划与信息股、财审股、医政医管股等13个内设机构。

退役军人事务局 上高县退役军人事务局成立于2019年4月。2022年内设综合股、退役军人服务中心、拥军优抚股、移交安置股、信息数据股。下设17个乡镇(场、街道)服务站、226个村(社区)服务站,重点围绕退役安置、就业扶持、困难帮扶、优待抚恤、权益保障、拥军优属等方面开展工作。

应急管理局 在2019年1月18日的机构改革中,将安全生产监督、应急管理、消防管理、防震抗震、减灾救灾、地质灾害、森林防火以及防汛抗旱职责整合，组建上高县应急管理局。内设安全生产综合协调股、秘书股、非煤矿山安全监督管理股、危险化学品安全监督管理股、工贸行业安全监督管理股、应急管理股等6个机构。

审计局 专司经济监督的机关，依照法律规定独立行使审计监督权的政府工作部门。1983年12月成立，至2022年底，县审计局辖财政金融和企业经贸审计股、教科文卫和社会保障审计股、农业农村自然资源和生态环境审计股、党群政法和住建城管审计股、经济责任审计股、固定资产投资审计股、办公室等7个内设机构。

国资办 上高县国有资产监督管理办公室的简称，正科级。1992年9月成立上高县国有资产管理局，为财政局下属副科级机构。2006年5月，成立上高县国有资产管理办公室，挂靠县财政局。2007年1月，单独设立，作为县政府直属正科级全额拨款事业单位，2014年明确为参照公务员法管理的事业单位。2019年3月机构改革重组为县国有资产监督管理办公室，内设秘书股、产权管理股、规划管理股、考核监督股和国有资产营运中心1个下属事业单位。

林业局 于1972年5月从上高县农林垦殖局独立出来，成立林业局。改革前，林业局内设人秘股、计财股、林政股、营林股、林地办5个股室，并下设森林防火指挥部办公室、林科所2个副科级事业单位，以及实验林场、乡镇林业工作站等19个股级事业单位。2021年4月事业单位改革后，林业局内设综合股、林政股、营林股和防灾减灾股4个股室，原21个下属事业单位全部整合，成立上高县林业资源保障中心，为副科级事业单位，主要承担森林资源利用、林业经济发展技术支撑和服务保障、林业调查设计、林业生态经济发展规划编制等职责。2022年，为强化森林资源源头管理，提升林业服务效率，设立了泗溪、锦江、田心、南港4个乡镇林业资源保障分中心。

市监局 上高县市场监督管理局的简称。1950年5月，县人民政府设工商科。1965年3月18日，成立上高县工商行政管理局。"文化大革命"开始后，工商行政管理工作一度停止。1973年1月3日，恢复县工商行政管理局(简称工商局)。2013年，县工商局实施属地化管理。2015年9月，县工商局、县质监局、县药监局三局合一，组建上高县市场和质量监督管理局。2019年3月，设立上高县市场监督管理局，同时将知识产权、食盐质量监管等职责并入该局。

统计局 1963年，上高县统计局成立。1968年3月，县统计局撤销，有关统计业务由县革委会抓革命促生产部兼管。1980年12月，统计业务从县计划委员会分出，单设县统计局。1985年4月，县农村抽样调查队成立，属县统计局下属副科级事业单位，担负着全县农业产量和农村居民经济收支情况调查。2021年机构改革，整合县统计局所属县农村社会经济调查队、县统计局普查中心、县工业园区统计站等3个单位，组建县统计调查保障中心。2022年内设秘书股、综合核算股、统计业务股、法规股。下属事业单位县统计调查保障中心。

乡村振兴局 2018年5月26日，上高县民政局的扶贫和移民办公室调整为县政府直属正科级全额拨款事业单位，内设综合股、计财股、项目管理股、考核监督股、扶贫移民管理股，承担县民政局扶贫和移民服务中心职责及脱贫攻坚工作职责。2019年3月28日，组建县扶贫办公室，内设综合股、计财股（项目管理股）、扶贫股、移民股等4个职能股室。2021年6月10日，县扶贫办公室重组为县乡村振兴局，机关内设综合一室、综合二室、业务一室、业务二室、业务三室。

医保局 上高县医疗保障局的简称。1990年6月在县卫生局设公费医疗办公室。1993年更名为上高县公费医疗管理办公室。1997年6月更名为上高县行政事业单位职工医疗保险管理局。2003年11月，行政事业单位职工医疗保险与社保局企业医保合并，划归社会保障部门管理，更名为上高县医疗保险管理局。2006年1月，成立上高县新型农村合作医疗管理局，挂靠县卫生局。2016年11月，县新型农村合作医疗管理局与县医疗保险管理局合并，更名为上高县医疗保险事业管理局。2019年2月，将县人力资源和社会保障局的城镇职工和城乡居民基本医疗保险、生育保险职责，县发展和改革委员会的药品和医疗服务价格管理相关职责，县民政局的医疗救治职能，以及县医疗保险事业管理局的行政职能整合，组建县医疗保障局。至2022年底，上高县医疗保障局设办公室、待遇保障股（医药服务管理股）、基金监管股（信息统计股）等3个内设机构和1个正股级下属单位（上高县医疗保障服务中心）。

城管局 上高县城市管理局的简称。于2002年10月成立。有市政所、环卫所、园林所、城管大队四个下属单位。2003年7月，新设公共交通管理股、成立余土管理办公室。2004年11月，成立县公共交通有限公司。2008年10月，成立行政审批服务股。2011年，县公共交通有限公司从城管局划出。2013年11月，成立县生活垃圾无害化处理场。2015年5月，县物业管理服务中心划入城管局，属公益二类事业单位。2015年8月，成立上高县污水管网管理办公室。2018年3月，成立上高县生活垃圾分类管理中心。2019年1月起,城区环境卫生清扫开始引入专业公司。2019年,机构改革,内设人秘股、财务股、公用事业股和法制宣传股。2021年,事业单位改革,整合环卫所、园林局、市政所等单位及相关职能,组建市政公用事业管理中心。余土管理办公室并入县城市管理综合执法大队。县城市管理综合执法大队更名为县城市管理综合行政执法大队,保留市场建设物业管理中心。

县委县政府派出机构

高新园区　江西上高高新技术产业园区管理委员会的简称。2001年9月成立上高科技工业园,设立上高科技工业园管理委员会,为正科级事业单位,内设办公室、工程部、项目部。2006年3月经省政府批准为省级工业园区,更名为江西上高工业园区。2013年12月,经省政府批准为副处级建制的重点省级工业园区。2022年2月,经省政府同意,更名为江西上高高新技术产业园区。至2023年8月江西上高高新技术产业园区管理委员会内设党政办公室、社会事务局(应急管理科)、工程建设管理局、招商服务局、经济发展局。

行政服务中心　2003年10月成立上高县经济发展服务中心。2006年7月更名为上高县行政服务中心管理委员会。2012年12月更名为上高县人民政府行政服务中心管理委员会。2006年8月成立上高县招投标中心,为县政府直属副科级事业单位,与上高县行政服务中心实行"两块牌子,一套人马"合署办公。2009年8月更名为上高县公共资源交易中心。2021年3月县公共资源交易中心撤销,其职能划入县人民政府行政服务中心管理委员会。2018年2月成立上高县12345政府服务热线办公室,归口行政服务中心管理,2021年3月上高县12345政府服务热线办公室更名为上高县12345政府服务热线中心。上高县人民政府行政服务中心管理委员会内设办公室、业务科、投资服务科、督查科等4个科室,中心大厅共进驻税务局、住房公积金中心、市监局、公安局、自然资源局、人社局、生态环境局、工信局、林业局、交通局、卫健委、城管局、发改委、农业农村局、住建局、应急管理局、气象局、消防救援大队、文广新旅局、水利局、供水公司、供电公司、天然气公司、民政局(婚姻登记)、物资总公司(民爆)共25个窗口单位。

民主党派

民革上高总支　中国国民党革命委员会宜春市上高县总支委员会的简称。1950年4月,民革上高工作组成立。1994年12月,民革上高县支部委员会成立,直属民革江西省委员会领导。2001年11月20日,宜春撤地设市后民革上高支部划归民革宜春市委员会领导。2007年,民革上高县支部调整为民革上高县总支,下设3个支部:县直支部、教育支部、卫生支部。至2022年底,民革上高县总支共有党员52名,其中县直支部22人,教育支部17人,卫生支部13人。民革上高县总支有市人大代表1人,市政协委员2人,县人大代表2人,县政协委员12人(其中政协副主席1人、常委6人)。

民盟上高总支 中国民主同盟上高总支部委员会的简称。1989年12月15日,民盟上高县支部成立,直属于民盟江西省委员会。1993年9月,召开民盟上高县总支部第一次盟员大会,下设综合、卫生、教育3个基层支部。2015年9月17日召开第五届一次全体会议,设立4个基层支部,即综合一支部、综合二支部、教育支部、卫生支部。至2022年底盟员103人,其中在职盟员73人,退休盟员30人。民盟上高总支中,有省人大代表1人,市政协委员3人(其中常委1人),县人大代表4人(其中常委3人),县政协委员15人(其中政协副主席2人、常委5人)。

群众团体

总工会 上高县总工会是全县各级工会组织的管理和协调机构,负责全县工会活动的指导、督查。1951年7月,上高县总工会成立,设秘书、财务、福利、宣传教育、生产等机构。20世纪50年代初设上高县职工业余学校(1986年更名为上高县职工学校)和工人俱乐部(1975年更名为工人文化宫)。1953年9月,上高县总工会更名为上高县工会联合会。1958年10月,更名为上高县总工会。1968年7月,县总工会由县革命委员会组织组取代。1973年5月,恢复上高县总工会。2003年4月,设办公室、组织宣传部、经济保障部3个职能部(室)。2017年,县总工会改革、优化机构设置和职能设立,内设办公室(挂财务部、经审办公室牌子)、组织基层工作部、经济技术部、权益保障和女工部,下设股级事业单位职工学校和工人文化宫。2021年,县职工学校并入县工人文化宫。2022年下辖基层工会570个,有会员6.8万余人。

团县委 中国共产主义青年团上高县委员会的简称。1949年12月召开全县新民主主义青年团员大会,成立中国新民主主义青年团上高县工作委员会。1953年3月至1956年9月期间,共召开三次中国新民主主义青年团上高县代表大会。1957年5月,中国新民主主义青年团上高县委员会改称为中国共产主义青年团上高县委员会,同年11月28日至12月1日,召开共青团上高县代表大会,选举产生共青团上高县委员会。1959年12月至2017年10月期间,共召开10次共青团上高县代表大会。团县委内设青少部、组宣部及办公室,有19个中学中职团组织,有16个县直团组织,16个乡镇街道团组织。

妇联 1950年11月25—27日,上高县第一次各届妇女代表大会召开,大会成立上高县民主妇女联合会,并选举妇女联合会执委21名。1957年3月,上高县第二次妇女代表大会将上高民主妇女联合会改名为上高县妇女联合会(简称县妇联)。1967年1月至1973年中断,1973年恢复县妇联。1950年11月至2017年6月,上高县共召开12次全县妇女代表大会。县妇女联合会属县委领导下的群众团体。内设组织宣传部、妇女儿童发展部、权益工作部三个工作机构,有31个县直妇委会,16个乡镇街道妇联,187个村妇联,28个社区妇联。

工商联 上高县工商业联合会的简称。1950年1月县工商业联合会(简称县工商联)成立。1967年1月解散,1987年7月30日恢复至今。截至2023年8月,县工商联下辖12个商会,其中:工业园区企业商会1个,行业商会4个(建筑企业商会、农业企业商会、家居建材企业商会、糖酒副食品商会),外埠商会2个(浙江商会、江苏商会),综合类商会2个(新生代企业家商会、女企业家商会),乡镇商会2个(泗溪商会、塔下商会),村级商会1个(江南商会)。

侨联 1980年11月28日,上高县归国华侨代表大会召开,成立上高县归国华侨联合小组。1985年5月5日,更名为上高县归国华侨联合会(简称县侨联)。同年9月13日,上高县第一次归国华侨代表大会召开,正式成立县侨联,与上高县侨务外事办公室(简称县外侨办)合署办公。1990年6月11日,上高县第二次归国华侨代表大会召开。1997年5月,与县外侨办一起并入县政府办公室,属县政府办公室内设机构。2017年8月30日,调整为单列管理,为正科级群团组织。

社联 江西省上高县哲学社会科学学会联合会的简称,学术性群众团体。1985年1月,上高县哲学社会科学学会联合会筹备办公室成立,同年5月24日,上高县哲学社会科学学会联合会成立,内设上高县社联通讯编辑室。2003年县直党政机构改革,县社联改用事业编制,群团性质不变,参照执行公务员制度。

科协 县科协是上高县科学技术协会的简称。主要职责是开展学术交流普及科学知识,维护科学技术工作者的合法权益。1956年10月15日,上高县科学技术普及协会成立;1958年改称上高县科学技术普及委员会;1964

年改为县科学技术委员会;1979年3月7日,更名为上高县科学技术协会,内设办公室、学会部、普及部三个机构。

残联 上高县残疾人联合会的简称。为县委领导下的群团组织。1991年1月21日至23日,召开上高县残疾人联合会第一次代表大会,县残联正式成立,与县民政局合署办公。2000年4月,县残联独立办公,内设人秘股、康复股,下设上高县残疾人就业服务所。

文联 上高县文学艺术界联合会的简称,属县委领导下的群团组织。1953年1月27日成立。1966年5月停止活动。1977年9月,县文联正式恢复工作至今。主要职能是对文艺工作者、文艺群体履行"团结引导、联络协调、服务管理、自律维权"。下辖上高县摄影家协会、县作家协会、县美术家协会、县书法家协会、县舞蹈家协会、县音乐家协会、县收藏协会、县观赏石协会、县葫芦丝协会、县文艺志愿者协会和上高县书画院等。2022年上高县有中国摄影家协会会员24人、中国作家协会会员2人、中国书法家协会会员1人。江西省摄影家协会会员38人、江西省作家协会会员6人、江西省书法家协会会员11人、江西省美术家协会会员11人。

红十字会 上高县红十字会是从事人道主义工作的社会救助团体。2010年9月设立,为副科级机构。2020年4月,上高县红十字会调整为正科级单位,实行单列管理。2021年11月,上高县红十字会列群团系列,核定参公事业编制5名,内设办公室和业务股。

法学会 成立于2021年3月,是上高县法学界、法律界的群众团体和学术团体,归口县委政法委管理。主要职责是:组织法学工作者、法律工作者深入贯彻党的路线方针政策和决策部署;开展法学研究,推动法学理论的创新和发展;开展法学交流,促进国内外法学界的合作与交流;参与法治实践,开展多种形式的法律咨询和服务;开展法学教育,培养法学人才等。2022年底,上高县法学会核定全额拨款事业编5名,辖办公室(调研股)1个内设机构。

中国国际贸易促进委员会上高县委员会 成立于2021年3月,由原县商业总公司人员转入组建,主要职能是促进对外贸易、双向投资和经济技术合作等,归口县商务局管理。2022年底,中国国际贸易促进委员会上高县委员会辖秘书股、贸易投资促进股2个内设机构。

县委、县政府直属事业单位(经济组织)

党校 即中共上高县委党校。前身是1952年8月成立的中共上高县委干部训练班。1957年1月,改称上高县党员干部训练班。1958年6月,改称县委干部学校。1958年12月,又改称为中共上高县委党校。1968年3月改名为毛泽东思想学习班。1973年5月恢复中共上高县委党校。2005年5月上高县行政学校与党校实行"两块牌子,一套班子"的办学体制。党校是对全县党员干部进行党性教育和培训的部门。

史志办 1982年1月4日,成立中共上高县委党史资料征集办公室。1990年12月,更名为中共上高县委党史工作办公室,简称县党史办。1997年4月,县党史办与县地方志办公室合并为上高县党史地方志办公室(简称史志办)。2022年机构改革,县档案馆并入县史志办。

融媒体中心 成立于2021年4月,归口县委宣传部领导。其主要职责是负责全县的新闻报道,电视节目的制作、播出,整合微博、微信、网站、客户端等新媒体资源,建立集中指挥,采编调度,高效协同的媒体运行机制。内设总编室、新闻采访股、新媒体股等10个股室。上高县融媒体中心重点依托微信公众号"上高之声"、"云上高"APP、微博"上高发布"、抖音"上高发布"、上高广播电视台等县属媒体平台融合发展,着力打造一流的县级媒体平台。

物流产业发展服务中心 物流产业发展服务中心的前身是县粮食局。1949年8月,县人民政府粮食局成立,1955年4月23日,更名为县粮食局。1971年3月,县粮食局与商业局合并,1972年11月,县粮食局与商业局分开,12月复立县粮食局。2019年1月19日撤销县粮食局并入县发改委。2021年3月12日组建县物流产业发展服务中心。物流产业发展服务中心是政府的科级事业单位,主要承担加强物流产业建设,为加快物流货运等产业发展提供服务保障以及做好军粮供应、粮油检验检测、价格监测等粮食安全工作提供技术支撑和服务保障等职能。

上甘山林场 上甘山林场始建于1955年冬,场部设上甘寺,故名上甘山林场。上甘山始为省属林场,1958年并入蒙山垦殖场,为上甘山分场。1964年复置上甘山林场,划归上高县管辖。1966年与锦江农场合并,场部迁今址。1968年与县蚕桑场、良种场以及永圣公社、锦江公社各一部分组成上甘山公社(场)。1972年场、社分家,仍为上甘山林场。1987年设立上甘山乡,实行场乡合一制。2003年撤乡留场,更名为国营上高县上甘山林场。2021年机构改革,将上甘山林场调整为公益类县直单位。

上甘山林场总面积8.9515万亩,人口1533人,户数655户,辖金坑、高椅窝、罗源、铜鼓岭、新城5个分场,1

个居委会。

上甘山林场有林地面积7.9585万亩,活立木蓄积量41.4万立方米,森林覆盖率70.9%,是宜春市第一大人工林林场,全省四大人工林林场之一。

金融与营商环境服务中心 1999年12月成立上高县整治经济发展环境领导小组办公室,2005年3月定为常设正科级机构,属全额拨款事业单位,挂靠县纪委管理。2006年9月,成立县人民政府行政投诉中心,与县整治办合署办公。2021年4月23日,更名为县营商环境服务中心,为县政府直属公益类财政全额补助事业单位。2022年6月6日,整合县政府金融服务中心、县营商环境服务中心,组建上高县金融与营商环境服务中心,内设服务股、指导考评股、投诉受理股、金融服务股。

全民健身促进中心 1966年,县文教局设体委,1967年12月撤停,1973年1月恢复县体委。2003年4月25日,县体育运动委员会更名为县体育局,为县政府直属事业单位。2019年1月18日并入县教育局,称县教育体育局。2021年12月30日,从县教育体育局分离,设立县全民健身促进中心,内设人秘股、群众体育股、竞技体育股、体育产业股4个机构。

机关事务管理中心 1986年6月撤销县政府机关事务室,成立县政府机关事务局,县宾馆隶属县机关事务局领导。1997年5月县机关事务管理局更名为县直机关服务中心,对外保留机关事务管理局的名称,为县政府正科级直属事业单位。2003年4月县机关服务中心(机关事务管理局)更名为县机关事务局。2016年7月增设县应急调研接待用车服务中心。2021年4月县机关事务局更名为县机关事务管理中心,为县政府直属公益一类财政全额补助参公事业单位,内设人秘股、公共机构节能股、物业管理股、后勤保障股、安全保卫股。县应急调研接待用车服务中心更名为县公务保障中心,2021年12月将县公务保障中心撤销,其相关职能及现有人员编制划入县机关事务管理中心。2022年6月9日成立上高县机关事务管理中心党组。

住房保障中心 1993年7月7日,在原县房地产公司的基础上,组建上高县房地产管理局。县政府直属正科级事业单位,内设立办公室、财务股、直管公房管理所、房地产交易所、住宅建筑设计室、房屋拆迁修建公司等机构。2021年3月,组建上高县住房保障中心,主要承担保障性住房建设运营及房屋征补等职能。内设人秘股、公租房管理一股、公租房管理二股、直管公房管理股、建设维修股、财务股、信息管理股。

国有资产服务中心 2004年4月,成立上高城市建设投资开发总公司,同时设立上高县城市建设专项资金管理办公室,为县政府直属正科级事业单位,实行"两块牌子、一套人马"。2019年将县自然资源局创佳城市规划测绘队移交到城投公司。2021年7月,县城市建设专项资金管理办公室更改为县国有资产服务中心,主要职责:代表县人民政府行使非经营性政府投资项目及县人民政府指定的其他项目的业主职能,承担项目法人责任,负责政府投资项目的集中组织实施,内设办公室、综合股、工程一部、工程二部、技术股、财务股。

供销社 县供销合作社联合社的简称,是一个为农服务的集体所有的合作经济组织。1951年9月,县合作总社成立,1953年4月改名为县供销合作总社。1954年8月定名为上高县供销合作社。1958年5月县供销社与商业局合并,各基层社也分别下放到各地人民公社。生资、生产、日杂等3个经理部也合并为生资土产经理部,归商业局领导。1961年9月供销社与商业局分离,单独成立县供销合作联社,各人民公社国营商店恢复基层供销合作社名称。1968年10月县供销社、商业局、物资局、粮食局、酒厂等5个单位合并成立县商业管理站。1979年1月供销社与商业局再次分设。1984年2月更名为上高县供销合作社联合社。1986年县供销社设党委、纪委、理事会、监事会,辖有农业生产资料、土产、食杂品、贸易等4个公司和贸易中心、汽车队、镜山酒厂等下属单位。1987—1990年,先后增设废旧物资公司、棉麻公司,汽车队改为配件公司,并新办了制线厂。至2022年底,县供销社内设人秘股、业务股、财务股、资产管理股、综治股5个职能股室。

驻县单位

综合

国家税务总局上高县税务局 是主管税收的工作机构。县税务局最早成立于1950年。1994年9月,因国家财税体制改革,县税务局一分为二,分设为县国家税务局(简称国税局)和县地方税务局(简称地税局)。2018年7月20日,根据国家征管体制改革方案,县国家税务局和县地方税务局又合二为一,合并为县税务局。合并后的县税务局,内设办公室、法制股、税政股等13个内设机构和信息中心、机关服务中心2个事业单位。此外,还设第一税务分局、第二税务分局、敖阳税务分局、泗溪税务分局、南港税务分局、墨山税务分局等6个基层分局。

生态环境局 宜春市上高生态环境局的简称。1980年6月,成立上高县环境保护办公室,与县经济贸易委员会合署办公。1981年与县基本建设委员会合署办公。1984年,成立上高县城乡建设环境保护局。2001年9月，成立上高县环境保护局。2003年4月，上高县环境保护局由事业单位转为县政府工作部门。2019年6月，撤销上高县环境保护局，成立宜春市上高生态环境局，为宜春市生态环境局正科级派出机构。内设办公室、自然生态和综合协调股、环境影响评价与辐射管理股、水环境和流域管理股、大气环境和应对气候变化股、土壤环境和固废化学品管理股，下辖宜春市上高生态环境保护综合执法大队和宜春市上高生态环境监测站2个公益一类事业单位。

公路分中心 宜春市公路事业发展中心上高分中心的简称，其前身是上高养路段，主要负责上高境内国省干线公路建设、养护工作。20世纪70年代更名为上高公路段，由宜春公路分局管辖，隶属江西省交通厅公路管理局。2003年7月18日，更名为宜春市公路管理局上高分局，属于差额拨款事业单位。2021年12月28日，更名为上高公路分中心，下属泗溪、思泉铺、江口、员山、泽山、上甘山、明星等7个养护站、所。

国家统计局上高调查队 为国家统计局派出机构。2007年10月成立，前身是上高县城市社会经济调查队。国家统计局上高调查队既是政府统计调查机构，也是统计执法机构，依法独立行使统计调查、统计报告、统计监督的职权，独立向国家统计局和国家统计局江西调查总队上报调查结果。组织开展城乡住户、居民消费价格、农产量、农业中间消耗、劳动力、主要畜禽监测等调查工作，参与经济社会重大问题专项调查，依法依规管理和公布有关统计调查数据，依法查处统计调查中发生的统计违法行为。

公积金中心 宜春市住房公积金管理中心上高县办事处，前身是上高县住房公积金管理中心，成立于1998年，与上高县住房制度改革领导办公室合署办公。2002年12月划到宜春市政府管理，更名为宜春市住房公积金管理中心上高县办事处。住房公积金管理中心的主要职责是住房公积金的归集、年度结息，住房公积金的支取和转移，住房公积金贷款的发放和还款。

气象局 成立于1956年12月。现设综合管理科、防灾减灾科2个内设机构，气象台、气象服务中心2个直属单位，雷电防护技术中心、人影与气象防灾减灾中心（突发事件预警信息发布中心）2个地方事业单位。2022年12月31日由国家一般气象站升格为国家基本气象站。

水文大队 水文水资源监测大队的简称。2021年1月，按照江西省委深化事业单位改革总体要求，在上高水文站基础上，设立上高水文水资源监测大队，负责上高县、宜丰县、高安市内水文水资源水生态要素监测,水文情报预报、水文资料收集与整理,对接当地政府部门对水文工作的指导与管理等,隶属赣江下游水文水资源监测中心管理。1949年3月停测,1951年恢复各测验项目。1952年5月由水位站变更为水文站,1953年1月由水文站变更为水位站,之后4次反复变更,1984年10月由水位站变更为水文站至今。2021年1月锦江流域水文监测大队隶属于赣江下游水文水资源监测中心领导。

新华书店 江西新华发行集团有限公司上高县分公司的简称。1952年6月,新华书店江西分店宜春支店在上高县城河南街,筹备设置门市部,9月挂牌营业,人事、业务由支店管理。1972年,设立县新华书店。1992年11月底,县新华书店加入江西省出版集团。2009年9月,改企转制,成立江西新华发行集团有限公司上高县分公司。原人员、资产和财物一并转入分公司,隶属于江西新华发行集团有限公司。至2022年底,江西新华发行集团有限公司上高县分公司内设经理室、综合科、教材科、中心门市等4个机构。主要经营业务:中小学教材教辅,一般图书和文化产品。

武警大队 中国人民武装警察部队江西省总队宜春支队执勤三大队的简称。2014年2月组建,下辖上高、奉新、靖安3个中队,2018年1月,武警部队编制体制调整,改编为中国人民武装警察部队江西省总队宜春支队执勤三大队,下辖高安、上高、宜丰、铜鼓4个中队,主要担负驻地看守所外围武装警戒任务。

上高武警中队。主要担负县看守所外围武装警戒任务。1949年10月成立时为中国人民公安部队上高县中队。后历经名称为中国人民解放军公安部队上高县中队、人民武装警察上高县中队、中国人民解放军上高县中队。1982年更名为中国人民武装警察部队江西省总队宜春支队执勤三大队上高中队。

消防救援大队 1950年12月,县公安局组织建立敖阳、徐市消防队。1974年2月成立上高县消防中队(正连职单位),同年10月,县公安局增设消防股,正式组建消防队。1983年消防队改为武警部队建制,1984年11月恢复消防科(副营职单位),同时保留中队编制。1991年11月保留消防中队编制。1996年成立消防大队(正营职),2018年9月,上高县消防大队退出现役,转制为上高消防救援大队。2019年至2022年底,陆续成立五里岭小型站和泗溪镇、田心镇、锦江镇、徐家渡镇以及阳光路消防救援站。

中储粮库 中央储备粮上高直属库有限公司的简称。前身为宜春市塔下粮油公司,原属宜春市粮食局,始建于1982年。2001年9月,部分资产和人员划归中国储备粮管理集团有限公司垂直管理,公司更名为中央储备粮上高直属库。2018年1月改制,更名为中央储备粮上高直属库有限公司。

火车站 地处塔下乡境内。1969年始建,占地面积3.06万平方米。1970年开始客货运输,1997年客运停止,现属货运站。

金融商贸服务

人民银行 1949年8月接管原江西省银行上高办事处,同年12月12日,正式成立中国人民银行上高办事处。1950年1月,办事处改为县支行,主要业务发行人民币,推行全国统一货币制度,打击金融黑市活动,稳定金融市场,开展公私存款放款及汇兑结算业务。1955年县城设立敖阳营业所,办理敖阳镇和一区金融业务。1958年,县支行有农村所、处16个,城镇储蓄所4个。1968年8月,银行、财政、税务、市管会机构合并,成立上高县财政金融管理站,1970年4月,成立上高县财政金融局。1979年10月,中国人民银行上高县支行作为中国人民银行的派出机构,在中国人民银行的授权下行使相关职责。1985年2月1日,人民银行所属机构、人员、业务全部划给工商银行,同时成立人民银行上高工作办公室。1986年,中国人民银行上高县支行恢复建制。中国人民银行上高县支行实行工作重点转移,从办理一般信贷结算业务中析出,运用计划、行政、经济和法律手段,对专业银行和其他金融机构行使领导、管理、协调、监督、稽核的宏观管理职能,维护国家货币政策和辖内金融秩序。

银保监组 银保监组前身为上高银监办事处,成立于2003年12月31日,2004年5月正式挂牌。2019年原银监会、保监会整合为银保监会。经江西银保监局批复,2019年7月10日,原宜春银监分局整合为宜春银保监分局,上高监管办事处对应整合为上高银保监组。

农发行 中国农业发展银行上高县支行成立于1997年3月,是一家国有政策性金融机构,内设计划信贷部、会计出纳部、办公室。2004年之前主营粮棉油贷款,2004年逐步拓展业务范围,2004年发放第一笔商业性贷款,2008年发放第一笔基础设施贷款。至2022年底,农发行上高县支行有客户部、综合部等2个内设机构,各项贷款余额51.90亿元。

工商银行 中国工商银行股份有限公司上高支行的前身是中国工商银行上高县支行,成立于1984年1月1日。中国工商银行上高县支行各项存、贷款、结算业务是从中国人民银行上高县支行分离出来,到1985年2月1日中国工商银行上高县支行才正式全面分设,单位性质为国有商业银行。经过2005年股份制改革,成立了中国工商银行股份有限公司上高支行(简称:中国工商银行上高支行)。中国工商银行内设机构有行长室、综合业务部,下辖营业部和建设路支行2个营业网点。到2022年12月底,各项存款余额37.7亿元。各项贷款余额21.3亿元。中间业务收入379万元,实现账面利润8451万元。

农业银行 中国农业银行上高县支行成立于1979年5月、1995年中国农业发展银行上高县支行和上高县信用合作联社从中国农业银行上高县支行分离出去,从此,中国农业银行上高支行正式成为国有商业银行。2009年1月15日,中国农业银行股份有限公司成立。2009年6月18日,成立中国农业银行股份有限公司上高县支行。截至2022年12月月底,中国农业银行股份有限公司上高县支行有内设机构2个,即:综合管理部、业务管理部。下辖5个营业网点,1个对公业务营销团队;1个离行式自助银行。截至2022年12月底,各项存款余额28.4亿元,各项贷款余额21亿元。

中国银行 中国银行股份有限公司上高支行于1988年11月12日成立,是中国银行股份有限公司宜春市分行下属机构,目前中国银行上高支行内设综合管理部、业务发展部,营业部以及经营性支行1个。到2022年中国银行上高支行实现主营收入4328万元,实现税收840万元。

建设银行 中国建设银行股份有限公司上高支行成立于1973年10月。从1994年起,建设银行对遍布全县的储蓄网点进行了调整,在撤并部分营业网点的同时,增加了中心城市的网点设置数量,与相应信贷政策的调整相配合,进一步加强了在中心城市的经营力度。至2022年建设银行上高支行内设机构为综合管理部、客户部、个人贷款中心、营业室、上高敖阳支行。存款余额22.46亿元;贷款数额16.53亿元。

邮政储蓄银行 中国邮政储蓄银行股份有限公司上高县支行成立于2008年3月,并于2012年7月变更为中国邮政储蓄银行股份有限公司上高县支行,隶属于宜春市分行管辖。县支行本部位于上高县敖山大道25号,内设综合管理部、零售金融部、风险合规部、公司金融部、营业部。目前全县拥有邮政储蓄网点8个(其中城区3个,乡镇5个)。2022年止,各项贷款余额17.98亿元,贷款规模列全县大型国有商业银行第3位。邮银居民储蓄存款余额33.43亿元,公司存款余额2.49亿元。

农商银行 上高农商银行前身为上高县农村信用合作社,是20世纪50年代三大合作社之一。1952年,全县成立敖阳、三和、田心、徐市、官桥、永圣、磻村、城陂8个信用合作社。1991至1995年为行社合一时期,农业银行与信用社合署办公。1996年5月,经人民银行批准,正式成立县农村信用合作社联合社,脱离农行的行政隶属关系。2000年12月县农村信用合作社联合社正式接管县城市信用社,原城市信用社同时更名为县城区农村信用合作社。2006年6月29日,县农村信用合作社联合社更名为县农村信用合作联社(简称信用联社),由二级法人机构变更为一级法人机构。2013年9月12日经江西银监局批准,变更为江西上高农村商业银行股份有限公司,简称上高农商银行。至2022年底,上高农商银行内设机构16个,下辖22个支行。截至2022年12月底止,各项存款余额125.85亿元,各项贷款余额102.48亿元。

九江银行 九江银行股份有限公司上高支行于2014年10月23日成立,为上高县进驻的第一家城市商业银行。目前在上高县共2家网点,截至2022年12月支行各项贷款余额为10.19亿元,各项存款余额为12.7亿元,绿色贷款2.72亿元。

江西银行 江西银行股份有限公司上高支行是江西银行股份有限公司下设县域综合型支行,于2016年11月9日正式开业,位于县城和平路23号。该银行紧紧围绕"服务地方经济、服务中小企业、服务城乡居民"的发展定位,为社会各界提供全方位的金融服务。截至2022年末,资产总额达11.82亿元,人民币各项存款余额合计11.52亿元,人民币各项贷款余额合计6.55亿元。实现主营业务收入9362万元,实现税收510万元。

上饶银行 上饶银行股份有限公司上高支行于2015年10月28日成立。目前在上高县有一家网点,截至2022年12月,支行各项贷款余额为12.46亿元,各项存款余额为16.82亿元,绿色贷款0.47亿元。

赣州银行 赣州银行股份有限公司上高支行于2015年12月11日成立。目前在上高县有1家网点,截至2022年12月末,支行各项贷款余额为6.07亿元,各项存款余额为11.94亿元,绿色贷款0.31亿元。

富民银行 江西上高富民村镇银行股份有限公司是由浙江温州鹿城农村商业银行发起设立,具有独立的企业法人资格的新型农村金融机构,于2019年3月22日正式开业。目前在上高县有2个营业网点,2个普惠金融服务点。截至2022年12月,支行各项贷款余额为6.32亿元,各项存款余额为6.44亿元。

盐业公司 江西省宜春江盐华康盐业有限公司上高分公司的简称,前身为上高盐业公司,成立于1979年。1982年县盐业公司归省公司管理。1991年成立上高县盐务局,县盐业公司与上高县盐务局实行两块牌子一套人马。内设综合部、食盐专营盐政稽查部,负责上高、宜丰、铜鼓3县的食盐供应、运销区域内盐业管理、盐政执法和食盐专营工作。2016年,更名为江西省宜春江盐华康盐业有限公司上高分公司。2017年体制改革,其中盐业主管职能移交工信部门负责,食盐质量安全管理与监督职能移交市场监督管理部门。至2022年,公司具备完整的食盐供应配送网络,配送网络覆盖上高,宜丰、铜鼓城区及各乡镇,已有现代零售终端1200户,精品客户273户。

烟草公司 县烟草专卖局(分公司)组建于1985年6月,县局内设综合办公室、专卖办公室、城区客户部、城区稽查中队、田心客服部、田心稽查中队、机动中队、中转站、烟叶部等部门。2022年,全县烟叶种植村36个,种植烟叶7799亩,收购烟叶21275担。至2022年,目前已有现代零售终端296户,核心终端户279户。

石油公司 中国石化销售股份有限公司江西宜春上高石油分公司的简称。前身为七〇三工程处,1970年3月成立,后改为七〇三储油所,负责供应上高、宜丰、铜鼓3县的成品油市场。1987年,上高七〇三储油所改名为上高石油公司,属江西省石油分公司管理。2002年,上高石油公司经营部和七宝山油库分开设置,同属宜春石油分公司管理。2003年实行减员增效,机关各科室全部撤销,成立综合办,管理上高境内中石化所属加油站经营。2022年,有加油站17个,销售成品油4.37万吨,销售额3.24亿元。

人保财险 中国人民财产保险股份有限公司上高支公司成立于2003年,位于上高县学园路22号。其前身是1984年4月成立的中国人民保险公司上高支公司。公司主营财产损失保险、责任保险、信用保险、意外伤害保险等人民币保险业务。目前在泗溪、芦洲、墨山设立了营销服务部。中国人民财产保险股份有限公司上高支公司2022年各项保费收入1.65亿元,赔付支出总额1.01亿元。纳税1380.96万元。

人寿保险 人寿保险上高县支公司的前身,是成立于1984年4月1日的中国人民保险公司上高县支公司。经国务院批准在1999年1月成立中国人寿保险公司。2003年6月,中国人寿保险公司重组为中国人寿保险(集团)公司,并独家发起设立了中国人寿保险股份有限公司。同年,中国人寿保险股份有限公司上高县支公司设立。截至2022年12月底,营业收入9296.9万元。

人寿财险 中国人寿财产保险股

份有限公司上高支公司成立于 2009 年 12 月 8 日，属国有企业。到 2022 年实现年各项保费收入 3014 万元，实现税收 321.97 万元。

供水公司 江西省上高润泉供水有限公司的简称。隶属于省属国企江西省水利投资集团有限公司旗下的江西省水务集团有限公司，前身为创建于 1981 年的上高县自来水公司。2013 年 12 月，省水务集团与上高县人民政府达成城乡供水一体化项目合作协议后正式成立，截至 2022 年底，公司管网总长约 375 千米，其中 DN110 以上供水主管网约 170 千米。公司用户 80435 户，设计规模 12 万吨，目前建成可供水量 9 万吨/日，出厂水质综合合格率达 99% 以上。公司内设生产运行部、工程施工部、客户服务部、财务部、企管安监部、工程技术部、综合办公室、水质检测中心。

供电公司 国网江西省电力有限公司上高县供电分公司的简称。前身为宜春地区电厂（正县级），始建于 1966 年，是发供合一、以供为主的地方国营电力企业。1970 年下放至宜春地区，由地区重工业局主管；1992 年，降格为副县级，行政上由上高县管理，业务划归地区水电局主管。1999 年 6 月 1 日上高发电厂与宜春地区电厂分开运作，上高发电厂移交上高县经委管理。1999 年 8 月 28 日，宜春地区电厂撤销，成立上高县供电有限责任公司（正科级），由省电力公司控股。2017 年 10 月，上高县供电有限责任公司更名为国网江西省电力有限公司上高县供电分公司。公司承担上高县居民和工农业生产的供电任务；承担上高县域内 35kV 及以下电网规划、电网建设、运行维护；负责电力电量购销等业务。公司下设 4 个职能管理部门（行政部、党建部、安全监察部、财务资产部）、3 个业务管理部门（供用电部、生产技术部、电力调度控制分中心）、2 个省管产业单位（江西三龙实业有限责任公司上高分公司、宜春明熙供电服务有限公司上高分公司）、12 个基层供电所（敖阳供电所、镜山工业园供电所、蒙山供电所、敖山供电所、锦江供电所、南港供电所、泗溪供电所、田心供电所、徐家渡供电所、界埠供电所、上甘山供电所、思泉铺供电所）、2 个营业站（芦洲营业站、翰堂营业站）。

网络公司 江西省广播电视网络传输有限公司上高县分公司的简称。2002 年 10 月成立。2008 年 1 月与县广播电影电视局分离，开始独立运营。2022 年 10 月更名为中国广电江西网络传输有限公司上高县分公司。公司下设行政人事、城网、工程等部门，14 个乡镇站。公司主要经营广播电视、宽带、数字经济等业务。2022 年 10 月正式开展 5G 新业务运营，与移动、电信、联通跻身四大运营商之列。

邮政公司 1949年7月14日，由军代表接管旧政权上高县邮政局和上高县电信局。1951年4月21日，邮、电两局合并成立上高县邮电局。1969年，邮政与交通局合并，实行由上高县和江西省交通邮政局双重领导；1973年10月，恢复上高县邮电局。1998年9月邮电分营，成立上高县邮政局；2015年7月挂牌为中国邮政集团公司江西省上高县分公司；2019年12月改制为中国邮政集团有限公司江西省上高县分公司。

至2022年，邮政公司有邮政营业网点11个，邮政储蓄网点5个，揽投部1个，城区揽收段道23条，普投段道10条，乡村邮路21条。上高县的邮政编码为336499。

上高邮政寄递事业部由原邮政快包部与邮政速递物流公司于2019年融合成立，办公地址为敖山大道203号，办公及生产场地1500平方米，拥有门店15家，员工60多人，2022年实现寄递收入1100多万元，税收70多万元。

电信公司 中国电信股份有限公司上高分公司的简称，隶属中国电信股份有限公司宜春分公司管理。1998年邮电分离，成立上高电信局。1999年移动分离成立上高县电信公司，2003年更名为中国电信股份有限公司上高分公司。2022年底电信网点41个，固话6860户，互联网宽带59420户，移动用户96580户，下设12个支局，全年业务收入5216万元。

移动公司 上高县移动通信公司于1999年8月挂牌成立，于2002年9月正式更名为中国移动通信集团江西有限公司上高县分公司。目前，公司内设综合财务部、市场经营部、网络建维部、渠道运营中心、集团客户部。截至2022年底，公司有移动营业网点78家，4G基站849个，5G基站334个，其移动通讯已覆盖全县广大城乡地区，移动用户24万户，宽带用户8万户。

联通公司 上高联通是中国联通在江西省宜春市的分支机构，成立于2001年7月。上高联通组织机构分为政企部、市场部、综合支撑部、云网中心及2个自有营业厅，互联网宽带用户59420户。

铁塔公司 中国铁塔股份有限公司宜春市分公司上高县办事处是中国铁塔在上高县的驻点机构，截至2023年6月，共计新建物理通信基站240个，全县县域内95%的通信基站完成5G改造。

汽运公司 上高汽车运输股份有限公司的简称是江西省宜春汽车运输股份有限公司辖下的一家以道路旅客运输为主，并集旅游、商业、小件快运、农村物流等为一体的综合型公司。前身是宜春汽运总公司二○三车队，1965年由万载迁入上高。主要经营省内外公路客运、旅游包车客运以及农村班线客运、厂包车运输业务。现有营运客车177辆,营运线路25条(其中省际2条、省内12条,县内10条),厂包车运输班线96条。日均迎送旅客3000余人,日均运输园区员工8000人。

经　济

经济体制

家庭联产承包责任制　实施联产承包责任制是以家庭为基础,将耕地承包到户、包产到组、联产到劳的生产责任制。1977年,田心公社试行了小宗作物、分散零星土地包产到户,引起普遍关注。1979年3月,全县建立了常年作业组的1168个生产队(占总数58.6%),多数实行联产计酬。1980年8月,实行常年作业组联产计酬责任制的生产队,全县达到60%,其中有53.3%实行专业组或专业户(工)联产责任制。1981年春出现了专业队、专业组、专业户、专业工联产计酬的生产责任制形式,名为"四专一联"。同年9月,田心公社率先全面推行大包干生产责任制。其他公社也出现了包产到组、联产到劳等生产责任制。1982年春,巩固完善各种联产责任制,经济效益显著提高,当年农民人均纯收入256.48元,比1978年增收144.76元。1982年秋后,全县普遍实行家庭联产承包制,实行土地所有权与经营权适当分开的双层经营方式,生产者的经营自主权扩大了。1983年签订第一轮土地承包合同与1998年到期。为了坚持农村家庭承包责任制,上高县开展了第二轮土地承包,承包期为30年。2004年对第二轮土地承包进行了完善,涉及全县乡镇(街道)13个,行政村186个,自然村组1583个,农户66372户,耕地面积480332.7亩。实际签订承包合同66372份,发放农村土地经营权证66372本,进一步夯实了家庭联产承包制,维护了农民土地承包的合法权益。

农业产业化经营　为发挥农业龙头企业带动作用,上高县实行以农业产业化推进农村产业融合,实现种养加、产供销、贸工农一体化经营。到2022年,上高县共有国家级农业产业化龙头企业1家,即金农米业,省级农业产业化龙头企业10家,市级龙头企业37家。龙头企业采取"公司+基地+合作社+农户+订单"的运作模式,逐步在全县建立起蛋鸡养殖、粮食加工、中药材等特色产业。以订单为纽带,通过产业联动,将产业带上的农户、基地及合作社紧紧联系在一起,形成利益共同体和产业化经营。2022年,全县共引导发展中药材基地4.3万亩、经济作物基地3.5万亩、优质稻粮食订单面积达23万亩等,联结合作社183个,带动农户7.5万户。通过农业产业化经营培育出了"汇银""圣牛""晶升""春晓""绿万佳"等"赣鄱正品"农产品品牌。

农村税费改革 2002年1月,制定《上高县农村税费改革试点实施方案》。改革的主要内容是"三取消、两调整、一改革"。"三取消"即取消乡镇统筹费、农村教育集资等专门面向农民征收的行政事业性收费和政府性基金、集资;取消屠宰税;取消统一规定的劳动积累工和义务工。"两调整"即调整农业税政策,调整农业特产税政策。"一改革"即改革村提留征收使用办法。到2005年,农民税费负担为零。农村税费改革进一步规范了农村分配制度,从根本上减轻农民负担,理顺国家、集体和农民之间的分配关系。是继实行土地改革和推行家庭承包经营制度之后的又一项重大改革。

土地流转 全称为"农村土地承包经营权流转",是在坚持所有权、承包权、经营权"三权分离"的前提下,遵循"平等协商、依法、自愿、有偿"和"不改变土地所有权和土地农业用途"的原则,采取法定的出租、转包、转让、互换、入股、托管等方式,将土地流转给大户、农民合作社等主体经营。2014年,根据国家相关政策,县委、县政府下发了《上高县农村土地承包经营权流转实施方案》,积极鼓励推进并规范农村土地承包经营权流转。2022年全县土地流转面积突破22.48万亩。其中:全县土地流转的出租(转包)面积19.79万亩、入股0.98万亩、其他流转0.95万亩、互换0.36万亩、转让0.4万亩。流转面积占家庭承包面积的46.8%。

厂长(经理)负责制 1986年,中共中央、国务院颁布《全民所有制工业企业厂长工作条例》《中国共产党全民所有制企业基层工作条例》《全民所有制工业企业职工代表大会条例》。按照上述条例,上高县工业企业开始改革经营方式、改革企业内部管理机制,实行党委领导下的厂长(经理)负责制。1987年实行党政分设,在企业全面推行厂长(经理)负责制,具体办法是:党委领导监督,职工民主管理,厂长(经理)依法行使职权并受法律保护。同时对厂长(经理)建立任期目标责任制和离任审计制,防止企业厂长(经理)急功近利的短期行为。此办法首先在国有预算内工业企业试行,在取得经验后向二轻工业和乡镇企业推行,商业企业参照执行,直至企业产权制度改革时止。

企业承包经营责任制 1985—

1987年,在工商企业内部推行承包经营责任制,实行车间、门店承包。1988年1月实行第一轮企业承包责任制;厂小人少的企业主要实行租赁经营,如县装饰材料厂;部分企业由厂领导班子进行集体承包,如县麻纺厂、县酒厂、县印刷机械厂、县玻璃厂、县罐头厂、县印刷厂、县水磨石厂、县白水泥厂、县大理石厂。部分企业实行个人投标承包,如县大理石厂、县水泥厂,承包方式一定3年不变,并和厂方签订承包合同。当时,全县所有国有、集体、乡镇办企业进行承包,承包期为3年。1991年1月实行第二轮承包责任制。有的采取创利还贷形式,即承包者在承担企业职工工资、上缴税利的同时,3年内必须还清企业贷款,如县大理石厂、县水磨石厂、县玻璃厂、县罐头厂、县大理石矿等企业。有的采取上缴利税、递增包干、超收分成、歉收自补形式,如县水泥厂、县白水泥厂、县印刷厂、县麻纺厂、县印刷机械厂、县酒厂。12月,全县13家国有工业企业、14家县属集体工业企业、211家乡镇办工业企业进行了承包。

企业产权制度改革 1997年始,上高县对工业企业实行产权制度改革。县属国有、集体工业企业产权制度改革目标是向股份化、民营化方向发展。2001年2月,上高县出台《关于进一步加快企业产权制度改革的实施意见》。当月,县属国有工业企业在白水泥厂进行产权转让试点,由大户持股经营,剥离无效资产、承债式购买有效资产。这是全县第一个实现产权和职工身份"双置换"企业。当年,县属集体企业木器厂、服装厂实施破产,塑料二厂实行产权出售。至2005年,全县13家国有工业企业依法破产的有8家、实行分块租赁经营的有4家、被兼并的有1家。14家集体工业企业实施产权出售的有5家,依法破产的有2家,倒闭的有3家,部分产权出售部分租赁经营的有4家。县属国有、集体职工全部解除劳动关系移交社区管理,乡镇企业全部转为民营企业。

经济指标

国内生产总值 1949年年底上高县国内生产总值(又称地区生产总值,下同)为1048万元。1978年国内生产总值为8489万元。改革开放后国民经济迅猛发展,国内生产总值逐年大增。2022年,全县国内生产总值284.2亿元,分别比1949年和1978年增长2711倍和334倍。其中:第一产业实现增加值29.4亿元,第二产业实现增加值135亿元,第三产业实现增加值119.8亿元。三次产业结构之比为10.3∶47.5∶42.2。

工农业总产值 1949年年底,上高县工农业总产值3363万元（按1990年不变价计算），其中：工业总产值163万元，农业总产值3200万元；工农业总产值之比为1：19.63。1994年全县工业总产值6.68亿元，首次超过农业总产值。2022年，全县规模以上工业总产值450.13亿元，同比增长15.3%；农业总产值61.51亿元，同比增长4.8%；工农业总产值之比为7.32：1。

财政收入 新中国成立后，上高县的财政收入项目主要有农业税收入、工商各税收入、企业税收入、其他收入4大类。农业税收入和工商各税收入所占比重，在经济发展和经济结构变化中此消彼长。农业税所占比重，1952年为50.12%，1978年为28.0%，1990年下降至11%左右，2006年1月1日起，全面取消农业税。工商各税则由1952年占32.25%到1998年占44.54%，一路稳步上升，逐渐占据主导位置。2022年，全县财政总收入完成45.3亿元。其中，一般公共预算收入完成21.1亿元，比1953年（第一个五年计划开局年）增长2522倍，比1978年增长1014倍。税收收入完成13.1亿元，占一般公共预算收入比重为62.2%。

固定资产投资总额 1971年，上高县完成固定资产投资额221.52万元。其中，生产性建设投资30.08万元；非生产性建设投资191.44万元，主要用于文教卫生部门。党的十一届三中全会后，全社会固定资产投资逐年增长。1993年投资总额首次突破1亿元。2000年达到3.69亿元。2022年全县固定资产投资（含房地产）同比增长9.6%，其中，工业投资同比增长11.8%。

社会消费品零售总额 1952年全县社会消费品零售总额377.0万元，人均消费额28元。1960年始，对部分紧俏商品实行凭票、凭证、定量供应办法，消费总额增长缓慢。改革开放后，经济发展，物资充裕，国家逐步取消计划供应，实行敞开销售，促进消费总额快速增长。1980年社会消费品零售总额6098.7万元，人均消费额212元。2000年全县社会消费品零售总额增至6.1亿元。2022年全县社会消费品零售总额62亿元，城镇居民人均消费支出22871元，农村居民人均消费支出15708元。

城乡居民储蓄存款 储蓄存款种类分活期存款、整存整取、零存整取、存本取息、整存零取等23种。1952年全县银行储蓄存款余额为5万元，人均储蓄不足0.4元。改革开放以后，储蓄存款大幅度增长。1978年全县储蓄存款余额333万元，人均储蓄13元。2000年增至9.77亿元，人均储蓄2975元。2022年全县住户存款余额256.46亿元，同比增长16.67%。

职工年人均工资收入 1958年全县职工人均年工资324元。其后，随着经济发展和工资制度改革,职工工资不断增加。1978年全县职工人均年工资508元。1988年全县职工人均年工资1244元。进入20世纪90年代后期,企业进行了产权制度改革。2000年在职职工年平均劳动报酬6485元。2010年在职职工人均劳动报酬18477元。2020年全县城镇非私营单位在岗职工平均工资57227元。

农民年人均纯收入 新中国成立之初,农民年人均纯收入主要来自私有土地种植和家庭副业收入;人民公社化时期,农民年人均纯收入大多依靠工分带粮和按劳取酬;改革开放后,农民年人均纯收入主要来自乡镇企业、农村合作经济组织、农民家庭经营和劳务输出等方面的收入。1956年上高县农民人均年纯收入54.2元。1978年上高县农民人均年纯收入181.72元。2000年全县农民人均年纯收入增至2663元。2014年后该指标变为农村居民人均可支配收入,2022年全县农村居民人均可支配收入23480元。

招商引资 从20世纪90年代末期开始,上高县重点打造园区经济和开放型经济。2001年10月30日,台湾旺旺集团瑞麦公司与县工业园签约,是第一个落户工业园区的外资企业。此后,上高掀起了招商引资热潮。2001年5月,县委下发了《关于深入解放思想、加快经济发展的若干规定》(简称36条)。《规定》时招商引资的优惠政策、土地出让价格、引资人中介奖、招商考核、客商投诉、环境建设等方面作出了明确规定,是一个指导上高县开放型经济发展的纲领性文件。经过10年发展,2010年8月1日,县委下发了《关于加快转变经济发展方式,促进县域经济更好更快发展若干规定》,文件首次提出要选择性招商,标志着开放性经济发展方式要由量向质的转变。2013年8月9日,县委下发了《关于进一步优化经济发展环境的十八条》。通过这一系列政策措施的制定,使上高的招商引资工作取得了丰硕成果,从而有力促进了全县经济发展。2012—2022年,全县共签约引进项目765个,其中投资亿元以上的项目426个,实际引进省外资金962.8亿元。20年来,上高的招商引资工作和开放型经济工作取得了显著成效,前后13次荣获全省开放型经济工作综合先进县,成为全省获得这一荣誉最多的县。

外贸出口 上高县主要出口产品有轻工产品(运动鞋)、机电产品(橡胶履带)、纺织服装(劳保手套、布料)、医药化工品、农产品及其深加工产品(大米蛋白)、玩具等。2022年,上高县实现出口创汇企业达44家,其中全年出口超过500万美元的企业有中杰鞋业有限公司、上高裕盛工业有限公司、江西金利隆进出口有限公司、上高县炜新科技有限公司等20家。全县全年出口额9.56亿美元,出口国家和地区主要集中在港澳台地区及日韩、拉美、东南亚、南亚、中东、东欧、非洲等。

五年计(规)划

"一五"计划　1953—1957年为上高县国民经济和社会发展第一个五年计划时期。之前3年为国民经济恢复时期。"一五"计划期末(1957),全县实现工农业总产值6407万元(按1990年不变价计算),比1952年增长58.82%,其中,工业总产值590万元,比1952年增长119.33%;农业总产值5817万元,比1952年增长54.50%。财政收入165.17万元,比1952年增长9.07%。社会商品零售总额637.4万元,比1952年增长69.07%。人口自然增长率27.01‰。

"二五"计划　1958—1962年为上高县国民经济和社会发展第二个五年计划时期。"二五"计划期末(1962),全县实现工农业总产值7566万元(按1990年不变价计算),比1957年增长18.09%。其中:工业总产值589万元,比1957年增长-0.17%;农业总产值6977万元,比1957年增长19.94%。财政收入306.16万元,比1957年增长85.36%。社会商品零售总额1331.4万元,比1957年增长108.88%。人口自然增长率29.86‰。

"三五"计划　1966—1970年为上高县国民经济和社会发展第三个五年计划时期。之前3年为国民经济调整时期。"三五"计划期末(1970),全县实现工农业总产值11559万元(按1990年不变价计算),比1965年增长23.90%。其中:工业总产值1839万元,比1965年增长138.83%;农业总产值9720万元,比1965年增长13.56%。财政收入317.51万元,比1965年增长10.47%。社会商品零售总额2421.0万元,比1965年增长48.22%。人口自然增长率21.64‰。

"四五"计划　1971—1975年为上高县国民经济和社会发展第四个五年计划时期。"四五"计划期末(1975),全县实现工农业总产值16106万元(按1990年不变价计算),比1970年增长39.34%,其中,工业总产值2891万元,比1970年增长57.21%;农业总产值13215万元,比1970年增长35.96%。财政收入260.63万元,比1970年下降17.91%。社会商品零售总额3587.0万元,比1970年增长48.16%。人口自然增长率20.50‰。

"五五"计划　1976—1980年为上高县国民经济和社会发展第五个五年计划时期。"五五"计划期末(1980),全县实现工农业总产值24571万元(按1990年不变价计算),比1975年增长

52.56%,其中,工业总产值5028万元,比1975年增长73.92%;农业总产值19543万元,比1975年增长47.88%。财政收入637.60万元,比1975年增长144.64%。社会商品零售总额6098.7万元,比1975年增长70.02%。人口自然增长率3.28‰。

"六五"计划 1981—1985年为上高县国民经济和社会发展第六个五年计划时期。"六五"计划期末(1985),全县实现工农业总产值44692万元(按1990年不变价计算),比1980年增长81.89%,其中,工业总产值10775万元,比1980年增长114.30%;农业总产值33917万元,比1980年增长73.55%。财政收入1310.60万元,比1980年增长105.55%。社会商品零售总额9544.1万元,比1980年增长56.49%。人口自然增长率11.22‰。

"七五"计划 1986—1990年为上高县国民经济和社会发展第七个五年计划时期。"七五"期末(1990),全县实现国内生产总值4.73亿元。工农业总产值7.96亿元(按1990年不变价计算),比1985年增长78.17%,其中,工业总产值3.29亿元,比1985年增长205.91%;农业总产值4.67亿元,比1985年增长37.59%。财政收入3158.20万元,比1985年增长140.97%。社会消费品零售总额2.13亿元,比1985年增长122.73%。人口自然增长率12.29‰。

"八五"计划 1991—1995年为上高县国民经济和社会发展第八个五年计划时期。"八五"期末(1995),全县实现国内生产总值11.38亿元,比1990年增长140.60%。工农业总产值13.9亿元(按1990年不变价计算),比1990年增长74.66%,其中,工业总产值7.15亿元,比1990年增长116.76%;农业总产值6.76亿元,比1990年增长44.92%。财政收入7852万元,比1990年增长148.62%。社会消费品零售总额3.38亿元,比1990年增长59.0%。人口自然增长率为9.16‰。

"九五"计划 1996—2000年为上高县国民经济和社会发展第九个五年计划时期。"九五"期末(2000),全县实现国内生产总值17.5亿元,比1995年增长53.73%。工农业总产值22.19亿元(按1990年不变价计算),比1995年增长59.52%,其中,工业总产值14.7亿元,比1995年增长105.84%,农业总产值7.48亿元,比1995年增长10.58%。财政收入1.21亿元,比1995年增长53.80%。社会消费品零售总额6.1亿元,比1995年增长80.62%。人口自然增长率为3.99‰。

"十五"计划 2001—2005年为上高县国民经济和社会发展第十个五年计划时期。"十五"期末(2005),全县实现国内生产总值31.59亿元,比2000年增长80.39%。工农业总产值49.22

亿元（按 1990 年不变价计算），比 2000 年增长 121.86%，其中，工业总产值 41.35 亿元，比 2000 年增长 181.16%，农业总产值 78.7 亿元，比 2000 年增长 5.23%。财政收入 2.44 亿元，比 2000 年增长 101.73%。社会消费品零售总额 6.22 亿元，比 2000 年增长 1.96%。人口自然增长率 5.28‰。

"十一五"规划 2006—2010 年为上高县国民经济和社会发展第十一个五年规划时期。"十一五"期末（2010），全县实现国内生产总值 71.09 亿元，比 2005 年增长 125.23%。工农业总产值 194.74 亿元（现价），其中，工业总产值 163.89 亿元；农业总产值 30.85 亿元。财政收入 8.07 亿元，比 2005 年增长 230.74%。社会消费品零售总额 14.78 亿元，比 2005 年增长 137.62%。人口自然增长率 6.42‰。

"十二五"规划 2011—2015 年为上高县国民经济和社会发展第十二个五年规划时期。"十二五"期末（2015），全县实现国内生产总值 131.38 亿元，比 2010 年增长 84.81%。工农业总产值 540.04 亿元（现价），比 2010 年增长 177.31%，其中，工业总产值 493.44 亿元，比 2010 年增长 201.08%；农业总产值 46.61 亿元，比 2010 年增长 51.09%。财政收入 24.25 亿元，比 2010 年增长 200.50%。社会消费品零售总额 28.6 亿元，比 2010 年增长 93.50%。人口自然增长率 6.88‰。

"十三五"规划 2016—2020 年为上高县国民经济和社会发展第十三个五年规划时期。"十三五"期末（2020），全县实现国内生产总值 225.17 亿元，占规划 107.05%，比 2015 年增长 41.64%。其中，第一产业增加值 27.2 亿元，第二产业增加值 101.88 亿元，第三产业增加值 96.09 亿元。全年规模以上工业总产值 304.59 亿元。农业总产值 56.57 亿元。财政收入 33.58 亿元，占规划 83.95%，比 2015 年增长 38.47%。社会消费品零售总额 49.96 亿元，占规划 104.08%，比 2015 年增长 74.69%。人口自然增长率 4‰。

"十四五"规划 2022 年为上高县国民经济和社会发展第十四个五年规划的第二年，全县实现国内生产总值 284.2 亿元，比 2021 年增长 5.2%。其中，第一产业增加值 29.4 亿元，同比增长 4.3%；第二产业增加值 135 亿元，同比增长 6.2%；第三产业增加值 119.8 亿元，同比增长 4.4%。全年规模以上工业总产值 450.13 亿元，同比增长 15.3%；农林牧渔业总产值 62.51 亿元，同比增长 4.8%；实现财政收入 45.3 亿元，同比增长 15.8%；全社会固定资产投资同比增长 9.6%；社会消费品零售总额 62.08 亿元，同比增长 5.7%。

经济管理

经济普查 《全国经济普查条例》规定,经济普查每5年进行一次。上高县已在2004年、2008年、2013年与2018年进行过四次全国经济普查。2018年第四次全国经济普查上高县GDP总量203.1亿元,其中一套表调查单位88.13亿元,占比43.4%;非一套表调查单位50.41亿元,占比24.8%;行政事业单位13.85亿元,占比6.8%;民间非营利单位0.2亿元,占比0.1%;部门单位28.14亿元,占比13.9%;农业核算22.37亿元,占比11.0%。

财政管理 新中国成立初期,省对县财政实行高度集中,统收统支的管理办法。从1985年起对乡(镇、场)试行"定收定支、一年一定、收入上缴、支出下拨、增收分成、减收不赔、结余留用、超支不补"的管理体制。1986年,县政府将上年体制中的"减收不赔"改为"减收挂帐"。1987年起,实行"核定收支、收支挂钩、总额分成、一定三年"的管理体制。1990年起,实行"确保基数、定额上缴(或补助)、超收分成、减收自负"的管理体制。1994年1月起实施分税制财政管理体制。2002年起,实行"划分税种、核定基数、定额上解(补助)、超收全留(欠收自负)、一定三年"的乡镇场财政管理体制。2005年起,实行乡财县代管,全面实行国库集中支付制。2012年,对原乡镇财政体制进行调整和完善,实行"划分税种、分税分成、核定基数、确保运转"的乡(镇、场、街道办)财政管理体制。2013年起,开始实行财政绩效评价,2019年起,全面实施预算绩效管理。2021年,为合理确定乡镇收入、支出、上解等范围,对乡镇的财政管理体制仿照省、市对县的管理体制执行,并将农村义务教育上划至县级管理,以县为主。2021年起,实行预算管理一体化制度,要求所有预算单位的账户纳入财政预算管理一体化系统账户管理,预算单位所有资金必须通过财政预算管理一体化系统实行集中支付。

税收管理 1994年,推行了财税体制改革,将税种划分为中央税、地方税以及中央地方共享税。一是改革货物和劳务税制,实行以增值税为主体,消费税、营业税并行,内外统一的货物和劳务税制,国内第一大税种的增值税由中央和地方按照75:25的比例分成。二是改革企业所得税制,将过去对国营企业、集体企业和私营企业分别征收的多种企业所得税,合并为统一的企业所得税。三是改革个人所得税制,将过去对外国人征收的个人所得税、对中国人征收的个人收入调节税和城乡个体工商业户所得税合并为统一的个人所得税。四是调整其他税收,包括扩大资源税的征收范围,开征土地增值税,取消盐税、燃油特别税、集市交易税等12个税种,并将屠宰税、筵席税的管理权下放到省级地方政府,增设遗产税、证券交易税。2016年5月1日,上高县全面推行营业税改增值税试点,营业税退出历史舞台,增值税制度更加规范。2018年,税收征管体制改革,国税地税合二为一。并实行综合和分类所得并行的个人所得税制。2022年县税务局开征增值税、消费税、企业所得税等16个税种,全县税收总收入37.53亿元。

金融管理 1984年境内有2家金融机构(县人民银行和县农业银行)。其后,相继成立县工商银行、县建设银行、县中国银行、县农村信用合作联社、县农业发展银行和邮政储蓄银行。1995年县内4家国有专业银行(中国工商银行、中国农业银行、中国建设银行、中国银行)逐步向商业银行转轨,对外实行市场化运作,对内实行"量本利"管理。2003年12月组建宜春银监分局上高办事处。2006年全县8家金融机构全面实现计算机联网,全国通存通兑。2014年始,九江银行、赣州银行、上饶银行、江西银行、富民村镇银行先后在上高设立支行。2022年全县共有金融机构12家,营业网点49个。

价格管理 1979年始,价格管理以"调"为主,调整不合理的商品价格,大幅度提高农产品价格。1985年始,价格管理以"放"为主,相继放开计划外化肥农药价格和副食品、工业品价格。同时下放物价管理权限,除国家定价的商品和产品外,其余均放权由企业自主定价。2005年全面放开一、二、三类工业品价格和所有农产品价格,基本形成政府调控市场,市场形成价格,价格引导经济组织生产经营的经济运行机制,此后物价部门以行政事业性收费管为主。2015年价格改革深入进行,以市场决定为主,除少数涉及民生的水电气、教育及部分民政收费外,药品价格、物业收费等相继放开。2019年物价部门完成了历史使命,并入发改委。价格监督检查以及医疗服务价格判定职能分别划转至医保局和市监局。发改委的价格部门只承担价格调控、价格监测、价格认定及定价目录范围内的调定价等职能。

市场监督管理 2015年9月,整合原县工商局、食药监局、质监局,组建上高县市场和质量监督管理局。2019年3月更名为上高县市场监督管理局。管理内容包括食品安全、药品(医疗器械)安全、工业产品质量安全、特种设备安全监管、价格监管、食盐质量安全管理、市场交易、网络商品交易、反不正当竞争、化妆品监督管理,负责统一管理计量、标准化、认证认可与检验检测工作、知识产权监督检查工作,全县各类企业、个体工商户等市场主体的登记注册工作。2022年,上高县共有企业20067户,较2021年增加3118户,同比增长18.4%。解决就业6.54万人。其中纳税企业占比41.15%,年纳税总额33.44亿元。共有个体33730户,较2021年增加18688户。其中纳税户占3.12%,年度纳税总额1301万元,年度解决就业5.6万人。

土地管理　2019年启动"三区三线"统筹划定试点工作,划定上高县"十四五"时期耕地保有量43.42万亩,永久基本农田保护面积39.26万亩,永久基本农田保护率为90%。全县经营性用地挂牌出让一律实行市场化运作,坚持公开、公平、公正原则,采取网上招拍挂的方式公开出让土地。通过江西省土地使用权和矿业权网上交易系统形式对外发布公告,实施阳光交易。并在网络媒体上发布交易结果,接受社会监督,取得了良好的成效。2001年至今,供应一级市场土地2880宗,面积2372公顷。

矿产资源管理　2018年以来,实行了采矿权延续联审联批制度,即凡采矿权证到期延续、企业复工复产的,须通过自然资源、应急管理、农业农村、生态环境、水利、林业、公安、治超等部门验收审核,经政府审定后方可办理。至今,采矿许可证登记联审联批率100%;2020年持证矿山共缴交采矿权出让收益共计2.24亿元。

水资源管理　上高县多年平均水资源量12.66亿立方米,地表水资源量12.66亿立方米,浅层地下水资源量2.91亿立方米,人均占有水资源量3288立方米,与全省平均值相近。在新中国成立初期由于涉水管理的法律规章制度不完善,水资源管理处于粗放状态。随着法律规章制度的健全,全县规范取用水管理,严格水资源保护,落实最严格水资源管理制度。目前全县实行取水许可制度,对20家取水户办理了地表水取水许可证,年许可取水量达1.06亿立方米,对16家取水户办理了地下水取水许可证,年许可取水量达186.7万立方米。自2013年以来,共投入90余万元,对全县32家取水户的取水口实施在线监测。县水利局每年联合其他相关部门开展"双随机、一公开"行政检查,严厉打击无证取水、超许可取水等违法违规行为。

2022年,全县总用水量为30115万立方米。其中农业用水量24029万立方米,工业用水量3234万立方米,城镇公共用水量635万立方米。居民生活用水量2117万立方米,生态环境用水量100万立方米。

森林资源管理　全县林地总面积7.11万公顷,森林面积6.35万公顷,活立木蓄积397.9万立方米。森林覆盖率46.97%,公益林面积27.17万亩;天然林保护工程面积11.63万亩。全县湿地面积6441.15公顷,各类自然保护地5个,面积2246.81公顷。"十四五"时期采伐限额为102960立方米。2021年共办理林木采伐许可证592份,执行采伐量为78864立方米,约占计划的76.60%。2022年共办理林木采伐许可证643份,执行采伐量为102281立方米,约占计划的99.34%。

国有资产管理 国资办成立以来,不断强化国有资产管理,加强制度建设,制定出台了《上高县国有资产监督管理实施办法》等管理制度,形成了"1+N"国资监管制度体系,进一步提高了资产管理规范化水平。截至2022年,全县行政事业性国有资产总额(账面净额)约34.17亿元,净资产约28.33亿元。同时,进一步推进国企转型优化升级,出台《关于进一步县属国有企业转型升级发展的实施意见》以及配套的人事薪酬管理等制度,形成了以镜山集团(国投集团)和国资集团为龙头的"1+5+N"企业架构体系。截至2022年,县属国有及国有控股企业(含子公司)共有62户,县属国有企业资产总额约190.01亿元,营业收入约5.87亿元。2022年镜山集团信用评级成功获评AA级。

农业

农业普查 上高县于1996年开展了第一次全国农业普查,于2006年、2016年开展了第二次、第三次全国农业普查。农业普查,每10年进行一次(逢6年份实施)。农业普查对象包括:中华人民共和国境内的农村住户、城镇农业生产经营户、农业生产经营单位、村民委员会、乡镇人民政府。农业普查内容包括:农业生产条件、农业生产经营活动、农业土地利用、农村劳动力及就业、农村基础设施、农村社会服务、农民生活,以及乡镇、村民委员会和社区环境等情况。

2016年上高县实现农业总产值495497万元。全年粮食种植面积48103公顷,粮食总产量344248吨;肉类总产量79254吨;水产品产量43304吨。

土壤普查 上高县第一次土壤普查为1958—1960年,以土壤农业性状为基础,围绕摸清耕地土壤资源,总结农民群众鉴别、利用和改良土壤的经验,形成了全县土壤图、土地利用现状图、土壤改良分区图、土壤养分图等成果。上高县第二次土壤普查时间为1979—1982年,是全省15个试点县之一。上高县第二次土壤普查摸清了我县土壤类型、理化性状,第二次土壤普查成果对全县合理用地,改良土壤,科学施肥水平的提高起了积极的作用,对我县农业的发展作出了贡献。

上高县第三次土壤普查自2022年

起,是江西省唯一的试点县。按照普查工作要求和相关技术规程规范,上高县三普工作形成的成果有数据与数据库成果、数字化图件成果、文字成果以及自选成果。上高县第三次土壤普查成果主要成就:一是摸清了上高县土壤主要性状,落实"藏粮于地、藏粮于技"的国家粮食安全战略。根据三普土壤属性状况分析提出耕地土壤培肥改良建议;土壤酸化专题报告根据上高县土壤酸化成因、特点,提出了酸化治理方式方法;土壤类型图的更新为上高农业发展起到了基础支撑。二是探明了上高县特色土壤分布情况,助力上高县特色农业高质量发展。形成了地理标志土特农产品优化布局报告和分布图;分析了特色农产品—上高紫皮大蒜的适宜种植区域土壤环境和种植技术;筛选了富硒优选区,提出富硒土壤资源开发利用与富硒产业发展思路。三是打造了上高县农业信息化基础平台。实现对土壤三普成果的综合展示、智能分析、数据管理、应用共享等功能。

耕作制度　上高县自20世纪50年代推广了红花草绿肥,耕作制度以一年三熟制(以绿肥—稻—稻为主,其次油菜——季稻+再生稻,油菜—稻—稻为辅)为主,部分一年一熟制(一季中稻或一晚稻)。随着自然和社会条件的不断改善,水田耕作制度有所转变为一年两熟为主比例增加,一年三熟制、一年一熟制比例减少。旱地作物常见的耕作制度有一年两熟轮作(油—蔬菜或经济作物)和一年多熟制。旱地作物轮作方法:花生—油菜,红薯—油菜,大豆—芝麻等。锦江两岸冲积平原区水肥、劳动条件好,主要实行一年三熟制,三种三收;而丘陵地区三种两收,山区一种一收或两种一收。

农业区域布局　根据上高农业生产特点,主要涉及水稻、蔬菜、果业、中药材、苎麻、茶叶等6个农产品的区域。

水稻　2018年,上高县作为江西省"两区"划定工作五个试点县之一,根据上级下达的任务目标,科学划定粮食生产功能区和重要农产品生产保护区,划定水稻生产功能区33.38万亩,油菜籽生产保护区7.76万亩(全为水稻和油菜籽复种区)。本次"两区"划定范围为上高县下辖的9镇5乡。

蔬菜　以县城城区为中心,发展规模化露地蔬菜和设施蔬菜,逐步形成中心城区供应产区、上高"三辣"特色产区、订单式外销产区的产业格局。中心城区供应产区主要集中在锦江、塔下、敖阳街道、新界埠、农业科技示范场等地。设施蔬菜面积300余亩,露地蔬菜面积5000余亩。上高"三辣"特色产区主要集中在塔下、蒙山、南港、翰堂、芦洲等地,种植面积1.85万亩。订单式外销产区分布全县各乡镇,泗溪、锦江、徐家渡、田心等乡镇重点基地,主要有石湖香芹、田心凉薯等地域特色品牌。

果业 上高果业的规模化生产起于20世纪七八十年代,到1991年达到鼎盛,全县果业种植面积达到7.1万亩,成为当时全省5个水果产业大县之一。因1991年年底历史罕见冰冻天气,全县柑橘遭受毁灭性打击,面积锐减,2005年,全县果业面积仅为1.89万亩。2016年之后,以脐橙为主的柑橘果业面积开始提升,2022年,全县水果种植面积达3.5万亩,产量2.05吨。除了种植面积和产量有大幅提升外,种植的品种也呈多样化的趋势,由过去比较单一的柑橘种植,逐渐向葡萄、猕猴桃、梨、桃、柿子、桑葚、火龙果等多品种过渡。

中药材 近年来,随着国家中医药产业振兴,省、市、县各级政府大力扶持,2022年全县中药材种植面积达到11万亩,年产量0.8万吨,产值近2亿元。100亩以上种植基地55个,种植品种主要为粉防己、石菖蒲、金樱子、黄栀子、枳壳、钩藤等。其中上高粉防己种植面积1.2万亩,产量占全国总产量的65%,千亩以上基地10个,主要在泗溪、锦江、徐家渡、蒙山、芦洲等。江西鑫隆农业发展有限公司与省供销集团合作,在泗溪胡家新建特色濒危中药材良种基地,面积200余亩。新建设施育苗连栋大棚16个,玻璃温室大棚1个,面积60亩,年供苗2亿株,产值1.2亿元。

苎麻 上高县苎麻生产历史悠久,曾经是全县的一个支柱产业。1995年全县苎麻种植面积2.59万亩,原麻总产2168吨,种植品种以"赣苎3号"为主,成为全省苎麻生产重点县。2022年全县苎麻面积回到4122亩,种植面积主要集中在南港、翰堂、芦洲、田心等地,全年总产量503吨。

茶叶 上高的茶叶生产主要集中在新界埠、蒙山、南港、翰堂等地。茶园总面积3000多亩,有一定规模的茶场5个。新界埠茗达茶场2000亩,桐山茶场100亩,城陂茶场400亩,益民合作社茶场450亩,南港大窝里50亩。其中,南港镇大窝里古茶场位于海拔800米以上的高山上,茶树是从有500多年历史的古茶树上取材栽插而来,其茶叶芽叶肥大,节间长,开汤闻之青香浓郁,喝之入口苦涩,回味甘甜爽喉,解渴时间长,夏天可解署清热。2022年全县茶叶总产量500余吨,主要生产普通绿茶、红茶、毛尖茶,品牌主要有"崇岭毛尖"。

粮食作物 上高的粮食作物以水稻为主。水稻品种采取引进、选育、提纯复壮、试验、示范、推广等方法,改良更新,品种由少到多。从2005年到2022年,全县引进试种的水稻品种有600多个,主要是以杂交水稻品种为主。在生产上应用种植面积较广、栽种时间较长的有100个，主推品种85个。其中早稻25个，有金优402、金优463、T优402、T优463等品种；中稻品种20个，有两优培九、准两优608、Y两优1号、隆两优系列等品种；晚稻品种28个，有威优64、汕优64、汕优46、金优207等品种。2020年以后，早稻主要以圆粒型的早稻品种为主，晚稻品种以带香味的优质稻为主，当前市场上主要种植优质稻品种为昱两优馥香占、野香优2号、野香优莉丝等优质香型品种。

油料作物

油菜、花生 油菜、花生是上高主要的油料作物，油茶种植一直面积稳定，单产逐年提高。2007年油菜播种面积9.5万亩，单产74公斤，总产7030吨。2022年油菜播种面积9.89万亩，单产108.9公斤，总产1.08万吨。种植的品种主要为甘蓝型双低油菜品种，栽培方法由育苗人工移栽改为以直播为主。油菜种植主要有旱地种植和水田种植，水田种植模式主要有稻—油、稻—再—油、稻—稻—油。上高花生种植历史悠久，主要产于泗溪、新界埠、野市、蒙山、翰堂、田心、徐家渡等一带。2012年以前，主要品种以粤油551、粤油551-116、粤油8号等广东返秋花生种为主，也还有一些本地长颈花生。2013年以后，主要品种为鲁花1号、白沙1号、天虎3号等河南、山东花生种为主。2007年花生播种面积3.65万亩，单产165公斤，总产6029吨；2022年花生播种面积3.49万亩，单产189公斤，总产6592吨。

油茶林 2014年省市推广高产油茶种植以来，上高县造林户种植热情高涨，发展势头良好，形成规模产业化。截至2022年底，上高县高产油茶林总面积4.41万亩，主要分布在泗溪、徐家渡等乡镇，种植品种主要为长林系列和赣无系列，2022年每亩单产约400公斤，全县油茶总产量17640吨。有规模以上油茶加工企业2家，涌现了"肆博业态""蒙海"等油茶品牌。

全国商品粮基地 上高县是商品粮大县，是"七五""九五""十五"国家商品粮基地县之一。2006年创建全国绿色食品原料（水稻）标准化生产基地。近10年来，粮食生产逐渐规模化、集约化，涌现出许多种粮大户、家庭农场、种植合作社。到2022年，全县50亩以上的种粮主体1204个，承包水田面积22.55万亩，占全县水田面积的60.36%。2022年，全县粮食插种面积65.55万亩，总产量25.8239万吨，商品粮率达70%以上。

农产品质量安全 2021年6月开始实施食用农产品"治违禁 控药残 促提升"三年行动，严查种植养殖屠宰环节使用禁限用药物行为，严控上市农产品常规农兽药残留超标问题，加强了对

11个重点品种(豇豆、韭菜、芹菜、鸡蛋、乌鸡、肉牛、肉羊、大口黑鲈、乌鳢、鳊鱼、大黄鱼)的监管和抽查。2021年12月开始实施农产品质量安全监管对象名录制度,省农业农村厅建立了"江西省农产品质量安全大数据智慧监管平台",县农业农村局逐步将全县的农产品生产主体(企业、合作社、家庭农场等)纳入该平台,并针对这些主体做到了"三上墙、三到户"(操作规程上墙,投入品科学使用上墙,风险等级上墙;农业技术推广服务到户,农业标准化生产手册发放到户,投入品科学使用宣传到户);监管单位利用该平台开展巡检、智慧抽检及风险等级评定等,实现了对农产品质量安全的大数据智慧化监管;生产主体利用该平台出具农产品质量安全承诺达标合格证,实现了农产品的可溯源。2022年1月,县农产品检测站通过了CMA(检验检测机构资质认定)及CATL(农产品质量安全检测机构考核)"双认证"。

脱贫攻坚与巩固脱贫成果 党的十八大以来,上高县委、县政府深入贯彻习近平总书记关于打赢脱贫攻坚战重要论述,紧扣"两不愁三保障"和饮水安全,坚持精准扶贫、精准脱贫基本方略,使全县13个贫困村全部退出,4076户10587名贫困人口全部高质量脱贫,贫困发生率由2.35%到全面清零,脱贫人口人均可支配收入持续增长,由2014年的2868元增加到2022年的17533.55元,增长了5.11倍。为了巩固脱贫成果,上高县做到"四个保障",即保障脱贫群众的教育、健康、住房及饮水安全。累计识别纳入监测对象104户329人,消除风险63户191人,风险消除率55.93%。2022年,我县入选为江西省防返贫动态监测和帮扶工作基层政务公开标准化规范化"十县百乡"建设名单,在全省首创"资金科学投入+产业联村联建"乡村项目衔接模式,2022年统筹衔接资金727万元,集中投入到富硒蛋鸡优势特色产业,打造全县富硒蛋鸡孵化联盟。促进稳岗就业,4435名脱贫劳动力和监测对象实现就业。在全省率先试点整村授信,2022年脱贫户贷款余额2530.34万元,惠及脱贫户602户。进一步加大乡村"和美"建设。2022年共投入衔接资金3775.8万元,其中奖励项目资金600万元,重点发展产业外,突出农村水电路等基础设施建设,全面推进补短强弱工程。

测土配方施肥 是以土壤养分化验结果和肥料田间试验为基础,根据农作物需肥规律、土壤供肥性能和肥料效应,在合理施用有机肥料的基础上,提出氮、磷、钾和其他中微量元素肥料的施肥数量、施肥时期和施肥方法。作物缺什么补什么,要多少补多少,以满足农作物需求,提高化肥利用率,提高作物产量和品质。测土配方施肥包括测土、配方、配肥、施肥指导等环节,根据不同地力土壤和目标产量,制定施肥配方,开展配方验证,最终确定了一套测土配方施肥技术模式。2022年,上高县测土配方施肥施肥技术推广面积116万亩,测土配方施肥技术覆盖率达96%,在水稻上实现了全覆盖,在油菜、果树、蔬菜等作物上得到广泛推广。2007—2022年,水稻亩均节本增效约40元,累计推广850万亩,共节本增效3.4亿元;其他作物亩均节本增效约60元,累计推广600万亩,共节本增效3.6亿元。

高标准农田建设 2017年之前,农业局牵头实施国家新增千亿斤粮食生产能力规划田间工程3.72万亩,实施现代农业标准粮田建设工程1.67万亩;实施种粮大户粮建设项目1.42万亩;国土局牵头实施土地整理项目9.68万亩;农业综合开发办牵头实施高标准农田建设项目2.84万亩。2017年以后,全县成立统筹整合资金推进高标准农田建设领导小组,下设办公室作为建设单位实施高标准农田建设项目,至今建设面积13.27万亩,涉及14个乡镇、125个行政村,总投资3.966亿元。2018年、2019年连续2年获全省高标准农田建设绩效考评三等奖,2020年被评为激励评价表彰项目县,2021年获全省绩效考评一等奖。

水稻绿色高质高效行动 从2008年开始实施粮食高产创建活动,2011年更名为粮食高产创建整建制推进,2016年更名为粮食绿色高产高效创建,2018年更名为水稻绿色高质高效创建,2020年更名为水稻绿色高质高效行动。通过实施水稻高质高效行动,实现了水稻单产和效益"双千"目标。2022年7月10日和10月20日,省农业农村厅组织有关专家对泗溪曾家示范区进行现场测产测效。示范区早稻平均亩产541.9公斤,晚稻平均亩产631.1公斤,双季亩产达1173公斤。比非示范区双季平均亩增110.2公斤,增产10.37%。早稻亩均收益364.1元,晚稻亩均收益739.3元,双季亩均收益1103.4元,比非示范区亩增收益404.8元,增幅57.9%。

新型农民专业合作社 是在农村家庭承包经营基础上,同类农产品的生产经营者或者同类农业生产经营服务的提供者、利用者,自愿联合、民主管理的互助性经济组织。上高县是全省成立农民合作社最早的县市之一,2006年12月21日挂牌成立了第一批合作社——牧业专业合作社和渔业专业合作社。2010年12月,省农业厅在上高县召开全省合作社现场会。2013年7月,省人民政府在上高县召开全省农民合作社发展推进现场会。2020年,上高县申报成为国家农业农村部农民合作社质量提升整县推进试点县。到2022年底,全县发展各类农民合作社949个,社员农户3.9万户,面积18万多亩,联系带动面积65万亩,带动农户5.8万户。其中已成立家级示范社7个、省级示范社22个、市级示范社68个。

富硒农业 2013年,江西绿万佳种养合作社与苏州硒谷科技有限公司签署了战略合作协议,研发了富硒大米、富硒皇菊、富硒禽蛋及富硒家畜等产品。2022年富硒蛋鸡列入全县富硒农业首位产业。截至2022年年底,全县富硒农产品主要有水果、蔬菜、米面、中药材、畜禽产品等五大类,富硒产业市级龙头企业5家,市级富硒农业产业示范基地26个。

北粳南移 2010年,江西省农业技术推广站和扬州大学合作,在泗溪曾家村开展"北粳南移"的试验示范,历经12年"籼改粳"工作取得重大突破。筛选出甬优9号、甬优1538、甬优1540、甬优4949等一批高产优质籼粳杂交品种。晚粳百亩示范单产屡创新高。2015年最高单产达每亩796.1公斤,获得全省晚稻单产擂台赛第一名。至2022年累计推广面积33.51万亩,新增稻谷4.52万吨。2021年,上高县试点"早粳"种植新模式,在锦江石湖村建立全省首个"早粳"百亩示范点,开展"中科发早粳1号"机插、抛秧、人工移栽、人工直播的试验示范,取得圆满成功。2021年7月19日,全国现场会在上高锦江石湖召开,中科院五位院士测产验收,人工抛秧模式亩产为530.31公斤;机插秧模式亩产613.73公斤,实现了我国早粳稻"零的突破"。

水稻科技小院 2019年11月经中国科协农村专业技术协会批准,在沙溪镇曾家村成立江西首个水稻"科技小院"。小院以上高县汇农种植专业合作社、泗溪曾家村为依托,由江西省科学技术协会、江西农业大学、宜春市科协、上高县农业农村局、上高县科协等单位共同建设。创新"高校+县推广部门+合作社+农户"的技术推广模式,将高校的最新科技成果推广到田间地头,加快促进科技转化。2022年推广应用新技术15万余亩,每亩增产8%,节本增效250元以上,有效解决了双季稻机插、双季优质稻抗逆丰产栽培等技术难题。2021年,上高水稻科技小院获评全国"十佳科技小院"。

再生稻 是在一季水稻收割后,利用原稻桩重新发苗、长穗、成熟后再收割一次的水稻。2015年,开展再生稻的生产试验,通过对不同品种和不同栽培方式的人工收割、机械收割的试验示范,发现了准两优608、晶两优华占、Y两优900、甬优4949等再生力强水稻品种,并总结推广"四防一增"高产稳产栽培技术。2022年8月3日和10月

22日,省农科院组织有关专家对锦江石湖百亩再生稻示范点的头季和再生季进行测产验收。头季平均亩产646.5公斤,再生季平均亩产459.15公斤,打破2021年全省再生稻每亩446公斤的记录。2022年再生稻生产面积达3万亩。

水稻生产全程机械化 从2013年开始,与中国水稻研究所和江西农业大学联合,在泗溪镇曾家村开展双季稻生产全程机械化技术攻关,取得了重大突破。到2022年,全县拥有耕种机12796台,机耕面积达64.63万亩,机耕水平达99.6%,其中水稻高速插秧机246台,机插面积达37.65万亩,机插水平达49.7%,全县拥有联合收割机1951台,机收面积达64.37万亩,机收水平达99.2%,水稻耕种收综合机械化水平达84.51%。

全国绿色食品原料标准化生产基地 2006年开始创建,2007年3月验收通过,面积11万亩,为上高县绿色大米的主要原料基地,年产绿色水稻11万吨,以此基地水稻为绿色原料,认证绿色大米品牌34个。

农田水利

河长制 2016年上高县全面实施河长制以来,全面落实省委、省政府有关文件要求,推进河长制从"有名"到"有实"的转变,水污染治理、水环境改善、水生态修复等方面取得了显著成绩。制定出台了河砂禁采规定,对23座新增小(二)型水库退出承包养殖,推进河流及水库水质保护,进一步调整畜禽养殖"三区"划分。开展关于棠浦河流域生态综合整治、上高县美丽乡村建设农村水体清洁专项行动等工作。2022年4月,全县各乡镇(街道)分别组建一支青年志愿者组成的"河小青"志愿服务队,总人数达到340人。2022年6月,建立起"河长+警长+检察长"工作机制,协同推进河流管理和保护。2022年11月,委托中铁水利水电规划设计集团对全县14条主要干支流编制了"一河一策""一河一档"方案,使河流保护进入更理性、更专业的阶段。河长制各项措施切实落到实处,让上高的水环境向着更清澈、更有序、更美丽的方向发展。

上高县河流密布,水系发达,50千米以上河流共14条,其中1条市管河流(锦江),7条县管河流[野鸡水、斜口港、城陂河、棠浦河、田心河、泰溪(罗河)、耶溪河],6条乡管河流(秀溪水、马岗水、钊田水、田溪水、黄田河、水北河)。县域内锦江干流河长61.9千米,流域面积1342平方千米,其他13条支流共长226.1千米。县、乡、村三级河长组织体系全部建立到位,全县共明确县级河长9名、乡级河长35名、村级河长 121 名、巡查员 121 名、保洁员 124 名,覆盖县域 14 条干支河流。

蓄水工程 全县共有小(二)型以上水库 264 座,其中,中型水库 5 座,即马岗水库、江南水库、蒙山水库、南港水库、保丰水库;小(一)型水库 34 座、小(二)型水库 225 座。经过历年来实施水库除险加固,全县小(二)型以上水库主体工程均已完成加固整治。全县库容在 1 万立方米以上的山塘 1072 座,其中列入省万座重点整治山塘有 161 座。截至目前,已累计完成山塘除险 171 座,其中重点山塘已整治 116 座。

南港水库 位于南港镇南港村,1960 年建成,距上高县城约 23 千米,后经 1961 年、1967 年、1972 年、1989 年、2008 年五次加固配套续建,达到现有规模。属赣江水系锦河支流斜口港,坝址以上控制流域面积 31.1 平方千米。正常蓄水位 96.00 米,设计洪水位 96.90 米,校核洪水位 97.47 米,总库容 2709 万立方米,水库设计灌溉面积 3.46 万亩,水库下游有上高县县城及南港、芦洲、锦江等多个乡镇的 17 余万人口、15 万亩耕地,是一座以城镇供水和灌溉为主,兼有防洪、养殖等综合利用的中型水库工程。2019 年 9 月,成为城区饮用水备用水源。

蒙山水库 原名白石水库,位于蒙山清湖,建于 1959 年年底,1965 年扩建达到现有中型水库规模,并易名为蒙山水库。距上高县城约 24.15 千米,属赣江水系锦河支流华阳河。坝址以上控制流域面积 18.58 平方千米,其中引流 9.38 平方千米。正常蓄水位 98.5 米,水库总库容为 1533 万立方米,水库设计灌溉面积 1.2 万亩,是一座以灌溉为主,兼防洪、养殖等综合利用的中型水利枢纽工程。

江南水库 位于田心江南,建于 1958 年 8 月,后经 1967 年、1975 年、2008 年等多次续建配套及加固,达现有规模。距上高县城约 59.5 千米,属赣江水系锦河支流江南水,坝址以上控制流域面积 18 平方千米。正常蓄水位 130.20 米,设计洪水位 131.99 米,校核洪水位 132.87 米,总库容 1084 万立方米,水库设计灌溉面积 2 万亩。是一座以灌溉为主,兼有防洪、养殖等综合利用的中型水库工程。

马岗水库 位于泗溪马岗,建于 1958 年 8 月,后经 1974 年、1994 年、2008 年等多次续建配套及加固,达现有规模。距上高县城约 25 千米,属赣江水系锦河支流棠浦港水,坝址以上控制流域面积 27.0 平方千米。正常蓄水位 62.40 米,设计洪水位 63.30 米,校核洪水位 63.80 米,总库容 1672 万立方米,水库设计灌溉面积 2.0 万亩。是一座以灌溉为主,兼有防洪、养殖等综合利用的中型水库工程。

保丰水库 位于翰堂下山,作为城区饮用水备用水源工程。建于2019年9月,距县城23.2千米,控制流域面积22.3平方千米。属锦江二级支流、斜口港一级支流钊田河流域内。坝址以上控制流域面积16.3平方千米。正常蓄水位为84.00米,设计洪水位85.57米,校核洪水位86.03米,总库容1524万立方米,水库设计灌溉面积1.5万亩,年村镇供水量186万立方米,多年平均村镇供水量为184万立方米。是一座以灌溉、供水为主的中型水库工程。

防洪排涝工程 全县河流沿岸共设有堤防23条,堤线总长124.33千米。其中锦河防洪堤79.14千米、泗溪漳河防洪堤31.09千米、镇渡罗河防洪堤7.9千米、斜口港防洪堤6.2千米。通过实施中小河流治理、五河治理、万亩圩堤除险加固及重点山洪沟治理等工程,锦河已完成堤岸整治长度37.88千米,主要支流已完成河道治理长度50.85千米。河流沿岸主要排涝设施有排涝站3座,排涝闸81座,现已完成排涝站加固改造2座,完成排涝闸加固改造25座。

提水工程 全县共有提灌站148座,装机容量3238千瓦,其中位于中型灌区的提灌站6座、装机容量72千瓦;位于小型灌区的提灌站142座、装机容量3166千瓦。近年来通过抗旱应急水源工程共新(改)建提灌站34座。

引水灌溉工程 全县共有引水陂闸280座,其中中型水闸9座,小型水闸271座,灌溉面积约2.96万亩。近年来通过实施镇渡拦河坝重建、中小河流治理和引调提工程共新建(改造)陂闸60座。

锦惠渠 为1956年人工开挖的渠道,江西省第一个五年计划兴建的首座10万亩以上引水灌溉示范工程。全长94.6千米,上高境内38.27千米。以灌溉为主,兼有防洪、排灌、生态保护等功能。灌区为上高、高安两县10个乡镇,灌溉面积为19.8万亩,坝首设在锦江钟家渡玛瑙山。2021—2022年,在上高境内,实施了锦江新华、钟家渡、塔下田北渠道衬护整治,重建锦江、新界埠机耕桥2座等工程建设。

小水电站 全县共有小水电站34座。其中列为退出类的有10座,列为整改类的有24座。整改类水电站中装机容量1000千瓦以上的为3座,装机容量200~1000千瓦的有10座,装机容量200千瓦以下的11座。

镇渡拦河坝重建工程 位于上高县镇渡镇南。工程设计灌溉面积7500亩,是一座以灌溉为主,兼顾发电、生态用水、防洪等综合效益的中型拦河闸坝工程。重建于2018年。重建加固设计的主要内容为:原址拆除重建砼溢流坝和水轮泵站,现有右孔泄水闸和水轮泵站前池部分拆除重建3孔泄水闸,拓宽改造镇南水右岸边山防汛公路,更新金属结构及电气设备,增设工程监测设施,完善工程管理设施等。工程总投资为3456.39万元,2020年6月5日完工。

灌区渠系工程 全县共有大小灌区226座,有效灌溉面积35.88万亩,其中大型灌区灌溉片1座(锦北灌区上高片),中型灌区4座(南港灌区、江南灌区、蒙山灌区、马岗灌区),小型灌区221座。其中南港灌区5.3万亩,2022年度续建配套与节水改造工程批复总投资5159.28万元,设计灌溉面积5.30万亩,现状有效灌溉面积4.78万亩。江南灌区2.7万亩,2021—2022年续建配套与节水改造项目批复总投资2573.15万元,计划改造灌溉面积2.7万亩。蒙山灌区1.94万亩、马岗灌区2.61万亩,两区已列入2023年上高县中型灌区续建配套节水改造政府专债项目。

农业机械

耕作机具 境内传统耕作工具主要有犁、耙,均为铁木结构。20世纪80年代,随着家庭联产承包责任制实施,以小型拖拉机为代表的小型农机具广为使用。2003年全县主要耕作机械拖拉机1069台,耕整机1892台,其他183(套)。2004年,手扶拖拉机保有量3662台,耕整地机械14618台,配套农机具2386(套)。随着土地流转规模扩大,大中型拖拉机需求大增,逐步形成了以大中型拖拉机、履带自走式旋耕机为主,手扶拖拉机、耕整机和微耕机为补充的机耕格局。2022年全县有拖拉机5671台(其中手扶拖拉机1300台),耕整机、微耕机12118台,配套机具5345套,水稻机耕作业面积4.31万公顷,机耕水平达99.60%。

植保机械 20世纪80年代前,农村多用人力铁制喷雾(粉)器。进入21世纪,使用植保机械用户增多,2014年上高县荣尧农机专业合作社等开始使用自走式四轮转向喷杆喷雾机。2019年上高县汇农种植合作社率先购置植保无人机投入机防。2022年全县有植保机械739台,其中机动植保机644台,植保无人机95台,水稻机械防治面积占比达73%。

排灌机械 境内排灌设施主要有固定机电排灌站、引水工程、水轮泵站、农用水泵、节水灌溉机械。2022年全县有农用水泵2617台,固定电排灌机械250台,节水灌溉类机械70台,水轮水泵19台。

林业

林长制 2018年,县委县政府印发《上高县全面推行林长制工作实施方案》。2022年,修订完善《上高县林长制工作考核办法》,创新建立上高县"林长+警长+检察长"森林资源保护发展联动机制,将各乡镇年度林长制工作落实情况、森林资源保护发展情况、森林督查问题图斑数量、专职护林员巡护达标率(巡护事件上报率)纳入林长制年度考核内容。森林资源监管形成各级林长协调保护发展、专职护林员源头管理、林业(公安森林分局、检察院)强化监督、乡村属地责任落实的森林资源监管合力。2022年底,全县共设立县级林长5名,乡级林长92名,村级林长404名,聘用林长制专职护林员135名。

林权制度改革 上高县于2007年完成林改,共确权林地面积102.2万亩,全县221个村参与林改分山,分山到户12万户。2016年,县林业局配合不动产登记局,做好明晰产权和承包到户的工作,健全林权流转公开市场和信息化服务平台,抓好林权流转主体、程序、合同的监督管理。2022年上高县林业局配合不动产登记局,通过林权管理服务中心受理办理林权流转管理10起,面积218.48公顷。引导金融机构开展林地经营权抵押贷款,加强与相关金融机构的协调,开展林权直接抵押贷款6起,总面积567.67公顷。

人工造林 2013年以来,共完成人工造林16793.33公顷。长江防护林工程5033.33公顷,油茶林造林2940公顷,油茶林改造833.33公顷,完成低产低效林改造1680公顷。

退耕还林工程 具体实施年度为2002年、2003年、2004年和2006年,累计面积3633.33公顷,其中2002年面积1333.33公顷,2003年面积2133.33公顷,2004年面积66.67公顷,2006年面积100公顷。

防灾减灾 上高县防灾减灾工作以森林防火和松材线虫病等重大林业有害生物防控工作为主。截至2022年,上高县共建设生物防火林带640亩,建立了1支省级标准化半专业扑火队,多次被省、市评为"森林防火平安县";重大有害生物(松材线虫病)防控采取"清、保、改、封"的分类区划除治措施,全县共投入防控资金1045.52万元,完成疫木零星除治6.37万株,成片除治2.54万吨,在镜山森林公园及周边开展注干打药13.44万支,保护松科植物2.6万多株,实现了"病死株数和发生面积双下降"的防控目标,多次获"赣中西林业有害生物联防工作先进县"称号。

畜牧水产

生猪养殖 1978年以前上高生猪养殖的主要品种是蒙山猪,1978年以后主要品种有长白猪、大约克夏猪、杜洛克猪、汉普夏猪及杜长大等杂交品种。改革开放后，上高的生猪生产实现了由散户小规模、粗放型饲养到大规模、集约型饲养的转变。2022年全县生猪出栏82.95万头，能繁母猪存栏5.32万头。生猪人均出栏数、人均外调数位居全省前列，先后获农业部"全国瘦肉型猪基地县"、省农业厅"全省畜牧业十强县"称号。2007年至2022年连续16年被财政部、农业农村部列为"全国生猪调出大县"。

蒙山猪 具有体躯大、耐粗饲、遗传性稳定、肉质好、瘦肉率较高的肉脂兼用型地方猪种，归属于赣西两头乌类，是江西八大猪种之一。蒙山猪原产地为蒙山脚下的塔下、南港、翰堂一带。蒙山猪头颈和臀尾部为黑色，躯干中部和四肢为白色，头有全黑、白星（额正中有三角或长方形的白星）、流嘴花（白星延长至嘴边）三种。尾尖有白毛，在躯干与头臀两端的黑白毛色交接之间，有宽窄不等的黑皮，黑皮上长着白毛，毛粗短而稀。改革开放前，蒙山猪是上高县各乡镇农户普遍养殖的品种。20世纪90年代初，上高充分利用蒙山猪品种优势进行杂交组合试验，先后培育出"约蒙""长蒙"等二元杂交猪，既继承了蒙山猪耐粗饲、繁殖率高、肉质鲜美的特点，又改善了瘦肉率和屠宰率，提高了蒙山猪利用率和商品价值。在改革开放后受蒙山猪自身生长周期长、瘦肉率不高、疫病防控难度大等各种综合因素影响，养殖场普遍改养杜洛克、长白、大约克夏猪等外来品种或其杂交组合商品猪，蒙山猪逐渐退出了市场。

水产养殖 水产养殖是上高的一项传统农业产业。改革开放以后，上高通过转变增长方式，推进健康养殖，实现了"四个转变"：一是由池塘、水库养殖变为传统水面+工厂化养殖+稻渔综合养殖，极大地拓展了水产养殖空间。二是养殖品种实现了由"四大家鱼"为主向名特优转变。《上高鳙生态健康养殖技术》已列入2010年科技部星火计划。2022年，上高县水产品总产量45767吨，其中黄颡鱼、黄鲈鱼、鳜鱼、鳊鱼等名特优总产量达15100吨。三是养殖模式由粗放型转变为生态和健康养殖。2021年，获农业农村部首批国家级"水产健康养殖和生态养殖示范区"称号，生态健康养殖覆盖面达90%以上。四是经营方式由单纯养殖为主逐步向养殖、加工、休闲等集约化经营转变。2021年全县水产专业合作社386户，发展休闲渔业21家，水产品加工企业3个，提高了水产养殖复合效益。

家禽养殖 20世纪80年代初出现蛋鸡、肉禽规模生产经营。经过40多年的发展，家禽养殖已发展为上高县养殖业的一项重要产业。2022年全县有蛋鸡规模养殖场（户）178个。蛋鸡规模养殖的品种主要有京粉、京红、海兰灰、海兰褐,主要分布在徐家渡、田心、翰堂、蒙山、塔下、新界埠、泗溪、野市等乡镇。2022年全县家禽存笼371.44万羽。

病死畜禽无害化处理 上高县病死畜禽无害化处理中心位于芦洲乡江村浪山坑,占地面积20亩,累计投资1716.98万元。该中心建立了"统一收集、集中处理"的运行机制,采用干法化制法进行无害化处理,对处理的终端产品实行资源化利用,年处理病死畜禽及其产品能力1.1万吨。有效达到全县病死畜禽无害化处理的需要,对重大动物疫病防控、减少环境污染发挥了重要作用。

禽蛋供应 2022年家禽产蛋量达2.87万吨,远销浙江、福建、广东等省份。为促进家禽产业升级,2022年县政府制定出台《上高县富硒蛋鸡产业发展实施意见》,积极引导和扶持富硒蛋鸡产业发展。2022年,存笼富硒蛋鸡20万羽以上的养殖基地有3个,分别是茶杉禽业有限公司、鸿达蛋鸡养殖场、祥云蛋鸡养殖场。

稻蛙养殖 2022年全县有稻蛙综合种养面积1500亩,青蛙年产量达1000吨、产值3000万元。全县建有养殖基地20个,其中碧研生态农业发展有限公司是发展稻蛙综合种养的典型。公司成立于2019年,位于塔下乡毛屋村,从事黑斑蛙稻渔综合种养,养殖面积达600亩,年产黑斑蛙400吨,产值达1200万元。

工厂化养殖 工厂化养鱼技术于1998年首次在新壮水产食品有限公司推广应用。此后,工厂化圆池流水、循环水养殖迅猛发展,至2022年底,全县共有工厂化水产养殖基地35家,养殖容量达11万立方米,产量达1622吨。上高工厂化养鱼主要有工厂化流水、工厂化循环水两大类别。主要养殖模式有陆基圆桶养殖、现浇水泥池养殖。养殖的主要品种为鲈鱼、鳗鱼等附加值较高的品种。

工业

工业发展概述

新中国成立初期,上高工业主要表现为一家一户、自产自销形式的手工业。1951年上高县第一个手工业生产合作社——上高县织染生产合作社成立。1956年4月,上高县手工业合作联社成立。1957年,全县手工业合作社有36个,从事手工业生产者1100余人。社会主义建设时期,在手工业兴起的基础上,国有集体工业开始成长,胜利工厂、上高印刷厂、上高县钢铁厂、上高县酿酒厂、上高县食品厂、上高县造船厂等县属国有、集体工业企业纷纷诞生,成为上高工业起步的基础。1960年,全县工业总产值898.8万元,是

1949年的7.3倍。20世纪70年代后，依靠技术拉动，实施强攻推动，又有水泥厂、水磨石厂、大理石厂、发电厂、印刷机械厂等一批初具现代工业模型的县属国有工业企业成立。到2001年企业改制前，全县属经贸系统的工业企业有14家，二轻工业系统内企业有11家。进入21世纪后，随着市场经济发展，县属工业企业面临诸多困难和矛盾，改革刻不容缓，2001年6月，县委出台《关于加快企业产权制度改革的实施意见》，全面展开国有企业改制。与此同时，按照"工业向园区集中，产业向集群发展"的理念，高标准规划建设了工业园，把园区作为发展工业经济的主战场、主阵地，大力实施招商引资。

上高高新技术产业园区的前身是成立于2001年的上高科技工业园区，经过20多年的发展，上高高新技术产业园已经形成了"一园三区"的格局，即镜山综合园、五里岭产业园、黄金堆产业园，园区的总面积也由最初的5平方千米发展至目前的20平方千米。在开发园区的同时，上高县委、县政府加大招商引资力度，一大批全国乃至世界知名品牌落户高新技术产业园区，其中有旺旺集团、李子园、王老吉、伊利、宝成集团、匹克鞋业、中杰鞋业等。2022年以来，赣能股份、天成锂业、领能股份等纷纷入驻上高高新技术产业园区，在原绿色食品、纺织鞋业、机械建材、生物医药、电子信息五大产业的基础上，又增添了现代能源，形成"1+1+4"的产业体系，即以现代能源、绿色食品为龙头，带动生物医药、纺织鞋业、机械建材、数字经济产业的发展。

2022年，全县有规上工业企业223户，实现营业收入479.3亿元；完成利润总额33.6亿元。其中，高新技术产业园营收456.12亿元，就业人数达超过8万人。

现代能源

江西赣能上高综合能源 项目总投资270亿元，建设4台1000MW超超临界燃煤机组（含电厂铁路专用线），同步建设高效脱硫、脱硝、除尘装置及配套新能源光伏项目。项目一期1、2号机组2022年开工建设，计划于2025年投产，项目二期3、4号机组计划于2026年投产。项目一期投资主体为江西赣能上高发电有限公司，二期投资主体为陕煤电力集团有限公司。项目建成达产后，预计年发电量200亿千瓦时，实现年销售收入约100亿元、年税收约8亿元，将提供1000余个就业岗位。

江西新威动力能源科技有限公司 2011年入驻黄金堆产业园，是由超威电源集团有限公司投资设立的子公司，为从事动力型和储能型蓄电池研发、制造、销售的高新技术企业。项目总投资20亿元，占地面积443.25亩。

员工1530人,建筑面积16.2万多平方米,生产车间8栋。2022年主营业务收入28.6亿元,实现税收1.67亿元。

江西天成锂业公司 2021年9月成立,位于黄金堆产业园,主要从事锂电新材料研发、生产和销售。员工237人。2022年主营业务收入15亿元,实现税收5500万元。

江西领能锂业有限公司 2021年入驻黄金堆产业园,主要生产碳酸锂。项目总投资21.8亿元,占地面积115亩。员工276人,建筑面积5.2万多平方米,生产车间2栋。2022年主营业务收入7.11亿元,实现税收77万元。

上高县神州铜业有限公司 2013年入驻五里岭产业园,主要产品为电线、电缆、铜丝、铜杆等。项目总投资10亿元,占地面积117亩。员工38名,建筑面积5000平方米,铜线生产线3条。

上高县荣炭科技有限公司 2016年8月入驻五里岭产业园,总投资2000万美元,占地面积3.31万平方米。公司主要生产锂离子电池负极材料,年产3000吨锂离子电池负极材料,2022年有员工104名,主营业务收入1.45亿元,税收167万元。

宜春神越电工科技有限公司 2020年入驻五里岭产业园,主要业务为电线、电缆、金属丝绳、光伏焊带、漆包线生产和销售。项目总投资2.8亿元。员工35名,年产2000吨光伏焊带及2万吨漆包线。2022年主营业务收入5454.9万元,实现税收7.23万元。

上高县佳杰塑料制品有限公司 2015年入驻黄金堆产业园,主要生产蓄电池塑壳,是江西新威动力科技能源有限公司配套企业。项目总投资1.5亿元,占地面积34.19亩。员工90人,建筑面积13075平方米,生产车间2栋。2022年主营业务收入33807.88亿元,实现税收1366.69万元。

上高飞乐电子科技有限公司 2007年入驻黄金堆产业园,主要生产电极箔、电容器。项目总投资4亿元,占地面积45亩。员工65名,标准厂房1.7万多平方米,生产线36条。2022年主营业务收入1.48亿元,实现税收80万元。

江西锐天科创电气科技有限公司 2018年入驻五里岭产业园,是一家专业从事变频器产品研发、制造和销售的高科技生产型企业,主要的产品有"科创"品牌KC500系列通用型变频器及A系列驱动器。项目总投资1.2亿元,占地面积2万平方米。员工60人,标准厂房1万多平方米,生产线4条。

上高高能佳电源科技有限公司 2012年入驻黄金堆产业园,主要生产手电筒、可充式护眼台灯,手提式探照灯、多功能移动电源等LED移动照明系列产品。项目总投资5亿元,占地面积

91.95亩。员工100多人,厂房4.08万多平方米,生产线4条。2022年主营业务收入1898万元,实现税收469万元。

江西天则电源有限公司 2006年入驻高新园区,主要从事研究、开发、制造和销售"天牌"铅酸蓄电池及"天则"极板,同时研发汽车密封蓄电池、UPS蓄电池。项目总投资1.5亿元,占地面积7.42万平方米。员工300余人,标准厂房5万多平方米,生产线3条。2022年主营业务收入1.2亿元,实现税收410万元。

上高县佳业科技有限公司 2014年入驻五里岭产业园,总投资1.5亿元,占地面积30亩,建筑面积1.5万平方米,于2015年竣工投产。是一家致力于中高端锂离子电池负极材料研发、生产及销售的国家高新技术企业,拥有自主专利。2022年实现主营业收3567多万元,实现税收140.26万元。

江西锂顺再生资源有限公司 2022年2月入驻五里岭产业园,主要生产锂溶液。项目总投资2亿元,占地面积2.67万平方米。员工50多名,标准厂房1.4万平米,生产设备30多台。2022年实现主营业务收入8489万元,实现税收161.87万元。

江西荣欣防爆电器有限公司 2006年入驻镜山综合园,主要生产各种矿用防爆配电装置。投资5168万元,占地面积50亩,员工50名,建筑面积3.1万平米。2022年,主营业务收入2000余万元。

上高海创环保科技有限公司 2017年入驻黄金堆产业园,主要从事焚烧垃圾发电。项目总投资2亿元,占地面积约60亩,项目于2019年正式并网发电。项目服务上高、宜丰两县区域,日处理城市生活垃圾400吨,年处理生活垃圾16.70万吨,年发电量约4993万千瓦时,每年可节约标准煤1.71万吨,减排二氧化碳4.72万吨,向国家电网供电3894万千瓦时。2022年主营业务收入3762.6万元,实现税收225.77万元。

上高县顺民天然气有限公司 2007年8月成立,是一家专业从事城市天然气开发与利用、天然气管道安装、销售天然气及配套产品的公司,并于2014年1月获得上高县人民政府授予城市管道燃气特许经营权30年,在锦江镇石湖村320国道边兴建了天然气供气总站。该站占地34.77亩,包括4个功能区:天然气接收门站、汽车加气站、LNG应急调峰站、2100平方米的办公大楼。员工55人。2022年主营业务收入2.6亿元,实现税收74万元。

江西湘赣新材料有限公司 2022年入驻高新园区电子信息产业园,主要生产碳纳米管导电浆料。投资4.5亿元,建筑面积1.46万平方米。员工23人,生产线4条。2022年主营业务收入1887万元,实现税收104万元。

江西景泽新材料有限公司 2021年入驻五里岭产业园,是由芦洲乡引进成立的民营企业,主要产品为非金属矿及制品的生产。项目总投资1.2亿元,占地面积50亩。员工26人,标准厂房8000多平方米,生产线3条。2022年主营业务收入3617万元,实现税收18.8万元。

绿色食品

旺旺集团 旺旺集团江西总厂,由中国旺旺控股有限公司在上高独资兴办。总厂占地357亩,员工常态人数近2000人。投资总额8900万美元,注册资金3740万美元。总厂下设4个分厂,共计65条生产线。上高瑞麦主要生产雪饼、仙贝、小小酥、大米饼;上高旺旺主要生产碎冰冰;江西必旺主要生产牛奶饼、熊饼、吸吸冰、Q米面、大礼包;江西旺旺主要生产小馒头、煎饼、黑白配、泡芙、煎豆、婴幼儿米饼。2022年主营业务收入60593万元,实现税收4928万元

江西李子园食品有限公司 由浙江李子园牛奶食品股份有限公司投资兴建的企业,主要生产含乳饮料饮品。2016年入驻上高高新园区五里岭产业园,2018年竣工投产,总投资32.6亿元,占地面积362.3亩,2022年主营业务收入21961.2万元,实现税收1223.6万元。

江西朗朗食品有限公司 2012年入驻上高高新园区镜山综合园,占地面积300亩,建筑面积40149平方米,生产线7条,员工160人,主要生产凉茶饮料及其他饮料。2022年主营业务收入4703.8万元,实现税收286.25万元。

江西金农米业集团有限公司 2003年入驻上高高新园区镜山综合园,项目总投资3000万元,占地面积105亩,建筑面积41383平方米,年粮食加工能力25万吨,主要从事粮食收购、加工、销售以及玉米、豆粕、麦、菜粕、鱼粉预混料批发零售,蛋白、淀粉、糖浆半成品加工销售等。2022年有员工42名。

江西圣牛米业有限公司 2004年入驻上高高新园区镜山综合园,项目总投资2570万元,占地面积62亩,建筑面积12000平方米,仓储量5万吨,原粮年加工能力10万吨,主要从事稻米收购、加工,生物质综合利用。2022年有员工42名,主营业务收入7233.7万元,实现税收58.09万元。

江西家和米业有限公司 2013年入驻上高高新园区五里岭产业园,总投资3800万元,生产线3条,主要从事粮食收购、粮食、饲料加工销售,稻谷烘干。2022年有员工20名,主营业务收入2010万元,实现税收7.52万元。

江西双胞胎投资有限公司 2004年入驻上高高新园区镜山综合园并于

同年投产，主要从事猪饲料的研发、生产、销售及技术服务。总投资2050万元，占地面积92.92亩，建筑面积2.99万平方米，生产线2条。员工40名，2022年主营业务收入4.3亿元，实现税收336.77万元。

宜春特驱饲料有限公司　2010年入驻五里岭产业园。项目总投资6000万元，占地面积58.368亩，建筑面积1万平方米，生产线3条。员工42名，2022年主营业务收入1.86亿元，实现税收55.9万元。

江西晶升粮油食品有限公司　2001年入驻镜山综合园，主营业务为水稻种植、稻谷烘干、粮食储备、大米加工及销售。项目总投资2800万元，占地面积43.7亩。有国家级粮食储备库8座，稻谷烘干生产线2条，大米生产线1条，员工36人。2022年主营业务收入6640万元，实现税收43.64万元。

江西长汇食品有限公司　位于黄金堆产业园，是一家以植物油脂、淀粉糖浆为主要原料，专业生产各种植脂末（奶精）的新型高科技企业。占地面积40亩，拥有固定资产5000多万元，员工127人。2022年主营业务收入1.75亿元，实现税收432.2万元。

江西海盛仁粮油有限公司　位于320国道旁，是一家集稻谷烘干、粮食收购、储备、大米加工及销售于一体的产、工、贸全产业链的民营企业，专注高端优质大米供应链的市级农业产业化龙头企业。占地21249平方米，员工22人，固定资产3178万元。公司目前主要产品为"海盛仁"牌各类大米。2022年主营业务收入3200万元元，实现税收12.2万元。

江西海富生物工程有限公司　2005年成立，位于镜山综合园。以植物为原材料提取有效成分，主要产品为罗汉果提取物、甜茶叶提取物等。项目总投资6500万元，占地面积95亩，现有标准厂房3万多平方米，生产线6条。2022年主营业务收入2亿元，实现税收570万元。

江西正盈食品有限公司　2009年入驻黄金堆产业园。主要项目有食品生产、销售，食品互联网销售，食品进出口。项目总投资4800万人民币，占地面积35亩。员工50名，标准厂房4500多平米，生产线4条。2022年主营业务收入1600万元，实现税收85万元。

江西春晓米业有限公司　位于徐家渡镇320国道旁。占地面积30亩，在册员工30人；现有稻谷仓容2万吨，可日产大米200吨，日烘干稻谷800吨；专门从事优质香米加工，年加工优质稻谷4万多吨，年产值超1.6亿元，实现税收60余万元。

上高一直旺农业开发有限公司　2012年入驻上高县敖阳街道何家堍村，主要生产"一直旺"品牌的果冻。

项目总投资1.36亿美元,占地面积101亩。员工96名,标准厂房6000多平方米,生产线3条。2022年主营业务收入3895万元,实现税收100余万元。

上高海大生物科技有限公司　上高海大生物科技有限公司隶属于海大集团,成立于2019年12月19日,位于江西省上高县黄金堆产业园蓝亭路3号。总投资超4000万元,占地面积35亩,建筑面积12000平方米,其中原料仓储面积3800平方米并配套5000吨立筒仓9个、成品库面积2000平方米、预混料生产车间面积600平方米、配合饲料和浓缩饲料生产车间面积1928平方米。公司设计年班生产全价配合饲料和浓缩料15万吨、预混合饲料1万吨。公司经营范围主要包括:饲料研发、生产与销售,饲料原料的生产与销售,生物技术的研发、推广等。经营生产产品主要是蛋禽肉禽饲料。自2020年5月投产,2020年年产值超8000万元,2021年年产值超4亿元。

上高双胞胎饲料有限公司　成立于2018年2月,注册资本3000万元,位于塔下乡太子塘,占地面积30亩。公司主要生产经营饲料。目前,有员工23名,标准厂房1500平方米,生产线1条,2022年企业主营业务收入1013万元,实现税收3万元。

上高县宝龙食品有限公司　2006年9月成立,位于塔下乡上新,主要生产冷鲜猪肉。占地面积100余亩,员工215名,总建筑面积10000平米。2022年主营业务收入9200万元,实现税收6万元。

江西佳昌食品有限公司　创建于2014年,位于黄金堆产业园,主要业务范围为:生猪屠宰,食品销售。占地面积30余亩,拥有资产440万元,员工70余人。2022年主营业务收入1998万元,实现税收34万元。

江西正宇生物科技有限公司　2012年入驻五里岭产业园,主要生产销售畜禽水产等生物发酵饲料。项目总投资1.2亿元,占地面积130亩。员工80名,标准厂房3万平方米,生产线5条。

江西中盈生物科技有限公司　2007年6月27日成立,位于黄金堆产业园,是一家从事农副产品精加工,生物工程,食品用香精研发、生产和销售的专业化企业。占地面积12亩,共8000平方米,固定资产净值507万,拥有员工48多人。2022年主营业务收入3026万元,实现税收43万元。

江西鸿鹄油脂有限公司　位于锦江镇六口村罗家边,主要生产饲料——猪油和油渣。公司厂区占地面积约1万平方米,员工20人,项目总投资308万元。2022年主营业务收入1653万元,实现税收36万元。

生物医药

江西如益科技发展有限公司 2006年11月入驻上高县镜山综合园。主要从事化学药物研发、生产、销售和服务的医药企业。项目总投资9000余万元,占地面积70多亩。员工200多名,4个生产车间。2022年,主营业务收入1.3亿元,实现税收577万元。

江西侨明医疗器械有限公司 2002年4月成立,坐落于高新园区,是一家专注于医疗器械研发、制造、销售和服务的国家高新技术企业。公司占地面积100亩,总建筑面积约6万平方米,总投资10.8亿元,分研发生产和智慧物流产业园两区建设。2022年年产值3.6亿元,实现税收1200万元,可提供就业岗位约800个。

江西倍肯药业有限公司 2004年8月进驻镜山综合园,是一家集颗粒剂、片剂、胶囊剂生产、制造、研发为一体的高新技术企业,拥有国家批文的产品14个,其领域涵盖感冒类、抗菌消炎类、肝病类、活血止痛类、胃肠道病类等五大类药品。项目总投资1.5亿元,占地面积80亩。员工126人,标准厂房1.4万平方米,生产线3条。2022年企业实现主营业务收入1.6亿元,实现税收705万元。

上高县协和生物科技有限公司 2009年入驻黄金堆产业园,主要生产甘油磷酰胆碱(GPC,一款修复老年痴呆早期患者认知能力的保健产品)。总投资3550万元,占地面积24.7亩,建筑面积4624平方米,生产线2条,员工30名。2022年主营业务收入4811.1万元,实现税收194.08万元。

上高县松宜林化有限公司 2003年入驻镜山综合园,主要生产松香、松节油。总投资1000万元,占地面积10.5亩,建筑面积800平方米,有生产线1条,员工15名。2022年主营业务收入2412.07万元,实现税收74.84万元。

江西碧林实业有限公司 2009年10月成立,位于黄金堆产业园,主要生产、销售中高端木质活性炭等产品。占地面积100亩,标准厂房20000余平方米。有6条活性炭生产线,员工75名。2022年主营业务收入2300万元,实现税收27.6万元。

江西聚合医药科技有限公司 2015年3月成立,位于黄金堆产业园,主营业务为医药中间体研发、生产和销售。占地面积4万平方米,总建筑面积1.09万平方米,员工70人。年产值7.36亿元,实现税收2925万元。

江西合达科技实业有限公司 位于镜山综合园,是一家专业生产P-507(500t/a)、P-204(200t/a)、N-(4-对氨基苯甲酰)-L-谷氨酸(300t/a)、P-507提纯(500t/a)等四种化学产品的公司。总投资1.2亿元,占地面积

24.3亩,员工29人。2022年产值4000万元,税收约70万元。

江西博士达药业有限公司 1998年8月开始在上高经营,2017年在黄金堆产业园竣工投产,主要生产中成药片剂、胶囊剂、颗粒剂。项目投资5000万元,占地面积61.72亩,标准厂房1万多平方米,员工102名。2022年主营业务收入5853万元,实现税收368万元。

江西宏祥医药发展有限公司 2009年入驻黄金堆产业园,是一家从事生产医药中间体、原料药粗品及液晶材料的高新技术企业。项目总投资3500万元,占地面积33.15亩,项目2010年竣工投产。员工90名左右,标准厂房7300多平方米,3个生产车间。2022年主营业务收入6049万元,实现税收140万元。

江西方尊医药化工有限公司 2008年入驻高新园区,是从事医药制造业的化工企业,主要生产与销售医药中间体。项目总投资4500万元,占地面积60亩。员工60名,标准厂房5280平方米,生产线2条。2022年主营业务收入4358万元,实现税收214万元。

江西瑞雅药业有限公司 2013年入驻黄金堆产业园,是一家主要生产医药中间体、原料药、精细化学品开发和销售的高新技术企业。项目总投资5亿元,占地面积51亩。员工100名左右,标准厂房1.6万多平方米。2022年主营业务收入1.7亿元,实现税收510万元。

江西鸿烁制药有限责任公司 2010年创立,2011年投资1200万元成立江西御盛堂中药饮片有限公司,位于镜山综合园,占地面积25亩。2016年投资1.36亿元成立江西鸿烁制药有限责任公司,位于黄金堆产业园,占地面积2.9万平方米。集团现有药品批准文号41个,主要产品有复方黄连素片、肾石通颗粒、复方丹参片、小儿氨酚黄那敏颗粒、蓝根饮片、吴茱萸饮片、三七饮片等一批市场占有率较高的药品。公司秉承"为人类健康事业而奋斗终生"的企业宗旨,与时俱进,推进大健康产业链,力争建设成国内领先的现代化产、供、销大型医药集团。员工102名,生产线5条。2022年主营业务收入3211万元,实现税收99.39万元。

江西长远科技有限公司 2016年成立,位于黄金堆产业园,主要经营空气净化器、木质柱状颗粒活性炭,食品级颗粒活性炭净水颗粒活性炭,脱硫、脱奈颗粒活性炭,空气净化颗粒活性炭,药用颗粒活性炭。占地面积28亩。项目总投资1.2亿元左右。2022年主营业务收入2600万,实现税收40万余元。

江西索孚特生物科技有限公司位于黄金堆产业园。2020年10月在上高投建生产基地,主要生产弱酸(SoftAcid)系列。2022年员工18人,主营业务收入2000万元,实现税收48万元。

江西特莫尔药业有限公司　2006年成立,位于上甘山铜鼓岭林场,是一家以医药中间体相关产品的研发、生产、销售为一体的企业,年产值1.3亿元以上。2019年10月全厂搬迁至黄金堆产业园。公司产品以出口为主。至2022年,有氯霉素、利福昔明、洛索洛芬酸(钠)、对溴甲基异苯丙酸、甲氧羰基环戊酮、依卡倍特、铝羧酸镁等20余个品种,2022年销售6000万元,实现税收23万元。

江西正梦新材料有限公司　2011年成立,位于黄金堆产业园,是一家专业从事医药中间体、精细化工、医药原料生产销售于一体的高新技术企业。员工43人,公司占地面积2万多平方米,3个车间。2022年底总产值6659万元,营业收入6712万元,实现税收160万元。

宜春惠众生物能源有限公司　2015年入驻上高县芦洲乡工业小区,主要生产生物质燃料。项目总投资1000万元,占地面积50亩。员工50名,厂房2万多平方米,生产线3条。2022年主营业务收入1.78亿元,实现税收797万元。

江西铭强新材料科技有限公司　2017年入驻五里岭产业园,是一家专注于特种金属基覆铜板研发与生产的企业。项目投资8000万元,占地面积30亩,建有近6000平方米的标准化厂房,员工32人。2022年,主营业务收入5630万元,实现税收37.35万元。

上高县兴港塑业有限公司　2017年7月成立,位于黄金堆产业园,是一家再生聚酯产品的生产及销售经营企业。注册资本200万元,占地15亩,员工21人。2022年主营业务收入1.35亿元,实现税收1461万元。

上高远大化纤有限公司　2012年1月11日成立,位于黄金堆产业园,是一家专业从事再生塑料粒子、再生涤纶泡料等的生产、销售企业。总投资9000万元,员工28人,2022年产值1.42亿元,税收1300余万元。

上高隆宇实业有限公司　2006年7月成立,位于高新园区,是一家专业从事稀土萃取P-507、P-204的生产、销售企业。投资900余万元,占地面积13.41亩,建筑面积约3610余平方米,员工11人。2022年年产值4200万元,年税收110万元。

江西奉兴化工有限公司　2004年7月26日成立,位于县科技产业园,是一家专业从事稀土萃取P-507(500t/a)、P-204(200t/a)、N-(4-对氨基苯甲酰)-L-谷氨酸(300t/a)、P-507提纯(500t/a)等产品。占地面积50.73亩,建筑面积约 7000 平方米,2022 年产值 3.9 亿元,税收 1500 余万元。

江西润星新材料有限公司 位于黄金堆产业园,是一家从事稀土萃取等专业化工类的企业。总投资 8833 万元,其中固定资产投资 7633 万元,占地面积 50 亩,员工 30 余人。2022 年年产值 9500 万元,税收约 150 万元。

上高县宏昌化纤有限公司 位于镜山综合园,主要生产涤纶抛料、化纤粒子、聚酯切片等化纤产品。注册资金 500 万元,总投资 6500 万元,占地面积 1.4 万平方米。2022 年年产值 9500 万元,年税收约 300 万元。

江西佰仕得新材料有限公司 2011 年成立,位于黄金堆产业园,公司主要生产 P-507、P-204 萃取剂。项目总投资 1.35 亿元,占地面积 110 亩,标准厂房 9000 多平方米,生产线 3 条,员工 42 名。2022 年主营业务收入 1.0 亿元,实现税收 500 万元。

江西伟群塑胶有限公司 2018 年 8 月入驻黄金堆产业园,项目总投资 5000 万元,占地面积 46 亩,2019 年 6 月竣工投产。员工 85 名,标准厂房 1.55 万平方米,生产线 2 条。2022 年主营业务收入 1 亿元,实现税收 380 万元。

上高县奇峰涂料有限公司 2013 年成立,位于黄金堆产业园。主要生产氨基树脂漆、丙烯酸酯类树脂漆、醇酸树脂漆、氯丁胶黏剂、聚氨酯胶黏剂。项目总投资 5731.2 万元,占地面积 30 亩,拥有标准仓房 4000 多平方米,2 个生产车间。2022 年主营业务收入 3360 万元,实现税收 52 万元。

江西宏远化工有限公司 2001 年 4 月成立,位于黄金堆产业园。厂区占地 68 亩,有 4 栋现代化的标准厂房,员工 80 名,具备年产 5 万吨塑料助剂的能力。

江西科宁科技有限公司 2014 年 12 月 16 日成立,是一家以研发和生产高端精细化工产品为主的新兴高新技术企业。总投资 3683 万元,固定资产 970 万元,流动资金 1200 万元,占地面积 45 亩,员工 44 人。标准厂房 1910 平方米。2022 年主营业务收入 2474 万元,实现税收 137.8 万元。

江西省江诚再生资源有限公司 2017 年 11 月成立,是一家专业生产销售废旧塑料颗粒的企业。主要产品为再生塑料颗粒。占地面积 90 亩,总投资 1.05 亿元。员工 80 名,标准厂房 2 万平方米左右,生产线 4 条。2022 年主营业务收入 4800 万元,实现税收 600 多万元。

宜春上高源达利化工有限公司 2015 年成立,位于黄金堆产业园,主要生产光引发剂、紫外线吸收剂、解草啶等。占地面积 40 亩,员工 100 余人,标准厂房 1700 余平方米。2020 年总投资 14 万余元进行技术改造。2022 年主营业务收入 3300 万元，实现税收 140 万元。

上高金安实业有限公司 2009 年 11 月成立，位于黄金堆产业园。主要产品为有机磷阻燃剂及中间体。占地面积 38 亩，2020 年总投资 8000 多万元对现有的产品档次升级。员工 80 余人，标准厂房 5400 平方米。2022 年主营业务收入 4800 万元，实现税收 68 万元。

上高县晟宇橡胶有限公司 2012 年入驻芦洲乡工业小区，主要生产再生橡胶、橡胶粉。项目总投资 3000 万元，占地面积 70 亩。员工 35 名，标准厂房 1.6 万多平方米，生产线 6 条。2022 年实现主营业务收入 4378.9 万元，实现税收 258.4 万元。

江西博特高分子材料有限公司 2017 年入驻五里岭产业园，主要生产再生塑料颗粒。项目总投资 1050 万元，占地面积 11.96 亩。员工 20 名，标准厂房 4000 多平方米，生产线 3 条。2022 年主营业务收入 3.01 亿元，实现税收 1584.57 万元。

上高县美新橡塑有限公司 2010 年入驻五里岭产业园，主要生产橡胶、塑胶、复合材料制品加工销售。项目总投资 8000 万元，占地面积 50 亩。员工 33 名，标准厂房 1.2 万平方米，生产线 4 条。2022 年主营业务收入 9864 万元，实现税收 63.97 万元。

江西三缘涂料科技有限公司 2015 年成立，位于黄金堆产业园，是一家致力于建筑涂料、工业涂料的研发、生产和销售的大型高科技涂料企业集团。项目总投资 5000 万，占地面积 40 亩。员工 20 多名，标准厂房 1.2 万平方米，年产油漆 8300 吨。2022 年企业实现主营业务收入 7000 万元，实现税收 123.8 万元。

江西省益丰化工有限公司 2017 年入驻黄金堆产业园，主要以邻甲基水杨酸生产及销售为主。项目总投资 1.1 亿元，占地面积 26 亩。员工 20 名左右，标准厂房 1 万多平方米，生产线 3 条。2022 年主营业务收入 5000 万元，实现税收 100 万元。

江西浙商实业有限公司 2007 年 12 月 27 日成立，位于黄金堆产业园，主要经营涤纶布角、涤纶泡料。公司占地面积 30 亩，建筑面积约 4000 平方米、总投资 5000 万元，员工 40 人。2022 年产值 8000 万元，实现税收 500 余万元。

江西新光塑业有限公司 成立于 2005 年 3 月 1 日，位于高新园区。公司占地面积 5 万多平方米，总投资 1800 万元，主要产品是塑料托盘、塑料周转箱、食品箱、水果箱等塑料制品，年产 302 万件。2022 年主营业务收入 2000

万元,实现税收 66 万元。

江西省铭新科技有限公司 2012 年落户黄金堆产业园,是一家集科研、生产、商贸为一体的高科技企业,其主要经营范围是尼龙 6(聚己内酰胺)和尼龙 66(聚己二酰己二胺),即 PA6 及 PA66。项目投资 5000 万元,占地面积 40 亩。员工 87 名,厂房 9600 平方米,有一条年产 3 万吨聚酰胺产品的生产线。2022 年,主营业务收入 2.37 亿元,实现税收 1030.73 万元。

纺织鞋业

上高裕盛工业有限公司 2005 年入驻五里岭产业园,由宝成国际集团投资兴建的外商企业,专业代工生产"耐克"牌运动鞋。总投资 6099 万美元,占地面积 704.2 亩,建筑面积 25 万平方米,成型线 35 条。2022 年有员工 7000 余人,主营业务收入 13.64 亿美元,税收 5608.62 万元。

匹克江西实业有限公司 2006 年入驻五里岭产业园,是中国匹克有限公司下属全资子公司,主要生产"匹克"牌运动、休闲鞋(服)。总投资 3700 万美元,占地面积 300 亩,厂房面积 9 万多平方米,拥有 8 条成型生产线、1 个服装生产车间。年产运动(休闲)鞋 450 多万双,运动(休闲)服 50 万件(套),员工 2000 多人。2022 年主营业务收入 6.39 亿元,实现税收 7128 万元。

上高县中杰鞋业有限公司 2010 年入驻黄金堆产业园,由中杰集团投资兴建的台商企业,专业代工生产世界一流品牌运动鞋、皮鞋、休闲鞋等。总投资 6000 万美元,占地面积 503 亩,员工 5000 名,标准厂房 13 万多平方米,生产线 38 条。2013 年成立田心中杰,总投资 500 万美元,占地 145 亩的内销生产基地。2022 年主营业务收入 19.3 亿元,实现税收 8400 万元。

上高杰圣实业有限公司 2011 年入驻黄金堆产业园,由联荣控股有限公司投资兴建的台商企业,主要生产各种运动鞋的鞋底。项目总投资 1200 万美元,占地面积 80 亩,建筑面积 1.96 万平方米,生产线 5 条,员工 726 名。2022 年主营业务收入 25270.7 万元,实现税收 966.8 万元。

江西同良鞋材有限公司 2018 年入驻五里岭产业园,主要生产鞋业、服装配套生产海绵复合、上自黏、抽裁条、网布贴合、高周波、网印、热压、喷漆等鞋用材料。项目总投资 5200 万元,占地面积 50 亩,建筑面积 1.05 万平方米,生产线 10 条,员工 305 名。2022 年主营业务收入 4106.9 万元,实现税收 93.14 万元。

上高县协晟鞋业有限公司 2016 年成立,总投资 1.16 亿元,占地面积 21.6 亩,主要生产鞋类加工的企业,有生产线 7 条,日产配套鞋材 5000 余双,配置高波机、SEW 机等国内先进设备，安装有活性炭废气排放系统。2022 年有员工 200 余人，产值 3000 万元，税收约 300 万元。

上高裕盛加元工业有限公司 2006 年 1 月正式投产，位于锦江镇油籽洞，主要生产和销售鞋材产品。总投资 294 万美元，注册资本 236 万美元，员工 872 人。

美雅（江西）鞋材有限公司 2012 年入驻五里岭产业园，总投资 3165 万元，占地面积 80 亩，厂房 8600 多平方米，员工 30 多名，主要经营鞋垫销售以及加工等。2022 年主营业务收入 2203.94 万元，实现税收 63.3 万元。

江西东新鞋业有限公司 2009 年入驻上高黄金堆产业园，主要生产硫化鞋和冷黏鞋。占地面积 87 亩，建筑面积 23717 平方米，成型生产线 2 条，冷粘生产线 1 条。员工 430 人。2022 年主营业务收入 5942.38 万元，实现税收 242.17 万元。

成志（江西）包装有限公司 2010 年 8 月竣工投产，位于五里岭产业园，是以专业生产瓦楞纸板、瓦楞纸箱、手提袋和纸塑、纸模为主的专业纸包装方案供应商。项目总投资 600 万美元，占地面积 99 亩，厂房 4 万多平方米，公司总员工人数 70 人。2022 年主营业务收入 4351 万元，实现税收 171 万元。

江西高达新材料有限公司 2020 年 6 月入驻五里岭产业园，主要生产加工皮革、再生真皮。标准厂房 1.5 万平方米，生产线 8 条，员工 210 名。2022 年实现主营业务收入 6218 万元，实现税收 33 万元。

江西隆华材料科技股份有限公司 2010 年落户黄金堆产业园，是一家加工销售羊皮革流种羊革为主业的企业。公司注册资金 3000 万元，项目投资 1 亿元，占地面积 50 亩，厂房 1.5 万平方米，生产线 1 条，员工 112 名。2022 年主营业务收入 1.85 亿元，其中出口创收 6059 万元，实现税收 409.21 万元。

众安科技（上高）有限公司 2007 年入驻五里岭产业园，主要生产胶带。项目总投资 1500 万美元，占地面积 210 亩，员工 91 名，标准厂房 100 万多平方米，生产线 5 条。2022 年主营业务收入 10432 万元，实现税收 777.79 万元。

上高日升隆纺织股份有限公司 2002 年入驻高新园区镜山综合园，主要生产"日升隆"牌系列的纯棉纱、混纺纱，总投资 8000 万元，占地面积 91.26 亩，建筑面积 2.3 万平方米，生产线 2 条，员工 280 余人。2022 年实现主营业务收入 1.15 亿元，实现税收 266 万元。

江西上高宏景盛纺织有限责任公司 2014 年 7 月成立，位于泗溪工业园 320 国道旁，总投资额约 1200 万元，占地面积46.68亩,员工250多人。主要生产棉纱,产值近1.1亿元,年纳税额230多万元。

上高县鑫宜纺织有限公司 2018年7月成立,位于黄金堆黄金北大道1号,注册资本600万元,主要从事棉纱、再生棉生产销售。2022年主营业务收入8000多万元,实现税收200余万元。

上高县纬力纺织实业有限公司 2017年成立,位于黄金堆产业园长水路,主营业务再生棉、再生棉纱的生产、销售。注册资本1000万元,投资总额6000万元,占地面积2.6万平方米,员工95名,有全自动纺纱生产线6条,可年产棉纱2万吨,2022年公司销售额5100万元,上缴各项税收160余万元。

上高县意隆纺织有限公司 2017年5月成立,位于黄金堆产业园320国道旁,注册资金2380万元,经营范围棉纱、再生棉、针织品(服装除外)、纺织品(服装除外)生产销售,废旧布角、棉纱头、落棉、废棉、废旧纱头分拣、收购、加工;棉花收购。公司有6条最新的气流纺纱设备,梳棉机25台,拼条机6台,设备总额2300余万元。年产达2万吨棉纱和6500吨再生棉,年销售额1.2亿元,年上缴税收达200万元。

上高县嵘昌纺织有限公司 位于黄金堆产业园,总投资8500万元,其中固定资产投资6500万元,建筑面积7500平方米,员工40多人。2022年公司年产值约4500万元,年税收约125万元。

江西屿木服装有限公司 2020年成立,位于敖阳街道学园路,是本地一家生产、销售、加工为一体的服装企业。总投资200万元,占地面积4.8亩,标准厂房3600平方米,生产线4条,员工53名。2022年主营业务收入1416万元,实现税收34万元。

上高县凌云纺织实业有限公司 2013年入驻高新园区,主要从事纺织品生产、加工(服装除外)、销售、印染,纺织品原材料、纺织品辅助料及配件销售,气流纺纱线纸管生产加工销售。总投资2200万元,占地面积12亩,标准厂房2800平方米,生产线3条。2022年主营业务收入859.86万元,实现税收14.48万元。

上高县登发纺织有限公司 2017年11月成立,位于镜山工业园,主要生产经营棉纱。注册资本100万元整,占地面积30亩,标准厂房1500平方米,生产线6条,员工103名。2022年主营业务收入1.68亿元,实现税收270万元。

上高弘大织造有限公司 为一家从事织纺织业的企业,主要生产沙滩巾、宾馆素色巾。2004年入驻镜山综合园,项目总投资5500万元,占地面积75亩,项目2005年竣工投产。目前,该企业220名员工,标准厂房1.79万平方米,印花生产线 5 条,水洗生产线 4 条。2022 年实现主营业收 4681 万元,实现税收 241.3 万元。

上高县昆扬纺织有限公司　2018 年入驻芦洲乡工业小区,主要生产棉纱、棉布、棉纺织品、涤棉化纤制品。总投资 1500 万元,占地面积 38 亩,标准厂房 8000 多平方米,生产线 3 条,员工 25 名,2022 年主营业务收入 4524 万元,实现税收 114 万元。

上高县杰欣纺织有限公司　2017 年入驻芦洲乡工业小区,主要生产无纺布。总投资 500 万元,占地面积 3000 平方米,标准厂房 2000 平方米,生产设备 65 套台,员工 25 名。2022 年主营业务收入 3218 万元,实现税收 123 万元。

上高县佳仁工贸有限公司　2012 年入驻田心小微企业创业园区,主要生产服装及袜品。总投资 3000 万,占地面积 43 亩,标准厂房 1.71 万平方米,生产线 13 条,员工 100 多名。2022 年主营业务收入 3857 万元,利税 37 万元。

宜春市维祺纺织有限公司　2021 年入驻五里岭产业园,主要从事高档纯棉纱加工以及针纺织品的原料生产销售。总投资 1.1 亿元,占地面积 17 亩,标准厂房 6700 平方米,生产线 4 条,员工 65 名。2022 年主营业务收入 5167 万元,利税 58.66 万元。

江西国其光实业有限公司　2016 年入驻上高黄金堆产业园,主要生产袜子、手套、围巾等针织品。总投资 1035 万元,占地面积 110 亩,标准厂房 1.7 万多平方米,生产线 1 条,员工 38 人。2022 年主营业务收入 7879 万元,实现税收 108 万元。

江西鸿棉纺织有限公司　2017 年 11 月入驻黄金堆产业园,主要从事再生棉、棉纱等纺织品生产及销售。总投资 1.1 亿元,标准厂房 7000 平方米,生产线 7 条,员工 60 名。2022 年主营业务收入 2.19 亿元,实现税收 187 万元。

江西省金俊再生纺织实业有限公司　2013 年 4 月入驻黄金堆产业园,主要生产棉纱等纺织品。总投资 2 亿元,占地面积 45 亩,标准厂房 2 万多平方米,生产线 12 条,员工 79 名。2022 年主营业务收入 3.03 亿元,实现税收 226 万元。

江西温鑫实业有限公司　2016 年 9 月入驻黄金堆产业园,主要从事再生棉、棉纱等纺织品。注册资金 3000 万元,占地面积 52 亩,标准厂房 2448 平方米,生产线 3 条,员工 44 名。2022 年主营业务收入 4.13 亿元,实现税收 190 万元。

宜春焌荣纺织有限公司　2003 年入驻镜山综合园,主要从事棉纱涤纶线等纺织品加工与销售。注册资金 1000 万元,占地面积 1.68 万平方米,标准厂房 1400 多平方米,生产线 4 条,员工 72

名。2022年主营业务收入3.23亿元，实现税收34万元。

宜春市登云纺织有限公司　2022年入驻镇渡乡集镇中心，主要生产家用纺织制成品制造、产业用纺织制成品销售、产业用纺织制成品制造、针纺织品销售，总投资2000万元。2022年实现主营业务收入2200万元，实现税收30万。

江西青阳棉麻纺织有限公司　成立于2005年11月，位于镜山综合园区，主要产品为各种规格的棉纱及苎麻棉混纺纱。办公楼、厂房等建筑面积7893多平方米，员工28人。2022年主营业务收入4600万元，利税96万元。

江西省上高县上福化纤制品有限公司　2002年入驻镜山综合园，主要生产涤纶短纤维。总投资3000万元，占地面积40亩，标准厂房1万平方米左右，生产线1条，员工75名。2022年主营业务收入2100万元。

江西振业化纤实业有限公司　2013年成立，位于镜山综合园新光北路，主要生产再生聚酯产品涤纶纤维、涤纶泡料生产加工销售。总投资7000万元，其中固定资产投资5800万元，占地面积8000平方米，员工78人，涤纶粒子生产线6条，可年产再生涤纶粒子2.5万吨，2022年销售收入8300万元，税收300余万元。

上高县宏迈纺织有限公司　2017年7月成立，位于镜山综合园，主要从事纺织品生产、销售，纺织品原材料、纺织品辅助料及配件销售。注册资本1000万元，占地约4万平方米，建筑面积1.54万平方米，员工43人。2022年产值6081万元，营业收入6102万元。

上高金富裕实业有限公司　2009年入驻黄金堆产业园，主要生产口罩、护耳器、护目镜、安全帽、过滤式防毒面具等工业劳保用品。总投资600万美元，占地面积70亩。员工156人，建筑面积3.5万平方米，生产线2条。2022年主营业务收入3240万元，实现税收25万元，出口创汇421.7万美元。

机械建材

江西金利隆橡胶履带股份有限公司　2003年入驻镜山综合园，二期项目于2013年入驻黄金堆产业园，专业生产工程、农用机械橡胶履带，产品广泛应用于建筑机械、农业机械、雪地机械等各类机器。项目总投资12亿元，占地面积400余亩。员工700余人，建筑面积8万多平方米，生产线16条。2022年主营业务收入9.73亿元，实现税收近4000万元。

江西省上高县永江五金制造厂　2006年入驻镜山综合园，主要生产阀门、汽车配件等。项目总投资2000万元，占地面积20亩。员工88人，建筑面积约1万平方米，生产线2条。2022年主营业务收入2800万元，实现税收

71.92万元。

上高县越都机械有限公司 成立于2019年3月，位于黄金堆阳光路，是金利隆的配套企业，该项目占地38.06亩。总投资1.29亿元，建筑面积约2.6万平方米，员工30人。年产值约1.5亿元，年税收超500万元。

江西银利隆锻造有限公司 2004年9月入驻高新园区，主要生产各类轻型汽车，农用车，发动机等中型锻件。占地面积50亩，生产线11条，员工150余名。

江西固德实业有限公司 2004年3月成立，位于镜山综合园。注册资本5000万元，占地面积50亩。主要生产经营标准件、铁附件。员工88名，标准厂房8719平方米，生产线3条。2022年主营业务收入4870万元，实现税收119万元。

江西省德卡农牧科技有限公司 2018年入驻黄金堆产业园，是一家生产与销售农业机械设备的企业，生产全方位养猪设备、光伏支架、饲料生产设备、粮机设备、液压翻板机、钢结构、智能化货架等。员工60人，土地面积100亩，建筑面积1.95万平方米，厂房1.11万平方米。2022年，主营业务收入2435万元，实现税收10万余元。

宜春佰畅机械有限公司 2017年入驻五里岭产业园，主要产品为履带铁齿。项目总投资2.3亿元，占地面积72亩。员工49人，标准厂房5.36万平方米，生产线4条。2022年主营业务收入5000万元，实现税收20万元。

江西永锦洁净材料有限公司 2019年9月入驻五里岭产业园。2020年5月动工建设，总投资2亿元，占地54.6亩，现已安装2条生产线，主要生产金属面绝热夹芯板材。2022年主营业务收入9600万元，实现税收137万元。

宜春市东俊机械有限公司 2017年入驻五里岭产业园，主要生产产品为履带铁齿。项目总投资3.5亿元，占地面积40亩。员工50名左右，标准厂房2.67万平方米，生产线4条。2022年主营业务收入4000万元，实现税收10万元。

宇工阀门有限公司 成立于2020年2月，位于高新园区，是一家集研究、设计、生产、销售和铸造一条龙服务的通用阀门制造企业。公司主要产品有球阀、闸阀、截止阀、止回阀、过滤器及非标阀门等多个品种和规格，员工40余人。2022年主营业务收入7900万元，实现税收150余万元。

上高县鑫镱恒科技有限公司 2016年入驻镜山综合园，主要生产基站天线类配件，4G/5G基站配件。项目总投资300万，占地面积2.635亩。员工45人，标准厂房5000平方米，生产线2条。2022年主营业务收入1387万元,实现税收 225 万元。

江西第三机床厂 江西第三机床厂(以下简称三机厂)是南昌大学原校属国有企业,与原江西工学院同时成立于 1958 年,1969 年从南昌市迁至上高县。三机厂曾经是国家机械工业部磨床定点生产企业,产品远销十几个国家和地区。20 世纪 90 年代三机厂的磨刀机、树木旋切机被业内公认为中国第一品牌,无卡旋切机荣获了国家科技进步二等奖,为南昌大学首个国家科技进步二等奖,也是上高县首个国家科技进步二等奖。2014 年,三机厂从高校剥离,停止了生产经营,企业员工全员下岗。2022 年底,仍然保留江西第三机床厂党委、行政建制,现有在职和退休职工 564 人(其中退休职工 352 人)。

七宝山矿业有限公司 江西铜业集团七宝山矿业有限公司的简称。前身为江西省七宝山铁矿,于 1968 年 11 月创建。2011 年 3 月,注册为江西铜业集团所属的江西金德铅业股份有限公司全资子公司,属国有中型矿山企业。公司是露天开采的多金属矿山,拥有铅锌矿(在产)、铁矿(停产)和石灰石矿(停产)等三个矿区。目前铅锌矿具备年处理原矿 33 万吨的生产能力,主要生产铅精矿、锌精矿、硫精矿等产品。

江西上高南方水泥有限公司 2009 年成立,位于墨山垦殖场,主营熟料、水泥及其制品的研发、生产和销售,是隶属于国资委下属中国建材的全资子公司。占地面积 400 余亩,员工 238 名,生产线 1 条,2022 年主营业务收入 6.12 亿元,实现税收 6374.08 万元。

江西冠溢陶瓷有限公司 2010 年 1 月成立,位于泗溪镇多功能园区,是一家集研发、生产、销售、多元化经营于一体的本土品牌。投资金额 2.3 亿元,占地面积 40 万平方米,建筑面积 10 万平方米,员工 540 余人。2022 年营业额为 20054 万元,实现税收 560 万元以上。

江西鑫聚力建材有限公司 2019 年 7 月成立,位于泗溪镇胡家村,主要从事沥青混凝土、水稳基层的加工、销售、施工,乳化沥青的生产、销售(危化品除外),公路工程施工,工程机械租赁等业务。项目总投资 2000 万元,占地面积 30 亩。员工 20 名,公司年生产能力 50 万吨。2022 年主营业务收入 2306 万元,实现税收 42 万元。

江西智博建材有限公司 2019 年 11 月 29 日成立,位于黄金堆产业园,是一家集研发、生产、销售于一体的大型现代化陶瓷西瓦生产厂家。占地面积 264.4 亩,项目总投资 3.2 亿元,员工 600 余人。2022 年年产值近 22634 万元,实现税收 1000 万元。

江西连福矿业有限公司 2022 年

4月27日成立,位于泗溪镇工业园区,注册资金为1000万元整,主要经营锂矿石等矿物洗选加工,锂云母制品加工及销售。工厂占地面积80余亩。2022年主营业务收入3427.52万元,实现税收85.98万元。

上高瑞州陶瓷有限公司 2008年4月成立,位于高新园区,占地300亩,主要生产高档喷墨通体砖、仿古砖及罗马柱系列产品。现有员工1000余人,有6条大型先进的自动化建筑陶瓷生产线。2022年主营业务收入3.68亿元,实现税收1000多万元。

江西天瑞陶瓷有限公司 位于黄金堆产业园,主要生产"天瑞""新家御""嫦娥奔月""格罗瑞亚""天宫瑞玉"等品牌的中高档仿古砖和抛釉砖,是集开发、制造、营销、服务于一体的专业中高档仿古砖陶瓷生产企业。占地面积260亩,项目总投资2.3亿元,公司目前有员工780人。2022年年产值4亿元,实现税收750万元。

江西宝庆陶瓷有限公司 2010年3月成立,位于黄金堆产业园,主要生产高档西式连锁瓦、小地砖、仿古砖以及高档抛釉砖。总投资3亿多元,占地500多亩,年生产规模超2600万平方米,员工1100人左右。2022年产值3亿元,实现税收800万元。

上高县奥古特陶瓷有限公司 2018年2月成立,位于黄金堆产业园,主要生产经营仿古砖。占地面积108亩,员工452名,标准厂房33666平方米,生产线3条。2022年主业营业收入6646.31万元,实现税收492.83万元。

江西省圣诚矿业有限公司 2009年入驻黄金堆产业园,主要生产锂云母选矿,非金属陶瓷原材料等。项目总投资8000万元,占地面积84亩,拥有标准厂房1.2万多平方米。2022年主营业务收入2334万元,实现税收62万元。

上高县锦鑫竹木加工厂 2005年入驻五里岭产业园,主要生产细木工板、板材等。项目总投资1000万元,占地面积10亩。员工35名,标准厂房2000左右平方米,生产线2条。2022年主营业务收入1570万元,实现税收70万元。

上高县老钱木业有限公司 2013年入驻上高县锦江镇钟家渡村,主要生产"老钱牌""同鼓牌"建筑模板。投资约600万人民币,占地面积60亩,员工56名,厂房2万多平方米,生产线4条。

上高县永丰木业有限公司 2005年成立,位于五里岭产业园,主行业为木材加工,经营范围为细木工板、胶合板加工销售、原材料收购,产品项目以细木工板为主。占地面积2万平方米,总投资2000多万元,员工78人。2022

年主营业务收入3424万元,实现税收140万元。

上高县亿帆安木业有限公司 2019年11月成立,位于塔下火车站,主要生产经营木制品制造。占地面积35亩,员工30名,标准厂房100平方米,生产线1条。2022年主营业务收入3500万元,实现税收25万元。

上高县一和石材有限公司 2018年入驻五里岭产业园,主要生产石英石、石英砂、花岗石、大理石、橱柜、木材、人造玉石、加工、销售及进出口贸易。占地面积16亩,2021年投资5000万元进行技术升级改造。员工165人,标准厂房1.5万余平方米。2022年主营业务收入8507万元,实现税收167万元。

上高县新界埠水泥厂 始建于1995年,经原国有企业改制后成为民营企业,位于新界埠镇富港村,主要经营范围:硅酸盐水泥、熟料、粉煤灰生产销售。占地面积30亩,员工42人,厂房1500余平方米。2022年主营业务收入2300万元,实现税收44.5万元。

上高县和畅预制构件有限公司 2019年成立,位于五里岭产业园,主要经营范围包括混凝土预制构件生产、销售、安装,混凝土生产、销售,土木工程、道路工程、市政工程施工。占地320亩,项目总投资3亿元,员工38人,标准厂房3000余平米。2022年主营业务收入6000万元,实现税收380万元。

上高齐祥矿品有限公司 2012年入驻蒙山镇,是新余新钢实业公司的全资子公司,主要生产石灰和石膏。项目投资3000万元,占地面积64亩,建筑面积4万余平方米,拥有4座年产40万吨优质冶金石灰熔剂新型节能钢机构机械竖窑,员工70多人。2022年主营业务收入2.085亿元,实现税收404.33万元。

江西高坎新型建材有限公司 2018年10月17日成立,位于野市乡昌栗高速A连接线88号,主要生产商品混凝土。资产5000多万余元,拥有2台电脑全自动操作、电子计量、微机管理的混凝土搅拌设备,配备有各种化验设备及发电机组、深井水源等设备,搅拌运输车20余辆,52米、53米、56米及30米车泵各1台,车载泵1台,是一个日产量达4800立方米,年产量40万立方米生产能力的混凝土搅拌站,员工50余人。2022年主营业务收入5680万元,实现税收138万元。

上高县杭强建材有限公司 2010年10月成立,位于野市乡明星工业园沙基路,是一家专业生产预拌商品混凝土企业,其经营范围以生产商品混凝土销售,混凝土预构件,建筑材料加工销售为主。投资3500多万元,拥有3立方米搅拌生产线2条,12立方米搅拌车14辆,15立方米搅拌车2辆,20立方米搅拌车 5 辆,汽车泵 4 辆,车载泵 2 台,员工 60 人。2022 年主营业务收入 4086 万元,实现税收 110 万元。

上高县鎏冠商砼有限公司　2019 年入驻翰堂镇,是专业生产和销售商品混凝土的民营独资企业。项目总投资 1.2 亿元,占地面积 40 亩,员工 65 名,有自动化搅拌站生产线 2 条,混凝土泵车 4 台,混凝土搅拌运输车 28 辆,可年产商品混凝土 40 万立方米。2022 年主营业务收入 4470 万元,实现税收 134 万元。

上高县富源矿业有限公司　2010 年入驻翰堂镇有源村,是一家主要开采建筑用石灰岩矿的企业,主要生产建筑石料。项目总投资 3300 余万元,占地面积 270 亩,有员工 35 人,年产量 90 万吨。2022 年主营业务收入 3100 万元,实现税收 330 万元。

上高县宏发采石场　2008 年入驻翰堂镇密村,是一家主要开采建筑用石灰岩矿的企业。项目投资 2000 万元,占地面积 356 亩,员工 34 人。2022 年主营业务收入 3060 万元,实现税收 220.24 万元。

江西锦发矿业有限公司　2005 年入驻翰堂镇密村,是一家主要开采石料用灰岩的小型露天采石场,主要生产建筑石料。项目总投资 2000 万元,占地面积 445 亩。员工 35 人,挖掘机 8 台,铲车 8 辆,潜孔钻机 1 台(孔径 90),转运车辆 6 辆。2022 年主营业务收入 2064 万元,实现税收 238 万元。

上高县翰堂镇有源发邦采石场　2009 年入驻翰堂镇有源村,是一家主要开采建筑用石灰岩矿的企业,主要生产建筑石料。项目投资约 500 万元,占地面积 132 亩,员工 20 人。2022 年主营业务收入 1663 万元,实现税收 108.34 万元。

上高县志诚矿业有限公司　2005 年 1 月成立,位于翰堂镇有源村,属于建筑石料用灰岩露天矿山,主要生产建筑石料。投资总额约 2000 万元。员工 32 人,挖掘机 6 台,铲车 4 辆,潜孔钻机 2 台(孔径 90 毫米),转运车辆 6 辆。厂房面积共计约 2.6 万平方米。2022 年主营业务收入 2216 万元,实现税收 177 万元。

江西天寅矿业有限公司　2014 年入驻芦洲乡章江村,主要生产建筑石料。项目投资 3 亿元,占地面积 500 亩。员工 63 名,标准厂房 6 万多平方米,生产线 1 条。2022 年主营业务收入 5000 万元,实现税收 483 万元。

江西上高县恒泰矿业有限公司　2004 年入驻芦洲乡章江村,主要生产建筑石料。投资 3000 万元,占地面积 1500 亩。员工 40 名,标准厂房 6 万多平方米,生产线 1 条。2022 年主营业务收入 5000 万元,实现税收 300 万元。

上高县新潮矿业有限责任公司

2004年入驻芦洲乡章江村,主要生产建筑石料。投资1.6亿元,占地面积300亩。员工50名,标准厂房1.5万多平方米,生产线1条。2022年主营业务收入7300万元,实现税收780万元。

江西星济实业有限公司 成立于2015年,位于南港镇庙前村,是一家集矿产开采、超微细粉体研发、生产、销售为一体的综合型企业。投资6000余万元,主要产品:超微细碳酸钙、硅灰石粉、白云石粉、超细透明粉、滑石粉、筛粉、双飞粉、纯白米石、建筑石料。2022年从业人员130余人,实现主营业务收入8000万元,税收70余万元。

上高县蒙特英矿纤有限公司 2004年12月成立,位于南港镇庙前村。公司占地面积70亩,建筑面积3万平方米,年开采、加工、销售硅灰石专用系列产品15万吨。拥有机械化流水线选矿厂、人工智能色选厂、自动化粉体加工厂和地下开采矿山各1个,员工110余人。2022年主营业务收入4000万元,实现税收386万元。

上高县富莲装饰材料有限公司 2017年成立,位于新界埠镇富港村,主要经营范围是腻子粉、双飞粉、瓷砖胶、白水泥、防水材料等。项目总投资800万元,占地面积10亩。员工30余人,标准厂房2200余平方米。2022年实现主营业务收入2300万元。

上高县腾顺钙业有限公司 2018年成立,位于蒙山镇清湖村,主要产品为氧化钙(生石灰)、氢氧化钙。总投资2亿元,占地面积37.5亩,厂房面积2万余平方米,拥有3座机械化环保竖窑和2条氢氧化钙生产线,员工41人。2022年主营业务收入5913万元,实现税收769万元。

上高县瑞隆混凝土有限责任公司 2009年入驻芦洲乡工业小区,主要商品为混凝土的生产、经营和运输。项目总投资4000多万元,占地面积35亩,员工52名,标准厂房2万多平方米,生产线2条。2022年主营业务收入4284万元,实现税收139万元。

上高县通达乾盛新材料有限责任公司 2019年入驻芦洲乡工业小区,主要生产沥青混凝土及水泥稳定层。投资5000万元,占地面积45亩,员工20名,标准厂房1.28万多平方米,生产线1条。2022年实现主营业务收入5430万元,实现税收80万元。

上高县聚昇矿业有限公司 2016年入驻芦洲乡田背村,主要生产非金属矿物制品碳酸钙粉,硫酸钙以及锂云母石加工。投资200万元,占地面积20亩,员工25名,标准厂房1.2万多平方米,生产线5条。2022年主营业务收入5000万元,实现税收219.5万元。

江西恒盛泰新材料有限公司 2013年入驻芦洲乡工业小区,主要生产无机非金属粉体加工和销售。投资

6800万元，占地面积20亩，员工38名，标准厂房6400多平方米，生产线5条。2022年主营业务收入2369万元，实现税收89万元。

江西金利源陶瓷有限公司　2009年入驻徐家渡镇工业园，是上高县政府重点招商引资的民营投资企业，主要生产"金博达""好运来""马萨拉蒂""梅赛德斯"等品牌的系列通体抛釉瓷砖。投资5.5亿元，占地面积600亩。员工840名，标准厂房25万平方米，生产线4条。2022年主营业务收入5.7亿元，实现税收850万元。

上高县宏鑫木业有限公司　2014年入驻墨山乡垦殖场，主要以木材加工为主。投资1000万元，占地面积30亩。员工40余名，生产线2条。2022年主营业务收入1亿元，实现税收150万元。

江西洪子江保温建材有限公司　2017年10月入驻五里岭产业园，主要生产建筑新型材料岩棉制品。项目总投资3亿元，占地100亩。2022年年销售额9421万元，实现税收185万元。

江西山工建材有限公司　2020年3月入驻镇渡乡镇南村，主要生产预拌混凝土。投资2亿元，占用土地面积约23.73亩，总建筑面积11680平方米。2022年主营业务收入为2000余万元，实现税收53万元。

江西金塔钢结构有限公司　2013年6月成立，位于五里岭产业园，主要从事钢结构加工。占地面积36.61亩，员工96名，标准厂房22.44万平方米，生产线3条。2022年主营业务收入1.13亿元，实现税收420万元。

江西金唯冠建材有限公司　2007年11月21日成立，位于黄金堆产业园，主要生产中高档大理石、云浮石、中板及踏步砖等系列产品。占地面积200多亩，员工近400人。

江西上高上甘山水泥有限公司　1995年2月成立，前身是国营上甘山水泥厂，位于上高县上甘山林场，注册资本2000万元，占地面积约3.5万平方米。2022年有员工70多人。

江西上高县中林白水泥有限责任公司　成立于2000年，是一家专业生产普硅白水泥的公司。2022年底工业总产值2099万元，营业收入2620万元。员工20余人，注册资金2000万元，实现税收74万元。

江西水缘新材料有限公司　公司于2020年入驻黄金堆产业园，是一家集研发、生产、销售和服务于一体的专业标牌生产厂家。注册资金600万人民币，主要生产及销售SBS改性沥青防水卷材、非沥青基防水卷材。2022年实现税收26万元。

江西华厦水泥有限公司　位于塔下乡，2001年7月原上高县水泥厂破产后重新注册成立的民营企业，公司成立后及时进行了技术改造,先后累计投入技改资金 3000 多万元。产品广泛用于建筑工程、道路交通工程。2022 年有员工 50 余人,主营业务收入 3385 万元,实现税收 75.2 万元。

江西江东网架工程有限公司 2005 年 11 月成立,位于镜山综合园。是一家从事钢结构、网架、彩板、C 型钢、幕墙与采光铝塑门窗生产、销售的综合性钢结构公司。公司占地 21.18 亩,公司总投资 7500 万元,员工 67 人。2022 年产值 5510 万元,实现税收 97 余万元。

江西圣翔构件有限公司 2009 年入驻高新园区,是一家专业从事桥梁梁板生产的企业,主要生产各种规格的预应力及非预应力空心梁、T 型梁、箱型梁、特殊规格和尺寸的梁板。项目总投资 4000 万元,占地面积 28.51 亩,建有 8100 平方米的厂房,员工 100 余人及 2 条生产线。2022 年,主营业务收入 1950 万元,实现税收 64 万元。

江西鸿基管桩有限公司 2004 年入驻高新园区,是由江西首家专业生产 PHC 管桩的企业。项目总投资 1.2 亿元,占地面积 100 亩,建有 2.8 万平方米的厂房。员工 160 人,生产线 2 条。2022 年,主营业务收入 1.25 亿元,实现税收 477.46 万元。

上高县巨升实业有限公司 2016 年 7 月成立,位于上高县塔下乡下林村,占地面积 20 亩。主要生产经营矿产品加工碳酸钙、硫酸钙等。员工 15 名,标准厂房 1.2 万平方米,生产线 2 条。2022 年主营业务收入 3208 万元,实现税收 127 万元。

上高华源玻璃科技有限公司 2004 年成立,位于高新园区,是一家专业生产高白料系列玻璃杯、玻璃碗、玻璃碟等玻璃制品及销售为一体的技术型企业。总投资 7500 万元,占地面积 22667 平方米。现有员工 368 人,年产 8000 吨玻璃制品。2022 年主营业务收入 8375 万元,实现税收 448 万元。

江西上高县华厦塑业有限公司 2004 年入驻镜山综合园,主要生产复合编织袋、阀口袋。项目总投资 6000 万元,占地面积 33 亩。员工 78 人,建筑面积 1.17 万平方米,生产线 2 条。2022 年企业技改主营业务收入 2001 万元,实现税收 89 万元。

江西省润通工贸有限公司 2013 年 1 月成立,位于上甘山林场工业产业园。总投资 2.5 亿元,占地面积 84 亩,建筑面积 3.6 万平方米,是一家经国家工信部审批准入的集废钢废铁采购、加工、销售一体的废钢废铁再生资源利用加工企业,现年产能 40 万吨以上,年产值超 11 亿元,实现税收 1 亿元。

上高县宏大镍业有限公司 2006 年成立,位于泗溪镇漕港村,产品为镍合金。占地面积 40.82 亩,主要设备有中频炉2套4台、电弧炉1套等,员工28人。主营业务收入9.03亿元,实现税收9467万元。

江西祥鹄新型建材有限公司 2018年,入驻五里岭工业园区,主要从事法兰管桩生产和销售。项目总投资6800万元,租赁面积3000多平方米。目前,有员工20名左右,标准厂房10160平方米,生产线2条。2022年实现主营业收6000万元,实现税收80万元。

数字经济

江西省华佳显示技术有限公司 2021年入驻高新园区,是一家集液晶显示模组的研发、制造、销售及售后服务于一体的高新技术企业。项目总投资20亿元,厂房面积1.17万平方米。员工270名,生产线8条。2022年主营业务收入1.16亿元,实现税收130万元。

上高县卫玲电子科技有限公司 2016年入驻高新园区,是一家专业研发、生产、销售网络变压器、滤波器、电感线圈的高新企业。占地总面积42亩,员工200多人,标准厂房1.3万平方米。2022年主营业务收入4579万元,实现税收402万元。

上高县齐力电子有限公司 2010年入驻芦洲乡工业小区,主要生产网络变压器、滤波器、电感线圈。项目总投资2000万元,占地面积42亩。员工200多人,标准厂房1.3万多平方米,生产线4条。2022年主营业务收入4206万元,实现税收160万元。

江西天合光电有限公司 2019年1月入驻魅动产业园,是由全国大型LED显示屏制造商(深圳市天合光电有限公司)的全资子公司,主要生产LED全彩室内模组、LED全彩户外模组、LED小间距模组等系列产品。项目总投资1.5亿元,占地面积2万多平方米。员工190人,标准厂房15372平方米,生产线14条。2022年实现主营业务收入14173万元,实现税收1048461.78元。

力源电池科技(宜春)有限公司 2019年12月成立,位于镜山综合园,主要研发、生产、销售中高端CR、BR、LIR等40余种纽扣电池。拥有22条自动装配生产线。厂房1.2万平方米,员工150名。2022年主营业务收入2341多万元,实现税收31万元。

上高县炜新科技有限公司 2015年12月成立于五里岭产业园,主要从事玩具、文具、模具、母婴用品的制造与销售。项目总投资1亿元,占地面积53.66亩,员工500人,标准厂房2.25万平方米,生产线17条。2022年主营业务收入1.2亿元,实现税收863万元。

建筑业

县设计院 1979年5月成立，1996年9月经建设部批准为乙级建筑工程设计资格（证书编号：A236003225）。设计院历经40多年的发展，现已成为粗具规模、有较强实力的综合性勘察设计咨询企业。现有各类专业技术人员37人，其中一级注册建筑师3人，一级注册结构师2人，二级注册结构师1人，高级工程师5人，工程师15人，初级职称17人。

江西东利隆建设工程有限公司 2010年8月4日成立，是一家集民用与工业建筑工程、市政工程、装饰装修、安装工程、地基与基础、桥梁工程、钢结构工程、大型土石方工程为一体的施工总承包企业。2022年度营业收入3356万元，应入库合计225万元，其中净入库153万元，外地预缴73万元。公司现有员工370多人。

江西鸿辉建设工程有限公司 2006年5月成立，是一家集建筑工程、市政公用工程、装修装饰工程、钢结构工程、地基基础工程一体的施工企业。公司现有各种专业技术人员及管理人员180人，一、二级建造师30人。具有技术职称的有28人，其中高级职称的有5人，中级职称的有23人。公司注册资金4018万元，资产总额5026万元。具有与承包工程相适应的各类主要大型施工机械和工程质量检测设备300余台。年施工能力量5亿元以上。

江西省荣盛建筑工程有限公司 2004年8月成立，位于朝阳南路朝阳宾馆。公司已取得房屋建筑工程施工总承包一级资质，市政工程总承包二级资质，建筑装修装饰工程专业承包一级资质，钢结构工程专业承包二级资质，地基基础工程专业承包三级资质。拥员工271人，具有中专以上学历的150人，管理人员60人，有专业技术职称的158人。公司注册资本人民币1.01亿元。2022年度营业收入1.19亿元，应入库合计1563万元，其中净入库683万元，外地预缴860万元，所得税压库19万元。

腾威建设工程有限公司 2007年1月26日成立，主要经营：市政公用工程、房屋建筑工程、公路工程、水利水电工程、装饰装修工程、园林绿化、地基基础、电力工程、机电工程等。员工496人。其中高级工程师8人，中级工程师56人，经济管理人员12人，一级建造师15人，二级建造师44人，现场管理人员221人，各种中级以上技术工人151人。目前公司拥有各类机械设备297台（套、件），设备总功率4960千瓦。公司总产值连续多年在20亿元以上，2022年实现税收953万元。

商贸

批发和零售

中心农贸市场 始建于1996年。2019年7月由县委县政府投资，县城投公司代建，项目总投资1.5亿元，是上高县重大民生工程之一。该市场占地面积20.57亩，建筑面积3.79万平方米，内设摊位371个、商铺297间、菜农自产自销区520个，配有货运、客运电梯18部。市场日人流量4万余人次，日交易额约60万元。市场布局合理、业态多样、功能完善，是全省最大的县级标准化农贸市场。2022年中心农贸市场已完成成交额2.1亿元。

锦江农产品批发市场 位于锦江大道，2016年建成开业，总投资2.8亿元，总占地面积为94亩，建筑面积为8.5万平方米。整个市场以农副产品、粮油副食、蔬菜水果为主，兼营住宿餐饮、食品加工等。

上高县李华秀农资批发中心 成立于2008年，地址在塔下火车站供销社仓库，面积2000平方米，员工10人，主要销售化肥、农药、种子，年销售额3000万左右，主要覆盖上高、宜丰、万载等地。

澳联·国际商博城 该项目总投资约10亿元，位于塔下乡，占地面积约200亩，其中一期占地92亩，规划建筑面积约8万平方米，是集建材家居、五金机电、商务办公等业态于一体的一站式综合商贸交易市场。项目于2017年10月建成。2022年市场成交额2.5亿元，解决就业1000多人。

上高县电子商务产业园 位于锦江大道111号，成立于2016年8月，是上高县规模最大、功能设施最完备的电商企业服务平台和省级创业示范基地，可为入驻企业提供创业指导孵化、人才培训招聘、政务信息咨询、项目评估推介等专业服务。7年来，园区累计孵化企业实体超过260家，直接提供就业岗位超过2000个，间接带动就业人数超过5000人。目前，上高县电子商务产业园集聚了电商运营、网络推广、技术服务、网红直播等30余家电商相关企业入驻，构建了良好的电子商务生态圈，现有就业人员超过200人。

晟茂汽车城 位于320国道锦江大桥旁，2017年由江西宏兴建筑有限公司开发建设，2022年竣工。项目总建筑面积约13万平方米，占地14万平方米。

步行街 位于交通西路，2004年6月由江西华丰房地产开发有限公司投资开发，敖阳建筑公司承建。店面建筑面积1.2万平方米，2005年12月竣工。2006年正式投入使用。一楼有店面110间，主要经营高档服装、鞋帽、美容化妆品、食品、保健养生馆。二楼店面有110间,主要用于经营美容化妆、保健养生馆。

建材大市场 位于敖山大道与沿江中路交汇处,欣荣房地产开发有限公司开发建设,2003年动工,2004年底建成使用。该市场共三层,一层店面93间,二层店面91间,三层为一个整体,市场内商业面积3610平方米。市场主要经营钢材、五金、家具、装饰材料。年营业额达6000多万元。2022年从业人员700多人,实现营业额1.2亿元。

上高中心 位于正达路与镜山大道交会处,由江旅集团开发的城市综合体,为赣西第一高楼。项目2018年开发,2021年竣工,占地面积4.82万平方米,建筑总面积22万平方米。中心内有住宅建筑面积10.18万平方,768套。营业用面积11.82万平方米,目前有亚朵丽枫酒店和唐潮不夜城等入驻。

赣西再生资源大市场 是县政府协同有关部门兴建的大型再生资源回收市场,位于在芦洲乡江口村斜溪自然村,租赁荒山70亩,建有若干个经营店铺,主要收购和加工再生资源,业务拓展至周边县市,每年实现营业额1500多万元。

江西福高医药有限公司 成立于2005年,位于和平路5号,营业面积1452.3平方米。主要经营药品及中药批发、药品及中药零售、保健食品销售、第三类医疗器械经营等。2022年营业额5000余万元。

江西浩丰供应链管理有限责任公司 成立于2019年5月,位于田心镇工业小区工业大道109号,营业面积220平方米。是一家商贸型企业。主营农产品、纺织原料等大宗商品贸易,其中主要以棉花、短纤销售为主。2022年营业额8.6亿元。

江西省锐天医药科技有限公司 2013年2月成立,位于县工业园,占地面积25.3亩,经营办公场所面积1012平方米,仓库面积2967平方米。主营业务:药品批发、第三类医疗器械经营、特殊医学用途配方食品销售、第二类医疗器械销售、第一类医疗器械销售、消毒剂销售。2022年公司营业额1.4亿元。

江西沃田农机销售有限公司 成立于2021年12月,位于锦江镇锦江大道111号锦江农产品市场A区11栋101号,营业面积800平方米。主要经营农业机械销售、农业机械服务。2022年营业额2000余万元。

上高县茶杉禽业有限公司 成立于2013年,位于徐家渡镇花山路86号,经营面积34亩。是一家以富硒鸡蛋的生产与销售为主的省、市两级龙头企业,主打绿色、生态、富硒品牌。已注册"茶杉""徐家渡""裕联优品"商标,其中"徐家渡"为江西省名牌商标。通过了有机食品、富硒食品认证。2022

年营业额3000余万元。

江西若石医药供应链管理有限公司 成立于2021年5月,位于锦绣东路8号,营业面积25亩,主要经营药品零售、药品批发、第三类医疗器械经营、婴幼儿配方乳粉销售、保健品食品销售、食品经营、第二类医疗器械销售等。2022年营业额3276万元。

江西新威废旧电池回收利用有限公司 成立于2019年,位于汇锦路8号,营业面积200平方米。主要经营电池销售、蓄电池租赁、电池零配件销售、采购代理服务、塑料制品销售、再生资源回收、生产性废旧金属回收、再生资源销售、有色金属合金销售等。2022年营业额5.2亿元。

江西省鑫隆农业发展有限公司 成立于2008年,总部位于泗溪镇工业园。公司主要从事中药材种源保护与繁殖、中药材规范化种植推广、中药材绿色加工等。公司在全省建有中药材种苗繁育基地17个,面积3971亩,建有中药材规范化种植基地51个,总面积13万亩;拥有加工基地4360平方米,专业冷库1327平方米,加工设备42台,年药材加工量达6300吨。2014—2022年连续九年被市、县两级评为"优秀农业产业化龙头企业"。2022年营业额6000余万元。

江西力之奇新能源科技有限公司 成立于2018年,位于数字经济产业园,营业面积2361平方米。属超威旗下,主要经营铅酸蓄电池及锂电池的销售及租赁业务。2022年营业额5120.14万元。

华润万家 华润万家上高店,于2018年10月入驻上高县,位于和平路与建设北路交叉处。经营面积20050平方米,设有大型免费停车场,向广大消费者提供丰富多样,安心可靠的商品,从一日三餐到日常生活用品一应俱全,2022年营业收入1800万元。

银海购物广场 是一家本土零售企业,2011年成立,总投资1000多万元,位于敖阳南路与镜山大道交汇处(县财政局对面)。经营面积1万多平方米,设有大型免费停车场。公司经营品种上万种,采用现代零售企业的全新综合模式,将百货超市、家电、娱乐、休闲融为一体,形成一个比较先进完善的经营管理体系。银海+每天超市在上高共有9家门店,各店经营面积合计1.5万平方米,2022年度总营业额8050万,上缴税收6万余元。

上高县欣荣购物广场 2009年1月开业,位于青年路与宣化路交汇处。营业面积800平方米。主要经营南杂百货、文体用品、小型家电、烟酒糖果、干鲜蔬菜水果、日常用品、鞋帽箱包等。年营业额1000余万元。

紫金购物广场 2017年1月开业,位于和平路26号。整体商业面积达8000多平方米，另配套3000平方米休闲广场。主要经营生鲜产品、副食品、文体办公用品、日用百货等上万个品种。2021年6月在徐家渡镇开设紫金二部，同年营业额5000万元。

千百惠超市　2016年第一家店开业，位于团结路。2019—2022年3年时间，相继开出了8家连锁超市，分布于县城、街道，年营业额上千万元。

上高丽轩购物中心　位于河南胜利东路389号（欧陆名居小区前）。原为河南建材装修市场，后来改做超市于2020年6月开业，营业面积1250平方米。主要经营鲜肉、水产品、干鲜蔬菜、水果、日用品、文体用品、小型家电、烟酒粮油、副食品、土产杂品、包装零食以及各种散称食品等上千种商品。年营业额1000万余元。

上高县花园购物广场　位于锦江镇锦惠路与锦丰路交叉路口，于2020年12月正式开业，超市占地面积1000余平方米，主营新鲜蔬菜、水果、肉类、水产、副食品等，兼营百货、针织、化妆品，文体，家杂、电器等生活用品。2022年营业额800余万元。

昌盛大药房　位于工业园明星路13号，成立于2014年8月，是一家医药零售连锁企业，主要经营中西成药、中药饮片、医疗器械、保健品等。拥有120家门店，营业面积3000平方米。2022年销售额6000余万元，实现税收10.5万元。

九九红药房　位于和平路，是上高第一家药房，共有连锁店6家，2022年主营业务收入500万元，实现税收3.5万元。

每天连锁超市　1998年成立，最初为上高县国贸超市，位于建设中路与和平路交汇处（街心花园），是上高县最早成立的一家综合性超市，超市经营面积2000平方米。在2011年成立上高银海购物广场。2016年，正式成立江西每天商业连锁有限公司，旗下包括8家每天社区生鲜连锁店。

赵一鸣量贩零食连锁店　赵一鸣零食品牌诞生于江西宜春，是宜春市赵一鸣商贸有限公司旗下零食连锁品牌。缘起于2015年，从一家小小的炒货店起步，逐步涉及零食等各类小吃。上高县赵一鸣量贩零食连锁店最早成立于2019年，地址位于上高县建设南路188号。至2022年已经拥有上高五中店、东方星城店、江南阳光店等4家店铺，总面积550平方左右，员工23名，年营业额1200万元。

西门子家电专卖店　2016年11月友谊路西门子专卖店开业，营业面积70平方米。2018年搬迁至敖阳南路与兰桥路交叉口，面积扩大至320平方米。2022年实现营业额600万元。

广达汽车维修服务有限公司　成立于2016年，位于镜山大道，经营范围包含：汽车及汽车零配件销售，汽车维修，汽车美容服务。营业面积700余平方米，2022年有从业人员22人，实现营业额500余万元。

国菱汽车销售有限公司 2005年5月成立，现位于铂金广场126号。营业面积1200平方米，前店后厂式，现有员工16人，一直以五菱品牌汽车批发、零售为主，提供汽车销售、维修保养、新车上牌、二手车置换、过户年检、保养等一条龙服务。年销售新能源汽车400余辆，新能源汽车年销售额1500万余元。

江西三人行机电有限公司 成立于2013年，位于敖阳南路，营业面积380平方米。主要经营家用电器、电脑、多媒体设备、机电设备、电子显示屏、数码设备、电子监控设备、办公用品、配件、日用百货批发零售，网络布线、网络工程、安防工程、音响会议系统、家用电器、制冷设备安装与维修，以旧换新、旧家电回收，冷库的销售安装及维修。2022年营业额2000余万元。

上高永裕贸易有限公司 成立于2012年，位于敖阳街道何家垴村，营业面积为400平方米。公司主要经营进出口贸易、国内贸易，预包装食品和散装食品的批发、零售。2022年营业额8000余万元。

上高县骏宇电器销售有限公司 成立于2009年，位于敖阳街道敖山大道37号。营业面积260平方米，公司主要经营家用电器销售，家用电器安装等服务。2022年营业额700余万元。

上高县乐每家商贸有限公司 成立于2021年，位于泗溪镇洋溪路，有2家门店，营业面积800平方米，是一家集百货和生鲜等的综合性超市，有大型冷冻库、保鲜库、恒温空调、蔬果保湿喷雾设施，从业员工20余人。2022年营业额1328万元。

上高县煌煌餐饮有限公司 成立于2022年，位于建设中路14号，营业面积256平方米。公司主要经营煌上煌产品销售，下辖八家门店，均位于上高县城内。2022年营业额741万元。

聚果鲜 成立于2020年，位于正达路，拥有5家门店，营业面积1000平方米。是一家以零食、水果一站式的仓储店，主要经营预包装食品、散装食品、水果、生鲜、农副产品。2022年营业额2000余万元。

上高县得一家居装饰有限公司 成立于2006年，位于朝阳路39号，营业面积1681平方米。公司主要经营沙发、茶几、电视柜、软床、床垫、餐台椅、沙发、餐柜等家具。2022年营业额500余万元。

上高县东方星城京东家电旗舰店 成立于2022年，位于锦阳大道东方星城15栋114号，营业面积180平方米。主要经营电冰箱、空调、洗衣机、厨房电器等家用电器。2022年营业额600余万元。

江西米亮通讯科技有限公司　成立于2020年10月，位于上高中心，营业面积200平方米。是一家主营小米旗下产品的加盟店，主要经营通讯设备销售、通信设备维修、电子产品销售、家用电器销售等。2022年营业额500余万元。

老凤祥　2000年进驻上高，店址在建设中路国贸超市旁，经营黄金、贵金属工艺品、珠宝首饰等，面积180多平方米，现有员工16人。2022年营业额300万元，税收3.24万元。

周大生　位于万象广场，经营黄金、贵金属工艺品、珠宝首饰等，现有员工16人，2022年营业额700万元。税收8.64万元。

住宿和餐饮业

镜花湾酒店　位于上高城区南北主干线的320国道北段，锦宁路88号，酒店总建筑面积34608平方米。包括主楼12层，地下1层，宴会楼3层（含地下1层）、会议楼2层。建筑总高度58米，总占地面积99.99亩。经营的菜系报刊地方名菜、湘菜、新派粤菜、中西式自助餐等，可同时容纳1000人左右用餐。

迎宾馆酒店　位于镜山大道2号。2012年正式对外营业，为四星级饭店。总建筑面积约2.3万平方米，楼高16层，地下附一层。拥有客房共275间及各种配套服务设施。

皇元大酒店　2011年开业，位于镜山大道与锦宁路交汇处，是一家餐饮、住宿为一体的大中型酒店。餐饮经营面积约1000平方米，从业人员70人，接待能力约450人左右，年营业额约900万元。

上高宴，为皇元大酒店分店，2021年开业，位于大观老街，建筑面积2000多平方米，投资1500万元，是一家主打高端婚庆的主题酒店。

皇元宴会中心，为皇元大酒店分店，位于体育中心侧，按照国际四星级标准设计。大厅设有商务中心、餐饮部，一、二层楼设有豪华大包厢，大宴会厅可同时容纳1450人就餐。营业面积1700平方米，5个宴会厅及6间豪华包间。菜系以粤菜、湘菜等多种民族菜系为主。

九龙半岛大酒店　位于青莲路1号，2016年6月开业，2020年12月被评为国家三星级旅游饭店，是一家集餐饮、住宿为一体的酒店。酒店占地面积7846平方米，有客房100间和大型会议室等。

新名典商旅酒店　是宜嘉集团旗下一家及餐饮住宿一体的商务型酒店，位于上高县敖山大道2号，于2016年正式对外营业。酒店总建筑面积约4000平方米，楼高6层，从业人员42名。

彼岸咖啡中西餐厅 位于敖山大道与学园路交汇处,2016年开业,4米高KIBING节能镀膜蓝波落地,为县城内最大的餐饮外墙玻璃景观,180度全透明自然采光设计,为上高抖音网红必至打卡地之一。餐厅集中西高档食材一体,主厨曾荣获"明月山杯"烹饪大赛金勺奖。

锦江宴 位于新城区正达路,餐饮业,现有员工40人,2022年营业额700万元,实现税收8万元。

论手名宴 位于镜山大道上高中心,餐饮业,现有员工50人,2022年营业额600万元,实现税收6万元。

上岛咖啡上高店 2012年开业,位于镜山大道上高中心2楼,营业面积480平方米,从业人员20余人。经营中餐西餐、咖啡西点、甜品饮品。

上高淼粥坊 2005年开业,位于建设北路,经营面积500平方米,员工45名。

友香饭店 1991年开业,早期在河南老桥头边经营,2018年扩大经营搬迁至正达路与清莲路交汇处,经营面积约500平方米,从业人员18人,接待能力200人,年营业额约300万元。特色菜有友香青蛙、养生鸭等。

辣椒炒肉 位于交通路,以上高家乡菜为主,现有员工28人。2022年营业额190万元,实现税收2500元。

和天下 位于新城区正达路,成立于2019年,隶属于宜春明海餐饮管理有限公司。营业面积约350平方米,从业人员9人,接待能力大约为70人。菜品以海鲜为主,本地菜为辅。

老山村土菜馆 成立于2020年11月,位于沿江路,营业面积170平方米,隶属于海胜餐饮有限公司。从业人员6人,接待能力60人,以本地土菜为主。

御尚粥 成立于2015年,位于敖阳南路,营业面积约280平方米,隶属于宜春淡溪餐饮管理有限公司,现有员工14人。主营粥、面点、凉菜、特色炒菜。

潮汕牛肉火锅 2017年开业,位于正达路28号,现有员工12人,主营火锅,经营面积400平方米,营业额约240万元。

清阳阁 成立于2016年,位于明星路6号,隶属于江西清阳阁农业发展有限公司,特色菜有姜炒土鸡、西海白鱼、瓦罐红烧肉、西班牙炒饭,营业面积300平米,现有从业人员10人,营业额200万元。

房地产

江西晟茂地产开发有限公司2017年成立,位于正达路33号,注册资金2000万元。2022年投资7亿元开发江西晟茂汽车广场小区,总面积

13.29万平方米,建筑面积14.27万平方米。

上高县德建誉房地产　2022年成立,位于沿江西路60-3号,注册资金1300万元。至2022年投资4亿元开发德誉·文庭书苑住宅小区,总建筑面积16.98万平方米。

上高县桂丰实业有限公司　2009年成立,位于敖山村,注册资金1000万元。至2021年投资9000万元开发学府壹号住宅小区,总建筑面积1.71万平方米。

上高县和鸣置业有限公司　2019年成立,位于塔下大观大道188号,注册资金120万元。2019年投资7000万元开发和谐家园住宅小区,总建筑面积2.57万平方米。

上高恒大房地产开发有限公司　2009年成立,位于东丰路86号,注册资金3000万元。2022年投资6亿元开发上高印象住宅小区,总面积24.35万平方米。

江西盛王置业有限公司　2006年成立,位于芙蓉路6号,注册资金1000万元。至2022年投资4亿多元开发东方·郡望府住宅小区,总面积12.43万平方米。

江西新地旅游开发有限公司　2018年1月29日成立,位于镜山大道26号,注册资金1亿元。至2022年投资7.6亿元开发江旅·上高中心住宅小区,总建筑面积21.97万平方米。

上高江成棉麻纺织有限公司　2005年成立,位于明星路,注册资金350万元。至2022年投资1.5亿元开发江成·林樾府住宅小区,总建筑面积5.25万平方米。

上高顺梁置业有限公司　2018年成立,位于沿江路与正通路交汇处路,注册资金1000万元。至2019年投资1亿6000万元开发江畔院子住宅小区,总建筑面积3.04万平方米。

上高县碧园置业有限公司　2018年6月4日年成立,位于学园路21号,注册1000万元整。至2022年投资4800万元开发学府家园住宅小区,总面积1.49万平方米。

上高县东兴房地产开发有限公司　2010年成立,位于锦江东路与旺旺路交汇处,注册资金800万元。至2020年投资3.5亿元开发城市之光住宅小区,总建筑面积10.33万平方米。

上高县浩耀置业有限公司　2018年成立,位于锦阳大道9号,注册资金1000万元。至2022年投资4.58亿元开发上高壹号院住宅小区,总建筑面积13.63万平方米。

上高县恒垒置业有限公司　2020年成立,位于上高大道23号,注册资金1000万元。至2022年投资3亿元开发橡树湾住宅小区,总建筑面积8.09万平方米。

上高县华海投资有限公司 2018年成立，位于学园路248号，注册资金5000万元。至2022年投资14.3亿元开发锦江府住宅小区，总面积45万平方米。

上高县长兴房地产开发有限公司 2017年10月11日成立，位于朝阳南路5号朝阳宾馆五楼，注册资本5000万元。2018年至今，投资2.8亿元开发上高·中央城住宅小区，总建筑面积6.94万平方米。

上高县正禾置业有限公司 2018年成立，位于锦阳大道与正通路交汇处，注册资金1000万元。至2019年投资2亿元开发首府住宅小区，总建筑面积4.75万平方米。

上高县正银置业有限公司 2020年成立，位于锦江大道与惠民路交汇处路，注册资金1000万元。至2021年投资2200万元开发望江悦住宅小区，总建筑面积3.39万平方米。

上高县正盈置业有限公司 2020年成立，位于友谊路20号路，注册1000万元。至2021年投资2.8亿元开发上高金街住宅小区，总建筑面积5.02万平方米。

上高县祥龙房地产开发有限责任公司 2015年成立，位于锦阳新区，注册5000万元。2016年至2020年投资3.5亿元开发锦阳明珠住宅小区，总建筑面积12.6万平方米。2020年又投资4亿元，开发明珠壹号住宅小区，总建筑面积10.98万平方米。

上高县春台置业有限公司 2020年成立，位于锦宁路88号，注册资金1000万元。2017年以来投资2.1亿元，开发了水墨镜山项目湖悦小区，总建筑面积15.57万平方米。

江西省鼎大投资开发有限公司 2013年成立，位于明星路33号，注册资金1200万元。2016年以来投资1.5亿元，开发了鼎大·半山壹号院小区，总用地面积3.15万平方米，总建筑面积7.29万平方米。

上高新城建设开发有限公司 2006年6月19日成立，位于商城南路，注册资金3000万元。2014年至2022年投资4.41亿元，开发了上鼎国际小区，总面积3.88万平方米，建筑面积9.93万平方米。2021年以来投资8500万元，开发了中成小区，总面积5235平方米，建筑面积3.20万平方米。2021年至2023年投资1.4亿元，开发了翰林苑小区，总面积2.37万平方米，建筑面积6.59万平方米。

上高县官唐置业有限公司 2019年成立，位于塔下乡大观大道567号，注册资金1000万元。2019年以来投资，开发了大观天地项目，总面积10.42万平方米，建筑面积23.06万平方米。

江西省上高县欣荣房地产开发有限公司 2003年成立，位于朝阳南路，注册资金2280万元。2012年至2023年投资2.28亿元,开发了欣荣天一国际花园,占地面积为4.43万平方米,总建筑面积16.50万平方米。

上高县一行置业有限公司　2019年成立,位于交通路,注册资金1000万元。2019年以来投资3900万元,开发了江南阳光住宅小区,建筑面积7251.89平方米。

服务业

上高纵腾物流有限公司　上高四通一达物流有限公司位于上高大道14号,成立于2021年6月,是一家开展"快递+"服务的平台公司,整合了原"四通一达"资源。主要经营普通货物仓储服务、国内货物运输代理、企业管理咨询等。有41家门店,营业面积4000平方米。2023年销售额3500万元,实现税收24万元。

旅行社　境内旅行社始办于2000年。2000年,宜春华夏旅行社在203车队(上高长途汽车站内)设立旅游服务咨询部,从事旅游咨询和旅游接待。2001年3月,经省旅游局批准,上高华夏旅行社正式挂牌营业,成为上高首家旅行社(2010年改名宜春华夏国际旅行社上高分公司)。2003年成立星光旅行社,2005年成立环球旅行社,2008年成立春秋旅行社,2010年成立现代商务旅行社(于2018年注销),2019年成立望古旅行社,2023年成立金灿灿、暖心、环华、趣玩4家旅行社。至2023年底,境内获批准成立的旅行社8家,旅行社分社1家,旅行社经营网点8个,有员工60余人。

共享单车　①上高县莱澳科技有限公司(小狐狸共享电单车),位于工业园上高大道10号,成立于2019年7月。主要经营软件开发、信息集成服务、电单车租赁服务(营业范围上高县城内),共享单车总数量1000辆。2022年营业收入162万元,实现税收10万余元。

②上高县洪之泉新能源科技有限责任公司(小呗共享电单车),位于上高县锦江大道,2019年5月进驻上高。公司现有员工8人,共享单车总数量1000辆。2022年营业收入100万元,实现税收3万余元。

③江西涡轮网络科技有限公司(滴滴青桔共享电单车),位于上高县何家塥村,2022年4月进驻上高。主要经营共享单车运营,公司现有员工5人,共享单车数量1299辆。2022年营业收入92万元,实现税收5万余元。

上高县美团外卖　位于锦江镇解放路117号,成立于2016年11月,是一家提供本地生活服务的互联网电子商务平台公司,主要经营本地餐饮商户以及商超、药店的外卖配送服务等,经过7年的经营,已发展合作本地商户超过400家,拥有活跃配送骑手150余名,日完成订单量4000余单,2023年平台营业额超3000万元。

饿了么上高站 位于敖阳街道锦丰路青阳桥方向,于2016年5月进驻上高县,隶属于阿里巴巴旗下本地生活服务平台,主营在线外卖、新零售、即时配送和跑腿等业务。2022年线上交易额2100万,服务商户数400家左右,解决劳动力(骑手岗位)60个左右。

上高县富民运输有限公司 成立于2003年11月,位于镜山综合园芙蓉路1号,公司主营普通货运、装卸、搬运等。

江西上高县恒定物流有限公司 成立于2006年2月,位于五里岭产业园,占地面积63.5亩,现有员工19人,主营业务为货物中转、普通货运、仓储。

江西省报春晖养老产业有限公司 成立于2016年8月,位于友谊路11号,主要从事养老服务、老年人护理服务相关咨询、养老服务评估、家政服务等相关业务。

上高县瑞恒安物流有限公司 成立于2016年11月,位于芦洲乡工业小区。现有运输车70余辆,主要从事普通货物运输、集装箱运输等相关运输业务。

上高县加利纳汽运有限公司 成立于2014年10月,位于上高花园401栋101号。现有各式车辆90余辆,员工50多人,主要经营业务为集公路整车大型物件运输、理货、配送、物流方案设计、多式联运等。

江西扩顺实业有限公司 成立于2017年,位于晟茂汽车城,自有及挂靠半挂侧翻车100余辆,主要负责熟料、锂辉石、碎石、煤、铁矿运输服务,长江及赣江船运业务服务。

橙天影院 位于万象广场五楼,设立于2018年12月,共5个影厅,可容纳702人,面积1500平方米,2023年票房507.2万。

科技·文化

科学技术

科技活动 2004年上高县被省科技厅列为全省科技特派员试点县。2006年,全县下派科技特派员125人进村入企,开展结对帮扶,科技特派员共引进、推广新品种、新技术360余个(项),与农户、企业签订对接项目153个,创建利益共同体145家,举办实用技术培训班925期、培训农民6.48万余人次,印发技术资料7万余份,对接户人均纯收入比上年增加4200元,对接企业增加税收1500余万元,增加效益30%以上。

2006年起,大力开展扎扎实实、形式多样、行之有效的科技下乡、科技活动周等科普活动。

2007年,在全县科技特派员的引导、带动下,全县已注册登记种植业、养殖业、农用机械等合作社30个,登记入社社员3300人,带动农户2.5万户,占全县农户总数的41%,涵盖了粮食、生猪、蔬菜、水产、水禽、瓜果、农业机械推广等产业。

2008年制订了《大力推进科技入园实施计划》,针对企业需求,积极开展科技服务,通过进一步建立健全科技园区科技服务体系,增强了园区科技创新能力。改版了上高科技网站,增加了服务功能和信息量,通过科技网站为企业提供信息、推介产品、提供服务,还建立了"一网两库三台账",为全面掌握园区情况,进一步做好科技入园服务工作奠定了基础。

2008—2018年间共开展县内企业科技创新能力调研37次,走访和服务企业1200多次,发放企业情况调查表和科技政策2530份,征求科技需求意见280多条,向企业提供科技信息1220多条,发布科技需求270多条,现场解决企业科技需求和项目申报等操作问题250多个。截至2018年底,已实施产学研科技合作项目100多项。

开展科技下乡工程实施以来,开展各类科普活动6000余场次,参与人数合计超过20万人次。

科技成果 2006—2022年累计立

项省级重点新产品计划151项,获省级各类科技成果80多项。自主研发的"淀粉糖米渣组合排杂法生产大米蛋白"等5项科技成果整体技术水平达到国际领先或先进水平。全县共获省政府技术发明奖2项、省政府科技进步奖5项、省部级科技进步奖2项、市政府科技进步奖24项。2011—2022年全县技术合同成交额累计完成113749万元。

2006—2022年上高县省级科技成果一览表

序号	年度	科技成果名称	完成单位	成果登记号	成果类型	科技成果鉴定(验收、评价、登记)单位	科技成果技术水平
1	2006	新型预防接种多功能操作台	上高县疾病预防控制中心	赣科鉴字〔2006〕第　号	科学技术成果鉴定	江西省科技厅	国内领先
2	2006	新型医药中间体——丝氨醇	江西上高县绿元生化制剂厂	赣科鉴字〔2006〕第　号	科学技术成果鉴定	江西省科技厅	国内领先
3	2006	工程机械橡胶履带	江西金利隆橡胶履带有限公司	赣科鉴字〔2006〕第　号	科学技术成果鉴定	江西省科技厅	国内领先
4	2007	新型复合酶生物蛋白的研制	江西普润药业有限公司	赣科鉴字〔2007〕第172号	科学技术成果鉴定	江西省科技厅	国内领先
5	2007	水滑石-稀土-钙锌无毒复合热稳定剂	江西宏远化工有限公司	赣科鉴字〔2007〕第127号	科学技术成果鉴定	江西省科技厅	国内领先

续表：

序号	年度	科技成果名称	完成单位	成果登记号	成果类型	科技成果鉴定(验收、评价、登记)单位	科技成果技术水平
6	2007	聚苯胺插层改性二氧化锰锂阳极原材料	江西绿普科技有限公司	赣科新鉴字〔2007〕第069号	江西省重点新产品技术鉴定	江西省科技厅	国内领先
7	2007	超级稻技术集成推广与应用	上高县农业局		省部级项目验收	江西省科技厅	
8	2008	正负离子空气洁净机	江西富海电子有限公司	赣科新鉴字〔2008〕第91号	江西省重点新产品技术鉴定	江西省科技厅	国内领先
9	2008	化学晶种均匀沉淀法生产纳米氧化铝	江西省华德润精细化工厂	赣科新鉴字〔2008〕第78号	江西省重点新产品技术鉴定	江西省科技厅	国内领先
10	2009	本草调配蛋制品	江西富龙食品有限公司、南昌大学	赣科新鉴字〔2009〕第9号	江西省重点新产品技术鉴定	江西省科技厅	国内领先
11	2009	水性工程技术生产塑料软包装	江西四维印务有限公司	赣科新鉴字〔2009〕第9号	江西省重点新产品技术鉴定	江西省科技厅	国内领先

续表：

序号	年度	科技成果名称	完成单位	成果登记号	成果类型	科技成果鉴定(验收、评价、登记)单位	科技成果技术水平
12	2011	水稻产后加工副产品高效增值利用关键技术及产业化	江南大学、江西汇银米业有限公司	鉴字〔教SW2011〕第019号	科学技术成果鉴定	教育部	国际领先
13	2011	高效湿基微生态添加剂	江西普润药业有限公司	赣科新鉴字〔2011〕第14号	江西省重点新产品技术鉴定	江西省科技厅	国内领先
14	2011	糖尿病足患者下肢动脉病变的彩超应用价值	上高县人民医院	宜科鉴字〔2011〕第33号	科学技术成果鉴定	宜春市科技局	省内先进
15	2012	双胞胎小猪配合饲料	江西双胞胎实业有限公司	赣科新鉴字〔2012〕第127号	江西省重点新产品技术鉴定	江西省科技厅	国内领先
16	2012	双胞胎膨化猪场乳猪配合饲料	江西双胞胎实业有限公司	赣科新鉴字〔2012〕第126号	江西省重点新产品技术鉴定	江西省科技厅	国内领先
17	2013	淀粉糖米渣组合排杂法生产大米蛋白	江西金农生物科技有限公司、江南大学	赣科鉴字〔2013〕第112号	科学技术成果鉴定	江西省科技厅	国际领先

续表：

序号	年度	科技成果名称	完成单位	成果登记号	成果类型	科技成果鉴定(验收、评价、登记)单位	科技成果技术水平
18	2013	酶法－旋流分离法生产大米淀粉	江西金农生物科技有限公司、江南大学	宜科鉴字〔2013〕第55号	科学技术成果鉴定	宜春市科技局	国际先进水平
19	2013	儿童（宝宝）肉松	江西富龙食品有限公司	赣科新鉴字〔2014〕第10号	江西省重点新产品技术鉴定	江西省科技厅	国内领先
20	2013	中老年低糖肉松	江西富龙食品有限公司	赣科新鉴字〔2014〕第11号	江西省重点新产品技术鉴定	江西省科技厅	国内领先
21	2014	立蒸式粮食烘干机	江西省鑫纬业环保设备制造有限公司	赣科新鉴字〔2014〕第106号	江西省重点新产品技术鉴定	江西省科技厅	国内领先
22	2015	罗汉果提取物	江西海富生物工程有限公司	赣科新鉴字〔2015〕第59号	江西省重点新产品技术鉴定	江西省科技厅	国内领先
23	2015	小白菊提取物	江西海富生物工程有限公司	赣科新鉴字〔2015〕第58号	江西省重点新产品技术鉴定	江西省科技厅	国内领先
24	2016	轻型农业机械橡胶履带	江西金利隆橡胶履带有限公司	赣科新验字〔2016〕第68号,Y16241	江西省重点新产品技术鉴定	江西省科技厅	国内领先

续表：

序号	年度	科技成果名称	完成单位	成果登记号	成果类型	科技成果鉴定(验收、评价、登记)单位	科技成果技术水平
25	2016	装载机橡胶履带	江西金利隆橡胶履带有限公司	赣科新验字〔2016〕第67号，Y16240	江西省重点新产品技术鉴定	江西省科技厅	国内领先
26	2019	一种腹腔冲吸引流管	江西侨明医疗器械有限公司	Y18582	国家发明专利	江西省科技厅	
27	2019	一种粉防己的种植方法	江西省鑫隆农业发展有限公司	Y18586	国家发明专利	江西省科技厅	
28	2019	一种从罗汉果中提取罗汉果苷V的方法	江西海富生物工程有限公司	Y18644	国家发明专利	江西省科技厅	
29	2020	一釜种连续分段合成生产钙锌复合稳定剂的制备方法	江西宏远化工有限公司	Y19119	国家发明专利	江西省科技厅	
30	2020	一种稀土钙锌复合热稳定剂及其制备和使用方法	江西宏远化工有限公司	Y19120	国家发明专利	江西省科技厅	

续表:

序号	年度	科技成果名称	完成单位	成果登记号	成果类型	科技成果鉴定(验收、评价、登记)单位	科技成果技术水平
31	2020	美罗培南侧链二硫物的制备方法	江西如益科技发展有限公司	Y19122	国家发明专利	江西省科技厅	
32	2020	一种电池大混配工艺	江西新威动力能源科技有限公司	Y19254	国家发明专利	江西省科技厅	
33	2020	新型医药中间体生产中废气与滤渣资源化回收处理技术示范	江西如益科技发展有限公司	Y19224	国家发明专利	江西省科技厅	
34	2020	多芽重楼的仿野生化种植技术	江西省鑫隆农业发展有限公司	Y19448	国家发明专利	江西省科技厅	
35	2020	一种千斤拔的催芽方法及种植方法	江西省鑫隆农业发展有限公司	Y19450	国家发明专利	江西省科技厅	
36	2020	小儿热速清颗粒	江西倍肯药业有限公司	赣工信科技字〔2019〕3号,Y19884	省级计划项目验收	江西省工信厅,江西省科技厅	国内领先

续表：

序号	年度	科技成果名称	完成单位	成果登记号	成果类型	科技成果鉴定(验收、评价、登记)单位	科技成果技术水平
37	2020	基于钙锌热稳定剂下的功能化制备技术及工业化应用	江西宏远化工有限公司、金发科技股份有限公司、广东雄塑科技实业有限公司	中轻联科鉴字〔2020〕021号，Y19839	科学技术成果评价	中国轻工业联合会，江西省科技厅	国际先进水平
38	2021	一种板栅浇铸用脱模剂及熟成工艺	江西新威动力能源科技有限公司	Y20000135	国家发明专利	江西省科技厅	
39	2021	一种铅酸蓄电池化成方法	江西新威动力能源科技有限公司	Y20000464	国家发明专利	江西省科技厅	
40	2021	羊皮增厚方法	江西隆华材料科技股份有限公司	Y20000910	国家发明专利	江西省科技厅	
41	2021	从复杂式滑石矿原料中分离滑石精矿的方法	江西省丙戌天成环保科技有限公司	Y20000942	国家发明专利	江西省科技厅	
42	2021	从复杂式高岭土矿原料制高白度精矿粉的选矿方法	江西省丙戌天成环保科技有限公司	Y20000943	国家发明专利	江西省科技厅	

续表：

序号	年度	科技成果名称	完成单位	成果登记号	成果类型	科技成果鉴定(验收、评价、登记)单位	科技成果技术水平
43	2021	橡胶履带芯金表面磷化处理技术	江西金利隆橡胶履带股份有限公司	金轩评字〔2021〕第0801号，Y2100909	科学技术成果评价	江西金轩企业咨询集团有限公司，江西省科技厅	国内先进
44	2021	工程机械橡胶履带耐磨耐切割配方	江西金利隆橡胶履带股份有限公司	金轩评字〔2021〕第0801号，Y2100910	科学技术成果评价	江西金轩企业咨询集团有限公司，江西省科技厅	国内领先
45	2022	高性能工程机械橡胶履带开发及产业化	江西金利隆橡胶履带股份有限公司	金轩评字〔2021〕第0812号，Y2101068	科学技术成果评价	江西金轩企业咨询集团有限公司，江西省科技厅	国际先进水平
46	2022	一种小儿热速清颗粒的检测方法	江西倍肯药业有限公司	Y2101382	国家发明专利	江西省科技厅	
47	2022	一种脱重金属的新橙皮苷的制备方法	江西海富生物工程有限公司	Y2100213	国家发明专利	江西省科技厅	

重点新产品项目

2007—2021 年上高县承担江西省重点新产品项目汇总表

序号	年度	项目名称	承担单位	行业类别
1	2006	新型预防接种多功能操作台	上高县疾控中心	医药
2	2006	新型医药中间体—丝氨醇	江西上高县绿元生化制剂厂	生物、医药
3	2007	综合利用谷壳生产纳米级二氧化硅与活性炭	江西省华德润精细化工厂	化工
4	2007	水滑石-稀土-钙锌无毒复合热稳定剂	江西宏远化工有限公司	化工
5	2007	有机-无机纳米杂化阳极材料	江西绿普实业有限公司	化工
6	2007	新型复合酶生物蛋白	江西普润药业有限公司	生物、医药
7	2007	2%绿清灵	江西国丰绿化有限公司	新材料
8	2008	"圣玉龙"牌营养米粉	江西金农米业集团、江西圣龙食品有限公司	轻工、食品
9	2008	高效陶瓷解胶剂	上高县江东非金属化工有限公司	化工
10	2008	氯化聚乙烯	江西省上高县科化实业有限公司	化工
11	2008	纳米氧化铝	江西省华德润精细化工厂	化工
12	2008	100 分学生早餐营养蛋	江西富龙食品有限公司	轻工、食品
13	2009	水性印刷工程技术生产塑料软包装	江西四维印务有限公司	轻工
14	2009	学生营养早餐蛋研制	江西富龙食品有限公司	轻工、食品
15	2010	造纸湿端用高支链阳离子淀粉	上高县三洪精细化工有限公司	化工
16	2010	新型助燃防水瓦楞纸箱	上高县三洪精细化工有限公司	化工
17	2010	食品级脱脂米糠蛋白纤维	江西金农生物科技有限公司	轻工、食品
18	2010	淀粉糖米渣制备食品级蛋白粉	江西金农生物科技有限公司	轻工、食品

续表：

序号	年度	项目名称	承担单位	行业类别
19	2011	微孔低密度PVC发泡木塑专用钙锌无毒复合稳定剂	江西宏远化工有限公司	化工
20	2011	高效脱毛碱性蛋白酶	江西普润药业有限公司	生物、医药
21	2011	利用碎米生产富含分子小肽的酸化乳清粉	江西普润药业有限公司	生物、医药
22	2011	抗联生物杀菌剂	江西普润药业有限公司	生物、医药
23	2011	双歧因子多肽维他口服液	江西普润药业有限公司	生物、医药
24	2011	磷酸法制备活性炭	江西能欣生物科技有限公司	化工
25	2011	40－50丝超薄拉丝铝箔	江西港泰铝塑科技有限公司	冶金、金属
26	2011	双胞胎小猪配合饲料	江西双胞胎实业有限公司	轻工、食品
27	2011	双胞胎膨化猪场乳猪配合饲料	江西双胞胎实业有限公司	轻工、食品
28	2012	双胞胎膨化中猪配合饲料	江西双胞胎实业有限公司	轻工、食品
29	2012	新型酶化工艺精制无反式脂肪酸植脂末	江西长汇食品有限公司	轻工、食品
30	2012	水溶性氟苯尼考	江西普润药业有限公司	医药、生化
31	2012	长效恩诺沙星注射液	江西普润药业有限公司	医药、生化
32	2012	大米淀粉	江西金农生物科技有限公司	轻工、食品、饲料
33	2012	数控车床	江西丰和数控科技有限公司	机械
34	2012	发酵米糠	江西华敏粮油有限公司	轻工、食品、饲料
35	2012	甘油二脂	江西华敏粮油有限公司	轻工、食品、饲料
36	2012	富龙菊花蛋	江西富龙食品有限公司	轻工、食品、饲料
37	2012	香烤鸡爪	江西富龙食品有限公司	轻工、食品、饲料

续表：

序号	年度	项目名称	承担单位	行业类别
38	2012	香辣烤脖	江西富龙食品有限公司	轻工、食品、饲料
39	2012	耐酸性α-淀粉酶	江西普润药业有限公司	医药、生化
40	2012	乳链菌肽	江西普润药业有限公司	医药、生化
41	2012	右旋糖酐	江西普润药业有限公司	医药、生化
42	2012	葡萄糖氧化酶	江西普润药业有限公司	医药、生化
43	2013	美罗培南侧链	江西如益科技发展有限公司	医药、生化
44	2013	多尼培南侧链	江西如益科技发展有限公司	医药、生化
45	2013	比阿培南侧链	江西如益科技发展有限公司	医药、生化
46	2013	5-氨基四氮唑	江西如益科技发展有限公司	医药、生化
47	2013	富硒酵母	江西普润药业有限公司	医药、生化
48	2013	苏云金芽孢杆菌制剂	江西普润药业有限公司	医药、生化
49	2013	高性能电动车用胶体电池	江西新威动力能源科技有限公司	冶金、金属材料
50	2013	无镉内化成电动助力车用铅蓄电池	江西新威动力能源科技有限公司	冶金、金属材料
51	2013	一釜连续分段合成生产钙锌复合稳定剂	江西宏远化工有限公司	化工
52	2013	干混法工艺生产硬脂酸镁	江西宏远化工有限公司	化工
53	2013	微生物发酵鱼饲料	江西正宇生物科技有限公司	轻工、食品、饲料
54	2013	微生物发酵猪饲料	江西正宇生物科技有限公司	轻工、食品、饲料
55	2013	一次性使用避光输液器带针	江西侨明医疗器械有限公司	医药、生化
56	2013	一次性使用静脉留置针	江西侨明医疗器械有限公司	医药、生化
57	2013	一次性使用精密过滤输液器带针	江西侨明医疗器械有限公司	医药、生化

续表：

序号	年度	项目名称	承担单位	行业类别
58	2013	一次性使用自毁式注射器带针	江西侨明医疗器械有限公司	医药、生化
59	2013	一次性使用无菌胰岛素注射器	江西侨明医疗器械有限公司	医药、生化
60	2013	一次性使用流量设定微调式输液器带针	江西侨明医疗器械有限公司	医药、生化
61	2014	立蒸式粮食烘干机	上高县鑫纬业机械设备制造有限公司	机械
62	2014	电磁加热隧道式烘干机	上高县鑫纬业机械设备制造有限公司	机械
63	2014	有机-无机水稻肥	江西桃苑农牧科技有限公司	轻工、食品
64	2014	有机-无机复混肥	江西桃苑农牧科技有限公司	轻工、食品
65	2014	有机-无机蔬菜专用肥	江西桃苑农牧科技有限公司	轻工、食品
66	2014	4-EVF-150A 电动道路车用铅蓄电池	江西新威动力能源科技有限公司	冶金、金属材料
67	2014	3-EVF-200A 电动道路车用铅蓄电池	江西新威动力能源科技有限公司	冶金、金属材料
68	2014	优先浮选工艺精选伴生铜	江西铜业集团七宝山矿业有限公司	冶金、金属材料
69	2014	选矿回收钴精矿	江西铜业集团七宝山矿业有限公司	冶金、金属材料
70	2014	高品质硫精矿选矿	江西铜业集团七宝山矿业有限公司	冶金、金属材料
71	2014	铅碳蓄电池	江西新威动力能源科技有限公司	化工
72	2014	新型胶体电池	江西新威动力能源科技有限公司	化工
73	2014	高导电铅蓄电池	江西新威动力能源科技有限公司	化工

续表：

序号	年度	项目名称	承担单位	行业类别
74	2014	连续固化干燥隧道窑	江西新威动力能源科技有限公司	化工
75	2014	密闭定量间歇化成蓄电池	江西新威动力能源科技有限公司	化工
76	2014	4BS胶体铅蓄电池	江西新威动力能源科技有限公司	化工
77	2014	浓胶体铅蓄电池	江西新威动力能源科技有限公司	化工
78	2015	波形梁钢护栏喷涂养护机	江西固德实业有限公司	机械
79	2015	波形梁钢防撞活动护栏	江西固德实业有限公司	机械
80	2015	饲料脱霉素	江西迈吉生化营养有限公司	轻工、食品、饲料
81	2015	红车轴草提取物	江西海富生物工程有限公司	医药、生化
82	2015	贯叶连翘提取物	江西海富生物工程有限公司	医药、生化
83	2015	椿香草提取物	江西海富生物工程有限公司	医药、生化
84	2015	玫瑰茄提取物	江西海富生物工程有限公司	医药、生化
85	2015	芒果籽提取物	江西海富生物工程有限公司	医药、生化
86	2015	东革阿里提取物	江西海富生物工程有限公司	医药、生化
87	2015	小白菊提取物	江西海富生物工程有限公司	医药、生化
88	2015	越橘提取物	江西海富生物工程有限公司	医药、生化
89	2015	罗汉果提取物	江西海富生物工程有限公司	医药、生化
90	2015	桑叶提取物	江西海富生物工程有限公司	医药、生化
91	2015	霉菌毒素复合处理剂	江西迈吉生化营养有限公司	轻工、食品、饲料

续表：

序号	年度	项目名称	承担单位	行业类别
92	2015	装载机橡胶履带	江西金利隆橡胶履带有限公司	化工
93	2016	醋酸四烯物	江西百思康瑞药业有限公司	医药、生化
94	2016	淡竹叶绿色植物饮料	江西鲜竹露食品科技发展有限公司	轻工、食品
95	2016	无糖型天然淡竹叶绿色植物饮料	江西鲜竹露食品科技发展有限公司	轻工、食品
96	2016	氢化可醋酸酯	江西百思康瑞药业有限公司	医药、生化
97	2016	屈螺酮氧化物	江西百思康瑞药业有限公司	医药、生化
98	2016	依普利酮	江西百思康瑞药业有限公司	医药、生化
99	2016	纯水溶剂分离纯化高含量花青素	江西海富生物工程有限公司	医药、生化
100	2016	纯天然石杉碱甲	江西海富生物工程有限公司	医药、生化
101	2016	稀土钙锌复合热稳定剂	江西宏远化工有限公司	化工
102	2016	轻型农业机械橡胶履带	江西金利隆橡胶履带有限公司	化工
103	2016	雪地车橡胶履带	江西金利隆橡胶履带有限公司	化工
104	2016	一次性使用避光配药用注射器	江西侨明医疗器械有限公司	医药、生化
105	2016	一次性使用精密过滤避光输液器带针	江西侨明医疗器械有限公司	医药、生化
106	2016	一次性使用无邻苯止液精密过滤输液器带针	江西侨明医疗器械有限公司	医药、生化
107	2016	一次性使用雾化器	江西侨明医疗器械有限公司	医药、生化
108	2016	一次性使用子宫颈扩张球囊导管	江西侨明医疗器械有限公司	医药、生化
109	2016	黑金高能量电池	江西新威动力能源科技有限公司	冶金、金属材料

续表：

序号	年度	项目名称	承担单位	行业类别
110	2017	天然绿色蓝莓果冻	上高一直旺农业开发有限公司	轻工、食品
111	2017	2-重氮乙酰乙酸对硝基苄酯	江西如益科技发展有限公司	医药、生化
112	2018	低气味硬脂酸锌	江西宏远化工有限公司	化工
113	2018	高纯度天然宽缨酮	江西海富生物工程有限公司	医药、生化
114	2018	高纯度天然罗汉果苷Ⅴ	江西海富生物工程有限公司	医药、生化
115	2018	高纯度天然新橙皮苷	江西海富生物工程有限公司	医药、生化
116	2018	1-氟-4-甲基-1,4-二氮杂双环(2.2.2)辛烷四氟硼酸盐	江西科宁科技有限公司	化工
117	2019	长寿命强劲动力型铅酸电池	江西新威动力能源科技有限公司	化工
118	2019	铅基石墨烯合金高能蓄电池	江西新威动力能源科技有限公司	化工
119	2019	电磁高频加热粮食连续烘干机	江西省鑫纬业环保设备制造有限公司	机械
120	2019	1-氟环丙烷羧酸	江西科宁科技有限公司	化工
121	2019	低气味硬脂酸钙	江西宏远化工有限公司	化工
122	2019	直接法生产硬脂酸镧	江西宏远化工有限公司	化工
123	2019	新型便捷型腹腔冲吸引流管	江西侨明医疗器械有限公司	医药、生化
124	2019	新型双球囊硅胶子宫颈扩张球囊导管	江西侨明医疗器械有限公司	医药、生化
125	2019	厄他培南侧链	江西如益科技发展有限公司	医药、生化
126	2019	高性能电动三轮车铅蓄电池	江西新威动力能源科技有限公司	轻工、饲料
127	2019	稻壳炭	江西圣牛米业有限公司	轻工、饲料
128	2020	干法硬脂酸钡的制备	江西宏远化工有限公司	化工
129	2020	直接法生产硬脂酸钠	江西宏远化工有限公司	化工

续表：

序号	年度	项目名称	承担单位	行业类别
130	2020	高比能轻量强劲动力电池	江西新威动力能源科技有限公司	轻工、饲料
131	2020	二氟丙二酸二甲酯	江西科宁科技有限公司	化工
132	2020	高强度新型中板瓷片	江西金唯冠建材有限公司	建材、非金属
133	2020	原槽通体云浮石	江西金唯冠建材有限公司	建材、非金属
134	2020	新型轻量化动力电池	江西新威动力能源科技有限公司	轻工、饲料
135	2020	有机无塑化剂99%新橙皮苷	江西海富生物工程有限公司	医药、生化
136	2021	微型旋耕机橡胶履带	江西金利隆橡胶履带股份有限公司	化工
137	2021	耐切割高性能工程橡胶履带组合物	江西金利隆橡胶履带股份有限公司	化工
138	2021	侧入式铝基覆铜板	江西铭强新材料科技有限公司	冶金、金属材料
139	2021	N-氟代双苯磺酰胺	江西科宁科技有限公司	化工

省级以上科技计划项目

上高县2006—2022年立项承担省级以上科技计划项目表

序号	立项年度	项目名称	承担单位	项目类别
1	2006	科技特派员示范基地建设	上高县科技局	国家星火计划重点项目
2	2006	新型医药中间体—丝氨醇	江西上高县绿元生化制剂厂	省星火计划

续表：

序号	立项年度	项目名称	承担单位	项目类别
3	2006	上高绿色稻米标准化生产技术集成与示范项目	上高县科技局	省山江湖计划
4	2006	国家粮食丰产科技工程项目	上高县科技局、上高县农业局	国家粮食丰产科技工程项目江西专项
5	2007	集约化生猪养殖污染综合防治	江西省上高县外贸良种猪场	国家星火计划
6	2007	水滑石-稀土-钙锌无毒复合热稳定剂	江西宏远化工有限公司	省创新基金
7	2007	聚苯胺插层改性二氧化锰锂阳极原材料	江西绿普科技有限公司	省创新基金
8	2007	集约化生猪养殖污染综合防治	江西省上高县外贸良种猪场	省星火计划
9	2008	水滑石-稀土-钙锌无毒复合热稳定剂	江西宏远化工有限公司	国家创新基金创新项目
10	2008	聚苯胺插层改性二氧化锰锂阳极原材料	江西绿普科技有限公司	国家创新基金创新项目
11	2008	生物质能（稻壳）发电	江西圣牛米业有限公司	省节能减排
12	2009	本草调配蛋制品生产技术中试	江西富龙食品有限公司	国家农转资金
13	2009	新型复合酶生物蛋白	江西普润药业有限公司	国家创新基金
14	2009	2-吡啶甲醇合成新工艺	江西合达科技实业有限公司	国家创新基金
15	2009	"上高鳙"生态健康养殖技术	上高县渔业合作社	省星火计划

续表：

序号	立项年度	项目名称	承担单位	项目类别
16	2010	水性工程技术生产塑料软包装	江西四维印务有限公司	国家创新基金
17	2010	10万亩绿色大米产业化关键技术集成与推广	江西金农米业集团有限公司	国家星火
18	2010	"上高鳙"生态健康养殖技术	上高渔业合作社	国家星火
19	2010	节能减排技术示范工程	江西四维印务有限公司	省节能减排
20	2011	面向园区中小企业的公共创新技术服务平台	上高县生产力促进中心	国家创新基金
21	2011	10万亩绿色大米产业化关键技术集成与推广	江西金农米业集团有限公司	国家星火
22	2011	水滑石－稀土－钙锌无毒复合热稳定剂等	江西宏远化工有限公司	省创新基金
23	2011	新型复合酶生物蛋白	江西普润药业有限公司	省创新基金
24	2011	水性工程技术生产塑料软包装	江西四维印务有限公司	省创新基金
25	2011	制糖米渣制备食品级蛋白粉技术开发与推广	江西金农生物科技有限公司	省星火计划
26	2012	利用好氧发酵和厌氧发酵相结合多菌种混合发酵工艺制备高效湿基生物活性制品	江西普润药业有限公司	国家创新基金
27	2012	新型酶化工艺精制无反式脂肪酸植脂末	江西长汇食品有限公司	国家创新基金

续表：

序号	立项年度	项目名称	承担单位	项目类别
28	2012	"甘油-单甘脂-米糠油"体系高效制备甘油二脂中试	江西华敏粮油有限公司	国家创新基金
29	2012	造纸湿端用高支链阳离子淀粉	上高县三洪精细化工有限公司	国家创新基金
30	2012	磷酸法制备活性炭	江西能欣生物科技有限公司	国家创新基金
31	2012	厚朴有效成分（原朴酚,和原朴酚）的提取分离	江西海富生物工程有限公司	国家创新基金
32	2012	面向园区中小企业的公共创新技术服务平台	上高县生产力促进中心	国家创新基金
33	2012	淀粉糖米渣制备食品级大米蛋白技术中试	江西金农生物科技有限公司	市"六个一工程"重大项目
34	2013	淀粉糖米渣制备食品级蛋白粉技术中试	江西金农生物科技有限公司	国家农转资金
35	2013	耐磨损、耐腐蚀的PVC双面地垫	江西瑞特塑胶工业有限公司	国家创新基金
36	2013	高效新型、低成本、有机-无机复混肥	江西桃苑农牧科技有限公司	国家创新基金
37	2013	生猪标注化养猪及深加工技术集成示范与产业化	江西富龙食品有限公司	省富民强县
38	2013	高效新型、低成本、有机-无机复混肥	江西桃苑农牧科技有限公司	省创新基金
39	2013	功能性乳猪料的产品升级	江西双胞胎实业有限公司	省农业支撑
40	2013	野生松乳菇半人工培育示范	江西神山湖观光农业发展有限公司	省星火计划

续表：

序号	立项年度	项目名称	承担单位	项目类别
41	2014	一种新型高速精密平面磨床	江西丰和数控科技有限公司	国家创新基金创新项目
42	2014	高产杂交晚稻新组合汕优306良种繁育	江西金惠种业有限公司	国家创新基金创新项目
43	2014	中小微企业产品试验及检测公共服务平台	上高县技术市场开发中心	国家创新基金服务项目
44	2014	农副产品技术转移及公共检测服务平台建设	江西金农生物科技有限公司	国家创新基金服务项目
45	2014	一种大米蛋白酸奶及其制备方法的产业化示范与推广	江西金农生物科技有限公司	省发明专利产业化技术示范
46	2014	绿色大米深加工关键技术集成	上高县知识产权局	省知识产权富民强县专项
47	2014	电动助力车用铅酸蓄电池清洁生产技术的示范	江西新威动力能源科技有限公司	省节能减排科技示范工程
48	2015	江西省稻米综合利用工程技术研究中心	江西金农米业集团有限公司	省企业技术创新基地专项资金
49	2015	皇竹草优良品种引种、栽培技术推广及开发应用	江西上高利丰牧业有限公司	省星火计划重点项目
50	2015	高效节能电磁立蒸式粮食烘干机的设计研发	江西省鑫纬业环保设备制造有限公司	宜春市"六个一工程"重大专项
51	2016	一种罗汉果甜苷V提取新技术开发应用	江西海富生物工程有限公司	省科技型中小企业创新基金
52	2016	绿色稻米生产加工流通全产业链检验检测体系及质量溯源系统的关键技术研究与示范	江西金农米业集团有限公司	省重点研发农业领域重大项目

续表：

序号	立项年度	项目名称	承担单位	项目类别
53	2016	上高县田北村生态文明科技示范基地建设	上高县田北实业有限公司	省重点研发社发领域生态文明示范基地
54	2016	旋风除尘技术在植脂末喷雾干燥中的开发应用	江西长汇食品有限公司	市"六个一工程"重大专项
55	2016	稻米及其副产品加工节能技术的示范	江西金农米业集团有限公司	省重点研发社发领域节能减排科技示范企业
56	2016	省科技特派团富民强县专项	上高县科技局	
57	2017	多芽重楼的仿野生化种植技术产业化示范	江西省鑫隆农业发展有限公司	省发明专利产业化技术示范
58	2017	轻型农业机械橡胶履带生产节能降耗技术示范	江西金利隆橡胶履带有限公司	省技术创新引导示范类
59	2017	上高蒙山猪标准化养殖与污粪循环利用技术的推广	江西锦旺农牧开发有限公司	省技术创新引导示范类
60	2017	绿万佳功能农业星创天地	江西绿万佳种养专业合作社	国家星创天地
61	2017	新型医药中间体生产中废气与滤渣资源化回收处理技术示范	江西如益科技发展有限公司	省技术创新引导示范类
62	2017	稻壳气化发电综合利用技术示范	江西圣牛米业有限公司	省技术创新引导示范类
63	2017	田北村生态文明基础设施和公共服务设施配置优化技术示范	上高县田北实业有限公司	中央引导资金
64	2017	儿童健康安全肉松食品加工关键技术研究	江西富龙食品有限公司	省重点研发计划一般项目

续表：

序号	立项年度	项目名称	承担单位	项目类别
65	2017	绿色大米深加工关键技术集成	上高县知识产权局	省知识产权富民强县专项
66	2017	省研发经费投入后补助	江西新威动力能源科技有限公司	省后补助项目
67	2018	长寿命高性能铅酸动力电池关键技术研究及产业化	江西新威动力能源科技有限公司	省重点研发计划A类
68	2018	无抗低抗饲料生产关键技术研究与应用	江西双胞胎实业有限公司	省重点研发计划A类
69	2018	新型高效降血压药依普利酮合成关键技术研究	江西百思康瑞药业有限公司	省重点研发计划B类
70	2018	高纯度可溶绿色大米蛋白制备关键技术研究及应用	江西金农生物科技有限公司	省重点研发计划B类
71	2018	基于纳米水滑石的无毒高效型复合PVC热稳定剂关键技术研究	江西宏远化工有限公司	重点研发计划C类
72	2018	微生态制剂与酶制剂联用的无抗鸭饲料的研制及产业化	江西深信饲料有限公司	重点研发计划C类
73	2018	高效节能智能化电磁立蒸式粮食烘干机	江西省鑫纬业环保设备制造有限公司	重点研发计划C类
74	2018	"上高鳊"规模化健康绿色养殖关键技术研究	上高县隆信渔业专业合作社	重点研发计划C类
75	2018	江西省橡胶履带工程技术研究中心	江西金利隆橡胶履带有限公司	省科技创新平台——工程技术研究中心
76	2018	江西省石墨烯合金动力电池工程技术研究中心	江西新威动力能源科技有限公司	省科技创新平台——工程技术研究中心
77	2018	江西隆信渔业星创天地能力提升建设	上高县隆信渔业专业合作社	中央引导资金

续表:

序号	立项年度	项目名称	承担单位	项目类别
78	2018	江西隆信渔业星创天地	上高县隆信渔业专业合作社	国家级创新载体配套
79	2018	江西金农高效农业星创天地	江西金农米业集团有限公司	国家级创新载体配套
80	2019	中药材森林康养基地建设关键技术研究及产品开发	江西海富生物工程有限公司	省重点研发计划B类
81	2019	新畜禽粪污无害化处理及资源化利用	江西正宇生物科技有限公司	省重点研发计划C类
82	2019	高性能新型含氟医药中间体1-三氟甲基环丙烷-1-羧酸的合成及应用研究	江西科宁科技有限公司	省重点研发计划C类
83	2019	新型多功能高润滑性氧化聚乙烯蜡的研究和开发	江西宏远化工有限公司	省重点研发计划C类
84	2019	新型绿色环保酶法合成17α-羟基-11酮基黄体酮关键技术研究	江西百思康瑞药业有限公司	省重点研发计划C类
85	2019	江西省天然甜味剂工程技术研究中心	江西海富生物工程有限公司	省科技创新平台-省工程技术研究中心
86	2019	鑫隆中药材产业星创天地	江西省鑫隆农业发展有限公司	中央引导资金-科技创新创业服务机构
87	2019	上高县生产力促进中心科技创新创业服务能力提升建设	上高县生产力促进中心	中央引导资金-科技创新创业服务机构
88	2019	绿万佳功能农业星创天地服务能力提升建设	江西绿万佳种养专业合作社	中央引导资金-科技创新创业服务机构
89	2019	江西金农高效农业星创天地	江西金农米业集团有限公司	省引导市县科技发展专项经费

续表：

序号	立项年度	项目名称	承担单位	项目类别
90	2019	宜春市上高县鑫隆中药材产业星创天地	江西省鑫隆农业发展有限公司	国家级创新载体配套
91	2019	2019年省级创新型县（市、区）——宜春市上高县	上高县科技局	创新型省份建设专项
92	2020	高品质罗汉果种植关键技术开发与扶贫示范推广	江西海富生物工程有限公司	省引导市县科技发展专项经费
93	2020	利用碎米制备高品质大米蛋白质粉的关键技术研究与示范	江西金农米业集团有限公司	省重点研发计划重点项目
94	2020	利用早籼稻米制备高品质大米蛋白粉关键技术研究与产业化示范	江西金农米业集团有限公司	国家重点研发计划"科技助力经济2020"重点专项
95	2020	PVC专用环保化热稳定剂技术研发及产业化	江西宏远化工有限公司	省科技重大专项协同创新体项目
96	2020	N-F类氟化试剂及SF4的合成应用开发研究	江西科宁科技有限公司	省重点研发计划一般项目
97	2020	甜菊糖苷绿色高效提取技术及高值化利用与示范	江西海富生物工程有限公司	省重点研发计划一般项目
98	2020	低气味高热稳性能硬脂酸锌的研究与开发	江西宏远化工有限公司	省重点研发计划一般项目
99	2020	高安全、高比能量聚合物锂离子电池关键技术研发与示范	江西格林德能源有限公司	省引导市县科技发展专项经费
100	2021	农业废弃物热解气化高效发电关键技术研究与应用	江西圣牛米业有限公司	省重点研发计划——一般项目

续表：

序号	立项年度	项目名称	承担单位	项目类别
101	2021	高能量密度聚合物锂离子电芯技术研发及应用	江西格林德能源有限公司	省重点研发计划一般项目
102	2021	环保型PVC的热稳定剂硬脂酸镧的研究与开发	江西宏远化工有限公司	省重点研发计划一般项目
103	2021	罗汉果活性成分提取分离及其零卡甜终端产品开发研究与示范	江西海富生物工程有限公司	省重点研发计划一般项目
104	2021	道地中药材石菖蒲种苗快速繁育及规范化栽培关键技术研究	江西省鑫隆农业发展有限公司	省重点研发计划一般项目
105	2021	克拉霉素混悬颗粒制备关键技术研发及应用	江西鸿烁制药有限责任公司	省重点研发计划一般项目
106	2021	高品质植物蛋白饮料专用大米蛋白关键技术研究	江西金农米业集团有限公司	省重大科技项目"揭榜挂帅"企业重大技术需求项目
107	2021	基于谷壳循环利用的水稻阻镉富硒关键技术研发	江西圣牛米业有限公司	省重大科技项目"揭榜挂帅"企业重大技术需求项目
108	2021	紧缺中药材石菖蒲种苗繁育及其产业化关键技术研究	江西省鑫隆农业发展有限公司	市重大科技项目"揭榜挂帅"企业重大技术需求项目
109	2022	农作物高值化提取制备植脂末关键技术及饮品低糖低脂产业化应用	江西长汇食品有限公司	省引导市县科技发展专项经费

国家高新技术和创新型企业

2011—2022年,全县被认定的国家高新技术企业共有84家。

2010—2022年,上高被认定的创新型企业共有14家。2022年认定入库国家科技型中小企业12家。

专利申请和授权情况

2008—2022年全县累计申请专利3826项(发明217项,实用1196项),累计授权专利2020项(发明53项,实用635项)。

教育

幼儿园

县幼儿园 创办于1952年。1956年停办,1957年复办,1958年改称敖阳镇幼儿园,1960年更名机关保育院,1966年秋停办。1973年春复办,更名为上高县幼儿园。2013年在工农路15号开办分园。2022年,在园幼儿927人,教学班25个,教职工125人,校园占地面积9153平方米,校舍建筑面积7937平方米。园址:青年路1号。

县第二幼儿园 全日制公办幼儿园。创办于2017年9月。2022年在园幼儿486人,教学班16个,教职工75人。校园占地面积7099平方米,校舍建筑面积4300平方米。园址:锦绣西路。

县第三幼儿园 全日制公办幼儿园,创办于2022年1月。校园占地面积7218平方米,校舍建筑面积5284平方米。2022年在园幼儿489人,有教学班13个,教职工70人。园址:工农路与东风路交汇处。

县第四幼儿园 创办于2020年,前身为上高县商业局幼儿园,2020年8月由县政府收购,转为全日制公办幼儿园,更名上高县第四幼儿园。2022年,在园幼儿825人,有教学班24个,教职工95人,校园占地面积6000平方米,校舍建筑面积5021平方米。园址:和平路15号。

县第五幼儿园 创办于2020年,其前身为民办敖阳实验幼儿园,2020年县政府收购后改为全日制公办幼儿园,更名为上高县第五幼儿园。2022年在园幼儿884人,教学班22个,教职工94人。校园占地面积6455平方米,校舍建筑面积6754平方米。园址:兰家大道中段。

县第六幼儿园 创办于2020年,其前身为民办黄金国际幼稚园。2020年,县政府收购后改为全日制公办幼儿园,更名为上高县第六幼儿园。2022年在园幼儿445人,有教学班15个,教职工61人。校园占地面积6218.96平方米,校舍建筑面积3344平方米。地址:友谊广场对面。

县第八幼儿园 创办于2020年,是一所由政府投资建立的全日制公办幼儿园。创办时名为锦阳小学附属幼儿园,2021 年更名为上高县第八幼儿园。2022 年在园幼儿 494 人,有教学班 12 个,教职工 67 人,校园占地面积 4848 平方米,校舍建筑面积 5200 平方米。园址:锦阳大道。

县第九幼儿园　创办于 2021 年,是政府投资建立的一所全日制公办幼儿园。2022 年在园幼儿 242 人,设教学班 8 个,教职工 35 人。校园占地面积 6666.67 平方米,校舍建筑面积 4100 平方米。园址:上高县锦江镇环城西路。

县第十一幼儿园　是由锦江镇政府投资建立的一所全日制公办幼儿园,2022 年在园幼儿 134 人,教职工 20 人,校园占地面积 7387 平方米,校舍面积 365 平方米。园址:锦盛路。

县红太阳艺术幼儿园　是一所全日制民办幼儿园。2003 年开工建设,2004 年竣工。2022 年在园幼儿 321 人,教学班 11 个,教职工 39 人。园址:兰家大道(原称兰桥路 31 号)。

泗溪镇中心幼儿园　创办于 2020 年,是全日制公办幼儿园,校园占地面积 3961 平方米,校舍建筑面积 4140 平方米。2022 年在园幼儿 200 人,设教学班 7 个,教职工 17 人。园址:泗溪镇泗官路 1 号。

敖山镇中心幼儿园　创办于 2021 年,是镇政府投资 750 万元建成的一所全日制公办幼儿园,校园占地面积 6500 平方米,校舍建筑面积 3000 平方米。2022 年在园幼儿 76 人,有教学班 3 个,教职工 9 人。园址:敖山镇人民政府左侧。

野市乡中心幼儿园　乡镇公办中心幼儿园,于 2020 年秋季开始招生。因地处城乡接合部,户籍人口比较少,生源少,近年来每学年招收幼儿不到 10 人,共有 2 名专任教师。园址:野市中心小学内。

锦江镇中心幼儿园　创办于 2017 年,原为公办民营,2020 年 9 月转为公办幼儿园。2022 年设教学班 12 个,在园幼儿 313 人,教职工 51 人。校园占地面积 6700 平方米,校舍建筑面积 2431 平方米。园址:锦江锦河村刘家桥路。

塔下乡中心幼儿园　创办于 2006 年,乡镇公办中心幼儿园。占地面积 1582.8 平方米,室外游戏场地面积 1073.8 平方米,规划学位数为 30 人。2022—2023 学年开设 1 个教学班,幼儿人数为 22 人,教师 2 名,保育员 1 名。园址:塔下乡中心小学校校内。

上甘山中心幼儿园　乡镇公办中心幼儿园。创办于 1968 年,占地面积 710 平方米,2022—2023 学年开设 1 个教学班,幼儿人数 7 人,教师 1 人,保育员 1 人,教职工总数 6 人。园址:上甘山中心小学旁。

新界埠镇中心幼儿园　全日制公办幼儿园。创办于 2021 年。2022 年,在园幼儿 124 人,教学班 4 个,教职工 6

人。校园占地面积2100平方米,校舍建筑面积3194平方米。园址:新界埠中心小学校内。

蒙山镇中心幼儿园　乡镇公办中心幼儿园。2022—2023学年开设1个教学班,幼儿人数为16人,教职工共5名。于2020年春季开园。占地面积约300平方米,园址:蒙山镇中心学校内。

南港镇中心幼儿园　创办于2016年,创办时为私人承包,2018年改为全日制公办幼儿园。2022年在园幼儿80人,教学班3个,校园占地面积2200平方米,校舍建筑面积2700平方米。

翰堂镇中心幼儿园　创办于2016年。占地面积2000平方米,校舍占地面积7117平方米。2022年在园幼儿184人,有教学班7个,教职工17人。园址:翰堂集镇。

芦洲乡中心幼儿园　创办于2020年,前身为民办红太阳艺术幼儿园。2020年乡政府出资收购,由民办转为公办,更名为芦洲乡中心幼儿园。2022年,在园幼儿183人,教学班7个,教职工18人。校园占地面积3200平方米,校舍建筑面积600平方米。园址:芦洲乡集镇秉恬路。

徐家渡远航中心幼儿园　创办于2019年8月,校园占地面积8600平方米,建筑面积1034平方米,是一所全日制公办幼儿园,由镇中心小学负责管理。2022年在园幼儿98人,设教学班4个,教职工6人。园址:徐家渡镇中心小学校内。

墨山乡中心幼儿园　创办于2020年,附设在墨山中心小学校内,2022年在园幼儿97人,教学班5个,教职工10人。

田心镇中心幼儿园　创办于2016年,由镇政府新建,2016年至2019年实行公建民营,2020年转为公办。2022年在园幼儿201人,设教学班11个,教职工34人,校园占地面积5600平方米,校舍建筑面积3156平方米。园址:田心工业大道。

镇渡乡中心幼儿园　全日制公办幼儿园。创办于2018年。校园占地面积4533平方米,校舍建筑面积2051平方米。2022年在园幼儿156人,教学班5个,教职工26人。园址:镇渡乡镇南村。

小学

实验小学　创办于1903年,前身为敖峰高等小学堂。1912年改称公立敖峰高等小学校。1922年改为县立小学。1950年更名城厢区敖阳完全小学,1955年更名为敖阳小学。1963年更名为实验小学。1967年更名为东方红小学。1984年8月复名为实验小学。2009年,江专子弟小学并入。2021年8月在县城河南胜利路95号设实验小学河南校区。2022年在校学生3554人,设教学班71个,教职工192

人。校园占地面积75824平方米,校舍建筑面积39623平方米,有教室114间,其中网络多媒体教室112间。地址:建设北路1号。

向阳小学 创办于1950年,前身为清末私立敦幼小学堂,1950年改设公办小学,更名为敖阳完全小学第二分校。1960年改称敖阳第二小学,1966年更名为向阳小学,1976年增设初中,更名向阳中小学,1979年更名为上高第三中学。1984年小学部与初中部分开命名,初中部仍称上高三中,小学部改名为河南小学,实行两块牌子一套人马。1987年,初中部与小学部剥离,上高三中迁入新校区,小学部在原址(解放路19号)。2021年9月,河南小学迁入新校区,学校更名为向阳小学。2022年向阳小学在校学生1918人,设教学班40个,有教职工105人。校园占地面积33203平方米,校舍建筑面积20223平方米,有教室61间,其中网络多媒体教室61间。地址:团结路与发展大道交汇处。

学园路小学 创办于2004年初,为实验小学分部,2014年与实验小学剥离。2022年在校学生1997人,有教学班47个,教师106人。校园占地面积32667平方米,校舍建筑面积16405平方米,有教室69间,其中多媒体教室66间。校址:东风路50号。

镜山小学 创办于2017年。2021年在镜缘路设立分部。2022年在校学生1957人,设教学班45个,有教师105人。学校占地面积35000平方米,校舍建筑面积13395平方米,有教室68间,其中多媒体教室64间。地址:本部设锦绣路;分部设镜缘路。

敖阳小学 创办于1968年,时名敖山小学,1984年更名为敖阳镇中心小学。1997年更名为逸夫小学。2005年更名为敖阳小学。2022年,在校学生2775人,设教学班52个,共有教职工130人。校园占地面积35181平方米,校舍建筑面积15758平方米,有教室82间,其中网络多媒体教室82间。校址:建设南路17号。

锦阳小学 创办于2019年8月。2022年校园占地面积34780平方米,校建筑面积14738平方米,有教室62间,其中网络多媒体教室62间。在校学生1568人,设教学班36个,教职工107人。地址:锦宁路。

青阳小学 创办于2020年。2022年学校在校学生1568人,教学班36个,教职工84人。校园占地面积19959平方米,校舍建筑面积11190平方米,有教室47间,其中网络多媒体教室47间。地址:县城河南兴业路。

正德小学 创办于2022年,前身为2006年创办的民办外国语学校。2022年8月民办外国语学校被上高县人民政府收购,由民办转为公办。其小学部改名为正德学校。2022年，在校生1404人，有教学班34个，教职员工85人，校园占地面积23823平方米，校舍建筑面积21101平方米，有教室46间，其中网络多媒体教室36间。地址：学园路88号。

特殊教育学校 创办于1987年10月，前身为特殊教育班（启音教学班），专招聋哑儿童，附设在敖阳小学内。1989年迁址学园路242号，更名为上高县聋哑学校，学制8年。1996年5月学校更名为上高县特殊教育学校。2000年学制由八年制改为九年制，实施九年义务教育。2009年迁新校区。2022年在校学生177人，其中听力残疾9人，智力残疾136人，多重残疾32人。专任教师15人。校园占地面积10000平方米，校舍面积3587平方米。从2014年8月起，县残联开始承担智障儿童康复训练，包括康复课程、康复计划、康复评估、建立档案、培训康复师资等方面的工作。2022年，有专业康复教师15名，招收训练康复对象17名，已康复训练儿童共计90余名。地址：县城工农巷115号。

华美实验学校（小学部） 创办于2019年9月，是九年一贯制民办学校。2022年，在校初中及小学生2188人，教学班50个，教职工139人。校园占地面积81515.9平方米，校舍建筑面积46696平方米。地址：滨江中路。

泗溪镇中心小学 前身为泗溪私塾，1941年改为泗溪国民学校，1949年更名为泗溪完全小学，1986年更名为泗溪中心小学，1997年泗溪撤乡建镇，1998年学校更名为泗溪镇中心小学。2022年在校学生1876人，有教学班46个，校园占地面积47617平方米，校舍建筑面积17886平方米，有教室69间，其中网络多媒体教室55间。地址：泗溪镇泗官路1号。

敖山镇中心小学 创办于1973年，原名为敖山华侨农场小学，1987年更名为敖山中心小学，2008年敖山撤场设镇后，学校更名为敖山镇中心小学。2022年在校学生350人，教学班12个，教职工21人。校园占地面积29997平方米，校舍建筑面积7292平方米，有教室22间，其中网络多媒体教室16间。地址：敖山镇廖家。

野市乡中心小学 创办于1964年，前身为野市小学，1986年改建乡中心小学，更名为野市乡中心小学。2022年，学校在校学生141人，教学班6个，教师17人。校园占地面积12020平方米，校舍建筑面积5234平方米，有教室14间，其中网络多媒体教室13间。地址：野市集镇。

锦江镇中心小学 创办于1986年，前身为锦河小学，1986年改称锦江中心小学，1997年锦江撤乡建镇后更名为锦江镇中心小学。2022年在校学生 825 人,教学班 22 个,教职工 58 人。校园占地面积 24530 平方米,校舍建筑面积 9959 平方米,有教室 41 间,其中网络多媒体教室 34 间。地址:戏院路。

塔下乡中心小学 创办于 1988 年,前身为田北小学,1988 年更名为塔下中心小学,1992 年校址迁塔下,同年夏家小学并入。2002 年原种场小学并入塔下中心小学,2006 年七宝山子弟学校高年级学生并入。2022 年在校学生 1319 人,有教学班 32 个,教职工 75 人。校园占地面积 13426 平方米,校舍建筑面积 7947 平方米,有教室 57 间,其中网络多媒体教室 41 间。地址:塔下集镇田北路 6 号。

上甘山中心小学 创办于 1968 年,称上甘山职工子弟学校,1972 年改称上甘山林场小学,1984 年改称上甘山小学,1988 年改称上甘山中心小学。2022 年,在校学生 82 人,教学班 6 个,教职工 9 人。校园占地面积 8690 平方米,校舍建筑面积 4242 平方米,有教室 6 间,其中网络多媒体教室 6 间。地址:上甘山林场场部附近。

新界埠镇中心小学 1942 年创办,原名界埠中心国民学校,1949 年更名为界埠完全小学,1970 年增办初中,更名为界埠中小学,1984 年更名为界埠中心小学,2012 年撤乡建镇后改名为新界埠镇中心小学。2022 年在校学生 386 人,设教学班 12 个,有职工 37 人,校园占地面积 35 亩,校舍建筑面积 13498 平方米,有教室 18 间,其中网络多媒体教室 18 间。地址:新界埠集镇。

翰堂镇中心小学 创办于 1953 年,原名翰堂小学,1988 年更名为翰堂中心小学。2000 年翰堂撤乡建镇,2001 年学校更名为翰堂镇中心小学。2002 年学校从集镇搬至新校区。2022 年在校学生 479 人,有教学班 14 个,教职工 32 人。校园面积 20000 平方米,校舍建筑面积 9129 平方米,有教室 24 间,其中网络多媒体教室 20 间。地址:翰堂镇敬老院对面。

芦洲乡中心小学 前身为江口初小,1953 年更名为江口小学,1983 年更名江口中心小学,1984 年随乡名变更,学校更名为芦洲乡中心小学。2022 年在校学生 482 人,有教学班 15 个,教职工 28 人。校园占地面积 19856 平方米,校舍建筑面积 7436 平方米,有教室 26 间,其中网络多媒体教室 21 间。地址:芦洲乡政府后面。

徐家渡镇中心小学 创办于 1934 年,前身为醒民小学。1940 年更名为徐市乡中心国民学校,1957 年设初中班,1959 年撤销初中班。1960 年更名为徐市街道小学,1987 年改称徐家渡中心小学。1992 年徐家渡撤乡建镇,学校更名为为徐家渡镇中心小学。2022 年在校学生 1317 人,有教学班 32

个,教职工84人。校园占地面积40700平方米,校舍建筑面积14898平方米,有教室58间,其中网络多媒体教室41间。地址:徐市集镇功成路。

墨山乡中心小学 创办于1957年,前身为墨山垦殖场子弟小学,1968年更名为墨山五七学校并开办初中班,1972年增设高中部,1978年撤销高中部。1984年,初中、小学分开办学,小学更名为墨山垦殖场职工子弟学校,1988年更名为墨山垦殖场中心小学。1997年思泉铺设镇,1998年学校更名为思泉铺镇中心小学。2003年复名墨山垦殖场中心小学,2019年改称墨山乡中心小学。2022年在校学生647人,设教学班17个,有教职工37人。校园占地面积40626平方,校舍建筑面积9243平方米,有教室27间,其中网络多媒体教室23间。地址:墨山集镇。

田心镇中心小学 创办于1935年,时名私立田心小学。1936年私立志远小学与私立田心小学合并,为第二区中心小学。1940年撤销区中心小学,设立田心乡中心小学,1952年列名为田心小学。1985年更名为田心中心小学。1992年田心撤乡建镇,改名为田心镇中心小学。2022年在校学生966人,有教学班25个,教职工62人。校园占地面积29500平方米,校舍建筑面积13558平方米,有教室37间,其中网络多媒体教室32间。地址:田心集镇希望路。

中学

上高二中 创办于1973年,是一所单设高中学校。创办时校园面积不足50亩,设教学班7个,学生370人,教职工29人。1975年增办初中。1976年外交部"五七"干校人员撤离,其房屋土地划拨上高二中,校园面积扩大到174.12亩。1978年学校升格为江西省重点中学。1995年省教委认定为江西省优秀重点中学。1998年教育资源整合,撤销初中部,保留高中部。2009年、2011年、2019年、2021年获评第三届、第四届、第八届、第九届"中国百强中学"。2022年上高二中在校学生6433人,教学班118个,教职工438人。学校有办公室、教务处、教研处、政教处、高考指导中心、财务室等16个内设机构。校园占地面积151635平方米,校舍建筑面积87160平方米,教室201间,其中网络多媒体教室181间。地址:学园路2号。

上高中学 创办于1922年,前身为县立初级中学,1934年停办,1940年复办。1955年更名为上高中学。1958年增设高中班,建设完全中学。1973年更名为上高县第一中学(简称上高一中)。1992年复称上高中学。1998年高中教育资源整合,重点办好初中,上高二中初中部并入上高中学,上高中学高中部并入上高二中,保留上高中学高中部体育、艺术特长班2个。2004年,被评为江西省重点建设中学,高中办学规模扩大,是年高中在校学生达到1114人,有教学班18个。2008年,经江西省人民政府批准,上高中学升格为江西省重点中学。2022年在校学生4673人,班级90个,教职工329人,校园占地面积146500平方米,校舍建筑面积46145平方米,有教室140间,其中网络多媒体教室136间。地址:沿江西路3号。

上高中等专业学校 简称上高中专,是一所公办全日制普通中等专业学校。学校于1958年创办,时名共产主义劳动大学上高分校,1982年更名为上高县农业职业技术学校。1985年增设上高农民中专,实行两块牌子一套人马。1995年被批准为省级重点职业高中。1998年与上高县工业职业技术学校合并,更名为上高县职业技术学校。2003年,更名为实验中学,实行一校两牌,部分职高学生可实行普高、职高双学籍。2007年被认定为国家级重点中等职业学校。2018年6月,省政府批准更名为上高县中等专业学校。2022年,上高中专在校学生2918人,教职工92人,校园占地面积166823平方米,校舍建筑面积37967平方米。地址:上高大道2号。

上高开放学院 公办成人继续教育高校。学校前身为电大工作站,1982年始招电大班2个。2006年,县教师进修学校设立电大工作站。2012年设立宜春电大上高分校(正科级单位),与教师进修学校合署办公。2022年1月,宜春电大上高分校更名为上高开放学院。地址:上高大道2号教师进修学校内。

上高县教师进修学校 是中小学幼儿园教师的培训机构,也是成人继续教育培训机构。创办于1971年,原名文教局师训班,1978年更名为教育学校。1983年更名为教师进修学校,2001年与职业技术学校合署办公,实行两块牌子一套人马。2008年与职业技术学校剥离。2022年,有教职工11人。校园占地面积2010平方米,校舍建筑面积2280平方米,有教室12间。地址:上高大道2号。

上高三中 创办于1976年,原名向阳中小学,1979年更名上高三中。1984年在锦南征地建设新校区。1987年,与河南小学剥离,搬入新校区并被批准为完全中学。2002年县城高中布局和农村初中布局调整,高中部撤销,原在校高中生转入上高二中。同年,锦江中学并入,2011年塔下中学并入。2022年在校学生2449人,教学班53个,教职工218人。校园占地面积36094平方米,校舍建筑面积21499平方米,有教室66间,其中网络多媒体教室62间。地址:团结路16号。

上高四中 1984年创办,原名敖阳中学,1985年更名为敖阳职业中学。1998年与农民中专合并,更名上高工业职业技术学校。2001年初中部与职业高中部剥离,初中部更名为上高四中。2002年8月敖山中学并入,2004年8月野市中学并入,2007年改为九年一贯制学校。2022年,小学部更名为第四小学。在校学生3785人(小学1891人,初中1894人),教学班84个(小学45个,初中39个),校园占地面积初中48981平方米,小学39376平方米。校舍建筑面积初中16662平方米,小学1129平方米。初中有教室51个,其中网络多媒体教室51个。小学有教室60个,其中网络多媒体教室54个。地址:建设南路5号。

上高五中 2010年8月创办的一所初级中学。2022年学校校园占地面积56540平方米,校舍建筑面积31039平方米,有教室75间,其中多媒体教室58间,有学生2366人,教学班48个,教职工177人。地址:友谊路8号。

锦阳中学 创办于2019年,是县立初级中学,占地面积44316平方米,校舍建筑面积34187平方米,有教室65间,其中网络多媒体教室58间。总投资约1.8亿元。2022年在校学生1952人,教学班40个,教职工146人。地址:锦阳大道3号。

上高七中 2022年由民办转为公办的一所县立初级中学。上高七中前身为2006年创办的民办外国语学校。2022年8月,上高县人民政府收购了外国语学校,由民办转为公办,其初中部更名为上高县第七中学(简称上高七中)。2022年有初中学生1086人,设教学班23个,有教职工82人。学校占地面积16646平方米,校舍建筑面积13283平方米,有教室30间,其中网络多媒体教室30间。地址:学园路88号。

泗溪中学 创办于1958年,前身为泗溪小学初中班,1959年更名为泗溪农业中学,1961年更名为泗溪初级中学,1967年增设高中。1970年更名为泗溪五七中学,1972年恢复原名泗溪中学。1984年高中部改办农技高中,高中部更名为泗溪农业技术高级中学,与泗溪中学实行两块牌子一套人马。1997年8月撤销农技高中。2001年官桥中学并入,2002年良田中学并入。2022年,泗溪中学在校学生1126人,设教学班24个,教职工88人。校园占地面积36805平方米,校舍建筑面积16586平方米,有教室34间,其中网络多媒体教室29间。地址:漳河路92号。

新界埠中学 创办于1968年,原名界埠五七中学,1972年增办高中,更名为界埠中学。1978年撤销高中部,1985年随乡更名,学校更名为新界埠初级中学(简称新界埠中学)。2000年光明中学并入。2022年,在校学生396人,设教学班9个,教职工35人。校园占地面积36483平方米,校舍建筑面积7286平方米。有教室22间,其中网络多媒体教室12间。地址:新界埠镇五州南路13号。

蒙山中心学校 创办于1973年,前身为抗头小学,1985年在水口圩新建中心小学校园,学校迁水口圩,更名为蒙山中心小学。2016年9月蒙山中学(蒙山中学创办于1960年)与中心小学合并更名为蒙山中心学校。2022年,在校学生344人,教学班10个,教职工39人。校舍占地面积20932平方米、校舍建筑面积9217平方米,教室27间,其中网络多媒体教室17间。地址:蒙山集镇蒙新大道2号。

南港中心学校 前身为南港农业中学,于1967年创办,校址设小坪鸟坑。1967年更名为南港五七中学,同年增设高中。1976年校址迁东港圩,学校更名为南港中学。1984年高中部改办农业技术高中,高中部更名为南港农业技术高级中学,初中部仍称南港中学,实行两块牌子一套人马。1991年撤销南港农业技术高级中学,高中部改办普通高中。1996年撤销高中部。2004年大庙中学并入,2005年南港中心小学并入,学校更名为南港中心学校,成为九年一贯制学校。2022年占地面积31716平方米,校舍建筑面积13755平方米,有教室30间,其中网络多媒体教室16间。在校学生430人,教学班9个,教职工45人。地址:南港东港圩。

翰堂中学 1958年创办,原名翰堂农业中学,1965年更名为翰堂初级中学。1972年增设高中,更名为翰堂中学。1978年撤销高中部。2022年学校有教学班10个,在校学生465人,教职工36人。校园占地面积25709平方米,校舍建筑面积8323平方米,有教室20间,其中网络多媒体教室15间。地址:翰堂镇政府旁。

芦洲中学 创办于1968年,原名为江口初级中学。1971年增设高中班更名为江口中学。1978年高中部撤销,1985年更名为芦洲中学。2022年在校学生376人,教学班9个,教职工30人。校园占地面积20000平方米,校舍建筑面积7405平方米,教室21间,其中网络多媒体教室20间。地址:芦洲集镇秉恬路。

徐市中学 创办于1957年秋,1967年徐市中学与泉港农业中学合并迁址官山,学校更名为官山中学,始办职业高中班。1976年校址迁徐市集镇,更名为徐市中学,增办普通高中。1979年定为县重点中学。1997年撤销高中部,次年东边中学并入。2022年,在校学生820人,教学班17个,教职工66人。校园占地面积4330平方米,校舍建筑面积17026平方米。有教室35间，其中网络多媒体教室28间。地址：徐家渡集镇旺家咀。

田心中学　1957年创办，前身为田心农业中学，1967年更名为田心五七一中，1976年更名为田心一中。1982年高中部更名为田心农业技术高级中学，初中部更名为田心第一初级中学，实行两块牌子一套人马。1997年撤销职业高中部。2003年田心二中并入田心一中，2007年田心三中并入田心一中，学校更名为田心中学。2022年田心中学有教学班18个，在校学生891人，有教职工69人。校园占地面积60804平方米，校舍建筑面积15755平方米，有教室24间，其中网络多媒体教室24间。地址：田心老虎形。

镇渡中心学校　创办于1965年，原名为镇渡农业中学，校址设金家屋，1967年迁镇北堖背。1974年更名为镇渡中学。2003年镇渡中心小学并入，学校更名为镇渡中心学校，成为九年一贯制学校。2022年在校中小学生702人，其中小学生322人，初中生380人。有教学班18个，初中小学各9个教学班。校园占地面积31035平方米，校舍建筑面积10871平方米，有教室32间，其中网络多媒体教室21间。地址：镇北村堖背。

其他

县青少年校外活动中心　成立于2010年8月，中心位于建设南路17号，负责全县青少年学生校外教育活动，常年开设书法、绘画、舞蹈、棋类、电子琴、乒乓球等十余项特长培训课程，定期开展"圆梦蒲公英"主题公益活动。2021年6月，中心因机构改革并入上高县教育事业服务中心。

文化艺术

文化机构

县图书馆　全国一级图书馆，江西省重点古籍保护单位。老馆位于和平路29号，新馆位于锦阳新区正达路与锦阳大道交叉处的文化广场内。创建于1932年，次年撤销。1940年初恢复。1950年1月人民教育馆成立，年底改称文化馆。1978年单独建制，正式命名为上高县图书馆，面积1500平方米。2022年新馆正式投入使用，总面积5477平方米，共分4层20多个功能区，在新馆内自建了馆藏光盘数据库和馆藏古籍目录数据库，建成乡镇分馆15个，并建立了图书馆自动化管理系统和信息资源共享支中心。2022年接待读者44.1万人次，累计借阅9.26万册。全年开展阅读推广活动44场，其中展览3场，线上活动28场，线下活动16场。

县文化馆　国家一级文化馆。成立于1950年1月，是专门从事辅导、指导、研究群众文化艺术活动、培训业务骨干和承担全县非物质文化遗产保护工作,为广大人民群众提供公共文化服务的事业机构。建馆初期,馆址设在县城河南下街万寿宫内,1962年迁至县城沿江路34号,1997年搬至县城和平路附2号。新馆位于锦阳新区文化广场内,面积约5000平方米,内设办公室、艺术创作室、培训辅导室、群文活动室、非遗保护室。

县博物馆 国家三级博物馆。成立于1979年1月,原名上高县革命历史纪念馆,1980年12月更名为上高县博物馆。馆藏文物包含陶瓷器、铜器、铁器、金银器、玉石器以及竹木牙角雕、织绣品、书画、古籍、文献和革命文物等诸多类别,目前共有藏品2234件/套。县博物馆主要负责本县境内所有可移动及不可移动文物的保护修复、征集收藏、陈列展览、宣传教育及文物科研活动。已建成的博物馆新馆位于上高县锦阳新区文化广场,与城建馆、文化馆、图书馆相互联动,成为一个融历史传承、博物陈列、规划展示、资料管理、图书阅览等多功能为一体的文化活动中心。

县电影公司 前身为原省电影25队,1954年10月下放上高,后改为县电影事业管理站,1980年更名为县电影发行放映公司,原隶属于县文化局,2009年划转至县广播电影电视局。2021年9月,企业更名为上高县众乐数字电影放映有限公司(简称县电影公司)。2022年1月与县电影院合并。主要职能是负责全县农村公益电影放映和全县中小学生爱国主义教育电影放映。

县文演公司(县采茶剧团) 前身是1955年6月成立的县地方剧团,1970年更名为上高县文艺工作队,1977年改成上高县剧团。1992年撤销上高剧团,成立上高县文化艺术服务公司,属差额拨款事业单位的文艺团体,2001年改为自收自支事业单位。2005年重组上高县文工团。2012年文工团转企改制后,成立上高县文工团演艺有限责任公司(简称县文演公司)。2019年12月新增上高县采茶剧团有限责任公司(简称县采茶剧团),为两块牌子一套人马。

县文演公司现有在职人员34位,国家三级演员2名、三级演奏员1名、四级演员10名。2006—2018年连续12年赴上海浦东新区巡演230多场,创作排演系列红色歌舞和浓郁江西特色的风情歌舞。县文演公司和采茶剧团还积极开展送戏下乡活动,每年演出100多场,累计观众68多万人次。广场文艺演出200多场,观众30多万人次。2019年,县文演公司为发展上高的地方戏曲,改编、复排、移植一大批传统经典剧目,满足当地群众的需求。2021年6月为建党100周年创编本土革命题材采茶戏《傅学祥》,填补了上高县近40年来原创戏曲的空白。

业余演出团体

春英戏曲艺术团　成立于2017年6月,主要从事高安采茶戏的演出,属民营性质,乐队有主胡、司鼓二位属三级演奏师。五年来,该团面向农村演出200余场次,受到群众的普通好评。

采茶戏艺术团　以原上高地方剧团的老艺人为骨干,于2008年元月成立,各机关事业单位的退休同志为其主体。十多年来,艺术团以表演上高地方采茶戏为主,现代歌舞、现代戏等为辅,排演了大型古装戏十多出,歌舞小戏20多个,在城镇、乡村演出120余场(次),观众人数达3万多人次。

桂第艺术团　是一家民间艺术团,成立于2016年,团员有80多人,是上高规模较大的民间艺术团体。以合唱、旗袍秀、小品、歌舞、戏曲、葫芦丝、萨克斯、二胡、小提琴等表演形式为主。2018年代表上高县参加全省举办的改革开放40周年村歌大赛合唱组的比赛获得三等奖。

翰堂剧团　于2017年7月6日由翰堂村委会牵头成立,由村委会提供排练场所和人力、物力、财力等方面支持。目前翰堂剧团有人员22人,投入资金15万多元。2017年11月23日,参加上高县第二届戏剧文化艺术节。翰堂剧团已排练大型高安采茶戏《泪洒相思地》《文武状元》《双玉蝉》等10多部戏,共演出93场,丰富了乡村群众的文化生活。

葫芦丝协会　上高县葫芦丝协会是县文联下属的民间文艺协会,成立于2021年,现有演职人员38人。

职工艺术团　职工艺术团于2018年10月17日成立,有团员61人,现有歌咏、舞蹈、器乐、戏曲、旗袍秀五个专业队伍。

文学艺术创作

小说创作　《奇兵》,杜青著,2009年深圳海天出版社出版。

《上高会战》,杜青著,2012年重庆出版社出版。

《无援》,杜青著,2012年百花洲文艺出版社出版。

《终极士兵》,杜青著,2012年凤凰出版社出版。

《决战上高》,杜青著,2012年长江文艺出版社出版。

《毛崽》,李晓忠著,2013年中国文化出版社出版。

散文、诗歌创作　《活着,就是见证——上高会战亲历者口述历史》,杜青著,2015年江西人民出版社出版。

《诗词选集》,陈德金著,2014年中国文联出版社出版。

其他文艺创作　《古邑望蔡是沧桑——上高五千年掠影》,袁长生著,2014年江西高校出版社出版。

《田野风——上高县农民摄影艺术作品选》,游泳编,1998年中国摄影出版社出版。

获奖文学艺术作品(2005—2022年)

影视类
省部级

作者	作品	奖项	颁奖单位	获奖年度
上高县广视无界文化传媒有限公司	《我的上高》	第十六届电影频道电影百合奖优秀故事片一等奖	国家新闻出版广电总局电影卫星频道节目制作中心	2017

文学类
省部级

作者	作品	奖项	颁奖单位	获奖年度
杜青	《活着,就是见证》	第三届江西省文学艺术奖	江西省委、江西省人民政府	2020
杜青	《先烈之血》	入选江西省长篇小说重点扶持工程项目	江西省作家协会	2015
杜青	《活着,就是见证》	2015年度"十大赣版好书"	江西日报社	2016
黄桂莲	《姐姐家的三次上梁》	"纪念改革开放40年"征文奖	省作家协会	2018

戏曲、小品类
国家级

作者	作品	奖项	颁奖单位	获奖年度
晏国莲	《把城里妹妹娶回家》	第十届中国艺术节"群星奖"	文化部	2013

省部级

作者	作品	奖项	颁奖单位	获奖年度
朱诗勇 杜　青	《一窖红薯》	2016年江西省舞台艺术优秀创意奖	江西省委宣传部	2016
晏国莲 李卫民 晏学贵 刘鹏凯	《二愣返乡》	华东六省一市戏剧小品大赛银奖	华东六省一市戏剧小品大赛组委会、上海市文化广播影视管理局	2012

歌曲类

国家级

作者	作品	奖项	颁奖单位	获奖年度
胡　琳	《我给爷爷当拐杖》	全国童谣优秀奖	中央文明办、中国文学艺术界联合会	2018
胡　琳	《神秘的青藏》	《歌曲》杂志新人新作晨钟奖	中国音乐家协会、《歌曲》杂志	2008
胡　琳	《老地方》	第十一届"美丽中国——川音杯全国青年歌词大奖赛"三等奖	中国音乐家协会	2015
张发明	《跑好接力赛》	"庆祝建党百年 唱响新时代——全国高校接力唱"优秀奖	中国教育电视台	2021

省部级

作者	作品	奖项	颁奖单位	获奖年度
胡 琳	《绽放蓝天》	"空军战歌"全国征歌优秀奖	中国人民解放军空军	2021
胡 琳	《舞动精彩》	世界军人运动会歌征歌歌词三等奖	国家体育总局	2018
胡 琳	《初心滚烫》	水利部征歌十佳歌词奖	水利部	2020
姜建新	《深爱着你》	解放军空军飞行战歌征歌活动二等奖	解放军空军	2020
姜建新	《蓝图》	"喜迎二十大 奋进新征程"优秀原创歌曲征集三等奖	江西省文联、江西省音乐家协会	2022
胡 琳	《因为爱着你》	江西原创十大优秀歌曲	江西省委宣传部、江西音乐家协会	2013
胡 琳	《龙腾虎跃共情怀》	第十届少数民族传统体育运动会会歌三等奖	国家体育总局	2015

诗词类
省部级

作者	作品	奖项	颁奖单位	获奖年度
陈德金	《八一赞歌》	"滕王阁杯"中国南昌第九届文学艺术大奖赛诗词一等奖	江西省文联、江西省诗词学会、江西省人文书画院	2013
陈德金	《登滕王阁》	"滕王阁杯"中国南昌第十届文学艺术大奖赛诗词一等奖	江西省文联、江西省诗词学会、江西省人文书画院	2014

舞蹈类
省部级

作者	作品	奖项	颁奖单位	获奖年度
晏国莲	《鸿雁》	江西省首届农民工才艺大赛一等奖	江西省委宣传部、江西省文化厅、南昌市人民政府	2013
晏国莲 李卫民 罗 娜	《故乡的原风景》	江西省第二届农民工才艺大赛一等奖	江西省委宣传部、江西省文旅厅、南昌市人民政府	2016
	《美丽家园》	江西省第二届农民工才艺大赛三等奖		
严萍萍	《书简舞》	改革开放40周年全国广场舞展演江西展区三等奖	江西省委宣传部、江西省文旅厅、江西省体育局	2018

美术类
国家级

作者	作品	奖项	颁奖单位	获奖年度
龚建平	《湾溪古村》	入选首届八大山人全国山水画作品展	中国美术家协会	2015
朱小毛	《浓情是乡愁之忆梦家园》	入选第四届全国中国画展	中国美术家协会	2020
杜文成	《捕》	全国农民书画大赛绘画优秀奖	中国美术家协会、中国书法家协会、文化部、农业部、中国农村经营报社	1988

省部级

作者	作品	奖项	颁奖单位	获奖年度
朱小毛	《官山四景》	江西省第八届山水画展一等奖	江西省文联、江西省美协、江西省美术院	2014
朱小毛	《春江水暖》	江西省公务员美术书法作品展二等奖	江西省文联、江西省美协、江西省美术院	2014
	《苍山云海》《白云深处人家》	江西省公务员美术书法作品展三等奖		
	《冬晖》《黄檗早春》	江西省公务员美术书法作品展优秀作品奖		
魏华安	《溪流汇东江》	庆祝香港回归祖国20周年——东江源·三百山全省美术书法作品展二等奖	江西省美协	2017
黄剑炜	《秋山问道》	纪念井冈山革命根据地创建·秋收起义·八一南昌起义90周年全省美术作品展二等奖	江西省美协	2017
龚建平	《云间翠满》	江西省第六届青年美术作品二等奖	江西省美协	2010
傅光威	《赣鄱青年之抗疫》	"翰墨抒情怀,青春颂百年"艺术作品展二等奖	江西省共青团、江西省文联、江西省美术家协会	2022
黄剑炜	《春山访友图》	江西省第六届青年美术作品展三等奖	江西省美协	2010
黄剑炜	《二候仓庚鸣》	第九届江西省山水作品展三等奖	江西省美协	2017

书法类
国家级

作者	作品	奖项	颁奖单位	获奖年度
钟瑞文	《陈卿云论书十条》	入选全国第十二届书法篆刻展	中国书法家协会	2019

省部级

作者	作品	奖项	颁奖单位	获奖年度
张发明	《汉乐府·长歌行:青青园中葵》	全国中小学书法教育骨干教师优秀作品展评三等奖	教育部国家语言文字委员会	2014
聂正光	《篆体:不忘初心　牢记使命》	江西省残疾人美术书法作品展二等奖	江西省残疾人联合会、江西省文学艺术界联合会	2022
聂正光	《草书:毛泽东律诗》	江西省残疾人美术书法作品展三等奖	江西省残疾人联合会、江西省文学艺术界联合会	2022
黄年婷	《水调歌头·重上井冈山》	江西省残疾人美术书法作品展三等奖	江西省残疾人联合会、江西省文学艺术界联合会	2022

摄影类
国家级

作者	作品	奖项	颁奖单位	获奖年度
游泳	《扶贫攻坚在路上》	入选"庆祝中华人民共和国七十周年摄影大展"	中央宣传部、中国文联、中国摄协	2019
伍自力	《舒心的日子唱出来》	入选"我和我的祖国"摄影、短视频优秀作品展览	中央宣传部、中国文联	2019
邹向荣	《盲人曲艺百年不衰》	中华中遗韵非物质文化遗产全国摄影大赛铜质奖	中国摄影报	2011
胡友树	《茶园春意浓》	全国摄影大赛金奖	中国摄影报、江西省农业厅、凤凰沟风景名胜区	2014
晏晓凤	《数字学习 乐此不疲》	入选"走进上高 遇见美好"全国摄影大展	中国摄影报	2022
钟瑾文	《全家福》	第十五届中国人口文化奖摄影类三等奖	中国人口文化促进会、中国作协	2016
邹向荣	《锁不住的秀色》	入选"美丽宜春"全国摄影大展	中国摄影杂志社	2020
张大庆	《霞染沱江》	第十二届全国当代摄影艺术展优秀奖	中国摄影网	2010
况庆华	《秋日》	庆祝新中国成立60周年全国手机摄影人赛二等奖	中国摄协	2009
况庆华	《历史的车轮》	庆祝新中国成立60周年全国手机摄影大赛优秀奖	中国摄协	2009

省部级

作者	作品	奖项	颁奖单位	获奖年度
李碧东	《花海春意浓》	江西省第二十四届摄影艺术作品展金奖	江西省摄协	2017
付婷婷	《民兵也是兵》	江西省第二十四届摄影艺术作品展银奖	江西省摄协	2017
付宜强	《惠农工程》	入选"镜头聚焦劳动·影像讴歌时代——江西省庆五一优秀摄影作品展"	江西省文联、江西省摄协	2022
邹向荣	《马鞍山下祥云涌》	"铭记历史 幸福上高"全省摄影大赛银质奖	江西省摄协	2015
邹向荣	《盲人曲艺百年不衰》	江西省首届中国民间文化艺术之乡精品联展三等奖	江西省委宣传部、江西省文化厅	2012
况庆华	《上梁接喜》	大众摄影湾里联谊会二等奖	大众摄影杂志社	2015
江水红	《快乐的空巢老人》	大众摄影湾里联谊会二等奖	大众摄影杂志社	2015
邹向荣	《祝福祖国》	"喜迎党的十九大 第二届身边正能量"手机摄影大赛总决赛三等奖	光明日报社	2017
邹向荣	《疫情出行》	庆祝建党100周年"我与新华书店"全国摄影大赛一等奖	中国新华书店协会	2021
邹向荣	《奔向未来》	庆祝建党100周年"我与新华书店"全国摄影大赛二等奖	中国新华书店协会	2021

续表：

获奖作者	作品	奖项	颁奖单位	获奖年度
邹向荣	《醉美印象》	入选"南海之梦"西沙摄影展	江西省摄协	2018
邹向荣	《开心的日子》	纪念建党90周年摄影大赛三等奖	中国风范杂志社	2012
钟瑾文	《身在福中》	天强杯"赣风鄱韵"全省摄影季赛之冬季比赛三等奖	江西省摄协、江西天强数码公司	2016
江水红	《奏响丰收曲》	三等奖	大众摄影杂志社	2014

非物质文化遗产

车马灯　车马灯是一种流行于上高县的传统民俗舞蹈形式，在锣、鼓、二胡乐曲中边演边唱，歌词生动朴素，乐曲优美动听。车马灯流行于田心、徐家渡一带，于正月在乡村晒场或祠堂中演出。车马灯分为车仔灯、马仔灯。车仔灯用木、竹、彩布扎成土车状，由三至五人上场表演。一女子立车中，车上扎假脚，状似坐车，此女持车而行。一丑角于后推车，一小生伴随左右，二丫鬟提花篮随行，边歌边舞，动作滑稽。车仔灯下场后马仔灯上，两灯交替登场。马仔灯用竹篾扎成两节马，辅之以布，绘上色彩，系于表演者前后腰间，两侧用鞍状布片遮掩双脚，表演时数"马"列队奔跑，配以器乐，歌吟小调，交替穿插，跑跳结合。表演者为品貌姣好之少男少女，最少4人，多则不限。

旱船舞　旱船舞流行于新界埠镇的三星村、敖阳街道的五马村、锦江镇的锦河村，其中三星村的表演活动最为经常。该村绝大部分是河南移民，旱船舞便是他们从河南引入。旱船舞的表演一般不单独进行，而是与"狮舞""蚌壳灯"合在一起表演，演出多半在元宵节期间。旱船舞由三人表演，姑娘站在旱船中，船左边是老太婆，右边是船夫，均由男的扮演，分别扮成小旦、老旦、小丑。旱船舞表演的队形以横行为主，舞蹈动作比较简单。主要是"走位置"，且变化不多，走一圈回到场中央唱一曲，唱完又走，走回原处又唱，就这样循环往复，直至十曲终了。旱船舞的音乐除了锣、鼓、钹以外，还有笛子。舞时用锣鼓和之，唱时则以笛子伴奏。其锣鼓节奏比较平稳，强弱起伏不大，曲调悠扬，颇有民歌风味。

排字舞 排字舞是以摆字造型为主的舞蹈,流行于镇渡、田心一带。造型与造型之间利用队形的变换来串联。摆字造型较为严格,要按照一定的顺序和要求,顺序就是按表演者的高、中、矮依次摆字,要求"快、准、稳"。排字舞的摆字内容都为吉祥语,摆一个字唱一曲,舞时不唱,唱时不舞。唱时,用二胡、笛子、唢呐伴奏;舞时,用打击乐伴奏。整个演出气氛时起时伏,令人观后意犹未尽。

麒麟舞 麒麟舞又称麒麟送子,是集体表演的舞蹈,流行于泗溪安塘一带。由4人组成:引麟人、掌麟头人、把麟尾人、麟仔。引麟人与舞麟人的动作必须协调一致,配合默契。整个舞蹈的动作亦由引麟人主导,麒麟是否舞得好,关键在于引麟人。所以引麟人要由技艺熟练、身体健壮、灵活的人担任;其次麒麟的掌头人、把尾人也很重要,他们既要灵活又要劲足。麟仔扮演者要身轻体小,表演时显出天真滑稽的神态,给整个麒麟舞增添一份欢乐轻松的气氛。

上高龙灯 上高龙灯各地制作材料与大小不同,有布龙、纸龙、秆龙三种。布龙用竹、木、黄布扎制,一般龙身为七节。布上画鳞甲为龙形,舞动灵巧,表演翻滚腾挪,配以锣鼓,观者燃炮助兴。春节、元宵及庙会期间均有玩耍,正月进大屋厅堂戏舞,谓之拜年。纸龙头径三尺有余,鼓眼、张口、昂首。腹径二尺左右,腰鼓型,头、腹、尾用饰有彩纸的绳索篾圈相连,长9至13节不等,燃烛其中,透五彩光辉,多为夜间表演。秆龙用稻草、禾秆扎制,长者四五丈,短者三四尺,龙身遍插香火,夜间出游田野,随着手擎火把边走边插路边,游过之处,火光点点,令人神怡。

上高狮灯 狮灯在上高城乡广泛流行。每逢春节等重大节日,都有狮灯参与庆贺。上高狮灯分黄狮与黑狮。黄狮即文狮子,晋代由汝南上蔡移民传入。狮子用竹、木、黄布、丝麻制作,二人舞狮,一人引逗,表演狮子挠痒理毛、翻滚跳跃、登高跌扑,表演者不但要有高超的表演技巧,还要有胆大、心细、沉着、稳重的素质。表演分地面表演和台桌(用农家两到三张八仙桌叠成高台)表演。地面表演的动作有翻滚、跳跃、飞涧、站立(即玩狮头者的双脚踩在玩狮尾者的双肩上)。台桌表演技艺高超,动作惊险,难度较大,钻台、站立、腾跳、飞身一气呵成。玩时配以锣鼓助兴。黑狮与武术表演配合,又称"打灯"。木制狮头,黑布拖地为狮身。一人饰演,与执刀、枪、叉、棍的"猎手"轮番对战,演示武术技艺,表演人降服狮子的情景。

十样景 主要分布在敖阳街道、徐家渡、锦江等地,其中以锦江镇的团结村的表演最为经常,舞得也比较好。据当地老人讲,"十样景"于清初传入上高,至今已有300多年的历史,使用的乐器有唢呐、碰铃、铃铛、小钹、小锣、堂鼓、板鼓、塔塔鼓、竹板、笛子十件乐器,故名"十样景"。

十样景以花鼓戏的曲牌为固定曲调,以唢呐为主演奏,各种乐器伴奏,表演一般不单独进行,而是与"彩莲船""蚌壳灯"合在一起表演,民间多在春节前后,以及新婚、新屋、生子、祝寿、开张、升迁时使用。表演时的队形以横、竖为主,舞蹈动作比较简单,主要是"走位置",且变化不多。走一圈回到场中央再演奏一曲,演奏完后又走,走回原处又演奏,就这样循环反复,直至彩莲船、蚌壳灯同时表演完才结束。

鱼仔灯　鱼仔灯主要分布在田心一带,道具是用纸、篾扎成的鲤鱼、青鱼、乌鱼、虾四种象形灯。此舞由五人表演,四只鱼灯各由一个小孩撑着,另外一个钓者(小丑装束)拿着渔竿、渔网、鱼篓。开始表演时,鲤鱼灯、青鱼灯、乌鱼灯、虾灯、钓者依次进入表演地点(一般是人家的厅堂、祠堂或村庄中央的空地)。进入表演场地后,绕场几圈,作鱼儿摆水状,钓者一边舞动渔竿,一边说词(词是编好固定,内容大多是吉利和诙谐的话)。说时鱼灯不动,每说完一段,乐曲声起,鱼灯走"之"字形,走完后,乐曲止。钓者又说,反复几次,并把鱼依次钓完,最后四只鱼灯和钓者依次排成一字形,并绕场一周走出场外,表演结束。鱼仔灯的表演分为两部分,前一部分反映了鱼虾追逐、鱼儿戏虾的情景,后一部分反映钓者钓鱼、鱼虾上钩的情景。前后两部分通过舞蹈动作与队形变换融为一体。

上高锣鼓戏　在上高流传较广的原始戏曲是锣鼓戏,起源于上高的民间彩灯,初步形成于清代光绪年间。锣鼓戏是一种仅用打击乐器伴奏的演唱艺术,上高惯称"采茶",并有东路采茶和西路采茶之分。东路采茶来自于高安,流行于泗溪、官桥、水口、界埠等地;西路采茶来自于宜春,流行于江南、田心、南港、蒙山等地,均属清末民初传入的民间剧种。二者的声腔曲调,虽然均以高腔加伴唱为主,民间小曲为辅,但因东、西语言音调有差而各有特色。锣鼓戏班虽然人员不多(一般十人左右),但却可唱大量的传本(连台本)戏。

上高喝彩调　彩调歌俗称喝彩,是一种民间在建房、婚嫁、升学、开张、做寿等喜庆活动中用上高方言喝、唱的祝贺词,在上高民歌体系中占有相当大的比例。喝彩中的贺词一般为七字句,也有四、五、十字句,句中偶有衬词,大体押韵,而且要有典故,使祝贺词具有古韵绵长的味道。每个主题可以分成若干节,每一节的句数有多有少,少者四句,多者上百。在形式上,安排一人领喝,众人唱和。领喝者声调视贺词内容分成高腔、平腔、低腔,做到声腔多变,委婉动听。和者虽然只和"好嘞"两字,但声腔变化要紧跟领喝者,把喜庆气氛烘托起来。领喝人在不同场合由不同人员担任,人生喜庆必请德高望重的长者,建房之类则由木匠和泥水的头牌师傅出任。对喝彩人数也没有规定,多多益善。

上高道情 是流行于县域的民间曲艺,形式简便,内容丰富,旋律动听。相传,明初来上高定居的外籍难民中有一批民间艺人,身背竹筒,配一定节奏敲打说唱。这批艺人定居以后,其说唱艺术经十几代人不断的革新改造和传承,清初又与瑞州道情糅合,这便形成后来以板箱二胡为主要乐器,自拉自唱的曲艺形式,既能演唱民间小曲,也能说唱长篇传书的上高道情。其艺术特点是:说唱结合,以唱为主,使用方言,词尾押韵。说时,往往用韵白或念白,通常使用第一人称,模拟不同人物的声调和语态。唱时,可以以唱带说,数板夹腔,加上伴奏,惟妙惟肖。

员山花鼓 公元1200年,南宋开始在蒙山开办银矿,屯兵马湖。于是,在马湖出现了非戏非舞,以打击鼓、锣、嚓等演奏的员山花鼓,曲调既含轻松愉快的民族风,又含军阵慓悍勇猛的格斗风,流行南港及分宜洞村、操场一带,至今已有800多年的历史。

观澜塔的传说 相传很久以前,一条凶恶的黄龙藏在墨山脚下的山谷里。每到春天,便兴风作浪,害得附近的村民鸡犬不宁,纷纷逃往他乡。有一天,大力士李三保路过此地,看到村庄空荡萧条和村民苦不堪言的情景,问明缘由后,决定为村民惩治这一恶龙。在乡亲们的帮助下,李三保与恶龙大战三天三夜,终于把黄龙制服,并把黄龙压在墨山的天烛峰下,使之不能出来继续作恶为害人民。如今,天烛峰下还有一股清澈的泉水终年不竭,据说,这是黄龙吐出的龙涎。自此以后,这里的老百姓过上了安居乐业的好日子。人们为了纪念李三保的功绩,就在墨山脚下的东边村建造了一座三层宝塔,取名观澜塔,民间习惯叫它三保塔。

酱油伢仔的故事 很久以前,上高有个聪明农夫,他以务农为生,为人幽默诙谐、聪明智慧。他常在茶前饭后、劳作之余,把民间生活现象编成笑话和故事,与人取乐。因他好以打白话戏弄财主、恶人,故乡人送绰号酱油伢仔。当地人民群众为宣泄对劣绅财主和恶人的愤懑,便以他为人物原形,并根据他的一些真实事迹,结合大量机智人物故事,以口头形式创作出了酱油伢仔的系列故事,流传民间。

接官亭由来 明正德辛末(1511),聂家岑上人聂琪考中进士,授刑部主事。因在京日久,思念家乡,择日回乡省亲。时值初夏,河水猛涨。聂琪所乘官船逆流而上,船行困难,一众纤夫苦不堪言。聂琪见此情形,叫停船休息,纤夫们感激不尽。但这却苦了上高县衙的一帮老爷。原来,上高县衙听说聂琪要回乡省亲、探准了日期,便在聂家旁的锦河边迎接主事大人的到来。谁知天公不作美,大雨如注,一帮老爷顿时失了平日威严,颇为狼狈,但他们又不敢离开,怕被主事大人责怪。良久,聂琪的船终于到了。聂琪一见这么多官员冒雨等候,颇有歉意,一抱拳,对在场的上高县衙的官员们说:"打扰各位,深感抱歉,请各位到家,酌饮一杯以去寒气,也好留着硬朗的身子,多为上高子民效力。"上高县衙的官员们见聂琪如此通情达理,心下宽慰。后有一位地方官提议,在聂家的丁村,修建一个亭子,一来以示对聂琪的尊重,二来也可以缓解县衙各位的久等之苦。知县大人觉得这是个好主意,便在丁家附近的河堤旁修建了一个亭子,同时还修建了一个靠岸码头,并为这个亭子取名为"接官亭"。现如今的敖山镇接官村由此而名。

太子壁的传说　在上高县南港镇南部,有座1000多米高的蒙山,在这座山中,有从宋庆元六年(1200)起开采了近400年的古银矿遗址。当年银矿调集了瑞、袁、临三府民工和囚徒两三万人常年在此冶银,历经宋、元、明三朝多次开采,先后共达400年之久。如今,在蒙山方圆10千米之地仍然居住着当年矿工的后代,而且有许多关于古银矿的美丽传说。其中流传最广、最富有传奇色彩的是太子壁的故事。此故事取材于上高民间流传的明皇太子与采桑女之间的爱情故事,它倡导求知,崇尚爱情,歌颂生命生生不息的鲜明主题。

端阳副节　据同治《上高县志》载,清嘉庆十六年(1811),端阳节划龙船,斜口李氏与县城严氏的龙船结伙,弄得外地龙船船翻人亡。闹到县衙,县令发出公示:"先抓鲤子(李)后抓严",明令李严两姓端阳节不准在县城锦河中划船。后来斜口李氏选定五月十三关圣帝磨刀的日子,在自家村前的锦江中再闹一个端阳节,久而久之就成了家家都过的端阳副节。凌江位于耶溪水入锦江的河口,河面宽阔。这里的端午节,有时受洪水影响,划不了船,村里的年轻人就选了五月初八划龙舟。这个习惯一出,相邻的宜丰各村庄也跟着一起过,成为一个有特色的地方性节日。后来,人们就把斜口人的五月十三,凌江人的五月初八称作端阳副节。

上高社火　上高社火,是集人物造型、灯彩表演、歌舞器乐一体的民间大型游艺。以徐家渡、田心一带最盛行。每次活动,少则五六百人,多则上千人,出游数十里,持续半月之久。多在正月、中元节及中秋节进行。社火,是一高约三尺的方柜,中竖一根六尺铁棍,顶安座位,遍饰彩纸,选灵秀幼童扮戏剧人物,御于座位之上表演造型,四人抬柜出游,称一架社火。社火一般有24架,多则不限,每驾社火的造型各不雷同。新中国成立后,对旧社火从内容到形式都做了改造,剔除其中的封建迷信糟粕,以扭秧歌、玩龙灯、狮灯、旱船、车马灯、两脚灯,打腰鼓为形式,宣扬当地先进文化和移风易俗事例为多。

肃字迎亲 上高的婚礼习俗中,在迎亲这一天,新郎家要请乐队,召集亲朋好友组成迎亲队伍,再请教书先生或村里德高望重的长老在红纸上写"肃"字,书者边写边念:"一直山河动,横担日月明。左拖星斗见,右撒鬼神惊。普安来到此,诸煞请消停。"写完后贴在木牌上,然后从新郎家出发来到新娘家迎亲。新娘上花轿前要蒙上红盖头,一人高举"肃"牌走在最前面,意为避邪镇恶。鞭炮一响,号角长鸣,锣鼓齐奏,鸣金开道,迎亲和送亲的队伍,呈一字形长龙摆开,队伍彩旗飘扬、浩浩荡荡地向新郎家进发,场面十分壮观。这就是上高的"肃"字迎亲。随着时代的变迁,"肃"字迎亲的内容也在变化。以前"肃"字主要是避邪镇恶,而现在的"肃"字就有了新的寓意:夫家迎亲时,写的"肃"字一竖不出头,意为女方到夫家后不要抛头露面,而要孝顺公婆。而女方在新娘上轿前,要将"肃"字中间的一竖写出头,意为女方到夫家后,要抬头挺胸做人,不要低三下四,做到夫妻和睦,家庭美满。

上高打灯 打灯是上高民间武术表演的一种活动。自古以来,多在春节期间进行,活动在农村乡间。表演队伍人数可多可少,带着刀、枪、棍棒、狮子套具,走村上户,登门拜年,在农家厅堂里,门口小院上,先舞一番狮子,再一个个上场表演拳、刀、枪、棍等十八般武艺,给主人带来新春的祝福。接灯的人家,则燃放爆竹助兴,结束后奉上红包以表谢意。打灯中的舞狮子是武狮子。狮头用木头雕刻,配以竹片竹条扎制而成,除口、腔、眼、唇、舌漆成红色外齿、獠牙、眼珠漆成白色,余皆漆成黑色,头颈部饰以金黄色苎麻丝作为狮毛,颈部以下拖块长条黑布,用金黄色苎麻丝装饰成狮身狮尾。舞狮人都有功夫在身,穿黑衣黑裤黑鞋,裤腿裤脚都饰以麻线状绒毛,表演时,将狮头、狮身套上后就像一头凶猛灵活的雄狮。

榜眼蹄花 界埠桐山村的陈卿云是同治十年(1871)进士。他年幼时拜道光二年(1822)的榜眼郑秉恬为师。陈家每次接待师父时,都要现宰当地的蒙山猪做出红油蹄花。此菜色泽红亮,咸中透甜,肥而不腻,每次都博得郑秉恬的拍手叫绝,留下了"难尽桐山红蹄香"的感叹。由于有二位进士的喜好,红油蹄花就在上高传扬开来,成为上高人家庭团圆、祭宗敬祖、红喜大宴、接待宾朋的主打菜。又因缘出榜眼郑秉恬的喜爱,这个红油蹄花又被叫做"榜眼蹄花"。

做榜眼蹄花,要选一只二到三斤的猪蹄,刮洗干净,上锅闷煮;先武火,后文火,煨至酥烂;起锅后,锅内留适量原汁,加入细盐、豆豉汁、酒酿、葱、蒜、姜等佐料,速炒片刻,浇在盘内蹄花之上即成。榜眼蹄花酥烂香醇,油而不腻,回味悠长,是上高的传统美食之一。

七宝酒酿造技艺 北宋末年,金兵入关,河南上蔡蔡氏酒坊被金兵捣毁,素有"酒神"之称的蔡翁带上祖传酿酒秘方和技艺,南逃至江西古望蔡(今上高县)青阳门外。见此处山形俊美,锦水绕山而流,清澈见底,蔡翁惊喜之至,连呼"好山、好水、好地方,乃酿酒之宝地"。蔡翁带领子弟,在此开坊,重酿绸醪。至元朝末年,天下大乱。明朝开国大臣刘伯温(刘基)任高安县丞时,曾到上高拜曾义山为师,学习五行风水学,因紧邻蔡氏酒坊,常来此小酌。刘伯温发现此酒略有涩味,利用五行风水学,帮蔡氏酒坊在葫芦石旁找到一眼佳泉。用此佳泉酿制的美酒果然没有了涩味,更显醇香,蔡氏酒坊将此泉命名为"伯温泉"。此段佳话在明代诗人杨慎的《杨升庵集》和《上高县志》中均有记载。建国之后,1958年,在葫芦石的后面的"老山"上发现了大量矿藏,含有铁、锌、铜、猛、铅、钴、银等七种金属矿,国家在此设立"七宝山"铁矿,老山也被更命为"七宝山",而葫芦石旁的"伯温泉"也更名为"七宝山泉"。1957年创办的国营上高县酿酒厂,到1983年将生产的饮料酒注册为"七宝"酒系列。"七宝"酒与蔡氏酒坊的生产工艺一脉相承。千年古窖万年糟,沿袭传统秘法中"七法、百日酿"的固态发酵,老窖陈酿古朴工艺,粘泥筑老窖自然筛选料之方法,汲取现代酿酒工业的天然精华混蒸混烧,分段接酒,分级储存之技艺,使独有的赣酒厚味与川酒的香浓浑然一体,酿造出品种繁多的"七宝"大家庭,成为江西浓香型白酒第一窖。

陈宗浊酒酿造技艺 浊酒技艺在元、宋以前遍布全国,元朝自烧酒出现后逐渐衰没。此后陈宗浊酒坊继承浊酒技艺,在上高县域内独自传承。由于生产技艺对操作人的经验值要求度高,对酿酒原料要求严格,曾一度濒临绝境。改革开放后,浊酒才重获生机,重新走进百姓的生活。陈宗浊酒坊所产"智泉浊酒""陈宗古浊酒"是上高县富港村陈氏家族依据古籍《浊酒酿术》所载的秘法,选用当地山涧深脚稻田所产的高秆糯米,加北方高纬度旱地所产的古种燕麦为原料,按谱采撷山野中的本草植物制釉,承袭千年不变的酿艺:先固态发酵酿香、再液态发酵酿酒的二元发酵法进行发酵。

帝缘桂花酒酿造技艺　帝缘桂花酒是由清代一代帝师朱轼的母亲、墓田冷氏集民间手工酿酒技艺和酿酒文化，精心创制的一款优质米酒。相传此酒由清乾隆皇帝亲自赐名"帝缘酒"，随同朱轼及朱母在乡间的美誉广泛传扬而闻名于大半个江西省。如今，江西帝缘食品有限公司秉承一整套独特的酿酒技艺，其生产的桂花风味的糯米酒经生产许可认证为特型黄酒。目前市面上销售的桂花酒多是白酒浸泡或葡萄酒与桂花香精勾兑的桂花酒，唯有帝缘桂花酒是用糯米与桂花一起发酵而成，因而香甜醇厚，营养丰富。

五谷村酒酿造技艺　五谷村酒酿造技艺是以泗溪镇墓田村古法酿制谷酒的技艺为核心传承，同时研究开发出中国药王孙思邈在道家古法《千金要方》中备存的酒、药制备精华，把它运用到五谷村酒的酿造中去，从而形成了五谷村酒特殊的制作技艺，实现了古方古法科学三者的完美结合。五谷村酒酿造技艺大致可分为：制曲—拌料—投曲—摊晾—入窖—发酵—起窖—蒸馏—洞藏—勾兑—灌装—成品等工艺，并通过草本制药、深泉酿制、古法配料、丛林发酵、宣纸蜡封、山涧洞藏、增香提质等重要环节，走出了一条有自己特色的古法酿酒之路。

堆峰青花釉料　堆峰青花釉料，名叫明珠料，又叫石子青，是产自新界埠堆峰的一种矿物质，是青花瓷的釉用颜料之一。明清时期，江西景德镇的青花瓷风靡天下。在景德镇出品的青花瓷上，使用堆峰的石子青放进釉料中，使烧制出来的青花瓷色泽更明亮。所以堆峰石子青一直受到景德镇各窑的青睐。至清朝末年，有200多堆峰人在景德镇从事石子青的经营，他们吃住在一起，形成了一条小街，人称"堆峰街"。石子青上高各地都有，但以堆峰最集中、品质最高，也属堆峰人最识货。后来，堆峰不仅会捡石子青，还学会了冶炼。新中国成立初期成立于南昌的东矿公司，专门冶炼明珠料，该公司的冶炼师傅晏盛源就来自新界埠的堆峰。

社会科学

志书

古县志简介　上高历史上曾纂修县志5次，凡建置沿革、天文地理、礼乐兵刑、田赋水利、物产民情、仕官人物，记载较详，是很有价值的地方文献。但因屡遭战乱，或毁或佚，今县内仅有明嘉靖、清康熙、嘉庆、道光、同治五整部古县志影印本或复抄本。现就历次古县志略作简介：

明嘉靖版《上高县志》。共2卷。明嘉靖甲寅年（1554）由陈廷举、郑廷俊纂修。上高县政协文史委存有复印本。

清康熙版《上高县志》。共6卷。清康熙癸丑年（1673）由刘启泰、李凌汉纂修。上高县政协文史委有影印本。

清嘉庆版《上高县志》。共17卷。清嘉庆辛未年（1811）由刘丙、晏善澄纂修。上高县政协文史委存有影印本。

清道光版《上高县志》。共12卷，外末1卷。清道光癸未年（1823）由林元英、傅祖锡、赵汝舟纂修。现存上高县图书馆。

清同治版《上高县志》。共14卷，外末1卷。清同治庚午年（1870）由冯兰森、陈卿云纂修。上高县图书馆、上高县史志办各存一套。

《上高县志》（1990年版） 新中国成立后上高的首部方志，由县史志编纂委员会编撰，1990年12月由南海出版公司出版并公开发行。该县志为通志，记述范围为上高县行政区域；记述时间上限不定，下限至1985年，由概述、大事记、建置区划、自然地理、人口、农业、畜牧水产、林业、水利、工业、交通邮电、城乡建设、环境保护、经济综合管理、商业、粮油、财政税务、金融保险、政党群团、政权政协、民政劳动人事、公安司法、军事、教育体育、科技、文化、医药、卫生、艺文、人物、社会、方言、附录等部分组成，共28卷123章。

《上高县志》（2016年版） 新中国成立后组织第二次编修的方志。断限为1986—2015年。该志继承志书传统，采用述记、志、传、图、表、录等为记载形式，以志为主，横排竖写，纵横结合，力求文字严谨通畅，语言精干简练、符合行文规范，分章、节、目，按事物性质归类，不受现行部门体系限制。全志共25卷109章，165余万字，由方志出版社公开出版发行。

《上高年鉴（2012—2021年）》《上高年鉴》基本上按照县委、县政府届时为限（原县委、县政府每3年为一届）每届编辑一套。至2005年，已编辑成送审稿的《上高年鉴》有3套，即1986—1992年、1993—1995年、1996—1998年各一套，每套70万字左右，但都没有公开出版发行。1999年至2011年，《上高年鉴》的资料收集、整理和编纂工作处于暂停状态。从2012年开始，《上高年鉴》的资料收集、整理和编纂工作重新启动，且做到了每年一鉴，并公开出版发行。每年的《上高年鉴》70万字左右。至2022年，《上高年鉴》已成功出版11套本。

《上高县地名志》 地方专业志。该书以1983年全县地名普查资料为基础，1984年8月由上高县地名办公室编印，内部出版发行。《上高县地名志》共分五大类编排，即行政区划、居民点，行政、企业事业单位，人工建筑，自然地理实体，纪念地、名胜古迹。地名条目2394条，地名图28幅，照片55

幅以及附录9种,全书40万字。

专业志书 《上高县人民代表大会志》。2009年12月内部出版发行。时间跨度1949年7月至2009年9月,是上高县第一部地方国家权力机关志书,也是一部人民代表大会制度在上高县实施的历史和现状的史料性著述。本志资料真实全面,史实广博厚重,体例严谨完备,是上高县历届人大代表依法履行职权、代表人民利益和意志、参与行使国家权力的光辉篇章。本志采用章、节、目结构,以志为主体,辅以图、表、录,全书共分14章95节。

《上高县政协志》(1981—2009)。2007年6月,县政协第八届五次主席会议决定编修《上高政协志》,至2010年9月历经三年的努力终于成书。本志根据新时期政协工作的特点和要求,注重体现时代的特征、上高的特色和政协的特点,以新的观点、新的方法进行编撰,如实反映历史本来面目,展现事物发展规律,力求做到思想性、科学性、时代性、资料性的有机结合。全书共分12章52节,60余万字。为内部出版资料。

《上高县军事志》。2010年内部出版,为上高县第一部军事志,2005年6月开始编纂。共分9章28节,采用志、述、记、外、图、表、录等体裁,除章节外,有概述、大事记、附录等。本志书断限为上溯不限,下限至2005年12月,重点记述新中国成立以后上高的军事工作历史和现状,做到思想性、科学性、时代性、地方性和资料性的统一。

地方资料 据不完全统计,从1984年以来,上高内部出版的其他出志书还有:《上高县交通志资料汇编》《上高县水利志》《上高县税务志》《上高县教育志》《上高血防志》《上高县人民医院志》《上高县档案志》《上高县政法志》《上高县公安志》《上高县粮食志》《上高县工商志》《上高县物资志》《上高县建设志》《上高县房产志》等。

党史著作

《上高人民革命史》 在收集新中国成立前党的革命斗争历史资料上百万字的基础上编写而成,由南海出版公司1989年12月出版发行。全书分第一次国内革命战争时期(1925年5月至1927年7月)、第二次国内革命战争时期(1927年8月至1937年7月)、抗日战争时期(1937年7月至1945年8月)、解放战争时期(1945年9月至1949年9月)、上高人民革命大事记、上高县烈士英名录及附录等七部分共13.5万字组成。《上高人民革命史》记载了中国共产党上高县第一个支部的创立过程及中共党组织领导上高人民进行革命斗争的历史。

《中国共产党上高县历史大事记(1919—2002)》 收录了1919年5月至2002年10月,中国共产党在上高县的发展历史和中共上高县委及其领导下的政、军、群团等组织贯彻实施党的路线、方针、政策情况,重大政治、经济、文化、军事、外事事件。全书由序、大事记、附录三部分组成,50万字。该书于2003年12月第一次印刷。

《中国共产党上高历史》第一卷(1925—1949) 中共党史出版社2016年1月出版发行。根据中央党史研究室"十二五"规划要求,按照省、市党史部门的部署,2013年12月,上高县史志办正式启动《中国共产党上高历史》(1925—1949)编纂工作。全书约30万字。该书翔实记载了在中国共产党领导下,上高人民前仆后继、艰苦曲折的斗争历程,生动再现了上高共产党人坚贞不屈、英勇献身的历史史实,客观总结了党领导人民进行革命斗争的经验和教训,科学阐述了上高县革命斗争在中共党史中的地位、作用及贡献,热情颂扬了革命先烈和革命前辈的英勇业绩、光辉思想和优良传统。

《中国共产党江西省上高历史》第二卷(1949—1978) 中共党史出版社2020年12月出版发行。2015年7月,上高县史志办启动《中国共产党江西省上高历史》第二卷(1949—1978)编纂工作,全书约30万字。该书以中共中央《关于建国以来党的若干历史问题的决议》和大量真实可靠的档案资料为主要依据,清晰再现了中国共产党上高地方组织的决策、部署、组织领导作用,科学总结了中国共产党在领导上高人民进行社会主义革命和社会主义建设的历史经验和教训。

《中国共产党江西省上高县组织史资料》 分三卷,即第一卷(1927—1987),第二卷(1987.11—1997.8),第三卷(1997.9—2014.12)。由中共上高县委组织部、中共上高县委党史征集办公室、上高县档案馆,中共上高县委组织部组织史编纂办公室编撰。第一卷为南海出版公司出版发行,第二卷、第三卷为内部出版发行。本书资料主要记述了上高(含边界县)党、政、军、统、群组织的历史情况,涵盖组织机构沿革,领导人名录,党组织暨党员、干部基本情况等。

旅游

大观老街 位于塔下乡。依托拥有200多年历史的省级重点文物保护单位——大观塔,沿江而建,以赣西文化为精髓,涵盖大观塔文化保护区,移建修复18栋明清古宅建筑,复原历史街坊风貌,打造集地域文化展示、沉浸式演出、民俗体验、特色美食、休闲度假等,业态全面、产业链完整、具有持续生命力的旅游目的地。2022年被评为省级夜间文旅消费集聚区。

紫薇人间 位于南港镇梅沙村。

该项目以紫薇花卉景观为抓手,结合梅沙资源现状及周边旅游资源情况,以康养度假、研学科普、田园观光、休闲旅游为主,以乡村旅游助推乡村振兴,带领村民共同富裕。2023年1月12日,在第二届全国乡村文化产业创新发展大会暨典型案例推介活动中荣获主题园区类奖。

五谷村丛林酒博园　其前身为1990年创办的国营第三酒厂。2005年申请"五谷村"品牌,2009年成立五谷村酒业有限公司。2016年被评为国家3A级旅游景区,2017年成功获评国家4A级旅游景区。是一个以工业旅游为主的集DIY自调酒坊、酒文化长廊、丛林酒阵等多功能于一体的景区。

白云峰漂流　位于南港南部,距县城25千米。白云峰是蒙山的最高峰,海拔1004米。白云峰漂流滑道总长3.6千米,落差299米,最长滑道80多米,最高单独落差22米,有56个惊险刺激的高落差滑道。2014年被评为国家3A级旅游景区。

神山湖生态园　位于野市乡稍溪村,离昌栗高速出口6.5千米,总面积3000余亩,其中水面1000余亩。目前建有游客服务中心、生态停车场、旅游公厕、旅游超市,还有烧烤园、野炊体验场、环湖山地自行车赛道、水上休闲中心、九子娘娘庙、拓展训练基地、树熊森林探险、骑马场、餐饮、樱花谷、桂花园、游乐区、稻虾共养区、休闲采摘区等十多个项目,2018年被评为江西省4A级乡村旅游点。"神山湖"商标被评为宜春市著名商标。

洋林少数民族村　位于县城东北部,毗邻320国道。1978年,国家为安置印支侨民而建村,村民由越南归侨中的瑶、壮、傣、京、苗、侗6个少数民族组成,有村民101户,共410人。洋林村根据其独有的归侨文化、多民族文化,将其建成"七彩洋林、风情侨乡"为主题的乡村旅游景点。"三月三"是少数民族的传统节日,每年的三月三日各族群众欢聚一堂,进行一系列充满民族风情的文化展演、民俗展示、特色美食和手工艺品,集欣赏、互动、亲身体验为一体,吸引了大批游客。

桐山红色名村　桐山村地处新界埠东南部,与高安市毗邻,距县城20千米。2021年,桐山村被省政府评为江西省第三批"红色名村"。1930年,红一军团的萧克纵队进攻长沙,途径桐山村。红军在这里发动群众,组织农民协会,筹粮筹款。为了发动群众,红军在陈氏祠堂的外墙上书写了"中国工农红军优抚条例""反对保甲制度"等宣传内容,被后人称为"红军墙"。桐山村充分利用这一红色资源,打造红色旅游景点和爱国主义教育基地。

体育

县体育馆 位于敖阳街道沿江东路53号。2016年2月兴建,2019年12月投入使用,占地面积46亩,建筑面积1.6万平方米。其中:中心球场面积2400平方米,观众席位3600个;副馆篮球场1个,面积721平方米;副馆乒乓球场1个,面积721平方米。馆内可用于开展体育活动面积7400平方米。室外健身广场8000平方米(其中篮球场1片、排球场1片、羽毛球场1片、乒乓球桌4台、五人足球场1片、体育健身器材30件)。

重大体育赛事 2018年6月22日,由江西省人民政府主办,江西省体育局、景德镇市人民政府、宜春市人民政府承办的"我要上省运,健康江西人"江西省第十五届运动会群众比赛项目(社会部)气排球比赛在县体育馆成功举办。比赛共有来自全省11个市区代表队的373名运动员参赛。本次比赛是上高承办的首个省级气排球赛事,于2018年6月25日下午圆满结束。2018年5月26日在神山湖举办了"我要上省运,健康江西人"江西省第十五届运动会群众比赛项目、"中国体育彩票杯"宜春市山地自行车预选赛。这是上高县首次举办的山地自行车类赛事。该赛事共有来自8个县市代表队的90名运动员参赛。2018年10月20日由湖南广播电视台主办,上高县人民政府承办的2018"特奔"快乐垂钓湖库巡回赛外卡赛(江西站)在上高县野市乡稍溪村神山湖生态园成功举办。比赛有来自江西省、湖南省的135名运动员参赛,比赛历时三天。2021年10月24日,由国家体育总局青少年体育司指导,江西省体育局、教育厅、团省委主办,宜春市教体局、团市委、上高县人民政府承办,2021年江西省第七届青少年"未来之星"阳光体育大会在上高县举办,共有来自全省11个设区市、7个省直管县市的18支队伍,600余名学生运动员、裁判员、工作人员参加气排球、啦啦操、围棋、象棋、轮滑等7个项目的角逐。

中小学运动会 全县中小学生田径运动会每两年举办一次,举办时间为10月份,共设有100米、200米、400米、800米、1500米、跳高、跳远、垒球、铅球等比赛项目。另外每所学校每学期都会组织本校学生召开运动会。

排球 排球一直是上高的优势体育项目。1962年,县城有男、女排球队各5支。1964年有职工男、女排球队20支。1964年10月1—5日举行了全县排球运动会。1965年5月,举行了全县青少年排球运动会。1973年3月,县男子排球队获宜春地区比赛第一名。1977年6月,全省业余体校排球赛获男子组第一名,女子组第二名。1977年、1983年,全省业余体校排球赛上高县男、女队获得第一名。1979年,少年男子排球赛获全省业余体校排球赛第一名,并代表江西省参加全国分区赛。1983年,蒙山和泗溪还举办了农民排球比赛。近年来,上高县被确定为宜春市"一县一品"重点扶持项目。坚持每年在全县40多所中小学开展排球基础教学,并定期开展全县中小学生排球赛,通过以赛促训提升排球水平。

自行车 自行车既是一种交通工具,又是一项体育运动,有着广泛的群众基础。进入新世纪以来,上高自行车运动得到了较快发展。2018年成立县自行车协会。协会每季度开展"一日游"自行车骑行活动。2015年9月4日,第二届海峡两岸山地自行车联谊赛在上高县成功举办。

气排球 气排球运动是一项集运动、休闲、娱乐为一体的群众性体育项目。上高排球基础较好,气排球运动发展较快,爱好者已发展到2000多人,全县有各种活动场地32个。2018年全国农民气排球邀请赛上高获得男子组第三名;2019年5月全国职工气排球比赛(定南站)上高获得男子青年组第六名;2019年6月婺源"中国体育彩票杯"第六届中国最美乡村全国气排球邀请赛,上高获得男子青年组第八名;2019年9月全国职工气排球总决赛(嘉兴),上高获得男子青年组第三名;2019年11月宜春明月山第二届全国气排球比赛上高获男子青年组第五名,女子青年组第四名,女子中年组第二名;2023年7月宜春市夏季气排球邀请赛,上高男子组、女子组均获第一名。

龙舟赛 赛龙舟是端午节传统的习俗。上高县每年端午节都会在敖阳街道和翰堂镇磻村、锦江镇团结村举办龙舟赛。其中翰堂镇磻村龙舟赛是一项传统的村级民俗文化活动,迄今已有600多年历史。每年农历五月初一,磻村各房的龙舟从祠堂中被抬出下水,到农历五月初五,龙舟赛正式开场。2015年,磻村龙舟赛被列入宜春市第四批市级非物质文化遗产代表性项目名录。

舞龙与舞狮 舞龙,也称龙舞,民间又叫耍龙、耍龙灯或舞龙灯。舞龙是上高民间比较盛行的一种传统体育项目。每逢节日,尤其是春节,各地都会组成舞龙队,走村串户,为人民群众带去新春的祝福,深受人民群众的欢迎。上高从2008年正月起,举办了第一届迎新春舞龙舞狮比赛,之后每年正月均如期举办,来自全县各个乡镇场街道的舞龙、舞狮队,一展技艺。

气功 气功是调身、调息、调心合为一体的身心锻炼技能。2003年2月,国家体育总局将健身气功确立为第97个体育运动项目。随着社会的进步、人民群众生活水平的提高,全县练气功的人与日俱增。其中五禽戏、八段锦尤其受欢迎。截至2022年底,全县共有10个健身气功活动站点,练习人数达300多人。

老年体协 1984年7月份成立,设专干1人。截至2022年,全县有会员单位241个(其中38个县直单位,17个乡镇场街道,186个行政村、20个社区),会员40000余人。全县有风雨人工草坪门球场8个。开展的体育项目有:门球、乒乓球、气排球、桌球、钓鱼、广场舞、太极拳、太极剑、健身球操、健身秧歌、健身气功、旗袍秀、彩带龙、腰鼓、军鼓、威风锣鼓、柔力球等。全县设有460个老年体育辅导站,建立了100亩水面钓鱼基地1个。从1998年起,每年举办一届农村老年人体育运动会。曾获全国亿万老年人健身活动先进集体、宜春市第三届老年人运动会特别贡献奖。

老干部活动中心 1993年投入使用,4层楼建筑,面积2880平方米,位于沿江中路老政府院内。活动中心开设有棋牌室、乒乓球、桌球室、音乐舞蹈戏曲室等健身娱乐活动场所,日均流量200~300人。位于沿江东路的新县老干部服务中心,共5层楼,建筑面积1.27万平方米。

社　会

人口

不同历史时期人口

宋代。唐代以前缺考。清同治《上高县志》记载：宋有主、客户18150户。

元代。33384户。

明代。明洪武二十四年（1391），军民等户20867户，人口102583人；弘治五年（1492），军民户20543户，人口124847人；弘治十五年（1502），20500户，人口128339人；正德七年（1512），21216户，人口150699人；嘉靖十一年（1532），21242户，人口152355人；嘉靖三十一年（1552），全县户数21242户，人口152770人，其中男89006人，女63764人；崇祯十七年（1644），人口55681人。其中男28000人，女27681人。

清代。据《江西通志稿》记载，清乾隆四十七年（1782），户数19592户，人口79984人；嘉庆十七年（1812），户数48574户，人口243773人；道光元年（1821），户数26168户，人口87631人；咸丰元年（1851），户数26750户，人口88609人；同治八年（1869），户数26779户，人口88648人。

民国。1933年，33028户，人口134922人，其中男76944人，女57978人。1935年，户数31249户，人口152948人。1938年，户数31995户，人口139625人，比1935年人口减少13323人。1939年，户数、人口继续减少。户数为31717户，人口为137379人。但当年女性人数有所增加，女性人口为63533人。1940年，人口略有上升，户数32000户，人口138000人，其中男74000人，女64000人。1941年，因上高会战全县人口明显减少，户数24379户，人口126350人，其中男64608人，女61742人。与1940年相比，一年时间总人口减少11650人。1943年全县总户数为21435户，人口为118000人，其中男60000人，女58000人。1944年，户数25834户，人口106658人，其中男56577人，女50081人。1946年，户数23530户，人口105972人，其中男56509人，女

49463 人。1947 年，人口 104000 人。

中华人民共和国。1949 年，户数 34634 户，人口为 115037 人。1953 年，41296 户，人口 136116 人。20 世纪 60 年代后，人口增长迅速。1964 年，46578 户，人口 185212 人；1969 年，人口 220829 人，比 1949 年增加 105792 人，增长 92.06%。1974 年以后，随着计划生育工作的深入开展，高人口自然增长率得到控制，到 1978 年人口自然增长率已下降到 8.7‰。1982 年，人口 273335 人。从 1978 年到 1982 年，四年净增人口 7323 人，增长 6.4%，平均每年净增 1465 人，递增率为 6.8‰。1985 年，户数 69871 户，人口 278567 人。

人口普查

从 1949 年以来，我国分别在 1953 年、1964 年、1982 年、1990 年、2000 年、2010 年与 2020 年进行过七次全国性人口普查。1964 年，普查 47140 户，人口 183483 人，其中男性 52%；女性 48%。2000 年 6065 户，人口 334535 人，其中男性 52.27%；女性 47.73%。

2020 年，常住人口 343767 人（不包括中国人民解放军现役军人和居住在县内的港澳台居民以及外籍人员），与 2010 年第六次全国人口普查的 326697 人相比，10 年共增长 5.23%。男性为 178394 人占总人口的 51.89%；女性 165373 人，占总人口的 48.11%。人口年龄构成中，0—14 岁 22.92%；15—59 岁 58.78%；60 岁及以上 18.30%。目前全县人口 38 万人。

人口密度

上高县地处宜春地区中心，土地肥沃，物阜民丰，以农业为主的人口结构，分布基本平衡。1940 年人口密度每平方千米为 111 人。1944 年，人口密度每平方千米为 85.45 人。1953 年，第一次全国人口普查时，人口密度每平方千米为 97 人。1964 年，全国第二次人口普查时，人口密度每平方千米为 137 人。1982 年，全国第三次人口普查时，人口密度每平方千米为 202 人。1985 年，人口密度总的趋势是：县城附近平原区较密，丘陵区及部分山区较稀。县城敖阳镇人口密度每平方千米为 1614.59 人，锦江乡每平方千米为 259.74 人；塔下乡每平方千米为 252.20 人；墨山垦殖场每平方千米 300.48 人；九峰林场每平方千米 98.33 人；上甘山林场每平方千米为 53.63 人。

姓　氏

上高 100 大姓

2020 年，全国第七次人口普查，对全县姓氏进行了全面调查，境内常住人口有姓氏 406 个，按姓氏人口多少排列在前 100 位的是黄、李、晏、罗、陈、刘、吴、胡、况、易、王、钟、熊、聂、袁、卢、邹、左、张、潘、冷、江、朱、简、黎、喻、赵、曹、杨、郑、曾、彭、付、徐、邓、傅、廖、游、周、何、万、谢、肖、丁、杜、鲁、戈、伍、任、仇、欧阳、叶、舒、漆、甘、严、高、姚、沈、毛、戴、毕、汪、孙、龙、章、涂、郭、邬、闻、陶、龚、余、林、宋、金、兰、习、辛、鄢、唐、巢、阳、冯、凌、敖、梁、邱、夏、宁、赖、程、雷、蒋、施、温、饶、方、华、艾、梅。人口超万的有5姓,其中黄姓人口达4万多,为上高第一大姓。

黄姓,43551人。主要分布在田心镇、锦江镇、翰堂镇、南港镇、新界埠镇、芦洲乡。1000人以上的村:田心镇田心村于南宋由斗门迁至,黄月溪开埠立基。锦江镇团结村2支,一支于元代泰定甲子年(1324)由下湾迁至,黄以明开埠立基;另一支于南宋绍熙年间由界埠上湾迁至,黄世华开埠立基。翰堂镇钊田村岭溪于南宋端平元年(1234)由分宁双井迁至,黄大安开埠立基。南港镇前进村2支,上梅一支于宋末田塘迁至,黄进词等开埠立基;塘下一支于北宋开宝年间由分宁双井迁至,黄行伍开埠立基。新界埠镇湾溪村,于宋淳熙年间由分宁双井迁至,黄汝开埠立基。田心镇斗门村,于南宋由袁州北门岭迁至,黄仕呑开埠立基,王家村于明末由斗门迁至,黄世孝开埠立基。500～1000人的村:芦洲乡儒里村,徐家渡镇燮田村、寨里村,芦洲乡黄山村,田心镇枧头村、新田村、南江村、坑里村,翰堂镇江边村,锦江镇新华村。

李姓,36144人。主要分布在徐家渡镇、南港镇、锦江镇、新界埠镇。1000人以上的村:南港镇梅沙村,于元代至大二年(1309)由新昌荷舍迁至,李元叟开埠立基。徐家渡镇东边村,于宋淳熙二年(1175)由分宜白芒迁至,李钦开埠立基。500～1000人的村:徐家渡镇万坑村、石源村、火溪村、塘下村、山背村、路口村,翰堂镇坎头村、陇塘村。

晏姓,21221人。主要分布在蒙山镇、新界埠镇、塔下乡、锦江镇、敖山镇。1000人以上的村:塔下乡天山村,于北宋天圣至庆历年间(1024—1048),由璜里迁至,晏生之子光源开埠立基。新界埠镇城陂村,于五代末由宜丰沙塘迁至,晏珍开埠立基。锦江镇钟家渡村,于北宋年间由浒江迁至,晏伯英、晏伯俊开埠立基。蒙山镇抗头村,于五代末由宜丰沙塘迁至,晏麒开埠立基;浒江村于五代末由宜丰沙塘迁至,晏明开埠立基。500～1000人的村:蒙山镇钧石塘村、芦家田村,新界埠镇堆峰村,塔下乡茶十村,敖山镇晏家村。

罗姓,15855人。主要分布在镇渡乡、野市乡、墨山乡。1000人以上的村:镇渡乡洋田村,于明永乐年由社田迁至,罗惇叙开埠立基。500～1000人的村:墨山乡石水村,野市乡水口村、稍溪村,泗溪镇叶山村。

陈姓,15460人。主要分布在田心

镇、新界埠镇、泗溪镇、芦洲乡。1000人以上的村：田心镇江南村，于清代由九江德安迁高安后入上高江南，陈东海开埠立基。500～1000人的村：新界埠镇桐山村，泗溪镇良田村，芦洲乡陈家村。

刘姓，13526人。主要分布在泗溪镇。500～1000人的村：游市村，于清乾隆壬辰（1752）从高安筠山迁至，刘念公开埠立基。安塘村于清初由九江县沙子口迁至峦岗。300～500人的村：泗溪镇漕港、刘家，芦洲乡大垣村，田心镇更生村、王丰村、野市乡游家村。

吴姓，10363人。主要分布在徐家渡镇、南港镇、翰堂镇，1000人以上的村：徐家渡镇泉港村，于南宋建炎年间从宜丰新昌三伏溪迁至，吴祖公开埠立基。500～1000人的村：徐家渡镇坎头村、麻塘村，泗溪镇淋溪村，南港镇南港村。

胡姓，9087人。主要分布在泗溪镇、新界埠镇、镇渡乡。1000人以上的村：泗溪镇胡家村，于宋末由高安华林迁至，胡铎、胡钱开埠立基。300～1000人的村：泗溪镇中宅村，新界埠镇横江村，镇渡乡江东村，徐家渡镇下兰村。

况姓，8798人。主要分布在锦江镇、田心镇。1000人以上的村：锦江镇大塘村，于南宋绍定年间由上高河北迁至，况如相开埠立基。500～1000人的村：锦江镇新华村，田心镇坪溪村。

易姓，8472人。主要分布在翰堂镇、田心镇。1000人以上的村：翰堂镇磻村，达2500人，是全县行政村单姓人口聚集最多的村，于北宋神宗年由袁州迁至，易彬卿（尧公）开埠立基。

王姓，8270人。主要分布在塔下乡、泗溪镇、新界埠镇。1000人以上的村：塔下乡田北村，上田北村和下田北村于南宋淳裕年由高安灰埠蝗形村（原名银树村）迁至上田北，上田北王本薄开埠立基，下田北王德甫开埠立基。300～1000人的村：泗溪镇塘下村、良田村，新界埠镇洲江村。

钟姓，8260人。主要分布在田心镇、翰堂镇。300～1000人的村：翰堂镇广坪村，于宋朝末年，由分宜太湖迁至，钟存高开埠立基。田心镇湖境村下湖境，于宋嘉定年间由新昌宣风乡迁至，钟肇泰开埠立基。

熊姓，7798人。主要分布在泗溪镇、野市乡、芦洲乡。1000人以上的村：泗溪镇熊家，于北宋初由孝感迁至，熊广善开埠立基。300～1000人的村：野市乡明星村，于南宋嘉定年间由敖北蒲城虎形山迁至，熊伯卿、熊俊卿、熊和卿三兄弟开埠立基。芦洲乡郭溪村于北宋元裕年由新建西北迁至，熊赞兄弟开埠立基。

聂姓，6779人。主要分布在泗溪镇、敖山乡、芦洲乡。500～1000人的村：泗溪镇洋港村，于北宋庆历四年甲申年(1044)由接官老屋迁至,聂春逢次子四十二郎开埠立基。泗溪镇城头村于明永乐辛卯年(1411)由洋港迁至,聂思贤开埠立基。

袁姓,6553人。主要分布在翰堂镇、泗溪镇、芦洲乡、田心镇。500~1000人的村:翰堂镇有源村,于南宋建炎元年(1127)由南昌袁坊迁至瑞州敖阳忠义团下团有源,袁燮公开埠立基。泗溪镇曾家袁埠村,于宋淳祐年间由高安华阳迁至,袁莹莹开埠立基。300~500人的村:田心镇斜溪村、芦洲乡郭溪村、大垣村。

卢姓,6422人。主要分布在田心镇、翰堂镇、徐家渡镇。500~1000人的村:田心镇南江村,于宋朝末年从芦洲陈家迁至,卢祖政开埠立基。300~500人的村:翰堂镇翰堂村,徐家渡镇麻塘村。

邹姓,6420人。主要分布在田心镇、南港镇、芦洲乡。500~1000人的村:田心镇赤卫村(原名邹家坊),于明初由崇仁梓溪迁至,邹仕命开埠立基。

左姓,6383人。主要分布在翰堂镇。1000人以上的村:翰堂镇翰堂村,于元代至元年间由修水迁居新昌凌江,再迁翰堂,左庆一开埠立基。500~1000人的村:翰堂镇中楼村,明代初由翰堂村迁至中楼,左子明开埠立基。下山村于明、清时期由翰堂镇楼下、竹埠等地迁至,左正纪、左士友等开埠立基。

张姓,6348人。主要分布在芦洲乡、泗溪镇。500~1000人的村:芦洲乡江口村斜溪自然村,相传张初叔从宜丰花桥迁至,已25代,龙口自然村相传明代传至27代。

潘姓,6304人。主要分布在蒙山镇、南港镇、新界埠镇。500~1000人的村:蒙山镇楼下村,于北宋治平年间由宜春土岭迁居上高楼下(又称澜溪),潘选公开埠立基。300~500人的村:南港镇长坑村,于清代康熙年间由洞口迁至,潘文掌开埠立基。新界埠镇五星村,于南宋开庆年间由澜溪(今楼下)迁至,潘孟九开埠立基。

冷姓,5037人。主要分布在泗溪镇、野市乡。1000人以上的村:泗溪镇墓田村,于五代十国显德二年955年左右由高安龙潭迁至,冷溪公开埠立基。300~500人的村:泗溪镇马岗自然村,明初从墓田祖居迁至。

江姓,4744人。主要分布在镇渡乡、徐家渡镇。500~1000人的村:镇渡乡镇北村,于元代中期路口迁至,江从荣开埠立基。300~500人的村:镇渡乡镇南村,江从荣开埠立基。徐家渡镇寨里村,于明代洪武年间由徐家渡镇路口村迁至,江真忠开埠立基。镇渡乡苑新村于明代永乐年间由镇渡乡堆上迁至,江启淮开埠立基。

朱姓,4484人。主要分布在泗溪镇。500~1000人的村:泗溪镇良田村,老朱村(原名朱坊)由元代至顺辛未年(1331)从高安碧落山迁至,朱建武开埠立基。新朱村于清嘉庆年间由朱坊迁至,朱元晓开埠立基。

简姓,4354人。主要分布在新界埠镇、敖山镇。500~1000人的村:新界埠镇光明村,于清顺治六年1649年由高安到东溪再迁到河下枧头(光明),简修纪开埠立基,300~500人的村:新界埠镇先锋村、桐山村。

黎姓,4037人。主要分布在蒙山镇。500~1000人的村:蒙山镇清湖村、小上村、小下村,于唐代从新余递步迁至小步,黎秀伯开埠立基。小步迁至清湖,学正公开埠立基。

喻姓,3995人。主要分布在泗溪镇、新界埠镇。500~1000人的村:泗溪镇小港村,于南宋绍兴年间由楼健喻家迁至,喻念三开埠立基。官桥村,于南宋绍兴年间由西山濠涌迁至,喻灞开埠立基。300~500人的村:新界埠镇城陂村,泗溪镇芦家园。

赵姓,3792人。主要分布在芦洲乡、锦江镇。500~1000人的村:芦洲乡新桥村,于宋代从山东西乐县梅花村迁至,称老屋。后辈有从老屋迁至新屋、兰家陂。锦江镇锦河村,于明代嘉靖年由田心镇河龙村迁至,赵顺东开埠立基。300~500人的村:芦洲乡中腰村。

曹姓,3661人。主要分布在南港镇。500~1000人的村:员山村,于宋真宗二年由南京迁至,曹彬开埠立基。300~500人的村:庙前村,于清末民初由马湖迁至。杨家边一支由曹铀王开埠立基。

杨姓,3346人。主要分布在田心镇、芦洲乡。100~200人的村:芦洲乡田溪村,于清代中期由高安迁至,杨板次开埠立基。枧头村杨家,于明代中叶由丰城槎忾迁至杨家,再由杨鸣风迁至梅田开埠立基。

郑姓,3306人。主要分布在敖阳街道敖山村。500~1000人的村:敖山村,于南宋淳咸年间由筠州迁至,郑椿开埠立基。

曾姓,3093人。主要分布在泗溪镇、塔下乡。300~500人的村:泗溪镇曾家村,于元至治年间由高安南门外迁至(原称广乐),曾万选开埠立基。

彭姓,3085人。主要分布在新界埠镇、镇渡乡。300~500人的村:新界埠镇先锋村,于清代初由奉新甘坊迁至,十五郎开埠立基。

徐姓,2822人。主要分布在锦江镇、徐家渡镇。500~1000人的村:锦江镇新华村,于明代永乐年末由瑞州水南石桥头迁至岳飞坪,后分迁仁里堆溪徐家(今新华村徐家),徐应龙开埠立基。徐家渡火溪村,于清代康熙年由宜丰毕石垴迁至,徐舜明开埠立基。

邓姓,2716人。主要分布在芦洲

乡。300~1000人的村:儒里村,于南宋丙子二年(1276)从南昌西山迁至,邓松亭(五郎公)开埠立基。

廖姓,2579人。主要分布在敖山镇、南港镇、徐家渡镇。300~500人的村:敖山镇廖家村,于北宋年间(约1005)由锦江七郎埠廖家迁至,廖伯祥开埠立基。南港镇南港村赣田,于明代洪武二年(1369)由湖南沙子街瓦子角迁至,廖元章开埠立基。

游姓,2551人。主要分布在敖山镇、野市乡。300~500人的村:敖山镇贯埠村,于唐代乾符二年(875)由修水至桐村、相村分支于庙前、贯埠,游肇开埠立基。

周姓,2533人。主要分布在翰堂镇、芦洲乡。100~200人的村:翰堂镇有源村,于清代光绪庚子年(1900年)由吉水拓溪南岭迁至。密村周家于明代嘉靖年间由上高青溪港迁至。

何姓,2497人。主要分布在南港镇、徐家渡镇等。300~500人的村:南港镇南港村茜田,于南宋末由新余仁和浒泥江迁至,何才高开埠立基。

万姓,2482人。主要分布在徐家渡镇、敖山镇、敖阳街道。500~1000人的村:徐家渡镇秀美村,于明代建文帝己卯年(1399)从县城迁至,万绍先兄弟开埠立基。300~500人的村:敖山镇接官村下万家,于南宋淳熙间由藕塘迁至,万文华开埠立基。上万家,于明代永乐年间由下万迁至,万寅可开埠立基。

谢姓,2312人。主要分布在新界埠镇、田心镇。300~500人的村:新界埠镇洲上村,于明代末年由河南信阳迁至。高安黄茹山移居洲上,谢敖一开埠立基。田心镇坑里村谢家,于元代末由高安黄岗岭迁至,谢可东开埠立基。

付姓,2293人。主要分布在锦江镇、蒙山镇。300~500人的村:锦江镇垴上村,于北宋徽宗宣和年间从清石头迁至,付少五开埠立基。蒙山镇月星村,于明代初由高安付家圩迁至,付亮武开埠立基。

傅姓,2614人。主要分布在锦江镇。500~1000人的村:斜口村,于南宋建炎四年(1130)从清江县湖岭迁居于斜口村樟树垴下,傅钢开埠立基。300~500人的村:石湖村、五里村、锦河村。

肖姓,2171人。主要分布在蒙山镇,500~1000人的村:蒙山镇肖坊村,于南宋元丰庚申年(1080)由高安村前肖坊迁至,肖德服(楫公)开埠立基。

丁姓,2084人。主要分布在锦江镇。锦江镇锦南村丁家,于明弘治年间由南昌西山迁至。

杜姓,1945人。主要分布在泗溪镇。1000人以上的村:杜家村,于明末清初由清江迁至,杜法贵开埠立基。

鲁姓,1871人。主要分布在泗溪

镇。1000人以上的村：马岗村秋塘，于明代洪武二年（1369）由高安鲁家老屋迁至，鲁仁显开埠立基；马岗村理塘于明代洪武年由高安鲁家老屋迁至，鲁习兰开埠立基。

戈姓，1867人。主要分布在徐家渡镇。500～1000人的村：白土村于明代初由麻塘上街迁至，戈成玉开埠立基。寨里村戈家，于清代康熙年间由白土坑迁至，戈世贵开埠立基。

伍姓，1806人。主要分布在泗溪镇。500～1000人的村：洋港村。于明代永乐年间由徐家渡镇荷塘村迁至，伍克魁携湖河、湖海二子开埠立基。

任姓，1791人。主要分布在锦江镇。500～1000人的村：六口村于东晋年间由新建青岚（西山）迁至，任文德开埠立基。

仇姓，1690人。主要分布在田心镇。500～1000人的村：球湖村，于元末明初（约1368）由南昌县三江镇仇坊迁至，仇所政开埠立基。

欧阳姓，1496人。200～300人的村：锦江镇五里村，于明代成化年由吉水县迁至。

叶姓，1464人。主要分布在泗溪镇。300～500人的村，熊家村叶家，于明代天顺年间由武宁迁至。

舒姓，1462人。主要分布在敖山镇、新界埠镇。300～500人的村：敖山镇廖家村，于北宋景祐年间由上甘山潢塘迁至，舒和团开埠立基。

漆姓，1405人。主要分布在锦江镇。500～1000人的村：凌江村，于北宋太平兴国间由宜丰县城北门亭迁至。

甘姓，1338人，主要分布在新界埠镇、芦洲乡。300～500人的村：新界埠镇五星村，于南宋宝庆二年（1226）于清江堪头迁至翰堂镇密村，再由密村迁五星村。

严姓，1307人。主要分布在锦江镇。300～500人的村：锦南村，于元代末年由浙江东海之滨迁至，严少五开埠立基。

高姓，1267人。主要分布在田心镇。300～500人的村：新田村高家，于元代末年由万载高村迁至，高耀甫开埠立基。

姚姓，1249人。主要分布在泗溪镇。300～500人的村：曾家村，于宋代末年由东宅杨林迁至，姚胜一开埠立基。

沈姓，1192人。主要分布在南港镇。200～300人的村：大窝里村，于清代乾隆年间由新余仁和沙斜里迁至。

毛姓，1158人。主要分布在泗溪镇。500～1000人的村；马岗村，于明代洪武年间由宜丰迁至。

戴姓，1150人。徐家渡镇坎头村戴家，于清代道光年间由金家岭下迁至，戴尔家开埠立基。

毕姓，1144人。主要分布在野市

乡。300~500人的村:南村村,于北宋乾道九年(1173)由河南开封迁南村,毕传浩开埠立基。

汪姓,1116人。主要分布在锦江镇斜口村,于明代永乐庚子年(1420)由万载东门乌溪迁至,汪闻开埠立基。

孙姓,1103人。主要分布在田心镇。500~1000人的村:垫陂村,于宋代末年由丰城青山迁至,系孙权后代孙显开埠立基。

龙姓,1074人。主要分布在镇渡乡龙家村。于南北朝由山西吉县迁至敖邑苑新,于清代康熙年间由枣溪迁至此,龙岱开埠立基。

章姓,1074人。主要分布在芦洲乡江口村、中腰村。章褒公从西山迁流陂自然村,章杨升由流陂迁中腰。

涂姓,1061人。主要分布在田心镇。300~500人的村:新生村。于明代洪武元年(1368)由高安迁至,涂玉鉴开埠立基。

郭姓,1052人。主要分布徐家渡镇村里村。于清代康熙年间从乐安县麻塘迁至,郭育敏开埠立基。

邬姓,1025人。主要分布在徐家渡镇。500~1000人的村:蛇尾村,于明代中期由浙江钱塘迁至,邬思明开埠立基。

闻姓,999人。300~500人的村:田心镇斜溪村闻家,于明代嘉靖年间由敖邑城北金石桥迁至,闻显书开埠立基。

陶姓,974人。300~500人的村:塔下乡上新村,于五代末年,从县城石桥头迁至,陶渊明后裔。

龚姓,878人。野市乡高坎村,于锡山迁至。

余姓,864人。田心镇王丰村,于明代天启年间由崇义余湾迁至,余宇于开埠立基。

林姓,685人。徐家渡镇麻塘村,于清代康熙年间由福建莆田县迁至,林淮恒开埠立基。

宋姓,676人。主要居住在锦江镇董丰村。

金姓,616人。田心镇斜溪村,于清代康熙年间由高安灰埠段里村迁至,金健祖开埠立基。

兰姓,588人。敖阳街道,兰绍脑从高安彭家渡迁此,已19代。

习姓,521人。田心镇斜溪村,于明代崇祯年间由分宜操场塘西迁至。习正乾开埠立基。芦洲乡章江村土桥,于南宋嘉定十四年(1221)左右由新余鹄山龙窝里迁至,习必峻开埠立基。

辛姓,438人。主要居于田心镇王家村。

鄢姓,433人。徐家渡镇坎头村,于清代乾隆年间由新山上迁至,鄢国兴开埠立基。

唐姓,404人。田心镇斜溪村闻家,于元代大德六年(1297)从江苏武进迁至斜溪闻家,唐祖德开埠立基。

巢姓,395。镇渡乡罗家村,于明代洪武元年(1368)由新昌枥下迁至,巢家茂开埠立基。

阳姓,391。新界埠镇桐山村,于清代乾隆年间由吉水桥迁至,欧阳分融开埠立基。

冯姓,382人。翰堂镇中楼村,于明代中叶由宜丰梨树下迁至,冯柏荣开埠立基。

凌姓,378人。镇渡乡罗家村。于清代康熙庚寅年(1710)50世凌茂初携全家三代由万载株潭迁居上高。

敖姓,366人。散居在县城、锦江镇大塘村等。

梁姓,364人。散居在县城、徐家渡镇坎头村。

邱姓,342人。散居在南港镇大窝里村、田心镇湖境村、县城等。

夏姓,342人。散居在塔下乡长山村、县城等。

宁姓,333人。散居在南港镇南港村、小坪村、县城等。

赖姓,329人。野市乡稍溪村树溪,由铜鼓大垠迁至。南港镇大窝里村里村,于新余仁和迁至。

程姓,318人。散居在县城、新界埠镇三星村等。

雷姓,305人。翰堂镇带源村雷家,雷团石从高安迁至,已6代。

蒋姓,293人。南港镇员山村里壁里,相传清初开始在此居住。

施姓,287人。锦江镇朱桥村施家,于明洪武八年(1375年)由万载塔下迁至,施镇贤开埠立基。

温姓,287人。镇渡乡井头村,于明洪武二年(1369年)由福建上阳县井头村迁至。

饶姓,277人。泗溪镇曾家村于明万历年间由高安白马庙迁至。徐家渡镇东边村洞口,于清雍正年间由广昌县千善徙迁至,饶忠万开埠立基。

方姓,273人。散居在南港镇庙前村、县城等。

华姓,269人。南港镇大窝里村,于清乾隆四十六年(1781年)由新余仁和马洪书院迁至,华明祥开埠立基。

艾姓,264人。新界埠镇洲上村,相传艾秋林由湖南经商到此已41代。

梅姓,245人。散居在镇渡乡江东村、泗溪镇马岗村等。

散居稀有姓氏

散居姓氏,指人口稀少且未聚居的姓氏。上高本地散居稀姓有韩、古、谌、范、吕、苏、蔡、巫、董、邝等305个,具体如下:

梅、韩、古、谌、谭、范、吕、苏、蔡、巫、董、邝、鲍、许、芦、柴、帅、汤、姜、文、段、魏、葛、马、樊、童、席、陆、胥、武、应、洪、贾、殷、柳、阮、邵、闵、皮、钱、秦、孔、石、白、颜、贺、孟、尹、卓、韦、盛、覃、俞、乐、史、田、向、刁、莫、顾、薛、崔、季、蓝、幸、柯、管、翁、项、祝、符、揭、全、詹、康、柴、农、上、桂、倪、上官、尚、危、岑、乔、支、虞、单、邢、伏、嵇、裴、冉、费、欧、翟、池、匡、骆、卜、郝、侯、连、谈、安、常、缪、齐、纪、柏、俚、明、圣、闫、焦、申、于、占、代、潭、蒙、牛、释、粟、岳、成、吉、密、印、边、窦、辜、扈、花、米、屈、荣、檀、羊、宗、宾、储、封、耿、时、司、宣、扬、湛、包、车、传、箧、凡、房、干、关、官、计、景、鞠、梨、练、牟、耨、戚、祁、滕、荀、阎、尧、衣、尤、元、昝、诸、昌、邸、丰、昊、皇、解、靳、娄、栾、南、庞、蒲、卿、曲、佘、卫、修、庚、月、庄、薜、查、豆、苟、海、惠、冀、颉、井、巨、旷、犁、令、麻、枚、门、磨、沐、慕、年、盘、泮、平、青、秋、瞿、桑、商、五、午、奚、燕、衷、阿、哀、班、保、卞、茶、超、丛、丹、都、奉、俸、甫、淦、郜、公、拱、户、霍、将、接、敬、靖、琚、寇、劳、礼、历、厉、利、廉、蔺、岭、路、露、满、苗、穆、饶、潜、丘、裘、渠、权、阙、荛、绕、仁、容、删、仕、睚、腾、全、瓦、未、须、哑、彦、洋、伊、夷、阴、银、玉、郁、原、苑、载、在、臧、丈、甄、中、诸葛、竺。

2020 年上高稀有姓氏人口, 10 人以下的有 184 个姓, 计 476 人。

社会管理

村庄 2022 年, 境内共有自然村 1418 个。村庄取名大致有以下几个特征: 一是以地理位置和特点取名的多, 如"良田", 因土地肥沃得名; "徐家渡", 因地处古渡口而得名; "敖阳", 因地处敖山之南得名; "田北", 村居田塅北面得名; "城陂", 因地处义城团, 村旁筑有陂得名; "翰堂", 以"翰以言乎山之秀卓也, 堂以言乎地之宽平也"得名等。二是村落名称以姓氏取名的多。如: 张家、刘家、晏家、胡家、廖家、曾家等。三是以自然地理实体取名的多。如"淋溪", 因境内淋溪水得名; "天山", 因山得名; "黄田", 因此地多黄土坑得名; "棠陂", 因地处小溪塘陂旁得名等。

地名普查 1981 年 3 月至 1982 年底, 全县开展首次地名普查。共普查地名 2448 条, 建卡 2115 条, 其中, 单位地名 208 条, 自然村地名 1449 条, 片村地名 24 条, 废村地名 96 条, 街道地名 12 条, 专业部门地名 84 条, 建筑物地名 65 条, 纪念地和名胜古迹地名 6 条, 自然地理实体地名 171 条。地名普查中, 整理出"一图"(地形图)、"一卡"(地名卡片)、"六文"(县概括、公社概括、验收报告、古迹文字资料、大型建筑文字资料、地名普查工作总结)、"七表"(地名普查成果表、成果资料统计表、更名命名表、地形勘误表、成果验收登记表、重点地名对照表、各级检查验收意见表)以及照片资料 100 余张。依照普查资料, 1983 年 3 月着手编纂《上高县地名志》, 1984 年 8 月出版, 为上高

第一部系统、规范的地名典籍。共收录文字概况（述）20篇、地名条目2394条、地名图28幅、照片55帧以及附录9种。

2016年7月至2017年3月，根据国务院和省政府的要求，开展了第二次地名普查工作。全县共采集11大类地名信息4309条，其中单位类694条，非行政区域类101条，行政区域类12条，纪念地、旅游景点类217条，建筑物类44条，交通运输设施类392条，居民点类1784条，陆地地形类108条，陆地水系类15条，群众自治组织类141条，水利、电力、通信设施类640条。总条数比1981年第一次全国地名普查时翻了近一番。

2019年，开展第二次地名普查成果转化工作。通过政府采购，11月，县民政局与江苏速度时空信息科技股份有限公司签订《上高县第二次地名普查成果转化项目合同》，项目内容有：上高县城区图；上高县地名志；地名文化遗产保护名录；地名文化与地名普查视频片；地名普查档案归档；地名与区划数据库系统和区划地名信息管理系统。

地名管理 1981年3月的地名普查，通过以1∶50000军用地图实地对照检查、搜集地名考察资料、进行地名标准化处理、纠正群众中讹传的地名，全县共建立地名资料卡2115条。1992年地名工作由原归口县政府办公室移交给县民政局管理。1991年正式出版《上高县地图》。2002年，对县城所有道、路、巷重新进行了命名、更名，并调整了部分道路的走向和起止点。共有大道4条、路33条、巷15条。2003年，设置地名标志102块，其中大道牌8块、路牌70块、巷牌24块。2019年出版《上高县行政区划图》，2021年出版《上高县城区图》。从2002年始，县政府根据现实情况，对全县范围内新增道路进行了命名、更名。至目前，全县共有大道16条、路180条、巷15条。

市域社会治理 近年来，上高县积极借鉴"枫桥经验"，加强市域社会治理，依托县乡村三级综治中心，扎实推进"平安上高、法治上高"建设，取得了较好的效果。

在全省率先打造"一站式"矛盾纠纷调处中心。2011年以来，上高县着力打造矛盾纠纷调处中心。该中心有办公面积2400平方米，设立了群众接待区、接访区、调解区等6个区域，由县政法委牵头，联合16家单位进驻中心，设立了33个调解窗口、4个通用调解室，搭建无缝对接、协同联动的多元化调解平台，为群众提供接访、诉讼、调解、劳动仲裁、行政复议等系列服务。2022年，该中心共接待群众来访6354人次，受理来访事项3116起，办结3512起，所有已评价事件中，满意度为100%。

在全市率先推进矛盾纠纷"十百千"工程,即做优十大调解平台,争创一百个无讼村,组织一千名调解员,努力实现"三提升一下降"(使基层矛盾化解率、矛盾纠纷化解成功率、就地稳控率逐年提升,进入司法程序的矛盾纠纷持续下降)。

在全市率先推广综治中心实体化建设,按照省、市部署,在全省率先推进"五统一"(设计、规划、标识、管理、职能)的乡镇综合中心实体化建设,力争把矛盾纠纷化解在基层,化解在萌芽状态。同时,开通"866"服务专线电话,在186个村委会居委会全面铺开村级综治中心建设,足额配备475名城乡网格员,加强"雪亮工程建设",设立一类监控点1092个,二、三类社会资源点2566个,农村建设点3487个。

基层重点工作列全市前列。信访工作推进"减存遏增",强化初信初访办理、加强领导接访,开展重复网上信访治理,加强督办调度,推动工作重心下移,使信访问题在基层得到及时有效化解,连续三年获评全省"三无县"。三年扫黑除恶,共摸排收集核查涉黑涉恶线索478条,打击处理九类涉恶犯罪嫌疑人401人,抓获涉黑涉恶网上逃犯5名和省督涉恶类历年重点网上逃犯25名,清缴涉案财产1099万元,打掉保护伞11人,给予党纪政务处分23人。

网格化管理 上高县以持续提升公众安全感为目标,以完善网格化管理、精细化服务、信息化支撑的基层治理平台为抓手,致力提高基层社会治理水平,优化网格管理,夯实基层基础底座。按照《江西省地方标准社会治理网格划分和编码规则》(江西省地方标准DB36)要求,一般以居民小组或住宅小区、若干楼院为单元划分社区网格,每个网格原则上覆盖常住人口300~500户或1000人左右。以此为依据,将全县划分为467个网格(城镇社区142个、农村325个),配备了467名网格员(142名专职、325名兼职)。网格化后,将党支部(党小组)建在网格上,把战斗堡垒建在群众家门口,有效增强基层治理力量,全县467个网格建立党支部46个,党小组401个。每个网格在网格党组织领导下,配齐"5+N"网格力量,即:1名网格长、1名专(兼)职网格员、1名村(社区)干部、1名民(辅)警、1名心理咨询师,N名微网格员。在城镇社区推广党建引领社区治理"非常'1+6'"工作体系,配备楼栋长1986名;在农村推广"五联"工作法,配备十户长8814名、百户长1216名、千户长186名、万户长52名、总户长16名。依托综治内网,打通56个县直单位、16个乡镇(街道)和186个村(社区)社会治理大数据平台,运用平台综合查询、信息采集、网格巡查、事件上报等功能,对重点工作开展定向监测,适时发布工作指令,实行网格员实时上报、综治中心统一调度、各部门协同联动,实现"街道吹哨、部门报到""接诉即办"。

民间组织管理 民间组织分为社会团体、民办非企业单位两种类型。社会团体指公民自愿组成,为实现共同意愿,按照其章程开展活动的非营利性社会组织,如上高县高新技术产业园区企业商会、上高县建筑业商会、上高县江苏商会、上高县青年志愿者协会、上高县助残志愿者协会、上高县爱心志愿者协会等。民办非企业单位指企业事业单位、社会团体和其他社会力量以及公民个人利用非国有资产举办的从事非营利性社会服务活动的社会组织,上高县蓝天救援队。民间组织由县民政局管理,负责申请登记、审查批准、发证、打击非法活动等工作,并定期清理整顿和年检。2022年全县有登记在册的社会团体136个(含老年性协会46个),民办非企业单位104个。备案城乡社区社会组织1486个。

蓝天救援 上高蓝天救援队成立于2014年9月,是一支公益性的救援机构。在日常和大型灾害救援时,在政府应急体系的统一领导下,展开应急救援、救灾工作。同时独立开展减灾应急培训、大型公益活动保障与公益救援、救灾活动。资金来源主要为政府对紧急救援服务的行政采购、社会捐赠以及队员的自我奉献。上高蓝天救援队自成立以来,定期开展专业知识培训、户外安全知识培训,进行体能和野外拉练、救援演练等各项活动,并且走进校园为孩子们普及安全知识。在2015年,上高蓝天救援队先后参与尼泊尔地震救援、缅甸洪水救灾、东方之星沉船打捞、深圳山体滑坡救援、九江失踪人员搜索等跨国跨地区的大型救援任务。2016—2022年,上高蓝天救援队共出队659次,总时长超过4000小时,参与了桥梁、电厂坍塌、地震、溺水救援,失踪人员寻找等重大救援任务。

婚姻登记管理 1950年颁布《婚姻法》,婚姻登记在各乡镇开始实施。1998年12月成立上高县婚姻登记处,婚姻登记到县登记,地址在上高县人民路1号。2012年1月1日开始,免收婚姻登记证工本费,群众免费登记。2017年9月30日,上高县婚姻登记处搬至上高县行政服务中心四楼。根据《民法典》,从2021年1月1日建立离婚冷静期制度。2022年12月,完成上高县档案馆馆藏117008条信息的数字化工作,并上传到婚姻登记系统。2020年6月,宜春市民政局确定上高县为婚俗改革试点,在婚姻登记处内开展婚姻法规、婚姻知识、婚姻辅导和移风易俗等宣传教育。

殡葬改革 殡葬改革是一项深刻

的社会变革,其实质是改变遗体处理和安葬的方式,同时破除丧事中搞封建迷信的旧习,提倡厚养薄葬,节俭办丧事。2018年6月启动殡葬改革,同时成立殡葬改革领导小组,全面推行全民基本殡葬服务"5+1"免费政策(遗体接运、骨灰送返、遗体火化、遗体冷藏3天、200元内环保型骨灰盒、骨灰寄存1年),当年实现火化率从殡葬改革以前的7.2%提升至100%。殡改以来全县建设农村公益性墓地(骨灰堂)930个,实现火化率、殡葬基础设施乡村覆盖率、散埋乱葬整治率、入公墓安葬率4个100%,"文明、节俭、绿色"殡葬成为全县人民的自觉行动。

殡仪馆 最早建立于1990年4月,老馆在县福利院旁,占地11690平方米。2001年4月新馆竣工,位于上宜公路3千米路旁,面积22亩,其中建筑面积4716平方米,绿化面积3300平方米。建有8个悼念大厅(遗体告别厅),建筑面积4377平方米,可容纳3000多人参加追悼会。配有遗体接运殡仪车10辆、遗体火化炉3个、六具遗体冷藏柜3组、应急发电机组1台,以及遗体告别台、音响,发电机组等设备。开展经营的业务项目从接运、防腐、整容、尸体存放、更衣、火化、骨灰寄存、安葬、殡葬用品销售等一条龙服务。2019年,万景山陵园殡仪馆开工建设,位于上新公路16千米处,建设面积约502亩,2022年尚在建设中。

宗教

佛教 佛教传入上高较早,盛行时期是唐、宋两代。唐初,禅宗六祖慧能弟子道明禅师在蒙山创建圣济寺。后来曹洞宗洞山良价的弟子普满到九峰崇福寺授徒。从此,圣济、崇福二寺,东西并峙,成为名播远近的佛家圣地。

20世纪80年代后,宗教活动恢复。崇福禅林寺院于1993年修复,更名九峰禅寺,由僧尼住持。圣济寺目前在筹备重建。

目前上高县现有佛教寺庙6处,分别是墨山九峰禅寺、九觉寺、圣贤寺、横江庙、兴隆寺、梁山寺。

基督教 基督教传教点始设于县城河南石桥头西侧一座福音堂内。民国初年开始,英国籍牧师长期住此传教。2022年,全县共有基督教活动场所35处,基督教职人员142人。

卫生

医疗机构

县人民医院 前身为1931年创办的上高县立诊疗所。二级甲等综合医院,位于和平路28号,占地37814平方米。2022年医院有床位580张,实际开放床位690张。固定资产总值2.23亿元,医疗设备总值1.32亿元。职工725人,其中卫生技术人员642人(高级专业技术职称人员68人,中级专业技术职称人员278人)。全院设临床、医技、职能科室共51个,其中儿童保健科为宜春市特色学科,建立了胸痛、卒中、创伤、危重孕产妇、危重新生儿五大急救中心。全年门诊量35.74万人次,住院2.23万人次。2019年5月30日,人民医院东迁项目奠基开工,2021年7月8日封顶。

县中医院 三级中医医院,位于交通路49号,占地面积30亩。其前身为1956年8月创办的新民诊所,中途被撤销,1979年5月恢复上高县中医院。现已发展为集医疗、教学科研、预防保健和康复为一体的综合性中医医院。2014年10月通过江西省卫生厅二级甲等中医医院复评,2021年6月经江西省中医药管理局批复为三级乙等中医医院。医院建筑面积33500平方米,有床位400张,在职职工480人,卫生技术人员423人。其中,中医类别执业医师47人、高级职称40人、中级职称143人、硕士研究生6人。设临床科室14个、职能科室19个、医技科室8个。

县妇幼保健院 二级甲等妇幼保健院,现位于锦惠路与平安路交汇处,占地33333平方米。其前身为1953年6月22日创建的上高县妇幼保健站。1983年9月,改称上高县妇幼保健所。2009年5月更名为上高县妇幼保健院。2018年9月与上高县计划生育服务中心合并,更名为上高县妇幼保健计划生育服务中心(挂牌上高县妇幼保健院)。2020年12月整体搬迁,并与锦江卫生院组建城南紧密型医共体。医疗卫生业务用房面积20024.57平方米,开设床位200张;固定资产总值16074846.4元,医疗设备11825543.9元;职工206人,其中卫生技术人员182人,(高级专业技术职称10人,中级专业技术职称人员67人)。设职能科室8个,临床科室4个,医技科室3个。2022年门诊量11.8万人次,住院6472人次。

县第三人民医院 上高县第三人民医院是一所正在建设中的精神病专科医院,位于上高县城,占地面积约为23亩,建筑面积20000平方米,设有门诊楼、住院楼、综合楼,拟开放病床300张。

县疾控中心 县疾病预防控制中心的简称。在原上高县卫生防疫站基础上,于2003年4月组建而成,是政府实施疾病预防控制与公共卫生管理的公益性事业单位。中心定编35个,在编在岗人员30人,其中高级专业技术人员5人、中级专业技术人员12人。11个职能科室。建有理化、微生物、血清、结核病痰检、艾滋病初筛、核酸检测、生物二级等7个实验室。

县地防站 县地方病防治站的简称。原为1956年6月创办的上高县血防站。1985年改名为上高县血吸虫病地方病防治站。1987年迁至县城和平路44号卫生局内。2018年3月更名为上高县地方病防治站。为全县血吸虫病、碘缺乏病、麻风病预防和治疗的专业医疗机构。该站占地400平方米，有医疗用房面积1900平方米，开设病床15张，固定资产原值233.92万元，医疗设备器械价值67万元。职工25人，其中卫生技术人员21人（高级专业技术职称人员2人、中级专业技术职称人员4人）。设临床科室3个，医技科室4个。2022年全年门诊量10000人次。2024年1月，地防站职能和人员全部合并至县疾病预防控制中心。

县卫生监督综合执法局 2004年1月成立上高县卫生监督所，为副科级全额预算事业单位，主要职能为食品卫生、公共场所、饮用水、学校、化妆品、医疗卫生机构、职业危害行业及其他公共卫生的监督执法工作。2011年，将食品卫生监管职能移交到县食品药品监督管理局。2018年3月因机构改革，原卫计委计划生育稽查大队并入本单位更名为上高县卫生计生综合监督执法局。2019年底，将职业卫生监管职能从县安全生产监督管理局划转到本单位。2021年4月事业单位改革将县卫健委爱卫办、老龄办，同年12月将县工业园区计生所并入本单位，单位更名为上高县卫生健康综合监督执法局，调整为股级，为公益一类财政全额补助事业单位。

乡级医疗机构 新中国成立前，上高乡村缺医少药。新中国成立后，人民政府着手组建乡镇医疗机构。1965年，全县设田心、徐家渡、锦江、泉港、翰堂、南港、永圣、界埠、泗溪、官桥、水口、江口、凌江及敖阳镇等14个公社（镇）卫生院。1979年敖阳镇卫生院并入县中医院。1983年公社卫生院改称乡卫生院。1985年12月，全县设乡卫生院12所，有医疗技术人员267人，病床180张。2022年，全县共有乡镇卫生院13所，有医疗技术人员402人，开放床位650张。

村级医疗机构 新中国成立前，农民看病、妇女生育，依靠少数民间中医草药和接生婆。新中国成立后，人民政府大力培训农村接生员、卫生员、保健员（简称三员），到1953年，全县有三员508名，每个大队（行政村）有2~3名。1969年开始，全县普遍推行合作医疗制度，各大队相继成立合作医疗室（站），承担本大队医疗、保健、防疫等任务。每室（站）有赤脚医生、卫生员、保健员3~8名。2005年，全县农村设置医疗点262个，其中乡村医生联办的81个、占30.9%，乡卫生院设点3个、占1.2%,乡村医生个体办的178个、占67.9%。2022年,全县186个行政村共有村卫生室237个,其中公有产权卫生室35个,真正做到了小病不出村。

个体诊所 20世纪末,国务院办公厅批转国务院体改办等八部门《关于城镇医药卫生体制改革的指导意见》(国办发〔2000〕16号),政策上允许一部分经考核合格的无业医务人员开办个体诊所,以缓解群众缺医少药的困难。到2003年全县有个体诊所8家,主要集中在县城。2011年后,卫生主管部门多次对个体诊所进行整顿,并按照卫生部制定的基本条件重新布局,到2016城区个体诊所发展至10家。随着城区范围扩大,人口增加,个体诊所发展较快。2022年全县有个体诊所52家(其中牙医专科诊所8家、医疗美容诊所3家)。

医护人员 指全县卫生医疗机构中的专业人员,包括中医师、西医师、中西医结合高级医师、护师、中药师、西药师、检验师、其他技师、中医士、西医士、护士、助产士、中药剂士、西药剂士、检验士、其他技士、其他中医、护理员、中药剂员、西药剂员、检验员和其他初级卫生技术人员。1949年全县有中医药人员140名,西医16名。2005年,县乡医疗单位有中医药人员44名,西医264名。全县有乡村医生303人。2022年,县乡医疗单位中医药人员113名,西医人员537名。2022年注册乡村医生348人,其中取得大专学历15人,取得执业(助理)医师75人。

计划生育服务 1970年开始实行计划生育,明确要求一对夫妇生育两个孩子,生育间隔时间为4至5年,并执行一系列计划生育政策。1974年,全县落实以结扎为主的节育措施。1979年,本县提倡晚婚晚育、少生优生,提倡和鼓励一对夫妻只生育一个子女,严格控制生育第二胎,禁止生育第三胎。1993年7月,上高县成立流动人口计划生育管理领导小组,负责全县流动人口计划生育管理工作。1995年5月,县政府成立"控制一男孩超生,一女孩抢生"领导小组。1998年9月,县政府下发《严禁非法进行胎儿性别鉴定的通告》,2005年6月,成立上高县综合治理人口性别比例失调工作领导小组成,对进行非医学需要的胎儿性别鉴定和非法选择性别人工终止妊娠,非法进行计划生育技术服务的案件进行查处。2014年1月起实施单独两孩政策;2016年1月1日起全面实施两孩政策;2021年5月31日起实施三孩政策;2020年成立上高县计划生育特殊困难家庭社会关怀工作领导小组,全面落实计划生育农村部分计划生育家庭奖励、计划生育特殊家庭扶助、关爱女孩阳光助学、城镇独生子女父母奖励、计划生育特殊家庭一次性抚慰金、农村独生子女和二女户家庭子女实施中考优惠加分政策、计划生育家庭购买保险的政策。2022年落实计划生育农村部分计划生育家庭奖励1468人，发放资金176.16万元；计划生育特殊家庭扶助189人，发放资金108.636万元；关爱女孩阳光助学241人，发放资金24.1万元；城镇独生子女父母奖励6797人，发放资金780.24万元；计划生育特殊家庭一次性抚慰金8人，发放资金4万元。农村独生子女和二女户家庭子女享受中考加分政策有122人；市、县出资23760元，为198名计划生育特殊困难家庭成员购买"江西卫惠保"，卫健委积极主动出资36000元为180人计划生育特殊困难家庭购买住院护理津贴保险。

计划免疫 2005年全县共有15个预防接种门诊，开展卡介苗、乙肝疫苗、脊髓灰质炎疫苗、百日破疫苗、含麻成分疫苗、A群流脑、甲肝疫苗、乙脑疫苗等11种国家免疫规划疫苗的预防接种。2006年和2011年先后通过省卫生厅以乡为单位儿童免疫接种率达90%的目标考核。2010年全县预防接种门诊实现了冷链设备远程温度监控全覆盖，确保所有疫苗可控可用。2018年，全县拥有五星级门诊2家，四星级门诊10家，三星级门诊2家，星级预防接种门诊达标率100%，居宜春市前列。2020年，对全县8700名重点人群进行了新冠疫苗接种。2022年底，全县3—17岁人群接种新冠疫苗160759剂次，18岁以上人群接种新冠疫苗700071剂次。累计接种新冠疫苗860830剂次。

流行病防治及公益卫生事业

血吸虫病防治 是由血吸虫寄生于人体引起的一种慢性寄生虫病。全县历史上曾因血吸虫病造成死亡人数达4000余人，毁灭自然村12个，接近毁灭的14个。新中国成立后，按照国家"群防群治，防治并重"的血防方针，上高连续五次组成3000以上的群众开展灭螺大行动。先后在富港、简市各开一条长2000和3000米、深1米、宽1米的排水沟，开荒900多亩。基本消灭了芦苇洲钉螺，使芦苇洲变成稳产高产田。共采用土埋、药杀、开新填旧等方法，灭螺3035995平方米，彻底改变了疫区面貌。此后每年坚持在疫区查螺、灭螺、查病、治病，使血吸虫病得到有效遏制。1983年5月省委血防领导小组组织考核，确认上高达到消灭血吸虫病标准，实现传播阻断目标。2017年省血地办血吸虫病防治专家考核组考核，达到《血吸虫病控制和消除标准（GB 15976-2015）》规定的血吸虫病消除标准。2006年开始开展晚期血吸虫病救助项目，至2022年共救治晚期血吸虫病人1345人次，有效改善了晚期血吸虫病患者的生活质量。

出血热病防治 流行性出血热是以鼠类携带和传播为主的自然疫源性疾病,是危害极大的传染病之一。临床表现为发热、出血、肾脏损害等特征,病情凶险。1979—2009 年,年平均报告发病率为十万分之三十四点三八,年平均病死率为 3.76%,报告发病率最高年份为 1983 年,为十万分之八十四点八三。自 2009 年开始,流行性出血热疫苗纳入了国家扩大免疫规划,有计划地对 16—60 岁人群实施免费接种出血热疫苗,2009—2012 年分 4 年完成了覆盖全县的出血热疫苗接种任务,接种率达 80% 以上。2009—2022 年,出血热发病呈下降趋势,年平均报告发病率为十万分之十九点三五,年平均病死率为 1.18%。2022 年报告流行性出血热病例 24 例,年报告发病率为十万分之七点零三,病死率为零。

麻风病防治 麻风病是由麻风分枝杆菌引起的一种慢性传染病。1957 年 10 月首次在上高县开展麻风病调查,发现麻风病人 13 人,全部送往萍乡麻风病院隔离治疗。1960 年,县麻风病防治所在田背严家岺村(今属芦洲乡)建立,开设病床 20 张。同年 9 月从萍乡接回麻风病人(17 人)安置在该所。同时在严家岺村建立麻风村。1972 年,防治所迁至新界埠城陂自然村。1988 年与县血吸虫病防治站合并,名称为县血吸虫病地方病防治站,开设皮肤病门诊。1998 年,通过基本消灭麻风病达标验收。2003 年 5 月,麻风村撤销。1960 年至 2022 年,全县累计登记新发病人 57 例,复发 2 例,治愈 45 例,现症死亡 10 例,现存患者 2 例。

碘缺乏病防治 机体因缺碘导致的一系列疾病。1982 年在全县 18 个乡、场、镇采取群体抽样调查 40770 人,查出甲状腺肿大患者 1251 人,患病率为 3.07%。1986 年全县又开展了一次大规模的普查工作,共调查 255369 人,占全县总人口 94.07%,查出甲状腺肿大患者 2104 人,患病率为 0.82%,其中 7—14 岁儿童调查 47285 人,患病 572 人,患病率为 1.21%。并对两次普查查出的碘缺乏病病人开展治疗。1988 年宜春地区血地办对上高县碘缺乏病防治工作进行考核,达到基本控制碘缺乏病的标准。2009 通过了省卫生厅组织的消除碘缺乏病的考核验收。至此,上高县已基本消除碘缺乏病。2018—2022 年设 5 个碘营养监测点,测检对象为学生与孕妇,未发现甲状腺容积增大者。

艾滋病防治 艾滋病是一种慢性致命性的传染病。上高县的艾滋病防治从 20 世纪 90 年代中期开始,主要是宣传教育、普及艾滋病防治知识。2005 年,县政府成立艾滋病防治领导小组,2007 年发现首例艾滋病感染者。

2005—2022年全县筛查检测各类人群共412329人次,共检测发现艾滋病感染者87例。

非典预防 2002年底,非典型性肺炎(简称"非典")在国内南方部分地区暴发,并迅速向其他地区蔓延。2003年4月,县成立非典防治领导小组,组建了非典疫情处理应急机动队和医疗小分队,建立县、乡(镇)、村、组四级信息网,实行疫情日报告、零报告制度,先后举办县乡干部和医务人员培训班4期,培训人员300余人。在车站、边关交界乡镇设立健康检测点5处,对来(返)人员进行健康咨询检测2217人次,排查发热可疑病例19人。经过近2个多月的严密防控,至2003年6月全县未发现非典诊断病例。

"光明·微笑"工程 2009年5月省委、省政府作出"光明·微笑"工程建设的统一部署,免费为白内障及唇腭裂患者进行手术治疗。同年,县人民医院为795例白内障患者、7例唇腭裂患者进行了手术治疗。至2022年累计完成白内障手术4926例、唇腭裂手术33例。

新型冠状病毒疫情防控 2019年12月,湖北省武汉市出现新型冠状病毒疫情之后,上高县于2020年1月,成立新冠疫情工作领导小组,组建疫情防控应急指挥部,建立联防联控机制,对疫情防控做出部署。2月3日,上高县出现第一例新冠病毒确诊患者,在县人民医院的积极治疗下,于2月16日治愈出院。疫情防控常态化以来,上高先后投资1.37亿改造2所县直医院发热门诊,储备19个集中隔离场所,建设定点救治医院和方舱医院,采购防疫物资和医疗设备。全县设置常态化核酸采样点18个,新冠病毒疫苗接种点14个,累计接种86万余剂次,全县18岁以上人群新冠病毒疫苗接种率96.1%。2022年10月27日、30日全县相继发生2例省外输入性关联病例,10月30日至11月2日果断实行3天静态管理,有效阻断了疫情的蔓延。2022年12月26日,新型冠状病毒肺炎更名为新型冠状病毒感染。2023年1月8日,新冠病毒感染调整为乙类乙管,防疫重心转向医疗救治。其中48524名老年人、21550名儿童、2493名孕产妇接受健康调查和随访管理,增设ICU及可转换ICU床位35张,发放健康防疫包1.7万份,增购呼吸机、心电监护仪、指夹式血氧仪等医疗救治设备,全县平稳进入乙类乙管常态化阶段。

血液管理 1951年,县人民医院建院并设立血库。县域内医疗机构临床用血均靠有偿献血解决,血源供应由县人民医院血库负责。1998年《中华人民共和国献血法》出台并实施无偿献血,由全市统一供血。2002年县卫生局成立无偿献血工作协调小组办公室,挂靠在县红十字会,负责协调组织宣传无偿献血工作。2020年县红十字会单独设立后,移交县卫健委医改医管股。至2022年全县无偿献血人数达4.04万人次,采供血液1297.4万毫升。其中,2022年无偿献血3624人次,采血量117.7万毫升,占临床用血量159.94%。

社会保障

城镇职工养老保险 城镇职工养老保险是国家为解决劳动者达到国家规定的解除劳动义务的年龄,或因年老丧失劳动能力,退出劳动岗位后的基本生活而建立的一种社会制度。其基本方法是劳动者及其用工单位在有劳动行为能力时,按照一定的比例,向社保机构缴交社会养老保险金。在劳动者退休之后,向社会保险机构领取一定的生活费用。2022年,城镇企业职工基本养老保险参保人数105276人,完成任务数的104.17%。其中企业在职职工参保人数76184人,同期增长率为1.03%;退休人数29092人。机关事业单位养老保险参保人数11741人,完成任务数的105.36%。其中在职参保7697人,同期增长率为1.62%;退休人数4044人。2022年,全县养老基金征缴55532万元,累计发放养老金99006万元,基金结余9034.2万元。

城乡居民养老保险 2011年10月上高县城乡居民社会养老保险管理局成立。具有本县户籍、年满16周岁(不含在校生、现役军人)、非国家机关和事业单位工作人员及不属于职工基本养老保险制度覆盖范围的城乡居民,均可在户籍所在地自愿参加新农保。新农保基金通过个人缴费、集体补助、政府补贴及其他自主的方式筹集保险资金。养老金待遇由基础养老金和个人账户养老金组成,支付终身。其领取条件为年满60周岁的本县农村户籍的老年人,均可按月领取;已年满60周岁的本县农村户籍老年人,不用缴费,可按月领取基础养老金,但其符合参保条件的子女应当参保缴费。2011年年底,参保人数160683人(其中:城镇8167人;农村152516人);征缴金额为1545.78万元;发放养老金1018万元,领取养老金人数32600人(其中:城镇5300人;农村27228人)。2018年3月,上高县城乡居民社会养老保险管理局更名为上高县城乡居民基本养老保险管理局。2021年6月与上高县社会保险事业管理局合并,组成上高县社会保险事业服务中心。2022年底,上高城居保参保人数达到158288人,其中:已缴费人数74774人,征缴金额为2377.93万元;领取待遇累计47133人,发放养老金1.04亿元。2022年7月1

日起我省实施丧葬补助制度,上高县丧葬补助发放397人,共39.7万元。2017年起我省实施对符合参保条件的建档立卡贫困户及城镇贫困户代为缴纳城乡居民基本养老保险费用100元/年,2022年上高县代缴总人数为6581人,金额为65.81万元,代缴金额已足额到位。

城乡居民基本医疗保险 是整合城镇居民基本医疗保险和新型农村合作医疗两项制度而建立统一的城乡居民基本医疗保险制度。上高县被省政府批准为2006年全省新型农村合作医疗试点县,并在2006年1月1日正式启动新型农村合作医疗保险制度。参加新型农村合作医疗,农户须按全家人口每人每年缴纳10元合作医疗资金,其中20%(2006年每人2元)加上中央、省、市、县各级政府支持的资金(2006年每人40元),共同构成全县大病统筹基金,主要用于住院治疗、门诊大病、孕产妇住院分娩的费用补偿,2006年最高补偿可达15000元,其余80%计入家庭账户基金,用于门诊治疗,分户包干使用。2007年6月15日,省劳动和社会保障厅、省财政厅、省卫生厅、省食品药品监督管理局联合印发《江西省城镇居民基本医疗保险管理实施细则》,开始执行城镇居民基本医疗保险制度。原则上对城镇居民参加城镇居民基本医疗保险的筹资标准成年人不低于每人每年150元,未成年人不低于每人每年50元。城镇居民以家庭为单位参加城镇居民基本医疗保险,实行家庭(个人)缴费为主、财政适当补助和其他筹资渠道相结合的多渠道筹资机制。2016年1月12日,国务院发布《国务院关于整合城乡居民基本医疗保险制度的意见》,整合城镇居民基本医疗保险(简称城镇居民医保)和新型农村合作医疗(简称新农合)两项制度,建立统一的城乡居民基本医疗保险(简称城乡居民医保)制度。

城乡居民医疗救助 是指政府和社会对因病而无经济能力进行治疗,或因支付数额庞大的医疗费用而陷入困境的城乡经济困难家庭人员,实施专项帮助和经济支持的一项社会救助制度。在基本医疗保险、大病保险制度的基础上,对符合条件的困难参保群众开展救助,保障困难群众的基本医疗权益。救助覆盖人群是所有参加当年基本医疗保险的参保人员。城乡医疗救助保障范围是对特困人员、低保对象、返贫致贫人口和监测人口等救助对象,在参保地定点医疗机构或按规定转诊异地就医(急诊、抢救除外)发生的合规医疗费用,经基本医疗保险、大病保险等报销后的个人自付部分按规定给予救助。门诊慢特病和住院费用共用年度救助限额,一个年度内家庭总收入减去个人自付医疗总费用后低于农村低收入家庭标准且符合低收入家庭财产核查条件的大病患者,按照户申请、村评议、乡镇审核、县级医保与民政、乡村振兴等部门审批的程序,实行申请救助。城乡医疗救助的保障待遇特困人员、低保对象、返贫致贫人口不设起付线。脱贫不稳定人口、边缘易致贫人口、低保边缘家庭户、突发严重困难人口起付线2854元;因病支出型困难家庭患者起付线7135元。特困人员及孤儿医疗救助比例100%,年度救助限额为5万元;低保对象救助比例75%,年度救助限额为5万元;返贫致贫人口救助比例75%,年度救助限额为5万元;脱贫不稳定人口、边缘易致贫人口、低保边缘家庭人口、突发严重困难人口救助比例65%,年度救助限额均为3万元。一个年度内,对规范转诊且在省域内就医的救助对象,经三重制度综合保障后政策范围内个人负担仍然较重的,可视医疗救助资金筹集情况给予倾斜救助:起付线1万元,救助比例50%,门诊慢特病和住院共用年度救助限额1万元。上高县医疗保障局2019年城乡医疗救助基金支付682万元,救助20586人次。由于政策变动扩大享受政策的人员范围,到2022年城乡医疗救助基金支付1460万元,救助51135人次。

失业保险 失业保险是指国家通过立法的方式,由用人单位、职工个人缴费及国家财政补贴等渠道筹集资金,建立失业保险基金,对因失业而暂时中断生活来源的劳动者提供物质帮助以保障其基本生活,并通过专业训练、职业介绍等手段为其再就业创造条件的制度。上高县行政区域内的城镇企业事业单位职工、社会团体及其专职人员(比照公务员制度执行的除外)、党政机关的工勤人员、民办非企业单位及其职工,依照规定缴纳失业保险费。具备下列条件的失业人员,可以领取失业保险金:1.按照规定参加失业保险,所在单位和本人已按照规定履行缴费义务满1年的;2.非本人意愿中断就业的;3.已办理失业登记,并有求职要求的。2022年,全县失业保险基金征缴1303.04万元,失业保险基金纳入市级统筹,由财政专户管理;失业保险参保人数25872人。2022年累计发放失业保险金98.5万元,发放680人次;发放失业补助金226.3万元,发放2263人次;2011年9月起,失业人员按照规定可同时享受代缴基本医疗保险费等其他失业保险待遇。2022年为失业人员代缴医疗保险费16.12万元,发放632人次。2022年发放企业稳岗返还269家,享受职工15476人,发放473.5万元。

工伤保险 《工伤保险条例》自2004年1月1日施行,2010年10月28日,全国人大常委会通过了《中华人民共和国社会保险法》,对工伤保险制度作了一些新的规定,国务院对《工伤保险条例》进行了修订,新修订的《工伤保险条例》自2011年1月1日起施行。

至2022年底,上高县工伤保险参保单位1022个,参保人数5.8万人。2022年发生工伤事故(含职业病)630人,2022年工伤保险基金决算保险费收入1349万元。2022年工伤保险基金决算待遇支出2475万元,其中医疗待遇支出738万元,伤残待遇支出1038万元,工亡待遇支出699万元。

生育保险 生育保险于2020年1月1日起并入职工基本医疗保险合并实施。

随用人单位参加职工基本医疗保险的在职职工同步参加生育保险。有意愿的无雇工的个体工商户、未在用人单位参加职工基本医疗保险的非全日制从业人员以及其他灵活就业人员,在每年度3月31日之前办理职工基本医疗参保登记手续的,同步参加生育保险。

在职职工由用人单位以上年度宜春全市城镇非私营单位就业人员月平均工资和上年度城镇私营单位就业人员月平均工资加权计算,按核定缴费基数,8.8%的费率按月缴纳。

用人单位继续以退休人员上年度退休工资总额为缴费基数,6%的费率按月缴纳基本医疗保险费,退休人员个人不缴费。有意愿的无雇工的个体工商户、未在用人单位参加职工基本医疗保险的非全日制从业人员以及其他灵活就业人员自愿参加两项保险的,由个人按8.8%的费率缴纳职工基本医疗保险费和生育保险费。生育保险待遇含生育医疗费用和生育津贴。

住房公积金 住房公积金是国家为了解决职工住房问题而设立的一种制度,目的在于为职工提供住房保障。上高县的住房公积金制度始于20世纪90年代。1995年,上高县住房公积金管理中心成立,负责公积金的归集、结算、支取和转移,还有公积金贷款的发放和还款。2002年12月后,公积金由宜春市政府统一管理,在上高设有办事处。至2022年止,全县共有公积金个人账户20268人,单位账户350户,全县归集金额3.25亿元,贷款总金额为1.26亿元。

城市低保 上高县从1998年开展城市低保试点工作,全县共保障23户,61人。2003年5月正式开展城镇居民最低生活保障工作。2003年按照城镇人口的8%进行城镇低保扩面,扩面后全县共保障3011户,7137人。2007年7月成立上高县低保管理局,为副科级全额拨款事业单位。2013年10月设立上高县居民家庭经济状况核对中心,困难群众申请救助要进行家庭经济状况核对。2018年3月,对城镇低保对象进行规范清理,年底城镇低保对象下降为1437户,2318人。2021年起,低保审批权限由县民政局下放到各乡镇(场)街道。2021年4月机构改革,上高县低保管理局(县居民家庭经济状况核对中心)整合到上高县社会救助中心。

农村低保 2006年4月,我县率先在全省开展农村低保试点工作,2007年7月,农村低保工作由县民政局救灾救济股移交到县低保管理局。2021年起,农村低保审批权限由县民政局下放到各乡镇(场)街道。2022年底农村低保对象7423户,10641人。

高龄津贴 2011年1月1日,上高县建立高龄老人长寿津贴制度,俗称高龄津贴,由县老龄工作委员会办公室为年满100周岁及以上、90至99周岁、80至89周岁的高龄老年人每人每月分别发给300元、100元、50元的高龄津贴。2019年1月,提高补助标准,80周岁(含)至89周岁(含)老年人每人每月发放标准从50元提高到60元,90周岁(含)至99周岁(含)老年人每人每月发放标准从100元提高到150元,100周岁及以上的老年人每人每月发放标准从300元提高到500元。2019年11月,高龄津贴工作由卫健委移交给民政部门。

县社会福利中心 始建于1984年,原名为上高县社会福利院,位于友谊路11号,占地面积36630平方米。主要收养城镇"三无"(无依靠、无劳动力、无经济来源)孤寡老人、婴儿,为财政拨款福利机构。2007年投资1250万元,建有中心敬老院、光荣院、儿童部、老年公寓5栋楼房,总建筑面积15652平方米,床位340张。2007年8月将老年公寓改为公建民营(2栋楼房,共210张床位)。2020年3月,机构改革光荣院移交退役军人事务局。2021年4月机构改革,挂牌上高县养老服务中心。2022年县养老服务中心有职工10人,收养"三无"老人26人,孤儿6人。

乡镇敬老院 赡养五保人员的公办养老机构。1958年10月中旬,泗溪人民公社游市大队创办了全县第一所农村幸福院。至该年底,全县共办起了8所幸福院,收养215人。改革开放后,农村敬老院有较大发展。1985年有农村敬老院55所,收养老人521人。1986年开始,对乡村敬老院进行整合规范,要求每个乡镇新建1所敬老院,逐渐取消村办敬老院。2004年1月,上甘山林场敬老院并入塔下乡敬老院。全县现有乡镇敬老院14所。

县慈善总会 公益性非营利社会团体组织。成立于2002年10月,由热爱慈善事业的社会各界人士、企事业单位及团体自愿参加,经社团登记管理机关核准注册登记,具有法人资格,接受县民政局业务指导和监督管理。县慈善总会以"安老、扶幼、济危,助困"为宗旨,开展多种形式的社会募捐和社会救助工作,经历了从无到有、从小到大的健康发展历程。慈善总会接受社会各界及企事业单位、社会团体和个人现金及实物的捐赠。慈善款、物主要用于举办和资助本县的社会慈善项目,包括助残、济困、助学、尊老扶幼、医疗救助等。参与了2008年汶川大地震等国内、县内突发自然灾害的赈灾救灾活动。

福利彩票 中国福利彩票始于1987年7月,2013年由省福彩统一管理,上高成立福彩工作站。现有投注站44家,解决就业岗位60余个。福利彩票本着"扶老、助残、救孤、济困"的发行宗旨。36年来共发行福利彩票4.6亿元,累计筹集公益金5520万元,用于社会福利院、敬老院及养老服务体系建设等,资助困难学生600人及困难家庭1000多户。

民俗风情

传统节日

春节 春节又叫过年,即农历新年,是中国传统节日中最盛大、最隆重的一个节日。一进腊月,家家户户开始裁制新衣、筹办年货、打麻糍、粘麻糖、做年糕。在外工作的亲人,要赶回家过团圆年。

农历腊月二十四日为"过小年"。从这天起民间开始组织传统的娱乐活动。各家各户不约而同地扫"长毛灰"、清猪圈、洗涮家具、门窗、衣服、被子。

农历腊月三十(小月为二十九)为除夕,开始贴对联、糊门神、挂彩纸。门联的含意一取吉祥,二望发达。这天的早餐或中餐叫做公婆饭。开饭之前,烧香纸、点蜡烛、燃鞭炮,家家户户以鸡、鱼、肉、饭等供品奉祀祖先。晚餐叫团年饭,这是一年中最丰盛的酒席。除夕之夜全家守岁,满堂灯火齐明,通宵达旦。直到过了深夜12点,才算新年初一开始。这时,鸣爆竹迎年。旧社会一到年关,穷人被债主逼得东藏西躲,直到"团年"时才敢出来,俗称"当夜皇帝"。如今随着经济的宽裕,家家户户尽情娱乐,其乐融融。

农历正月初一凌晨,鸣爆开门,称开门爆竹。洗漱后或早餐后,晚辈成群结伙,上门给长辈拜年。从初一到十五前,陆续有亲戚、朋友的晚辈,携带礼品向长辈拜年。长辈要给来拜年的小孩和正在学校读书的青少年数量不等的压岁钱。熟人相遇相见,均说些"新年好""恭喜发财""身体健康""合家幸福""万事如意"等吉利话。过去,正月初三日,俗称"穷鬼日",禁忌上门拜年、走亲访友,随着社会的进步,经济的发展,此俗逐步被打破,初三日照样走亲访友。

元宵节 正月十五为元宵节。十三日开始"发灯",十五日为"散灯"。十五晚上吃元宵、"赏灯"。入夜,室内室外,到处插香点烛,庆贺元宵。是夜,用灯照"黄毛老鼠",取"赶走黄毛鼠,请进财神爷"之意。父母去世的人家,在丧后的第一个元宵节,子女要上坟烧纸钱,点灯烛,叫做"发头灯"。

从正月初七到十五,为大闹花灯期间,而以元宵节为高潮。灯的种类繁多,形状不同。上高县常见的有龙灯、狮子、麒麟、蚌壳、采船,还有唱灯戏、演打灯(武术)等。

清明节 祭扫祖坟的节令。上坟者携带酒肉、米果、香烛、纸钱等祭品,在先人坟头供奉,以示悼念。清除坟墓杂草、给坟墓加添泥土、清洗墓碑。近年来,清明祭扫祖坟,禁止焚烧纸钱,燃放鞭炮改用鲜花祭奠。

端午节 农历五月初五为端午节。家家在门口悬艾挂蒲,饮雄黄酒,据传可以驱虫避邪。早餐吃粽子、包子、发糕、大蒜籽、盐(茶)蛋及酒菜。是日,锦江沿岸一些地方,开展龙舟比赛,大人小孩观看者甚多。农历五月十三日,在锦江团结、斜口一带还过副节,也和端午节一样开展龙舟比赛。

中元节 农历七月十五日为中元节,也叫鬼节。为民间追祭先人之日,家家焚化纸钱,供奉先人"冥中受用"。先人丧葬后的第一个到第三个中元节,亲友都送装有纸、锭的篾笼到坟前焚烧,叫做"烧七月半"。

中秋节 农历八月十五日为中秋节。各家都做中秋赏月酒,并备有月饼、花生及水果等。亲友之间互赠礼品。夜晚,县东南各乡村喜舞"秆龙灯"。他们用稻草扎成把子,再用小木棍撑起,把点燃的线香插在把子上,到空旷田野里舞弄,宛如火龙飞舞。县西一带喜放"焰火"。用棕木烧炭研成细末,用纸卷起,再以稻草包扎成把,撑以木棍,边烧边走,火花飞溅,以庆丰年。

重阳节 农历九月初九日为重阳节。昔有重九登高之举,此风在读书人中较盛。往往邀集二三知己,登高览胜,饮酒赋诗。20世纪90年代初,我国将此日定为老人节后,各级各部门都要组织离退休人员开展各种活动来庆祝节日。

谚语

懒龙(彩虹)降西,大雨铲陂;懒龙降东,有雨也不凶。

乌云接日连夜雨。

天翻黄,雨作涨。

分龙下雨一条线。

乌云接日,不落今日落明日。

云走东,雨头空;云走西,雨淅淅。

春暖天晴,春寒云雨。

日落西山胭脂红,不是雨来便是风。

久雨突然星满空,明朝雨更凶。

早上红云雨不停,傍晚红云会天晴。

乌云夹白云,不遭风来也遭淋。

春雾晴、夏雾雨、秋雾茫茫晒死鬼。

雷公先唱歌,有雨也不多。

春天孩儿面,一天变三变。

光清明、暗谷雨。

春雪会返潮(过120日涨大水),冬雪兆丰年。

春南(风)夏北(风),要雨便得。

天上起了鱼鳞斑,明朝(日)晒谷不用翻。

磉墩回潮,大雨要到;烟不出屋,滴滴笃笃(雨声)。

一冬无雨雪,尽在正、二月。

云走上、水汪汪;云走下,晒曝瓦。

星星稀,晒死鸡;星星密,戴斗笠。

烟洞不出烟,一定要阴天。

春天东风雨绵绵,夏天东风井断泉。

太阳月亮穿外衣,不是刮风就下雨。

云往东、暖烘烘;云往西、穿蓑衣。

春季南风雨咚咚,夏季南风一场空,秋季南风雨淋淋,冬季南风天不晴。

久雨现星光,四日雨更旺。

一日白沙三日雨,三日白沙涨大水。

云交云,雨淋淋。

天上起了炮台云,不过三天雨淋淋。

久雨西风晴,久晴西风雨,久晴大雾阴,久雨大雾晴。

雪夹雪,落不歇。

鱼鳞天,不雨也风颠。

天上扫帚云,三五日内雨淋淋。

秋前北风秋后雨,秋后北风干到底。

先雷后雨,当不得一露水。

东虹晴,西虹雨,南虹北虹涨大水。

正月初一暗,早禾绊着坎(指早禾好)。

日落火烧云,明日晒死人。一日赤膊,三日头缩(春天)。

风刮黄日头,行人不用愁;雨滴鸡开口,行人不要走。

乌云脱脚,明日日头晒脑壳。

清早地罩雾,只管洗衣服(冬天)。

饭前落雨饭后晴,饭后落雨冇路行。

东闪晴,西闪雨,南闪火开门,北闪雨淋淋。

虹高日头低,早晚披蓑衣。

十月无霜地也寒。

春无三日晴,夏无三日雨。

早霞不出门,晚霞行千里。

有雨天顶光,无雨四周亮。

天上馒头云,明日晒死人。

一场春雨一场暖,一场秋雨一场寒。

(农历四月份)初一落雨麦生菇,

初二落雨锅生镥（锈），初三落雨肩木龙，初四落雨好时风。

立夏不下（雨），犁田莫耙（会旱，不要耙）。

六月初六"婆官雨"，点点滴滴成害虫。

春社无雨莫作田，秋社无雨莫作园。

一九二九冷得伸不出手；三九二十七，檐前倒挂笔（冰凌）；四九三十六，黄土起白肉（冰冻）；五九四十五，黄狗子冷得吾啊吾；六九五十四，田里长嫩刺；七九六十三，行人脱衣衫；八九七十二，农夫田中治；九九八十一，犁耙一起出。

小满不满，芒种不管。

小满日头晒曝皮。

清明断霜，社断雪。

小满满过缘，芒种管到年。

芒种火烧天，夏至雨连连。

正月田塍铁打脚，二月田塍豆腐脚，三月田塍不着作。

谷雨日落雨，点雨一条鱼。

立春晴一日，农夫不用力（耕田）。

正月初一打了霜，一担禾种换担秧。

惊蛰闻雷每事宜，春分有雨病人稀。

先（春）分后（春）社，种子慢下；先社后分，种子乱倾。

两春夹一冬，十只牛栏九只空。

早禾怕夜风，迟禾怕雷公。

禾耘三道仓仓满，豆锄三道粒粒圆。

芝麻喜听锄头响，一边锄来一边长。

芒种落雨草芊芊（多），夏至落雨哭黄天。

人哄地一时，地哄人一年。

清明芋仔谷雨姜，芒种薯仔正相当。

处暑种荞，白露看苗。

九月栽菜十月吃，十月栽菜要火炙。

人怕老来穷，禾怕秋后虫。

作田不用巧，只有肥料饱。

添田不如换种。

春争日，夏争时，农事宜早不宜迟。

栽禾如嫁女，避不得风和雨

小满栽早禾，不够供鸡婆。

四月不用扇，早禾有一半。

秋分不出头（穗），割去喂老牛。

晚稻莫过秋，过秋九不收。

晴栽苋菜，雨栽黄瓜。

田要冬耕，崽要亲生。

两土不和，长年好禾。

霜降不收禾，一夜去一箩。

养猪冇巧，栏杆食饱。

雨打秋，般般收；雨打伏，般般熟。

有收无收在于种，收多收少在于管。

勤劳致富常享福，不义之财祸

临门。

家有千万,餐粥餐饭。

一餐节一口,一年节一斗。

煮得三年烂饭 买得一头黄牯。

不穿补片不得老,不吃烂饭不得饱。

吃不穷,穿不穷,不会打算一世穷。

两勤夹一懒,想懒不得懒;两懒夹一勤,想勤不得勤。

且把有日当无日,莫把无时当有时。

做事不依时,骨头撑破皮。

穷不离猪,富不离书。

千棕万桐,永世不穷。

好崽不要爷田庄,好女不要娘嫁妆。

穷人穷,一条龙;财主穷,一包脓。

独木撑天不成林,万紫千红才是春。

一个篱头三个桩,一个好汉三个帮。

吃一堑长一智,久病成良医。

晴带雨伞,热带寒衣。

话多不甜,糊多不黏。

人怕伤心,树怕剥皮。

远水难救近火,远亲不如近邻。

一次被蛇咬,三年怕秆绳。

丑娘生好女,瘦田出白米。

上梁不正下梁歪,两头不正出妖怪。

树正不怕阴影斜,脚正不怕鞋底歪。

牛瘦角不瘦,人穷志不穷。

燕子尾叉叉,好女两头遮。

鸡婆上锅,鸡仔跟脚。

前辈栽树,后辈遮阴。

害人终害己,先害自家起。

要想好,问三老。

村看村,户看户,群众看干部。

合得邻居好,等于捡只宝。

人到八十八,莫笑拐和瞎。

有钱莫借钱势,有人莫借人势;

有官莫借官势,有权莫借权势。

光棍要一双,好佬要人帮。

赤膊一棵树,蝇也粘不住。

出门观天色,进门观气色。

相骂有好言,打架有好拳。

歇后语

狗咬老鼠——多管闲事。

栋梁做鼓——大材小用。

狗咬猪尿泡——空欢喜一场。

猪尿泡打人——臊气难闻。

老鼠进风箱——两头受气。

六月穿皮袄——不识时务。

老鼠掉进锅——坏了一锅汤。

哑巴吃黄豆——心中有数。

盲人骑瞎马——险上加险。

竹筒倒豆子——空到底。

张冠李戴——乱扣帽子。

蚂蟥叮到耙钉上——冒油水。

癞子挨栗牯——实打实落。

白水哇成醋——无中生有。

雨后送伞——假人情。
正月吃冷水——心寒。
山里的野猪——嘴上的功夫。
铁匠当官——只讲打。
灯芯草打鼓——咚都不咚(懂)。
木匠戴枷——自作自受。
虾公打架——七手八脚。
柳树开花——有结果。
张天师下海——摸(莫)怪。
狗扯羊肠——越扯越长。
有轿不坐钻猪笼——自贱。
癞蛤蟆打哈欠——好大口气。
驼背拜年——跟伴作揖。
小和尚念经——有口无心。
撑船落了篙——四岸无靠。
六月天卖毡帽——不看时候。

特色美食

上高人的饮食,历来以本地出产的谷物为主,红薯为辅,肉少粮寡,加以蔬菜,为典型的饭菜结构的饮食。这种结构随着时光的流逝,逐渐向日常小吃和节庆糕点食品延伸,将本地盛产的食材应用到了极致,形成了一种视野广、层次深、多角度的独特区域饮食文化。

食全食美宴 由榜眼蹄花、吉星高照、串子泡腐、上高三辣、伯温鲶鱼、醉鹅、难得糊涂、赤脚大仙、薯粉人家、迎亲肃面、煎花、锅子汤等12道菜组成。

上高十大本地菜 2019年由县委宣传部、县文广新旅局、县市场监督管理局联合主办的上高县"一桌菜"评选出了上高县"十大金牌本地菜",即:新皇元大酒店的"有头有脸"、石屋饭店的"姜炒鸡"、五谷原味餐厅的"五谷村醉鹅"、徐家渡镇的"徐家渡镇串子泡腐"、镇渡乡的"小桥流水"、南港镇的"芋薯丸子"和"烂熟"、芦洲乡江口土菜馆的"芦洲乡大盆鸡"、泗溪镇农家菜馆的"薯粉肉丸"、田心镇老街饭店的"黄鳝煮面"。

特色菜品

蹄花(榜眼蹄花) 原料:猪蹄花1只,细盐、豆豉汁、酒酿、葱、蒜、姜以及适量味精。做法:选一只四斤左右的猪蹄花(要瘦肉多、连骨,最好是选蒙山猪),刮洗干净,上锅闷煮,先武火,后文火,闷至酥烂。起锅后盛入盘内。锅内留适量原汁,倒入原已备好的细盐、豆豉汁(后来有的改用酱油)、酒酿、葱、蒜、姜以及适量味精等佐料,速炒片刻,浇在盘内蹄花之上即成。特点:原汁原味,酥烂香醇,油而不腻,回味悠长。此菜是上高宴席上必备的一道主打菜,也是上高最著名最有代表性的一道佳肴。

上高松肉 原料:猪前夹肉500克,鸡蛋2个,面粉或优质薯粉75克,香菇20克(用香菇则称香菇松肉,用海参则称海参松肉),食盐、酱油、味精、姜、葱为辅料。做法:将肉切成9~12

厘米宽的长条,用食盐酱油腌制 15 分钟。再与鸡蛋和薯粉拌均,然后逐条放入七成热的油锅中,炸成金黄色起锅。再切成 2.5 厘米的小块备用。香菇去蒂,洗净,用油炒一下,平放碗中,将松肉放入,按紧压实,不留空隙,酌加调料,再上蒸笼,旺火蒸 2 小时,反扣入盘中,撒上姜葱即成。特点:肉质酥软、味美,因外形酷似松果而名"松肉"。

酒糟土猪肉 主要食材:优质酒糟土猪肉。做法:以酒糟土猪肉经过白酒、食盐、酱料等长时间腌制而成,其食材富含多种人体所需的微量元素、蛋白酶等。厨师用原蒸的方法烹制,保留了食材原有的特质及营养,更利于人体消化吸收。

马湖烂熟 宋、元、明三朝,马湖驻军处囤马众多,老弱病残的马匹宰杀后用于犒劳官兵,剩下的骨头、内脏放入大锅熬汤,分送给周边百姓。银矿封禁后,村民逐渐以农耕为主,耕牛代替了马匹,牛骨头和内脏熬煮后成为具有地方特色的美食"烂熟"。做法:选优质牛头、牛骨清洗干净,烧柴火灶,锅里放山泉水,放置铁锅,铁锅中放置牛头、牛骨,盖好锅盖,烧大火蒸煮一个小时,再用小火煨炖 4 小时,熟透后用小刀剔骨,肉和原汁汤加适量食盐就可以食用。特点:肉香浓郁,入口筋道。

包圆 原料:瘦猪肉 200 克,鱼肉 100 克,豆腐皮 2 张,水发香菇 10 克,葱头 25 克,味精 1 克,冬笋 50 克(按季节配料),食盐 10 克,麻油少许。做法:1. 瘦肉、鱼肉剁成茸状,冬笋、香菇剁成小碎丁,葱头切末,放入味精、细盐,加一至二两水和肉茸拌匀。2. 豆腐皮切成二寸方块,将馅子包成长方形,放进六七十摄氏度热水煮开后,加一至二次冷水,待水开后起锅上盘,淋上麻油即可。特点:清香味鲜。

辣炒仔鸭 主要食材:仔鸭 1 只。制作流程:将宰杀洗净的仔鸭剁成 2 厘米见方的块,锅内入油烧热,放入鸭块、姜片、大蒜子煸炒出香味后,加入料酒、酱油、水,以小火焖熟,加入红椒、味精,调好味即可装盘。

窑鸡 主要食材:土鸡。制作流程:1. 用泥块砌成土窑。土窑底部留一个口子,做窑口生火。下面放大泥块,上面放小泥块,依次垒砌成圆锥形的窑。2. 土烧红之后,将鸡放入,土的热量将鸡烤熟。待窑烧好了,就把烧窑剩余的木材掏出来,小心放入包裹好的鸡。把鸡放进去,就把窑推倒,盖上新鲜沙土,以保温度。一般等待 30 到 40 分钟就可以挖出食用了。

紫皮蒜炒鸡蛋 主要食材:紫皮蒜、鸡蛋。制作流程:1. 鸡蛋调成蛋液,放点料酒调和去腥味。大蒜切成段。2. 起锅热油,先摊鸡蛋。3. 然后把蛋饼切成小块先盛出来。4. 然后再放油炒大蒜,小火翻炒装盘即成。

伯温斋鱼 主要食材:鲜活草鱼。制作流程:将草鱼去鳞,去鳃,去内脏,斩成大小均匀的长块,以盐、白酒腌制24小时,取出鱼块入油锅内煎至两面金黄时捞出,锅内留油将姜蒜葱末煸香加入煎好的鱼块,料酒稍焖片刻起锅装盘。

挂面 上高挂面广泛应用在节日庆典、家族团聚、招待亲朋、居家生活的方方面面。其制作用料简单,但工艺难度大。其工艺分磨面、和面、醒面、溜条、柜抻、上架、抻长、晒干、收藏等环节。关键有三环:一是磨面。过去多用牛拉大磨磨小麦,磨了后用人力过筛,反复磨、反复筛,一般要反复到七八次才能得到合格的面粉。二是和面。和面用水量为面量的26%～32%,再加碱0.1%～0.2%,加盐1%～3%,揉和15～20分钟,直至面软适度,撅揉光滑、柔韧为止。盐在面中作用甚多,加多加少要按季节"热多冷少"的原则办。三是溜条、抻条。先将醒好的面团由粗变细反复揉搓多次,把面溜"熟"、溜顺,溜成大拇指粗的面条后,缠绕在两根面杆上,绕满后抻断面条,将其中一根插入坤面柜的插孔内,直至插满抻柜,盖上,让柜内的面条在重力影响下抻长、再醒。煮制时,待锅里水一开,即可下面,再放些肉末、葱花就可以盛起。

牛肉炒扎粉 主要食材:干扎粉500克,牛肉(瘦)200克。做法:1. 将米粉煮至八成熟,用清水漂浮沥干备用。2. 牛肉洗净,切成细丝,用菱角粉10克,盐5克,拌上浆。3. 红辣椒去蒂、籽,洗净,切成细丝。4. 大蒜去蒜衣,洗净,切成细丝。5. 生姜洗净,切成细丝。6. 将炒锅烧热,猪油烧至六成热时放入牛肉丝炒散。7. 牛肉丝炒散后放入红椒、大蒜、生姜炒出香味,加酱油25克、高汤100毫升、味精少许,煸炒。8. 将米粉入锅,炒干水分即可。

梅沙湿粉 产于南港镇梅沙村,故名。主要食材:采用经过早米发酵后多项工艺制成的新鲜湿米粉。做法:湿粉不用再上锅,只需装进碗中再加上调料拌后即可食用。这种调料,人称为"汁子"。汁子用姜丝、蒜末、葱花、红椒粉,下锅用热油爆炒,然后放水1～2碗,再加食盐、料酒、生抽即可。

红薯丸子 原料:去皮大红薯1个,面粉约150克,鲜姜30克,盐、植物油适量。做法:1. 红薯蒸熟去皮,制成泥。2. 鲜姜洗净切细末。3. 姜末、红薯泥、面粉加入盐,揉匀。4. 揪成小剂子,团成丸子坯。5. 植物油烧热后慢火炸成金黄色。

芋头圆(薯粉坨) 原料:芋头,薯粉,馅(按照个人的口味制作的风味馅)。配料:蒜苗,香油。做法:1. 将馅做好后放置凉透。2. 芋头洗尽,带皮煮熟,取适量薯粉,将熟芋头剥皮放至薯粉中,加少量开水。开始和粉,将芋头与薯粉揉匀。

艾里米饼 原料:野生的嫩艾草、糯米粉、米粉、黄豆粉、盐、糖各适量。做法:将鲜嫩的艾草采撷回来洗净,焯水,捣烂,与上高特产糯米粉和适量黏米粉(为调节软硬度)拌匀,团成半个乒乓球大小的团子,用笼屉蒸熟即可。

葱油饼 原料:面粉500克,熟猪油200克,水晶馅150克,清水适量。做法:1.用面粉150克,加熟猪油75克和匀,成油面。用面粉350克加清水和匀,包上油面,成包子状,花纹朝上。用面棍擀成长圆形,然后,两头折拢再扞,成长圆形,顺直方向卷起,搓成长圆形,用刀切成馍子10个,包上水晶馅,拍扁成饼状。2.将猪油下锅,烧至五成热,放入油饼,炸至带白色,浮起出锅即成。(水晶馅制法:将白糖500克,猪板油150克切成细丁,放入切成细末的橘饼,加适量芝麻、桂花、炒面粉拌匀,腌数小时即成。)特点:外酥脆,内香甜,圈纹似水,色白,为酒席名点。

麻糍 是本地人过年过节、办喜事必办的小吃食品。麻糍原料是当地糯米,先把糯米蒸成糯米饭,再趁热打成麻糍。各地打的方法不尽相同,在敖阳街道、徐家渡镇、田心镇、翰堂镇、蒙山镇一带流行将糯米饭放在石板上,再由两三位青年后生用粗大的麻糍棒槌,轮翻猛槌直到饭中尽烂无饭粒存留方可。此法打成的麻糍韧性十足,很有咬劲。而在泗溪镇、新界埠镇一带,多是将糯米饭倒进石舂之中,再由两人各握紧一根木棒交替猛捣,直捣到无饭粒存留。"年三十打麻糍"已成了农家不成文的乡俗,似乎不打麻糍就不像过年。所以年三十在上高农村(包括农历下元节在泗溪镇、蒙山镇等地)看打麻糍,也是欣赏民风民俗的好时机。

南瓜发糕 原料:南瓜250克,酵母粉3克,面粉300克,葡萄干、蔓越莓干适量。做法:1.南瓜蒸熟。2.南瓜凉置,用勺子将南瓜肉舀出,搅拌成泥。3.将酵母粉放入,搅拌均匀。4.放入浸泡好的葡萄干和蔓越莓干。5.放入面粉。6.揉成光滑的面团。7.6寸蛋糕模,内壁抹油,将面团放入,按压平。8.放入温暖的地方发酵至2倍以上大小。9.蒸锅烧开水,蒸30分钟,关火,焖5分钟即可。

油条 原料:面粉500克,明矾12克,食盐12克,纯碱8克,耗油175克。做法:1.明矾、食盐、纯碱放入瓷盆内,加温清水375克,速搅动以防碱结块,待全部融化后滤去渣质,放入面粉和匀。然后,边翻转边用拳头沾水揉捣,揉捣得外皮无水纹、发亮,上案板用湿布盖上,发面4至12小时。2.用锅将油烧至八九成热,将发好的面切成大长条块,用扑粉拖成宽四寸、厚二分的薄条板,再用刀切成长四寸、宽八分的薄片。然后将一片倒转放在另一片上,用薄竹片夹紧,不能粘连,再拉成长条,在锅边用手扭一下,入锅。边炸边用竹筷拨转翻动,炸成金黄色,皮酥捞起即可。

二来子油条　原料:炸好后未吃完的油条。做法:将油锅烧沸,或利用刚炸完新鲜油条的油锅,将所剩油条下锅复炸。炸至油条黄中带黑,起锅沥油即可。特点:酥脆爽口、油香扑鼻。

米糕　主要食材:大米2杯。做法:1.2杯大米洗净浸泡一晚。2.将米和水一起放入食品加工机中打磨成米浆。3.取少量米浆分别放入一个稍大碗和一个小碗中,大碗的放入微波炉中大火加热30秒。4.将大碗中的熟米浆倒入生米浆中搅拌均匀。5.小碗的米浆里加2大勺白糖和1勺酵母拌匀,放入烤箱(烤箱开灯)发酵约1小时。6.将发酵好的米浆再倒入其他米浆里,搅拌均匀,再次发酵约5~6小时。7.最后把发酵好的米浆盛入抹了油的容器里,上锅大火蒸25~30分钟即可。

麻圆　原料:优质糯米500克,绵白糖125克,纯碱5克,植物油150克,芝麻适量。做法:1.糯米用温水洗净,浸四至六小时,磨成浆,用袋沥干水,放在通风处继续晾干,时间过一天半或二天,使呈霉色。有少许霉味,为半发酵状时,加入绵白糖、纯碱、揉搓均匀,至糖全部溶化。如米粉过干,糖不能溶化,则用手淋少许清水使之溶化。接着,搓成20个、每个重8钱的圆子,沾上芝麻。2.将油入锅,放在中火上烧至五成热即端起,放入麻圆,用带眼锅铲轻轻搅动,待全部浮起后,又将锅端上火,边搅动,边轻轻地按,炸至小皮球样大,呈金红色壳稍酥硬,起锅即成。

雪枣　用料:米(糯米)15公斤,黄豆3公斤,芋子1公斤,榴花砂5公斤,饴糖1公斤,绵白糖10公斤。制作流程:制生坯→炒坯→烧浆→上浆→拌糖。做法:1.制生坯:将糯米淘净,浸水约12小时,捞起晾干,椿打成粉,然后用开水拌和成团,分块搓成长条,再用刀切成小粉团,放在沸水中煮,待粉团煮熟余出水面时,即可捞出放在搅拌机内搅拌,边搅拌边冷却至37℃~40℃时,将浸泡8小时左右的黄豆磨成浆(不可预先磨)和入,再加上去皮煮熟的芋头拌匀拌透,取出放在案板上趁热摊平,厚度约1厘米。案板上可散以炒熟淀粉以防黏结。冷却8小时以后,切成1厘米×1厘米×2.5厘米的小块,在室内通风处晾一天后,再在日光下晒干,即成生坯,宜在深秋季节制坯。2.炒坯:将芝麻壳在锅内炒至160℃左右,放入生坯(约占麻壳量的50%),不断翻炒至起发成形似蚕茧壳状,并稍待冷却发脆,可筛去麻壳摊开冷却。3.烧浆:在砂糖和饴糖中加入0.6升水,在锅内熬沸至110℃左右离火。4.拌浆上糖:将炒坯与糖浆各分成相等的若干分,每分浇上糖浆拌匀,倒出拌上绵白糖,筛去多余绵白糖,冷却后包装即成。

油果子 原料:糯米100斤,黏米25斤,油、糖适量。做法:1.将糯米100斤外黏米25斤淘洗干净,用清水浸泡约10小时,然后去水入磨推之,盛口袋中榨干水分,再取出加少许清水,大约50斤粉渗水3~4斤(冷天用原泡米水)用手揉匀,以能成圆团为度,然后搓成每块重4~5钱的圆柱形的粉团待用。2.将菜油入锅,烧过后下红糖小火,待油烧沸,糖全部溶化后,即将粉团入锅炸之,同时用铁筷子不断翻炒,等到每个果子都充分裹上糖,并且外层已经起了一层脆脆的黄褐色东西就可以起锅,放于事前准备好的芝麻的簸箕中(每百斤粉子需芝麻10~20斤),使油果子粘上芝麻,即可食用。

麻花 原料:面粉200克,鸡蛋2个,油30毫升,白糖20克。做法:1.准备好材料。2.鸡蛋倒入油碗中,放入白糖。3.鸡蛋搅拌均匀至白糖溶化。4.倒入面粉。5.揉成面团,醒20分钟。6.擀成面片。7.面片切成长条。8.取两根长条拧在一起。9.按住长条的一边,另一边往反方向拧上劲。10.对折拧成缠绕状。11.依次做好所有的麻花。12.锅中放油,七成热的时候放入麻花胚,炸至两面金黄即可。

麻糖 原料:糯米、米糖、清油。做法:先是将加工好的糯米倒入沸水大锅内,边煮边拌动,煮至五六分熟捞起,摊开放在竹盘里待凉,凉时用手将结了的块分开,再上甑蒸熟。要求米饭熟后含水量低至不结团。然后撒在竹晒垫上暴晒,晒至半干收起,倒进碾槽中,用牛拉碾碾至每粒米饭都成为扁平状,这时的糯米饭粒通体透明,韧性明显,被通称为"冻米",冻米收存在干燥的米缸内待用。一般到春节前,家家户户都会开始做麻糖。先是加工好冻米,有两种方法,一是干爆法,即是将锅烧至半红,用手抓把冻米抛下,米遇锅立即膨大,马上出锅。每锅用时不到一分钟,以不烧焦为限。另一种是油爆法,即是将淋了油的锅烧滚,抓一把冻米进去反复翻炒,让每粒米都沾上油而膨大,然后出锅。爆好了的冻米放一旁,再在锅中放水,烧开后放进农家自制的米糖,溶化后烧至用锅铲提起后,糖水在铲上结成透明的旗状,就可将爆好的冻米倒进,翻炒至糖水均匀地包裹住全部冻米就可以出锅。出锅后摊平、压实,趁热切成块状即成。

红薯片和红薯糖 晒红薯片一般选择在秋末打霜的天气中进行,因为这时雨水少、阳光充足,连晒几天就干了,可以保证薯片的品质。这时,农户选出较大的红薯,洗净,切片,放进烧沸的水中煮软,捞起后一片一片地摊到竹晒垫上去晒,直到晒干。煮了薯片的汤水,放适量的麦芽作催化剂,还可以熬成红薯糖。晒干的红薯片,到了过年的时候,用油一炸,变成金黄色,又香又脆,特别爽口。有些不喜油炸的农家,也会用砂将薯片炒成又酥又脆的干货,多吃不腻,携带方便。

嗦嗦(红薯)丝和红薯粉 以出产红薯出名的上高县,将红薯加工成了当地特产嗦嗦(红薯)丝和薯粉。解放前,上高有句民谣:"嗦嗦饭,木炭火。除了神仙就是我。"反映了人们对温饱生活的追求。薯丝,是用红薯加工而成。一般是在农历九月后,将收获的红薯洗净,用刨薯板或刨薯机刨成细丝,倾入大木桶内,用水洗去生薯丝表面的浆汁和淀粉,再用竹捞斗将薯丝捞出,撒在竹晒垫上摊开,晒几天太阳,干透后,将其装入桶或缸里保存。洗了薯丝的水,自然沉淀后,倒出上层的清水,用布包好下层的淀粉,置架上压上重物,榨除余水,取出晒干,就成了薯粉。煮嗦嗦饭时,先将大米下锅煮至五成熟,捞起,将干嗦嗦拌于捞出的米饭内,用木甑蒸熟。蒸好的嗦嗦饭,软糯适中,饭香薯香,微甜可口。以薯粉加工成的薯粉粉丝、薯粉粉皮,都是有名的菜肴原料。

徐家渡串子泡腐 串子泡腐又叫腊壳泡腐,是上高县徐家渡集镇出产的一种独特的,具有浓郁地方风味的传统食品。泡腐是油豆腐中的一种。它比普通油豆腐个头略小,呈腊光小球状,用篾条串起,挽成圈圈挂着出售,因而被称为串子泡腐。它壳体较硬,可煲可煮,久煮不碎,入口则软嫩美味,特有嚼劲而备受称道。它既可入高汤烹调,又可加工成酸辣可口的冷盘,被称之为"素中之荤"。串子泡腐是晚清时期徐家渡塘下村的李丛珍创制的,他将这一秘方传于子孙。串子泡腐以优质大豆为原料,山泉水为制作用水,以优质生石膏磨浆加墨鱼骨头磨浆点卤,先制作出优质豆腐,再压干切丁的豆腐油炸成腊壳泡腐,再穿串出售。主要工艺步骤是:选料→清洗→浸泡→脱皮→磨浆→摇袋过滤→生石膏墨鱼骨粉水再加秘方配出点卤水备用→煮浆加点卤水卤化→压榨成豆腐→将控湿的豆腐丁控温油炸成腊壳泡腐→用细长篾条穿成串,挽圈成为成品。

霉豆腐 原料:豆腐,辣椒粉,精盐,米酒,茶油。做法:每年秋冬季节,将豆腐块切成2~3厘米见方。然后在缸、瓿或其他方形、长方形容器内铺好一层干净稻草,将切好的豆腐块间隔适当地摆放好。摆完一层,铺上一层稻草,再摆一层豆腐。然后盖实进行发酵。豆腐发酵好了后,选用适量的辣椒粉,放入一定量的精盐拌匀,用干净筷子将豆腐一块一块地夹起,在辣椒盐中滚匀,裹上一身"红袍",再放入洗净干燥的玻璃瓶或瓷坛里,然后倒进上高产的茶籽油直至盖过豆腐面,将瓶盖盖严封实,放在阴凉通风处,过三五天后,即可取食。

糖醋生姜　原料：新鲜生姜，白糖，白醋。做法：将新姜洗净去皮，晾干水分，切成片状后，装罐，注满香醋，加入适量的冰糖，封好罐口，过三五天就可食用。特点：辣、鲜、嫩俱佳，开胃爽口。

南瓜酱　老南瓜削皮去瓤、切片，翻晒成泛白色。将糯米粉调成糊状，在容器中放少许盐，再放白糖和捣碎的红辣椒，搅拌成稠状，把南瓜片倒入容器内与糯米粉糊状拌均匀，然后放入蒸器中，蒸好后的南瓜片放到太阳晒干即可。

酒类

七宝系列酒　七宝酒业有限责任公司创立于1957年，其前身为上高县酿酒厂。厂区占地面积270亩，具备年生产各种饮料酒2000吨的能力，曾获"江西省先进私营企业""宜春市纳税百强企业"等称号。"七宝山"商标被认定为"江西老字号"。目前生产上百个品种，分四个系列：一是"七宝老窖"系列，主要产品有方瓶老窖、瓷瓶老窖、珍品老窖。二是"七宝古窖"系列，主要是年份酒，有5年、10年、15年古窖酒。三是"七宝银窖"系列，主要产品有元字号、天字号、坤字号老窖酒。四是"四季香"系列，主要产品有三星、四星、五星级老窖酒。

五谷村系列纯粮酒、年份酒　江西五谷村酒业有限公司出品。公司位于上棠路2号。产品以原浆封存和私人定制，精确定位各地中高端企业客户，年成品酒产量3600吨。

陈宗浊酒　使用"二元发酵法"工艺酿造的"古香型"原浆酒，入选市级非物质文化遗产保护单位名录。宜春陈浊酒坊有限责任公司出品。公司位于镜山综合园食品大道3号，2014年创建。年产"陈宗浊酒"系列300万瓶，年供应市场150万瓶。

帝缘桂花酒　江西帝缘食品有限公司出品。公司于2006年5月创建，位于镜山综合园旺旺路2号。产品系列：黄酒、料酒、白酒、果露酒及其他发酵酒。销售面向省内外，出口印度尼西亚、新加坡及中国香港。入选市级非物质文化遗产保护单位名录。2022年产各类黄酒3500吨，年产值926万，年销售收入2600万元。

土特产品

上高三辣

生姜。据同治《上高县志》载，上高"水泉多自岩石间出，性寒冷，饮食恒加椒姜"，故而姜椒蒜已成为上高人生活中离不了的重要食品。上高生姜具有色泽金黄、油光鲜亮、块大、皮薄、肉细、丝少、辣中带甜、鲜嫩爽口、营养成分高、耐贮藏、耐远运等优点。主要品种有白丝姜和木丝姜两种，其中又以肉色微白的白丝姜为上品。生姜的主产区在蒙山、南港、塔下等乡镇的丘陵、半山区地带,上高居民喜欢在新姜上市后,将新姜洗净去皮,晾干水分,切成片状后,要么擦上食盐,晒成干姜;要么装罐,注满用糯米制成的香醋,加入适量的冰糖,封好罐口。这种盐姜、醋姜是极具上高民间特色的风味小吃。

大蒜。上高大蒜与外地大蒜有明显的区别,成熟后蒜干、蒜球的薄羽上呈现淡淡的紫色,故称为"紫皮大蒜"。农业部肉及肉制品质量监测检验测试中心对上高紫皮大蒜检验检测结果报告显示,上高紫皮大蒜含有17种氨基酸,长期食用对肠胃消化道及预防感冒大有好处。紫皮大蒜的特点是:蒜瓣大,产量高,适应性好,杀菌力强,休眠期长,耐贮藏。紫皮大蒜在上高分布极广,而尤以塔下乡的天山、茶十、建新一带最为著名。

辣椒。上高原产的牛角辣椒体型饱满苗条,色泽鲜丽诱人,椒肉厚实细嫩,辛中带甜,具有独特的风味。有的农户还把它制作成辣椒酱、豆瓣酱、干茄酱、南瓜酱,其中的鲜辣又别具一番风味。天山村、茶十村还出产一种色红、肉厚、味甜的灯笼辣椒,是餐桌上色、香、味、形俱佳的菜品。

上高鳙 青花黑色,肉质结实、鲜美。鱼头富含胶质。1959年首次进行人工养殖。核心养殖示范基地为马岗水库、南港水库、蒙山水库,2000亩左右。主要捕捞集中于端午节前、中秋节前。最大体重3千克,当年生长体重1千~2千克。在江西省农业农村厅渔业渔政局、中国水产科学研究院淡水渔业研究中心、江西农业大学支持下,通过上高县隆信渔业专业合作社的精心培育,《"上高鳙"生态健康养殖技术》已列入2010年国家科技部星火计划,2018年获"中国绿色食品标志",入选农业农村部"水产健康养殖示范场"。

上高富硒鸡蛋 2013年江西绿万佳种养殖合作联社与苏州硒谷科技有限公司签署了战略合作协议,研发了"绿万佳"品牌富硒鸡蛋。2020年,江西裕联生物科技发展有限公司研发了"裕联优品"品牌富硒鸡蛋。上高富硒鸡蛋养殖主体主要分布在徐家渡、翰堂、锦江、塔下、野市、芦洲、田心等富硒土壤分布带。截至2022年年底,全县10万羽以上规模的养殖主体有10家,总规模达454万羽,年产蛋量14亿枚。富硒鸡蛋主要特征:硒含量在0.2~0.5mg/kg之间,是普通鸡蛋、包括土鸡蛋的40~60倍,胆固醇少一半多,具有延缓衰老,提高免疫力,防治心绞痛、心肌梗死、脑血栓,抗癌等作用。

上高黄椒 上高辣椒生产不仅历史悠久,而且面积大,分布广,产量多,品质优。上高辣椒以黄椒为主,主要分布在塔下、蒙山、南港、翰堂、芦洲、徐家渡、墨山、田心等乡镇。每年生产面积10000~12000亩,鲜椒产量2万~2.4

万吨。上高黄椒的主要特性是:株型不高,适应性强,生育期、结椒期、采摘期长,鲜椒亩产1700~2000公斤。椒形细长,青椒青绿色,充分成熟后鲜红色,含水量少,便于晒干椒、腌制、做辣椒酱、磨辣椒粉等。

上高粉防己 粉防己属防己科千金藤属植物,多年生落叶缠绕藤本,药用部分为粉防己干燥块茎。粉防己性寒,味苦,利水消肿、祛风止痛。由于上高独特的地理环境和气候条件,上高粉防己无论是外观品相还是内在品质,都形成自身的产品优势,在市场上广受青睐。江西鑫隆农业发展有限公司2006年开始粉防己野生驯化和人工栽培种植试验,经过粉防己野生资源种质筛选、种苗繁育、种植管护等技术研发,取得粉防己野生驯化和大面积栽培种植成功。2015年"一种粉防己的种植方法"获得发明专利证书。2020年申报国家地理标志农产品保护。2022年上高粉防己的种植面积达到1.5万亩,每年采挖面积达到3000亩,年平均鲜货产量3000吨,干品1000余吨。上高粉防己的产量占到全国需求量的60%以上。

石菖蒲 石菖蒲属天南星科、菖蒲属禾草状多年生草本植物。其根茎常作药用,具有化湿开胃,开窍豁痰,醒神益智的功效。石菖蒲生长于海拔20米至2600米的地区,多生在山涧水石空隙中或山沟流水砾石间。上高县的地理环境适合石菖蒲的生长,野生石菖蒲在县内到处可见。2018年江西鑫隆农业发展有限公司开始对野生石菖蒲驯化栽培,到2022年在泗溪镇、新界埠镇、田心镇、芦洲乡等地种植石菖蒲面积6000亩。

田心凉薯 田心凉薯是上高蔬菜种植中的特色品种之一,外观呈扁圆形或纺锤形,具浅纵沟,表皮淡黄色,皮薄而坚韧,易剥离;其肉质洁白、嫩脆、香甜多汁,富含糖分和蛋白质,还含丰富的维生素C,可生食、熟食。田心镇田心村自20世纪90年代开始种植该品种,常年种植面积1000亩以上,带动周边农户种植面积达2000亩。全年总产量可达5000吨,总产值1000万元。

石湖香芹 石湖香芹高大强健,株高40~60厘米,颜色较深,叶茎外面光滑、脆嫩,香味较浓。锦江镇石湖村是上高县"菜篮子"工程重点保供基地,种植香芹历史悠久。石湖村蔬菜基地每年香芹种植面积近500亩,产量1200吨以上,辐射带动全县香芹种植面积近9000亩,品牌效益明显。

大窝里野生茶 大窝里茶不属于人工栽培,属野生茶,零星分布在大窝里村方圆3~4平方千米的范围里。最大株直径7~8厘米。大窝里村地处南港镇海拔1004米高的蒙山山脉。每年清明前后村民就上山采摘,很受消费者的欢迎。2015年后有企业在大窝里村建小型加工厂,每年产茶约150公斤,不外销。大窝里野生茶基本特征:芽叶肥大、节间长,一芽二叶,约需4.5斤才能制作1斤。闻之清香浓郁,喝之入口苦涩,回味甘甜爽喉,解渴时间长,夏天可解暑清热。

城乡建设

土地空间规划

规划期年为2020年,近期目标年为2025年,规划目标年为2035年,远景展望至2050年。城市性质:江西省工贸繁荣的现代工业城市,宜居宜业宜游的山水园林城市。城市规模:规划2025年县域常住人口为35.5万,2035年达到37万;规划2025年城镇常住人口为22.72万,2035年为26.64万;规划2025年中心城区人口规模为18.5万,2035年为22万;至2035年,中心城区内规划城镇建设用地总量控制在47.22平方千米。城市发展方向:东拓、西联、中优、北延、南控。东拓:建设宜居宜业城东新区。西联:搭建"一园四区"的发展框架。中优:提升城市空间品质。北延:建设电子信息产业园。南控:完善城市综合功能。城市空间布局:规划形成"一体两翼、一核双心、三轴四片"的空间结构。规划层次与范围:包括县域和中心城区两个空间层次;县域指上高县行政辖区范围,包括2街道、9镇、5乡,国土总面积约1347.23平方千米;中心城区包括锦阳、敖阳2个街道、黄金堆产业园、五里岭产业园、电子信息产业园、铁路经济产业园4个工业组团,锦江镇、野市乡、敖山镇、芦洲乡、塔下乡5个乡镇的部分区域,总面积约137.46平方千米。

城市建设

城市建设规划 上高县城市建设,源于解放初期,最初主要围绕和平路展开。和平路为西南—东北走向,西起沿江路、东至站前路,全长1480米,宽30米。至1986年,城区占地面积3平方千米,有街道(路)14条,沥青水泥路面6.42千米,主要建筑物不超过4层,城区人口约2.8万。此后,上高县城市建设总体规划先后经过了三次大变动。1.1998版总体规划期限:近期1998—2005年,远期2005—2020年发展规划。近期人口8万人,用地规模8.37平方千米。远期人口13万人,用地规模11.85平方千米。城市性质:全县的政治、经济、文化、科技中心。城市发展方向：锦江以北旧城区向东南发展,锦江以南老城区沿320国道向西发展,镜山片沿320国道向东北方向并沿道路纵深发展,塔下片向东南并沿上新公路纵深发展。2.2006版总体规划。县政府委托湖北省城市规划设计研究院编制了《上高县城市总体规划(2006—2020)》,该规划于2008年3月23日经宜春市人民政府审批通过。城市性质：赣西北地区以发展轻工业为主的新兴工业城市,全县的政治、经济、文化中心,充分体现山水特色的园林城市。城市规模：2010年城区总人口16.8万人,城市建设用地约17.55平方千米,人均建设用地104.5平方米。2020年城区人口25.4万人,城市建设用地约26.62平方千米,人均建设用地104.8平方米。规划控制区范围：东至敖山镇的黄金堆、新界埠镇的光明村,南至新界埠镇的富港村,北至敖山镇的洪桥分场,西至钟家渡的油籽洞。3.近期2015—2020年,远期2021—2030年。城市性质：江西省工贸繁荣的新兴城市,生态宜居的园林城市。城市规模：规划2020年城市建设用地23.07平方千米,中心城区常住人口为21.5万人,人均建设用地约为107.3平方米。2030年城市建设用地27.97平方千米,中心城区常住人口28.0万人,人均建设用地约为99.9平方米。规划区范围：东至泗溪镇、新界埠镇西界,南至上甘山林场、翰堂镇北界,西至蒙华铁路、宜丰县东界,北至昌栗高速公路、锦江镇上竹村、凌江村界,包括敖阳街道、敖山镇全部、锦江镇、芦洲乡、野市乡、泗溪镇、新界埠镇、塔下乡的部分规划用地,总面积约237.90平方千米。

锦阳新区规划建设 2005年,县政府组织编制了锦阳新区规划,并于2017年进行锦阳新区控制性详细规划(简称控规)修编。锦阳新区控规修编范围东、南至锦江岸线,西至镜山大道,北至镜山,规划面积为289.6公顷。确定锦阳新区的主导功能为行政中心、公共服务中心、商务金融中心、综合生态休闲区和山水宜居闲区,规划形成"两区、两轴、两心、一带"的总体功能结构。

旧城改造 2013—2018年,全县对7个旧城区进行了改造,包括县农业科技示范场、街心花园、敖阳路、902地质大队、三机厂旧宿舍区、中心农贸市场、东丰路棚户区。投入资金约5.51亿元,共改造1606户,建设安置小区7处,即原种小区、金惠花园、锦宏小区、怡和小区、锦阳明珠、时代广场、锦阳小区。

给排水

城区供水 解放初期,城区居民用水主要靠肩挑手提,生活用水困难。为解决城区居民用水难的问题,政府开始打机井、建水塔、使用自来水。1973年，城区第一眼机井打成，深93米，每小时流量56吨。此后，又分别打出2眼机井，即101号和102号。后来还租借车站饭店的一个深井，日供水量可达2341吨。这些机井以县房地产公司的自来水班（后改为水塔班）管理为主，可解决部分城区居民的生活用水。此外，各企事业单位也相继打井15眼，以各单位自行管理为主。1981年6月，县自来水公司成立，县城所有水井统一归口自来水公司管理。1983年，县城水厂一期工程建成，日供水量6000吨，取水点位于七郎埠的锦江。自来水厂建成后，原有机井和传统水井一律停止使用。1984年，对水厂进行改造，日供水量达到18000吨，基本解决了城区居民的生活用水问题。随着社会的发展，城区人口激增，1998—2003年，水厂又新建2条生产线，日供水达到40000吨。供水范围随城市扩建逐渐扩大。至2005年，整个县城及周边农户，东至塔下、上甘山水泥厂，北至镜山科技工业园、敖山华侨农场场部，西至何家垴电站，南至锦江派出所都用上自来水。供水管道直径100毫米以上的有80千米。2013年12月，省水务集团与上高县人民政府达成城乡供水一体化合作项目之后，城区供水由润田水务公司接手管理。润田水务公司不断加大投入，提高城区供水的供水能力及供水质量，使全县供水管网总长达到1375千米，日供水量达到90000吨，用水居民达到80435户。2015年8月至2017年1月，润田供水公司投资1.73亿元，建设了具有国内领先制水工艺的第二水厂。第二水厂建成之后，原位于青年路51号的老水厂（也叫第一水厂），成为备用水源。此后，又在锦江镇的钟家渡建设了日供水量为30000吨的第三水厂，使城市供水日趋充沛。为了进一步确保城市居民的饮用水安全，2019年7月，该公司又投资2.3亿元，将取水点改为南港水库和保丰水库。到2022年底，上高城区年供水量超过2600万吨，售水量超过2100万吨。至此，上高城区的供水问题被彻底解决，城区居民都用上了干净清洁的自来水。

城区排水 1986年前，县城和平路、解放路仅有2条直径0.8米的管式下水道，其他小街小巷房前屋后的雨水和生产生活废水顺街而流，有的渗入地下，有的直接流入锦江河内。1986年，改造解放路时用水泥砂浆块石砌成拱形沟，宽0.8米，高1.5米。河南其他街道在以后改造时，全部在人行道下埋0.8米的水泥管或开明沟入总管，直排锦江河。和平路1986年前在路中埋有0.8米管式下水道，过三机厂商住楼，再过人民路，经集贸市场入敖山大道排水沟进入锦江河。1991年始，对河北街区的下水道进行全面清理，在建设路、朝阳路、学园路等街道的中间新修宽约2米、高约2.5米的块石砌成的拱式涵洞,两边人行道下埋有直径0.8米水泥管下水道,各条小街巷埋设0.5米的水泥管下水道,雨水可直接排入和平路、建设路、敖山大道、交通路等下水涵洞流入河内。全城宽2米、高1.7米的地下排水涵洞长274千米,直径0.5米以上的下水道及排水管长61.31千米。2021年为加快老城区排水改造,提升城市排水防涝能力,针对老城区排水薄弱路段进行统一改造,完成老城区排污排水防涝改造工程,总投资约1938万元,这期改造工程项目分三个路段:东丰路、友谊路、学园路,全长1465米,排水箱涵安装1465米,污水管道铺设1465米。2019—2022年度,完成团结路刘家桥路发展大道排水工程,投资约412万元,完成道路沿线排水及污水管道7000米;2022年完成上高大道排水防涝改造工程,该项目从庙前门台到飞云路,投资金额约370.5万元,完成排水设施改造860米。

上高县城区排水管道总体上依地形地势铺设,中心城区排水管网(管渠)长度约160千米,主要以盖板渠、水泥管为主,近年来部分改造为钢筋混凝土管渠或塑料管道,管渠坡度一般为0.5%~1.5%。雨水主要通过和平路、建设路、敖山大道、镜山大道、上高大道、宣化路、沿江路、胜利路等管道,最终排入锦江河。

乡村供水工程 全县农村集中供水工程有147处,其中千吨万人规模供水工程10处、百吨千人规模供水工程11处,小型集中供水工程126处,覆盖农村人口24.5万人。

供电

上高城区供电始于1950年,这年上高发电厂正式投产发电。1966年上高火力发电厂开始筹建,总装机容量3000kW。1980年,上高发电厂、地区供电所、宜丰棠浦发电厂合并,组成宜春地区电厂形成9000千瓦的小型电网,向上高及宜丰棠浦煤矿供电。1985年12月,宜丰电厂从宜春地区电厂分离,宜春地区电厂只负责供应上高的电力需求。1999年8月28日,宜春地区电厂撤销,成立上高县供电有限责任公司,由省电力公司控股,负责上高地区的电力供应。

电力设施 1968年7月,上高—棠浦第一条35千伏高压线路和第一个35千伏变电站(棠浦变电站)投运,上高火力发电厂正式向棠浦煤矿供电;1971年8月宜丰电厂1#机组安装完毕投入发电,与上高火力发电厂并网运行;1973年下半年两厂合并成立宜春地区棠浦电厂,年发电量增加到3000万千瓦时;至1975年上半年,形成共有装机容量为10台9084千瓦的2个火电厂、1个水电站的独立小电网,其供电范围涵盖上高县、宜丰县部分乡村以及宜丰棠浦煤矿。1980年,宜春行署将上高发电厂和上高供电所以及宜丰县的棠浦发电厂(装机6000千瓦)3个电力企业合并,成立宜春地区电厂(正县级),下属上高发电厂和棠浦发电厂两个副县级单位,为地方独立电网。1985年12月31日宜丰电厂从宜春地区电厂分离,归口棠浦煤矿管理,宜春地区电厂只管辖上高发电厂和用电管理所,其供电范围为上高县。2006年10月1日,上高发电厂停止生产,并退出电网。至2022年底止,上高县区域内共有500千伏变电站1座,220千伏变电站2座,110千伏变电站9座,变电容量286.75万千伏安。35千伏变电站9座,变电容量12.75万千伏安,35千伏线路16条,长度为229.32千米,最大供电能力68万千瓦。10千伏公用线路159条,长度1863.75千米,公用变压器2066台,公变容量62.31万千伏安。

水力发电站 上高县水利资源较丰富,但利用率不高。全县仅有24座水力发电站,发电装机容量10.454万千瓦。2022年全年发电量为2566.90万千瓦时,仅占供电量1.16%。上高水力发电始于1965年,当年竣工的上高县华胜水电站装机115千瓦。自2013年后没有新建水电站,存量水电站也几乎没有增加发电设备。目前装机1000千瓦及以上的电站只有2座,装机容量最大的是上高利高水电站,装机容量为2960千瓦,年发电量约为1050万千瓦时。有10座水电站始建于20世纪七八十年代,因运行多年、发电设备老化陈旧、发电效率低,已有4座水电站停止发电,其余的也只能勉强维持现状。

农村电网改造 1999年3月上高县完成编制农网改造可行性研究报告和初步设计。规划分两期进行:1999年10月开始第一期农网改造,2002年3月竣工,总投资5467万元,主要用于新建和改造变电站和线路。第二期2002年10月开工建设,2003年12月底竣工,总投资2059万元。这二期改造工程主要是完善35千伏输变电供电设施,敖阳镇所属三个居委会范围10千伏及以下配电设施建设与改造,各乡(镇)10千伏电网完善,各乡(镇)农排电力设施建设与改造。一、二期农网改造共新建和改造6座35千伏变电站,新建和改造35千伏线路9.626千米,10千伏线路662.9千米;新建和改造配电台区752台47068千伏安,新建和改造低压线路1576.57千米,改造用户70461户。通过改造,供电网络布局合理,电能质量明显提高,电网运行安全可靠。体制改革和农网改造之后极大地降低了农村电价,农村照明用电由"两改"前的1.4元/千瓦时,最高的达3.8元/千瓦时,降到1元/千瓦时及以下。2003年7月1日实行同网同价后,全县减轻农民负担218万元;2006年7月1日根据赣发改商价字〔2006〕677号文件,城乡居民生活用电执行0.60元/千瓦时的收费标准,达到了全省城乡居民生活用电同价的政策目标,极大地减轻农民负担,改善了农村用电环境,促进了农村经济发展。

变电站(所)

境内变电站均属宜春电网。1987年12月20日,英岗岭—上高110千伏长山输变电工程投入运行。1990年至2003年6月,上高县陆续建成35千伏江口、大庙、翰堂、锦江变电站;2003年10月至2006年9月建成220千伏上高、110千伏敖山、110千伏五里岭变电站;2008—2019年建成35千伏蒙山、110千伏墨山、35千伏黄金堆、110千伏泗溪、35千伏徐家渡、35千伏田心、35千伏新界埠、110千伏观塔、500千伏锦江、220千伏车溪、110千伏梅沙变电站;2020年10月至2021年12月建成110千伏野市、110千伏新华变电站。其中500千伏变电站产权归属江西省电力公司,110千伏、220千伏变电站产权归属宜春供电公司,35千伏变电站产权归属上高县供电公司。

锦江变电站 500千伏变电站。位于上高泗溪镇。2016年建成投运,目前有2台主变,总容量1500兆伏安,主要为宜春地区宜丰、上高、樟树、高安地区提供供电保障。

上高变电站 220千伏变电站。位于上高县城。2003年10月建成投运,目前有2台主变,总容量240兆伏安,主要为110千伏野市变电站、五里岭变电站、观塔变电站供电。

车溪变电站 220千伏变电站。位于新界埠镇。2016年4月建成投运,目前有2台主变,总容量360兆伏安,主要为110千伏敖山变电站、长山变电站、泗溪变电站、梅沙变电站供电。

敖山变电站 110千伏变电站。位于上高县城。2006年7月建成投运,目前有2台主变,总容量63兆伏安,主要为35千伏黄金堆变电站及镜山工业园区、敖山镇和野市乡供电。

长山变电站 110千伏变电站。位于塔下乡。1987年12月建成投运,目前有2台主变,总容量81.5兆伏安,主要为35千伏新界埠变电站、锦江变电站及塔下乡、上甘山林场供电。

五里岭变电站 110千伏变电站。位于锦江镇。2006年9月建成投运,目前有2台主变,总容量63兆伏安,主要为35千伏江口变电站、翰堂变电站及五里岭工业园区、锦江镇供电。

墨山变电站 110千伏变电站。位于徐家渡镇。2010年3月建成投运,目前有2台主变,总容量90兆伏安,主要为35千伏徐家渡变电站、田心变电站及镇渡乡、墨山垦殖场供电。

泗溪变电站　110千伏变电站。位于泗溪镇。2011年5月建成投运,目前有2台主变,总容量90兆伏安,主要为泗溪镇供电。

观塔变电站　110千伏变电站。位于上高县城。2015年10月建成投运,目前有2台主变,总容量100兆伏安,主要为城区供电。

梅沙变电站　110千伏变电站。位于南港镇。2019年3月建成投运,目前有2台主变,总容量80兆伏安,主要为35千伏大庙变电站、35千伏蒙山变电站供电及芦洲乡、南港镇供电。

野市变电站　110千伏变电站。位于上高县城。2020年10月建成投运,目前有2台主变,总容量100兆伏安,主要为野市乡、敖山镇和食品产业园等供电。

新华变电站　110千伏变电站。位于芦洲乡。2021年12月建成投运,目前有2台主变,总容量100兆伏安,主要为芦洲乡供电及五里岭工业园区供电。

锦江变电站　35千伏变电站。位于锦江镇。2003年6月建成投运,目前有2台主变,总容量12.6兆伏安,主要为锦江镇供电。

大庙变电站　35千伏变电站。位于南港镇。1991年12月建成投运,目前有2台主变,总容量10兆伏安,主要为南港镇供电。

蒙山变电站　35千伏变电站。位于蒙山乡。2008年5月建成投运,目前有2台主变,总容量16兆伏安,主要为蒙山乡供电。

江口变电站　35千伏变电站。位于芦洲乡。1990年12月建成投运,目前有2台主变,总容量20兆伏安,主要为芦洲乡供电。

翰堂变电站　35千伏变电站。位于翰堂镇。2002年8月建成投运,目前有2台主变,总容量10兆伏安,主要为翰堂镇供电。

黄金堆变电站　35千伏变电站。位于上高县城。2010年4月建成投运,目前有2台主变,总容量20兆伏安,主要为黄金堆工业园区供电。

徐家渡变电站　35千伏变电站。位于徐家渡镇。2012年8月建成投运,目前有2台主变,总容量16.3兆伏安,主要为徐家渡镇供电。

田心变电站　35千伏变电站。位于田心镇。2013年9月建成投运,目前有2台主变,总容量16.3兆伏安,主要为田心镇供电。

新界埠变电站　35千伏变电站。位于新界埠镇。2014年11月建成投运,目前有1台主变,总容量6.3兆伏安,主要为新界埠镇供电。

供气

城区供气 2007年8月,兴建了天然气供气总站,该站占地34.77亩,场站包括4个功能区:1.天然气接收门站(设计接收能力为80万立方米/日);2.汽车加气站(设计日处理压缩天然气能力为2.8万立方米);3.LNG(液化天然气)应急调峰站(可储存天然气11万立方米,用以应对上游供气不平稳或中断时上高城区的正常供气);4.2100平方米的办公大楼。2012年年底接通川气东送管道天然气,实现与国家管网并网运行的供气模式。

交通

铁路

上新铁路 指连接上高与新余的铁路。1960年8月,上高至花鼓山段动工修建。上高境内完成路基和部分涵洞修建工程,塔下至七宝山专用线已铺轨7千米。1961年8月,因国民经济调整而下马停工。1969年5月复建,于1971年底竣工通车。1980年南昌铁路分局对全线进行技术改造。至1982年底,更换成重轨。线路技术等级为二级线路,七宝山专用线为三级线路,为单线普通线路,起点自沪昆铁路新余段向北分出,终于上高七宝山铁矿。上新铁路设有塔下养路领工区,领工区下设抗头、查山、上高、七宝山4个养路工区,养护上高境内线路32千米,道岔25组,桥梁3座,涵洞96道。途经行政区域:上高县塔下乡、上甘山林场、蒙山乡、新余市水北镇、下村镇。

浩吉铁路 全长1837千米,是北煤南运国家战略运输通道,线路北起内蒙古自治区鄂尔多斯境内浩勒报吉南站,终至京九铁路吉安站。该铁路以运煤为主、兼顾客运,按国铁Ⅰ级、时速120千米标准进行设计,规划输送能力2亿吨/年以上。浩吉铁路在上高县境内有21.5千米,途经上高县芦洲、翰堂、南港3乡镇8行政村2林场。设有上高站,位于芦洲乡郭溪村,五里岭工业园南侧,距离县城中心13千米。浩吉铁路上高站办理客货运作业,设有1条正线,3条到发线,旅客站台1座。上高县所处的岳阳至新余段为单线预留双线条件,设计近期客车5对/日,远期客车7对/日。

高速公路

大广高速公路上高段 大广高速北起黑龙江省大庆市,南至广东省广州市,南北走向。上高段自锦江镇新华村入境,至南港镇长坑村出境,全长27.78千米。2005年9月动工兴建,2007年12月建成。上高境内设有1个互通,1个服务区,1个监控中心。

昌栗高速公路上高段 昌栗高速

公路东起南昌西外环高速公路,西连萍洪高速与湖南浏阳对接,东西走向。上高段自泗溪镇马岗村入境,至田心镇斗门村出境,全长45.291千米。2013年8月动工兴建,2015年12月建成。上高境内设有2个互通,3条连接线,2个服务区。

国道

G320国道上高段　320国道(通称:"国道320线""G320线""沪瑞线")起点为上海,终点为云南瑞丽口岸,全程3695千米。上高境内全长59.497千米。320国道于1990年开工,1994年建成通车,为两车道水泥混凝土路面,工程总投资约4.5亿元。2007年加宽为双向四车道,现为沥青混凝土路面。

G320宜万同城快速通道　宜万同城快速通道由G220万载至袁州段改建工程和G320上高墨山至万载段改建工程两个项目组成,项目途经袁州区、宜阳新区、宜春经开区、万载县、上高县等5个县(区、管委会)和10个乡镇、街道,全长53.55千米,总投资58.23亿元。其中:G220万载至袁州段改建工程起于G220国道与锦绣大道交叉口,终于万载县马步乡布城村,全长30.87千米,按双向六车道一级公路标准建设,路基宽33.5米,设计时速80千米。G320上高墨山至万载段改建工程起于万载县马步乡布城村,终于上高县墨山乡石水村,全长22.68千米,按双向四车道一级公路标准建设,路基宽25.5米,设计时速60千米。项目于2020年3月全面开工建设,2022年12月10日建成通车。

省道

S221港东线　分三个阶段实施。1. 上高—宜丰路段。全长5.46千米,项目于1990年开工,1993年建成通车,沥青混凝土路面,工程总投资约3057.6万元。2. 石镇线城区段道路工程(西外环)。石镇线城区段道路工程设计北起已建成的上铜公路,终点接现在的锦江大道(320国道),全长3.765千米,于2014年开工,2018年建成通车,沥青混凝土路面,总投资约15048.46万元。3. 上高—新余路段。全长15.287千米,于1995年开工,1999年建成通车,沥青混凝土路面,总投资约9496.2万元。

S431锦南线　全长17.549千米,于1998年开工,2001年建成通车,沥青混凝土路面,工程总投资约12248.3万元。

S428棠教线　分两阶段实施。1. k8.631-k21+000。全长11.369千米,于2006年开工,2011年建成通车,沥青混凝土路面,工程总投资约9095.2万元。2. k21+000-k30+314。全长9.314千米,于2002年开工,2004年建成通车,沥青混凝土路面,总投资约6519.8万元。

S309 抚长线　分三个阶段实施。1. k211+000－k221+936。全长10.936千米,于1998年开工,2001年建成通车,沥青混凝土路面,工程总投资约7655.2万元。2. k196+000－k211+000。全长15千米,于2003年开工,2005年建成通车,沥青混凝土路面,工程总投资约12000万元。3. k183+434－k196+000。全长12.566千米,于2013年开工,2016年建成通车,沥青混凝土路面,工程总投资约13194.3万元。

S527 黄上线　全长13.520千米,于2019年开工,2021年建成通车,沥青混凝土路面,总投资约16360元。

县道

敖山—新塘公路　起于敖山镇,终于野市乡新塘村的公路。2005年建成。全长11.254千米,宽4.5米。途经敖山、居井、南村、连山、塘下。为水泥混路面,路面等级四级。

上高—邓家坳公路　起于县城,终于宜丰县凌江桥(县界)的公路。1995年始建,2012年翻新重建。途经五马村、朱桥村、六口村、凌江村。全长9.051千米,宽6米。为水泥混凝土路面,路面等级四级。

上高—八角亭公路　起于县城,终于袁州区八角亭的公路。1991年建成,2007、2008、2020年改建。全长55.182千米,宽6米。途经石湖村、董丰村、田背村、密村村、棠陂村、磻村、翰堂村、翰堂镇、下山村、中楼村、钊田村、广坪村、湖境村、南江村、田心村、田心镇、连桥村、册塘村、洙村、斜溪村、江南村、南塘村、袁州八角亭。为水泥混凝土路面,路面等级三级。

上甘山—蒙山公路　起于上甘山林场,终于蒙山镇的公路。全长11.471千米,宽6.5米。途经上甘山林场、塘富村、楼下村、蒙山镇。为水泥砼路面。路面等级三级。

黄田—田心公路　起于镇渡乡黄田村,终于田心镇的公路。1995年建成,2009年路面硬化。全长17.188千米,宽6米。途经井头村、龙家村、镇北村、镇渡乡、镇南村、墨山乡、田心村。为泥混路面,路面等级三级。

塔下—七宝山公路　起于塔下乡,终于七宝山铁矿的公路。始建于1958年,全长8.19千米,宽6.5米。途经七宝山铁矿。为沥青砼路面,路面等级三级。

黄金堆—城陂公路　起于黄金堆工业园,终于新界埠镇城陂村的公路。1990年始建,1992年建成。2018年改建。全长18.345千米,宽6.5米。途经黄金堆工业园、店上村、堆峰村、车溪村、洲上村、新界埠镇、端溪村、城陂村、抗头村。为沥青混凝土路面,路面等级三级。

徐家渡—湖境公路　起于徐家渡镇塘下村,终于田心镇湖境村的公路。

1970年建成，2017、2022年先后改建。全长17.432千米，宽5米。途经徐家渡镇、万坑村、寨里村、九峰林场、九峰寺、上堝、巫峰岭、新屋里、山塘、湖境村。为沥青混凝土及水泥混凝土路面，路面等级三级。

田背—徐家渡公路 起于芦洲乡田背村，终于徐家渡镇的公路。1973年修建，2012、2018年改建。全长24.761千米，宽6.5米。途经田背村、芦洲乡、大垣村、田溪村、破塘村、燮田村、秀美村、麻塘村、泉港村、山背村。路面性质为水泥混凝土，路面等级三级。

官桥—泗溪公路 起于泗溪镇官桥村，终于泗溪镇集镇，1970年建成，2018年改建。全长9.963公里，宽6.5米，为沥青混凝土路面，路面等级三级。

新庄—石梅公路 起于宜丰县邓家村（县界），途经塘下庙村、刘家村、马岗村、泗溪镇、胡家村、杜家村、洋港村、安塘村，终于良田村良田大桥（县界）。2003年建成，2019年改建。全长23.988公里，宽6～6.5米，为水泥混凝土路面和沥青混凝土路面，路面等级为四级和三级。

三十把—镇北公路 起于镇渡乡洋田村，终于镇北村。1994年建成，2022年改建。全长4.974公里，宽6.5米，沥青混凝土路面，路面等级三级。

芳溪—打石塘公路 起于宜丰县与上高县交界处，途经蛇尾村，终于320国道。1964年建成，2009年改建。全长4.554公里，宽6米，水泥混凝土路面，路面等级三级。

城禾—华阳公路 起于泗溪镇胡家村，途经城禾、大泮、中宅村，终于陈埠大桥。1973年建成，2020年改建。全长7.219公里，宽6.5米，水泥混凝土路面，路面等级三级。

瓦棚山下—罗家公路 起于巢家，途经罗家村，终于井头村。2003年建成。全长3.37公里，宽5米，水泥混凝土路面，路面等级四级。

田心—芳山公路 起于田心镇茶花塘水库，途经大布、枧头村、槐树坑，终于叶水洞（市界）。1970年建成，2021年改建。全长3.907公里，宽6.5米，水泥混凝土路面，路面等级三级。

公路桥梁

上高大桥 连接敖山大道和锦江大道的大桥。该桥建于古青阳桥遗址上侧。清同治九年《上高县志》："青阳桥，在城东青阳门外，旧名下浮桥。"1936年邑人廖正才募捐在此改建9孔青阳石桥，1969年6月毁于洪水。1971年4月重建改名上高大桥。该桥为4孔钢筋混凝土双曲拱桥。全长200米，车道宽7米，两边各1.5米人行道，高9米。因无法满足日益增长交通负荷，且桥面已出现下沉，2015年8月改建为双层桥，2017年3月建成通车。

上层全长400米，车道宽16米，为过江直行车辆通行。下层长195米，宽13米，为过江拐弯车辆和行人通行。总造价达8000万元。

青阳大桥 位于城南320国道北面。2010年始建，2011年建成。长219.4米，宽22.5米，最大载重50吨。

镜山大桥 位于塔下乡田北村石镇线上。1998年5月始建，1999年7月建成。2019年重建，2021年建成。长248米，宽28米，最大载重15吨。

锦阳大桥 位于塔下乡田北村，为新城区与320国道的连接线。2017年5月动工建设，2021年6月竣工通车。大桥全长225米，宽25.5米，总投资约5200万元，为变截面预应力混凝土连续箱梁桥。

锦江大桥 位于敖阳街道锦江上。2007年建成，2008年通车。长517米，宽25米，最大单孔跨径30米，最大载重50吨。

敖阳大桥 位于宣化路至解放路的锦江河上，1985年建成，2017年10月份重建，2020年完工。长160米，宽78.2米。

石湖大桥 位于锦江镇石湖村。2014年12月始建，2016年8月建成。长248米，宽35.5米。最大单孔跨径30米，最大载重30吨。

团结大桥 位于锦江镇团结村。1980年1月始建，1980年12月建成，2020年改建。长247米，宽9米，高10米。最大跨度180米，最大载重30吨。

袁埠大桥 位于泗溪镇曾家村。2010年9月始建，2011年12月建成。长355米，宽8.5米，高10米。最大跨度350米，最大载重55吨。

良田大桥 位于泗溪镇良田村。2010年5月始建，2011年11月建成。长330米，宽6.5米，高10米。最大跨度325米，最大载重55吨。

钟家渡大桥 位于锦江镇钟家渡村。2010年7月始建，2011年12月建成。长322米，宽6.5米，高10米。最大跨度320米，最大载重55吨。

接官大桥 位于敖山镇接官村。2010年4月始建，2011年10月建成。长305米，宽9米，高10米。最大跨度300米，最大载重55吨。

陈埠大桥 位于泗溪镇中宅村。2010年6月始建，2011建成。长305米，宽8.5米，高10米。最大跨度300米，最大载重55吨。

新界埠大桥 位于新界埠镇。1987年1月始建，1987年12月建成，2018年改建。长308米，宽9米，高11米。最大跨度245米，最大载重30吨。

凌江大桥 位于锦江镇凌江村。1979年1月始建，1979年12月建成，2016年改建。长224米，宽9米，高40米。最大跨度198米，最大载重30吨。

白沙洲大桥 位于徐家渡镇洲江

村。2010年3月始建,2011年12月建成。长166米,宽7米,高10米。最大跨度160米,最大载重55吨。

镇渡大桥　位于镇渡乡镇北村。1970年1月始建,1970年12月建成。2009年加固。长145米,宽15米,高27米。最大跨度120米,最大载重55吨。

蛇尾大桥　位于徐家渡镇蛇尾村。1988年1月始建,1988年12月建成。长142米,宽9.5米,高15米。最大跨度120米,最大载重30吨。

社田大桥　位于镇渡乡社田村。2010年10月始建,2011年10月建成。长122米,宽5.5米,高10米。最大跨度117米,最大载重55吨。

埠头大桥　位于镇渡乡埠头村。2010年4月始建,2011年12月建成。长118米,宽7米,高15米。最大跨度112米,最大载重55吨。

官桥新桥　位于泗溪镇官桥村。2011年1月始建,2011年12月建成。长114米,宽8.5米,高10米。最大跨度100米,最大载重55吨。

泗溪大桥　位于泗溪镇胡家村320国道上。始建于1932年,为木梁桥,12孔,全长72米。1939年3月,为阻止日军进犯,与赣湘公路同时被破坏。1946年动工修复,1947年元旦竣工。1960年12月动工改建,于1961年7月1日竣工。1993年4月重建,1993年10月建成。长100米,宽25米。最大单孔跨径15米,最大载重30吨。

叶家大桥　位于泗溪镇熊家村。2013年11月始建,2015年3月建成。长100米,宽5.5米。最大跨度91米,最大载重55吨。

游市大桥　位于泗溪镇游市村。1978年始建,1980年通车,2017年改建。长107米,宽7.5米,高5米。最大跨度100米,最大载重30吨。

隧道

杨树岭隧道　位于翰堂镇翰堂村。杨树岭为翰堂镇境内的一座山,故名。2015年始建,为铁路隧道。

梅沙隧道　位于上高县南港镇梅沙村,2006年建成,全长193米,宽度60米,属公路隧道。

南石壁隧道　位于南港镇员山村,2006年修建,全长1097米,宽60米,属公路隧道。

涵洞

有源涵洞　位于翰堂镇有源村,2009始建,2010年通车,长31米,宽4米,因修大广高速而建。

员山涵洞　位于南港镇员山村,2015年建成,长120米,宽5米,因修浩吉铁路而建。

客运

客运西站　国家二级社会公用型汽车客运站,2007年启用,2020年6月原上高车站与之合并。位于锦江大道,占地面积2900平方米。目前开设省级班线2条,市级班线2条,县级班线4条,农村班线10条,三大工业园区用工企业接送员工上下班的厂包车运输班线50多条,日均运送旅客3000余人次,日均运送鞋厂员工4000多人。

汽车客运省际班线 2015年到2017年,上高省际线共有5条,分别为上高—长沙、上高—温州、上高—株洲、上高—石狮、上高—宝安。因受人流量下降以及其他运输方式的兴起,导致到长沙、温州、株洲、石狮的线路在2017年全部取消,目前只剩下上高—宝安路线,每天上午11:00发车。

汽车客运省内班线 省内线共分为两种:定制班车以及国道班车。其中定制班车有上高—南昌(约40分钟一班);上高—宜春(约50分钟一班);上高—新余(约60分钟一班)。国道班车有上高—南昌(约30分钟一班);上高—分宜(共两班);上高—丰城。

汽车客运县内班线 2018年县内线改为公交延伸线共计11条,采取流水形式发车。上高—田心、蒙山、界埠、官桥、泗溪、七宝山、城陂、新屋、南港、翰堂。

市政工程

城市公交

1路线 黄金堆工业园—客运西站。西站首班6:50,末班18:30;黄金堆首班6:40,末班18:30。

黄金堆工业园—东新鞋厂—东港新村—中杰鞋厂—敖山敬老院—金利隆—少数民族村—敖山华侨农场—金农米业—上高公交公司—双胞胎饲料—旺旺江西总厂—上高中等专业学校—镜山广场—上高二中—长途车站—中医院—国税局—敖阳街道办—敖城—街心花园—图书馆—人民医院—农商银行—经济发展中心—团结路口—上高三中—客运西站。

2路线 明星村—白水泥厂。明星村首班6:40,末班17:00;白水泥厂首班7:15,末班17:00。

明星村—野市路口—沙基路口—东方郡望府—锦欣小区—欧锦名城—第二幼儿园—金领国际—惠兴花苑—教堂—社会福利院—上高五中—原妇幼保健院—正阳小区—江专路口—实验小学—街心花园—敖城—上高四中—体育馆—澳联—塔下乡镇府—白水泥厂。

3路线 新政府—裕盛鞋厂。新政府首班6:25,末班18:30;裕盛鞋厂首班7:00,末班19:10。

新政府—老长途车站—上高二中—东门工业园—防疫站—原地税局—街心花园—敖城—农贸市场南门—老民政局—团结路口—上高三中—客运西站—锦江农产品批发市场—石湖村—董丰路口—樟树堉—斜

口加油站—团结村—中陵村—锦江敬老院—五里岭加油站—高速路口—匹克鞋厂—新华路口—裕盛鞋厂。

5路线　锦阳中学—大观塔。锦阳中学首班8:08,末班16:00;大观塔首班8:08,末班16:00。

锦阳中学—泰业尚居—新城国际—银海超市—朝阳南路—广电局—敖城—农贸市场(建设中路)—街心花园—图书馆—经济发展中心—上高大桥—运管所—河南妇保院—青阳小学—上高花园—大观塔。

6路线　锦阳中学—大塘村。锦阳中学首班8:00,末班16:00;大塘村首班8:00,末班16:00。

锦阳中学—泰业尚居—新城国际—银海超市—朝阳南路—广电局—敖城—农贸市场(建设中路)—街心花园—图书馆—人民医院—县幼儿园—上高中学—怡景花园—五马新村—何家堉—大塘村委会—城围。

城乡公交

上高—界埠　(线路总长:20千米。首末班发车时间:8:30,17:30;日班次数:6班;发车间隔:180~300分钟)

上高西站—敖城—塔下—上甘山—富港—泽山—光明—湾溪—界埠。

上高—蒙山　(线路总长:21千米。首末班发车时间:7:00,17:20;日班次数:16班;发车间隔:90分钟)

上高西站—敖城—塔下—上甘山—塘富—袁家坊—楼下—陂下—蒙山。

上高—城陂　(线路总长:18千米。首末班发车时间:8:00,15:30;日班次数:6班;发车间隔:180~270分钟)

上高西站—敖城—塔下—上甘山—富港—端溪—城陂。

上高—官桥　(线路总长:21千米。首末班发车时间:8:00,16:00;日班次数:8班;发车间隔:120~180分钟)

上高西站—敖城—东门—五谷村—野市—水口—新塘—官桥。

上高—泗溪　(线路总长:22千米。首末班发车时间:6:30,17:30;日班次数:30班;发车间隔:30~60分钟)

上高西站—敖山—黄金堆—天瑞—漕港—园艺场—胡家—泗溪车站。

上高—田心(镇渡)　(线路总长:45千米。首末班发车时间:6:00,17:30;日班次数:38班;发车间隔:20~60分钟)

上高西站—石市—徐家渡—东边—墨山—田心(镇渡)延伸到江南。

上高—新屋　(线路总长:26.5千米。首末班发车时间:6:30,17:30;日班次数:6班;发车间隔:120分钟)

上高西站—新桥—中腰—雪田—新屋—白土。

上高—七宝山（线路总长：15千米。首末班发车时间：8:30,14:30；日班次数：4~6班；发车间隔：180~360分钟）

上高西站—敖城—茅屋村—独木桥—罗源—七宝山。

上高—南港（线路总长：24千米。首末班发车时间：6:30,17:30；日班次数：14~16班；发车间隔：90~120分钟）

上高西站—斜口—芦洲—儒里—磻村—梅沙—南港。

上高—翰堂（线路总长：20千米。首末班发车时间：7:40,16:00；日班次数：12~16班；发车间隔：80~120分钟）

上高西站—斜口—芦洲—儒里—磻村—翰堂。

城市路灯 20世纪50年代末60年代初，城区开始部分供应公共照明用电。1964年县城街道装有路灯23盏。1979年增至135盏。1980年和平路、沿江路、站前路灯均改装高压汞灯210盏。1989年县城主要街道和上高大桥、敖阳大桥安装高压汞灯。1996—2001年，路灯数量新增至876盏。2002年对敖山大道隧道灯及一江两岸进行了全面的改造，安装路灯及各类景观灯96盏，地埋灯150盏，泛光灯100盏，霓虹灯25盏。同年镜山大道、沿江中路、学园路、朝阳路等路段新增路灯684盏，景观灯860盏。2003—2004年对交通路、朝阳路、兰家大道等路段新安装路灯212盏。2005年按照同济大学景观工程公司设计的方案和标准对县城区主要干道进行亮化，镜山大道、上高大桥、敖阳大桥、沿江两岸的园林小区全部安装轮廓灯、霓虹灯和墙面反射灯，路灯及各类景观灯数量增加至10369盏。2006—2008年，友谊路、学园西路、青年路等路段新安装改造路灯238盏。2016年完成沿江东路、正达路、正通路等路段安装双臂灯914盏。2017年，完成昌栗高速连接B线路灯安装工程，完成路灯安装555盏。2018—2020年，大力推行城区照明工程建设和上高县城市改造提升工程，安装学园路、胜利路、黄金堆等路段路灯480盏，完成镜山大道、上高大道、锦江大道、高速连接线A段等路段LED路灯4056盏；完成贯山路、金融巷、老棉织厂等背街小巷路灯57盏；完成安装路灯智能监控箱143台。2021年完成新城区锦阳大道、食品大道、团结路等路段467盏路灯安装。2022完成桂林巷、商院巷、泽塘巷等25条背街小巷路灯311盏。到2022年，城区安装的路灯、景观灯、霓虹灯、墙面反射灯总量达18000多盏。

城区道路

和平路 为县城主街，1965年扩建。起于沿江中路，止于学园路。为西

南东北走向,长1330米,宽30米,沥青路面。

人民路　1958年命名。起于沿江中路,止于学园路。为南北走向,长2800米,宽15米,沥青路面,属次干道。

黄家桥路　20世纪60年代取名为红卫路,2002年复名黄家桥路。起于和平路,止于交通路。为南北走向,长321米,宽20米,沥青路面,属次干道。

建设路　建设路分北路、中路、南路。1990年动工,1992年建成。北路起于街心花园,止于学园路。长638米,宽30米,沥青路面,属次干道。中路起于街心花园,止于敖山大道。为南北走向,长582米,宽30米,沥青路面,属次干道。南路起于敖山大道,止于沿江大道。为南北走向,长1300米,宽30米,沥青路面,属次干道。

沿江路　沿江路分中路、东路、西路。中路建于1958年,沥青路面。1984年前的沿江路属现在的沿江中路。1999年,沿江中路由沥青路面改为水泥路面,并进行扩宽改造,两侧分别有宽5米和3米方格水泥砖铺成的人行道。2010年12月道路升级改造为沥青路面。起于敖阳大桥,止于上高大桥。长702米,宽15米,沥青路面,属次干道。东路2000年动工,2001年建成,2010年12月道路升级改造为沥青路面。起于上高大桥,止于镜山大桥。长4900米,宽30米,沥青路面,属次干道。西路1999年建成,2010年12月道路升级改造为沥青路面。起于敖阳大桥,止于金色家园小区。长1220米,宽15米,沥青路面,属次干道。

敖山大道　1991年建立。起于镜山广场,止于上高大桥。为东西走向,长2068米,宽52米,沥青路面,属主干道。

学园路　途经上高二中,故名。2002年命名。起于镜山大道,止于五马村。为东西走向,长2700米,宽25米,沥青路面,属次干道。

青年路　1958年建成,1989年10月改造成水泥路面,2010年12月道路升级改造后为沥青路面。起于和平路,止于学园路。为南北走向,长830米,宽18米,属次干道。

宣化路　2002年命名。起于敖阳大桥,止于建设北路。为东西走向,长616米,宽30米,沥青路面,属次干道。

交通路　从人民路向西段,开发建设为步行街;人民路到建设中路为农贸市场店铺。2002年命名为交通路。起于沿江中路,止于学园路。为东西走向,长1400米,宽20米,沥青路面,属次干道。

敖阳路　敖阳分北路、南路。2002年命名。北路起于和平路,止于敖山大道。为南北走向,长570米,宽20米,沥青路面,属次干道。南路起于敖山大道,止于镜山大道。为南北走向,长950米,宽30米,沥青路面,属次干道。

商城路 商城路分商城北路、南路。2002年命名。北路起于交通路,止于敖山大道。为南北走向,长300米,宽20米,沥青路面,属次干道。南路起于敖山大道,止于镜山大道。为南北走向,长800米,宽30米,沥青路面,属次干道。

朝阳路 朝阳路分北路、南路。原名泗溪路,2002年改为朝阳路。北路起于学园路,止于敖山大道。为南北走向,长420米,宽30米,泥混路面,属次干道。南路起于镜山大道,止于学园路。为南北走向,长670米,宽30米,沥青路面,属次干道。

友谊路 2002年命名。起于学园路,止于镜山工业园。为南北走向,长2200米,宽25米,沥青路面,属次干道。

东丰路 2009年设立。起于友谊路,止于九郎路。为东西走向,长1500米,宽30米,沥青路面,属次干道。

九郎路 原为上高通往宜丰公路的一段。2004年正式命名。起于学园路,止于殡仪馆。为南北走向,长3286米,宽42米,沥青路面,属次干道。

兰桥路 位于兰家村,附近有镜山大桥,故名。2002年建成。起于镜山大道,止于沿江东路。为东西走向,长1284米,宽30米,沥青路面,属次干道。

锦丰路 2015年正式命名。起于镜山大道,止于青阳大桥。为东西走向,长1780米,宽20米,沥青路面,属次干道。

镜山大道 2002年始建,2004年建成。起于镜山口,止于镜山大桥。为南北走向,长2255米,宽60米,沥青路面,属主干道。

正达路 2012年命名。起于园林路,止于镜山大道。为南北走向,长1771米,宽48米,沥青路面,属次干道。

正通路 2012年命名。起于清莲路,止于沿江东路。为南北走向,长1473米,宽48米,沥青路面,属次干道。

园林路 2002年命名。起于镜山广场,止于上高县行政中心。为东西走向,长700米,宽10米,沥青路面,属次干道。

清莲路 2012年建成。起于镜山大道,止于正通路。为东西走向,长710米,宽30米,沥青路面,属次干道。

锦宁路 2012年建成使用。起于镜山大道,止于320国道。为东西走向,长1760米,宽30米,沥青路面,属次干道。

锦阳大道 2012年命名。起于镜山大道,止于观塔路。为东西走向,长

1482 米,宽 60 米,沥青路面,属主干道。

阳霞路 2012 年命名。起于镜山大道,止于沿江东路。为东西走向,长 1288 米,宽 26 米,沥青路面,属次干道。

胜利路 原名上街、下街,新中国成立初名胜利街,1973 年更今名。1981 年将原沙石路面扩修为沥青路面。起于敖阳大桥,止于大公馆。长 2642 米,宽 17 米,沥青路面,属次干道。

团结路 1987 年建成,2002 年命名为团结路。起于解放路,止于 320 国道。长 687 米,宽 20 米,沥青路面,属次干道。

解放路 新中国成立前名李家街。1985 前路宽 3 米,砂石路面。1985 年 5 月,锦江乡锦河村运输专业户蔡抗生捐资 1.3 万元,将锦江乡政府驻地至原县公安局门前全长 225 米砂石路改造为路宽 4 米的水泥路。1987 年 7 月,解放路北段开始改造,至 1989 年,完成水泥路面铺设,道路由原来的宽 3 米,部分扩宽至 25 米。起于敖阳大桥头,止于原锦江乡政府。为东西走向,长 690 米,宽 15 米,沥青路面,属次干道。

爱民路 1953 年名幸福街,1973 年更今名。起于胜利路,止于团结路。长 220 米,宽 12 米,属次干道。

幸福路 原为麻纱街一段,1953 年命名幸福街,1973 年更今名。起于解放路,止于爱民路。长 126 米,宽 6 米,属支路。

戏院路 起于刘家桥路,止于团结路。长 630 米,宽 10 米,为水泥路面,属支路。

刘家桥路 2013 年始建,2014 建成。起于解放路,止于大观大道。为南北走向,长 666.18 米,宽 17 米,为水泥路面,属次干道。

锦江大道 属 320 国道的一部分。1994 年拓宽 320 国道,2008 年该段路命名为锦江大道。起于上高大桥,止于锦江镇石湖村。为东西走向,长 2298 米,宽 52 米,沥青路面,属主干道。

锦惠路 2002 年建成。起于上高大桥头,止于塔下电厂。长 1966 米,宽 25 米,为沥青路面,属次干道。

惠民路 2015 建成。起于锦江大道,止于锦惠路。长 490 米,宽 15 米,为沥青路面,属次干道。

兴旺路 2010 建成。起于锦江大道,止于大观大道。为南北走向,长 446.7 米,宽 15 米,水泥路面,属次干道。

青阳路 2012 年建成。起于青阳大桥,止于大观大道。长 555.7 米,宽 30 米,为沥青路面,属次干道。

大观大道 2004 年建成。起于镜山大桥,止于上甘山林场。长 5839 米,宽 52 米,沥青路面,属主干道。

田北路　修建于1996年。起于大观大道,止于G320。为南北走向,长500米,宽8米,混凝土路面,属次干道。

铁龙路　修建于1996年。起于石镜—镇岗公路,止于上高火车站。为南北走向,长380米,宽15米,混凝土路面,属次干道。

锦华路　修建于1996年。起于石镜—镇岗公路,止于田塅中。为南北走向,长250米,宽9米,混凝土路面,属次干道。

太子路　修建于1996年。起于大观大道,止于太子塘。为南北走向,长1000米,宽8米,混凝土路面,属次干道。

镜缘路　2003年建成。起于金领国际,止于320国道。长878米,宽15米,沥青路面,属次干道。

芙蓉路　2002建成。起于320国道,止于上高—棠浦公路。为南北走向,长1440米,宽42米,沥青路面,属次干道。

锦绣路　2002年建成。起于镜缘路,止于港口。长4521米,宽30米,为沥青路面,属次干道。

翠霞路　2002年建成。起于镜山国际,止于江西省宏光塑料电器有限公司。为东西走向,长1263米,宽30米,沥青路面,属次干道。

峨眉路　2004年建成。起于翠霞路,止于锦绣路。长536米,宽17米,沥青路面,属次干道。

旺旺路　途经旺旺食品有限公司的道路,故名。2006年设立。起于320国道,止于翠霞路。为南北走向,长450米,宽42米,沥青路面,属次干道。

沙基路　2004建成。起于镜山工业园,止于上棠线。长1700米,宽20米,沥青路面,属次干道。

飞云路　2003年建成。起于锦绣路,止于320国道。长510米,宽11米,沥青路面,属次干道。

新光路　2003年建成。起于上高县瑞雅精细化工有限公司,止于江西港泰铝塑科技有限公司。为南北走向,长875米,宽23米,沥青路面,属次干道。

清源路　2004年建成。起于320国道,止于上高县金洋食品科技有限公司。为东西走向,长988米,宽18米,沥青路面,属次干道。

阳光路　2002年始建,2003年建成。起于320国道,止于江西丰和数控科技有限公司。为南北走向,长1670米,宽16米,沥青路面。

和谐路　2003年建成。起于阳光路,止于320国道。为南北走向,长1700米,宽11米,沥青路面,属次干道。

长水路　2002年始建,2003年建成。起于阳光路,止于江西家富调味品有限公司。为东西走向,长1530米,宽

23米,沥青路面,属次干道。

黄金大道 黄金大道分北大道、南大道。2002年始建,2003建成。北大道起于320国道,止于镜山工业园。为南北走向,长1000米,宽23米,沥青路面,属次干道。南大道起于320国道,止于上高县协和生物科技有限公司。长2050米,宽20米,泥混路面,属次干道。

嘉美路 2010年建成。起于320国道,止于汇锦路。长1525米,宽10米,沥青路面,属支路。

蓝亭路 2010年建成。起于嘉美路,止于黄金南大道。长465米,宽10米,沥青路面,属支路。

汇锦路 2010年建成。起于嘉美路,止于工业园污水处理厂。长2685米,宽10米,沥青路面,属支路。

正宇大道 2009年建成。起于320国道,止于伟业路。长750米,宽8米,沥青路面,属主干道。

伟业路 2016年建成。起于正宇大道,止于320国道。长4500米,宽20米,泥混路面,属支路。

宏业路 2010年建成。起于320国道,止于伟业路。为南北走向,长750米,宽8米,泥混路面,属支路。

兴业路 2010年修建,取名兴业路。起于320国道,止于伟业路。为南北走向,长700米,宽7米,泥混路面,属支路。

裕兴路 起于320国道,止于上高裕盛工业有限公司后门。长1440米,宽20米,泥混路面,属次干道。

公园·广场

镜山森林公园 位于上高县城东北部,规划总面积400公顷,为国家AA级旅游景区。因"其山有三,端圆如镜",意指镜山有上镜山、中镜山、下镜山三座山峰,其山顶皆如圆镜般,故名镜山。主要景点有镜山夜月、镜山休闲广场、抗日阵亡将士陵园、电视发射台、镜山水库、镜山寺古遗址等,是集休闲、自然生态为一体的县级郊野公园。

镜山广场是镜山公园的重要组成部分,位于镜山脚下。占地面积145亩,其中绿化面积99亩、园林设施面积20亩、水域面积26亩,绿化覆盖率72%。广场分为四个区域,即主体休闲区,儿童娱乐区,山水景观区,抗日阵亡将士陵园。该项目于2003年9月竣工,是市民健身、休闲、娱乐的主要场所,为省级文明公园。

友谊广场位于友谊路中段,是镜山森林公园的组成部分。占地面积213亩,由莲池景观湖、游步道、环山绿道等组成。公园内有樱花园、茶花园及松林,是上高市民踏青赏花、娱乐健身的好去处。

镜湖公园 位于新城区内,在县城的东部,正达路旁,总面积为284亩,投资约7000万元。绿地率75.2%，绿化覆盖率为78.4%。园内有喷泉、停车场、娱乐、景观湖、景观小品、背景音乐、游步道等景观。是集市民休闲、登山康体、跳舞娱乐为一体的多功能公园。

滨江公园 位于县城锦江两岸，西起上高大桥，东西全长约4.6千米，规划绿地总面积约54.48公顷。是以生态为基础、休闲为特色的城市水岸生活公园。

街心花园 位于建设中路与和平路交汇处。因其位于街道中心，故名。面积0.5平方千米，为群众休闲广场。其周围是上高的商业核心区，是上高县最繁华的街区之一。

锦阳广场 位于锦阳新区北侧，北至清莲路、南至锦宁路、东至正通路、西至正达路，规划总面积4.80公顷。依托锦阳广场构建锦阳新区景观节点，在节点处增加具有景观标示性的绿化种植、铺装、景观小品等形成地标，形成对景和城市趣味空间，从而在营造富有层次、收放有序的景观环境，在提升绿地景观效益的同时，满足居民日常锻炼、游憩、交往的需求。

文化广场 集五馆一中心为一体（文化馆、图书馆、博物馆、档案馆、城市规划馆，文化活动中心），是城区居民、青少年休闲和文化活动的广场。

芙蓉广场 建于2016年，地处芙蓉路东南端，占地面积39.35公顷，绿地率79.3%，广场内有3.5千米长木质栈道，景观石桥1座，凉亭若干，总投资1100余万元。

城市住宅

敖阳街道

紫金国际 商住小区，位于和平路26号，2016年建成，建筑面积62501.77平方米，共4栋695套。

怡景花园 商住小区，位于学园路，2007年建成，有住宅楼17栋503套，总占地面积52.9亩，总建筑面积5.7万平方米。

亿景花园 位于学园路506号附8号。2008年建成，面积13000平方米，4栋60户。

荣盛华府 商住小区，位于沿江西路。2014年建成，建筑面积40070平方米，建有住宅楼15栋349套。

金色家园 商住小区，位于沿江西路60号，2014年建成。占地21.36亩，建筑面积64866平方米，共407套，高层5栋，多层11栋。

清华园 住宅小区，位于青年路26号路段，2008年建成，占地面积22.60亩，建有住宅楼7栋300套，建筑面积90576平方米。

祥生小区 商住小区，位于青年路24号，2006年建成，占地8.69亩，建筑面积33960平方米，建有住宅8栋

283 套。

天一国际 商住小区,位于友谊路,2015 年建成,占地 58 亩,建有住宅楼 7 栋 303 户,建筑面积 38666 平方米。

园丁苑 住宅小区,位于友谊路,2010 年建成,占地 98 亩,建有住宅楼 15 栋 257 户,建筑面积 65333 平方米。

高阳小区 商住小区,位于工农巷,2008 年建成,占地 34 亩,建有住宅楼 4 栋 228 户,建筑面积 22660 平方米。

星河山庄 商住小区,位于友谊路,2009 年建成,占地 86 亩,建有住宅楼 10 栋 228 户,建筑面积 57000 平方米。

友谊小区 住宅小区,位于友谊路,2006 年建成,占地 62 亩,建有住宅楼 9 栋 204 户,建筑面积 41333 平方米。

怡然居 商住小区,位于友谊路,2018 年建成,占地 26 亩,建有住宅楼 4 栋 303 户,建筑面积 17000 平方米。

御山华府 商住小区,位于东丰路 8 号,2011 年建成,占地 50.63 亩,建有电梯房 3 栋,楼房 16 栋,总户 728 户,总建面积 10.6 万平方米。

九鼎国际花苑 商住小区,位于学园路 268 号,2016 年建成,占地 7 亩,建有住宅楼 1 栋 88 套,总建筑面积 12000 平方米。

上高印象 商住小区,位于东丰路与九郎路交叉口 85 号,面积 23000 平方米,17 栋 1010 户。2018 年建成。

时代广场 位于和平路 31 号,占地面积 20000 平方米,有商住楼 3 栋,商贸楼 1 栋,住房 300 套。

建筑小区 住宅小区,位于建设中路 26 号,建有住宅 7 栋。整个小区占地 13 亩,建有住宅 182 套,总建筑面积 21112 平方米。

生资大院小区 住宅小区,位于建设中路 28—32 号、和平路 23—25 号,分别于 1988 年、1990 年、1996 年、2000 年不等建成,占地 19 亩,有住宅 14 栋 271 套,总建筑面积 48650 平方米。

学园名仕 位于学园路 19 号。面积 16000 平方米,3 栋 100 户。2011 年建成。

商城小区 住宅小区,位于敖山大道 12 号。2000 年建成。占地 248.625 亩,建有住宅楼 22 栋 1105 套,总建筑面积 165750 平方米。

锦泰佳苑 商住小区,位于敖山大道 2—6 号。2010 年建成。占地 66.04 亩,建有住宅楼 2 栋 282 套,总建筑面积 44027 平方米。

富康小区 商住小区,位于敖阳街道学园路 23 号。2000 年建成。占地 65.025 亩,建有住宅楼 12 栋 289 套,建筑面积 43350 平方米。

锦富佳园 商住小区,位于沿江东路 3 号附 1 号,2007 年建成。占地 13 亩,建有住宅楼 10 栋 282 套,总建筑面积33840平方米。

凤凰小区 商住小区,位于敖阳南路16号至敖阳南路22号,2005年建成。占地20亩,建有住宅23栋390套,总建筑面积52650平方米。

国际文苑 商住小区,位于交通路7号。面积20000平方米,3栋90户,2011年建成。

星辉小区 商住小区,位于建设南路19—21号,2007年底建成,占地面积30亩,建有26栋385套房,总建筑面积约69300平方米。

盛荣滨江 商住小区,位于建设南路32号附1号,2007年建成,占地13亩,建有住宅楼10栋282套,总建筑面积33840平方米。

怡园小区 商住小区,位于兰桥路29号。面积16000平方米,17栋228户,2003年建成。

希尔顿小区 商住小区,位于敖山大道与镜山大道交汇处,2012年建成。建筑面积约4.6万平方米,共8栋371户。

锦园小区 住宅小区,位于朝阳南路和商城南路之间,2003—2004年建造,建有住宅45栋169个单元,楼层均为8层,住户1352多户,占地面积约80亩,住房1352套,总建筑面积182240平方米。

站前小区 住宅小区,位于敖山大道5号,1988年建造,2022年老旧小区改造,建有住宅7栋23个单元,楼梯房,楼层为6层,住户277户600多人,占地面积约10亩。住房277套,总建筑面积33240平方米。

世纪园 住宅小区,于和平路13号。面积16000平方米,8栋124户,2000年建成。

万象广场 商住小区,位于建设北路与人民路交叉路段,2018年建成。占地34251.75平方米方,建有住宅楼10幢868套,总建筑面积177226.21平方米。

和平花苑 商住小区,位于和平路14号,2006年建成,占地面积31.759亩,建有住宅楼6栋202套,总建筑面积24532.9平方米。

正阳锦江华庭 商住小区,位于人民路33号,2005年建成。占地65亩,建有住宅楼19栋412套,总建筑面积35678.81平方米。

锦阳街道

世纪豪庭 商住小区,位于锦阳大道1号,2012年建成,占地67亩,建有住宅楼6栋456套,总建筑面积57758.35平方米。

华丰茗苑 商住小区,位于正达路46号,2011年建成。占地面积15亩,建有住宅楼4栋199套,总建筑面积28122平方米。

鼎盛家园 商住小区,位于正达路30号,2017年建成。占地28.3亩,建有住宅9栋334套,总建筑面积47000平方米。

泰业尚居 商住小区,位于正通路26号,2018年建成。占地72.78亩,建有住宅楼18栋645套,总建筑面积119396.67平方米。

锦江豪庭 商住小区,位于正通路35号,2014年建成。占地69300平方米,建有住宅楼7栋322套,总建筑面积30亩。

上鼎国际 商住小区,2017年建成。有住宅楼10栋686套,位于正达路与沿江东路交汇处,总建筑面积131020.46平方米。

滨江一号 商住小区,位于沿江东路89号,2014年建成。占地70.2亩,建有住宅楼21栋668套,总建筑面积41100295.7平方米。

东方星城 商住小区,位于阳霞路9号,2016年建成。占地63014.6平方米,建有住宅楼16栋976套,总建筑面积165663平方米。

金泰嘉苑 商住小区,位于锦宁路19号,2016年建成。占地面积25600平方米,住宅楼14栋392套,总建筑面积87516平方米。

中央城 商住小区,位于锦宁路128号,2020年建成。占地39.6亩,建有住宅11栋344套,总建筑面积53055平方米。

锦阳明珠 商住小区,位于锦阳大道27号,2021年建成。占地49957平方米,建有住宅楼19栋640套,总建筑面积79530平方米。

首府 商住小区,位于正通路11号,2021年建成。建筑面积47521平方米,建有6栋228套。

新城国际 商住小区,位于正通路395号,2020年建成。建有住宅楼38栋1845套,建筑面积22万平方米。

锦欣小区 住宅小区,位于翠霞路至芙蓉路4号路段,2012年建成。占地21334.9平方米,建有住宅楼8栋369套,总建筑面积21334.9平方米。

镜山国际 商住小区,位于翠霞路1号路段,2016年建成。建有住宅楼34栋566套,总建筑面积73580平方米。

帝景豪庭 商住小区,位于芙蓉路3号路段,2008年建成。占地120580平方米,建有住宅楼23栋712套,总建筑面积85800平方米。

高盛·欧锦名城 商住小区,位于芙蓉路二号附八号,2015年建成。楼梯房17栋,电梯房9栋897套,占地面积12.6万平方米。

芙蓉佳苑(欣发小区) 商住小区,位于芙蓉2号至锦绣西路路段,2018年建成,占地10万平方米,建有住宅楼5栋560套,总建筑面积70000平方米。

新芙蓉佳苑 住宅小区,位于芙蓉

路锦绣广场东南至芙蓉路 1 号—上高大道加油站旁到上高技校以下路段，自建房居为主，2014 年竣工，建有住宅楼 11 栋，总建筑面积 752540 平方米。

香溢花城　商住小区，位于镜山大道 15 号，2018 年建成。建有住宅楼 32 栋 873 套，建筑面积约 11.8 万平方米。

森林海　商住小区，位于芙蓉南路 8 号，2018 年建成。占地 83.03 亩，建有住宅楼 63 栋 218 套，总建筑面积 55625.14 平方米。

都市绿洲　商住小区，位于芙蓉路 9 号，2018 年建成。占地 20 亩，建有住宅楼 8 栋 175 套，总建筑面积 20000 平方米。

名爵豪邸　商住小区，位于上高大道 65 号路段。2012 年开发建设，建有住宅楼 4 栋 299 套住房。

金领国际　商住小区，位于锦绣路 18 号，2016 年建成。占地 66700 平方米，建有住宅楼 29 栋 921 套，总建筑面积 139701 平方米。

佳旺小区　住宅小区，位于上高大道 17 号路段，2018 年建成。占地 27840 平方米，建有住宅楼 4 栋 232 套，总建筑面积 27840 平方米。

东方郡望府　商住小区，位于芙蓉路 6 号路段，2022 年建成。占地 77499.78 平方米，建有住宅楼 29 栋 998 套，总建筑面积 124293.27 平方米。

人才公寓　住宅小区，位于翠霞路锦欣小区西侧约 80 米路段，2023 年建成，建有住宅楼 2 栋 202 套，总建筑面积 260000 平方米。

橡树湾　商住小区，位于上高大道 23 号路段，2020 年开发建设，占地 49778 平方米，建有住宅楼 15 栋 634 套，总建筑面积 80100 平方米。

城市之光　商住小区，位于锦阳街道锦绣路与旺旺路交汇处，预计 2023 年建成，占地 58000 平方米，建有住宅楼 22 栋 764 套，总建筑面积约 100000 平方米。

锦江镇

上高花园　一期商住小区，位于锦惠路 160 号，2013 年底建成。占地 256 亩，建有住宅楼 45 栋 2780 套，总建筑面积 34 万平方米。三期商住小区，位于锦惠路 160 号，2013 年底建成。占地 256 亩，建有住宅楼 45 栋 2780 套，总建筑面积 34 万平方米。

锦都圣地雅阁　商住小区，位于兴旺路 7 号，有住宅 19 栋 180 户。

都市江南　商住小区，位于程锦路 1 号，2022 年建成。占地约 68 亩，建有住宅楼 13 栋 699 套，总建筑面积 12 万平方米。

大公馆　A 区，商住小区，位于胜利路 393 号，有 26 栋 1008 户。B 区有 13 栋 897 户。

汇锦城　商住小区，位于胜利路

391号。小区共有426户，占地32亩，建有6栋电梯住宅楼，总建筑面积68327平方米。

今世缘（欧陆名居） 商住小区，位于胜利东路389号，2010年建成。占地16亩，建筑面积约42000平方米，共5栋205户。

岸都花苑 住宅小区，位于胜利路387号，面积20000平方千米，有7栋141户。

塔下乡

和谐家园 住宅小区，位于大观大道与锦华路交叉口，2022年建成。占地20.298亩，建有住宅楼6栋176套。

大观天地 商住小区，位于大观大道320国道路段，占地260亩，建有住宅楼31栋1495套，总建筑面积195880平方米。

镇村建设

村庄整治 2006—2015年，全县开展了"三清六改四普及"（清污沟、清路障、清垃圾；改水、改厕、改路、改房、改栏、改环境；普及电视、电话、太阳能、宽带网）的新农村建设，共安排新农村建点517个，省、市、县三级共投入财政专项资金8850万元，惠及农户21673户，人口81916人。2016—2019年，按照"整洁美丽，和谐宜居"新农村建设行动的总体要求，对701个新农村建设点进行了"七改三网"（改路、改水、改厕、改房、改沟、改塘、改环境；电网建设、广电网络建设、电信网络建设）项目建设，省、市、县三级共投入财政专项资金19300万元，惠及农户32816户，人口124385人。2020年，完成了222个新农村建设点的"七改三网"项目建设，省、市、县三级共投入财政专项资金6160万元，惠及农户9433户，人口34960人。2021—2022年，完成了203个新农村建设点的"七整一管护"（村内道路、村内供水、户用厕所、公共照明、排水沟渠、村内河塘、拆"三房"，村庄环境日常管护）项目建设，省、市、县三级共投入财政专项资金6090万元，惠及农户8500户，人口31022人。2021年被成功列为全省美丽宜居试点县。

镇村联动 新农村建设镇村联动整治建设是工业化、城镇化和农业农村现代化"三化"的展示窗口。上高县2013年选择泗溪镇、徐家渡镇实施镇村联动整治建设，涉及自然村12个，农户1070余户，人口5100余人。泗溪镇投资5000余万元，合力打造了圳背村全长700米的优美一条街，完成了集镇公路硬化和黑化、生活污水处理站、小型垃圾转运站及32000平方米休闲广场的绿化建设工程，拆旧建新5万余平米，新建2个公厕。徐家渡镇投资1300余万元，完成了1.5公里明星路改造,垃圾处理站、公厕、生活污水处理设施、水、电、路等基础设施,安装路灯105盏,1500多户农户实施了改水、改厕和改房。墨山乡投资5000余万元,完成了250套危旧房改造以及集镇路网、自来水厂、敬老院、文化中心等建设。上高县通过镇村联动整治建设取得显著效果,主要体现在集镇扩大了、环境变美了、群众幸福指数提高了。

乡村道路建设

乡道 上高县共有乡道总里程460.227公里,按技术等级分:一级公路1.202公里,二级公路2.178公里,三级公路25.247公里,四级公路420.645公里,等外公路10.955公里。按路面等类型分:沥青混凝土路面7.655公里,水泥混凝土路面441.617公里,砂石路面7.732公里,无路面3.223公里。

村道 上高县共有村道总里程934.247公里,其中一级公路1.841公里,二级公路1.581公里,三级公路32.642公里,四级公路841.677公里,等外公路56.506公里。按路面等类型分:沥青混凝土路面21.833公里,水泥混凝土路面855.908公里,砂石路面56.506公里。

320国道及昌栗高速上高段沿线综合整治 2018年,上高县启动境内320国道20公里及昌栗高速60公里沿线综合整治提升工程,涉及沿线8个乡镇、42个行政村。该工程由沿线村庄环境整治、景观路打造提升、国道大中修三大子工程组成,工程投资1.24亿元。沿线村庄环境整治工程主要建设内容为房屋立面、屋顶坡面、房屋门窗、店面店招、文化墙、农户庭院"六大改造"。至2022年底,沿线村庄环境整治工程已全面完成,共改造房屋立面100.3万平方米,房屋坡顶37.4万平方米,旧门窗0.3万平方米,店招0.7万平方米,农户庭院1367个,绘制文化墙0.3万平方米,景观路打造提升于2019年完工,主要对320国道沿线两侧8米进行绿化改造,全长约59.38公里,绿化面积约586000平方米。沿途还建设了7个风格各异的服务驿站,月均服务3万余车次。2021年对驿站内各项服务设施进行改造升级,新增了加油站、充电桩、综合服务楼等,使驿站内各项服务功能趋于完善。320国道及昌栗高速沿线的综合整治提升工程,使320国道及昌栗高速的上高段变成了两道美丽的风景线。

农饮工程 农村饮水安全建设共经历三个阶段:饮水解困阶段(2000—2004年)、饮水安全阶段(2005—2015年)、巩固提升阶段(2016—2020年)。全县农村集中供水工程有281处,其中千吨万人规模供水工程10处、百吨千人规模供水工程11处、小型集中供水工程260处,覆盖农村人口24.5万人。

城市管理

市政设施管理 1986年8月,成立市政工程队,1990年12月更名为市政管理所。2002年10月成立县城市管理局后,划归县城市管理局管理。主要职能是负责城区范围内街道路面（包括人行道）、排水、桥梁（上高大桥、青阳大桥）以及城区路灯维护与管理、道路挖掘审批。2021年机构改革后,隶属上高县市政公用事业管理中心,工作职责不变。配备有高空作业车2辆,道排巡查车1辆,路灯巡查车1辆,工程车1辆,吸污车1辆,摩托车1辆,电动工具车2辆。

城市园林管理 1985年县城乡建设和环境保护局下设上高县城镇园林管理所。2002年10月成立县城市管理局后,划归上高县城市管理局管理。2010年,组建县园林局,为全额拨款副科级事业单位,隶属于上高县林业局,负责城区园林绿化管理、养护,以及全县各集镇绿化的设计、规划和监督实施。2013年1月,县园林局划归县城市管理局管理。2021年4月机构改革后,隶属县市政公用事业管理中心,原工作职责不变。主要职责是编制城区园林绿地系统规划和实施方案;负责城区范围内的公园、广场绿化养护、设施维护、清扫保洁等。现接管绿地面积共计163公顷,其中包含锦阳广场、镜山广场、友谊广场、锦绣广场、芙蓉广场、镜湖公园、滨江公园、主次干道行道树。现有洒水车3辆,随吊车1辆,打药车1辆,轻型卡车1辆,公务用车1辆。

城市卫生管理 县中心城区的卫生管理,以前由县环卫所负责。2018年11月8日通过公开招投标,于2019年元月1日起由长沙市玉城环境景观工程有限公司承包,承包期为三年。2022年初,经县政府同意,外包工作延长至2024年12月31日。

截至2022年年底,上高城区环卫外包清扫保洁面积约272万平方米;管理垃圾中转站8座,县城压缩站5座,乡镇压缩站9座,公厕30座;投放果皮箱608个,240L垃圾桶1305个,配备环卫车辆59部（洒水车6部,雾炮车2部,机扫车3部,勾臂车6部,摇臂车3部,压缩车5部,三轮车6部,平板车1部,转运车6部,侧翻车1部,铲车1部,打杂三轮车2部,洗桶三轮车2部,班长巡查三轮电动车15部）。

城市综合治理 2002年3月,成立上高县城市管理大队,为全额拨款事业单位,隶属县城管办。2011年12月撤销城市管理大队,组建城市管理综合执法大队,调整为正科级,由上高县城市管理局管理,行使城市管理综合执法监督检查、行政处罚、行政强制职能。2021年4月上高县城市管理综合执法大队更名为上高县城市管理综合行政执法大队,调整为副科级,原工作职责不变。主要职能是负责对城市市容环境等违法违章行为和对损坏城市市政设施、环境设施、园林绿化等行为进行监察。现管辖面积为23.74平方公里,配备有小型普通客车3辆,轻型普通货车3辆,中型非载货作业车1辆,大型普通客车1辆,摩托车27辆。

环境保护

大气污染防治 持续深入打好蓝天保卫战,综合推进大气污染防护,不断改善环境空气质量。2022年上高县中心城区PM2.5平均浓度28μg/m³,比2018年减少11微克,下降28.2%;PM_{10}平均浓度51μg/m³,比2018年减少22微克,下降30.1%。

强化城市精细化管控。加强建筑工地、土方运输、裸土覆盖等源头管控,强化臭氧污染应对,开展VOCs走航分析,加强加油站、汽修喷漆、沥青摊铺施工、道路划线等产生VOCs作业管控,深入推进餐饮油烟治理。强化移动源管控。开展油品专项整治行动,严厉打击黑加油站点;划定了上高县城区黑烟车和高排放非道路移动机械禁止使用区,编码登记非道路移动机械1108台,建成2套黑烟车抓拍设施;持续强化禁燃禁烧管控,落实县乡村组四级网格化宣传、巡查,加强重点时间、重点区域管控力度,使用无人机进行禁烧巡查。持续抓好工业污染治理。开展非煤矿山、水泥、砖瓦、涉VOCs企业等专项整治,督促20余家企业升级改造挥发性有机物治理设施,争取702.6万元中央环保专项资金,完成了8家陶瓷企业烟气脱硝深度治理和2家企业有机废气深度治理。

水污染防治 2022年,全县国控、省控断面水质优良(Ⅰ—Ⅲ类)比例为100%,乡镇以上集中式饮用水水源地水质达标率为100%。

全面开展锦江流域综合治理,制定实施了《锦江流域(上高段)环境整治方案》,先后开展了泗溪良田断面水质整改专项行动、化工企业专项整治、涉磷企业专项整治和锦江支流清淤行动等水环境整治。深入开展集中式饮用水水源地规范化建设及综合整治,2022年,投资1100多万元,完成了县级水源地环南港水库水环境综合治理,至2022年底,完成了3个县级和10个乡镇集镇集中式饮用水水源地的划定审批和规范化建设。深入推进入河排污口整治工作,查、测、溯、整入河排污口60个,建立了锦江干流上高段入河排污口名录。

不断加强生活污水集中收集处理。2009年9月,由政府投资的县城市污水处理厂一期第一步日处理1.5万吨生活污水处理项目建成投运，2014年1月，由江西洪城水业环保有限公司以BOT模式投资建设的一期第二步污水处理规模为1.5万吨/日的项目建成投运，县城市污水处理厂整体处理规模达到3万吨/日，出水水质执行（GB 18918-2002）中的一级B标准；2018年10月，上高县城市污水处理厂提标改造及扩容工程启动，2019年5月由洪城水业以BOT模式投资的县城市污水处理厂一期改造和二期扩建1.5万吨/日生活污水处理设施动工建设，两个项目于2020年6月建成投运。至此，县城市污水处理厂达4.5万吨/日的污水处理规模，出水水质执行（GB 18918-2002）中的一级A标准。同时，至2022年底，建设了14个乡镇集镇生活污水处理厂，总规模达2405吨/日。

强化工业废水集中处理。2014年5月，投资4577.86万元，设计规模1万吨/日的黄金堆工业污水处理厂一期工程通水运行，2021年2月，投资约3048.99万元，设计规模0.5万吨/日的五里岭工业污水处理厂通水运行，至此，全县工业废水集中处理能力达1.5万吨/日。

土壤污染防治 稳步开展重点建设用地土壤污染状况调查及评审，共完成土壤污染状况调查地块50宗，全县重点建设用地安全利用得到有效保障，全县受污染耕地安全利用率达100%。扎实推进农村生活污水治理和农村黑臭水体整治，到2022年底，全县56个行政村74个自然村已建成农村生活污水治理设施74个，全县行政村污水治理率为38.17%。大力推进重点污染源地下水污染状况调查评估，到2022年，完成了上高工业园区黄金堆化工集中区地下水环境状况调查评估；全县12家土壤污染重点监管企业均按要求完成土壤污染隐患排查。强化危险废物监管，持续开展危险废物专项整治和危险废物规范化环境管理评估，全面提升了上高县危险废物规范化环境管理水平，2021年3月，建成宜春市首家小微产废单位危险废物集中收集转运暂存场所并投入使用。

生态环境监测 从2018年开始，陆续完成了县城集中式饮用水水源地、各乡镇河流交界断面水质自动监测站和乡镇（街道）空气自动监测站建设，共建设各类水站33座，各类空气站23座，建成了各乡镇和重点区域全覆盖水和空气环境质量自动监测网络。2020年10月，编制了《宜春市上高县声环境质量监测布点技术报告》，在县城建成区域共布设声环境监测点位125个，于2021年开始开展了城市声环境监测。

污染源普查 按照《全国污染源普查条例》规定，上高县于2007年和2017年先后开展了2次全国污染源普查，第二次污染源普查共完成1383个对象的普查工作,其中:工业源800家、农业源341家、集中式污染防治设施6家、生活源163个(行政村162个、锅炉1家)、入河排污口45个、移动源28个(加油站27个、油库1个),同时对全县种植业、种植业播种、覆膜与机械收获面积、农作物秸秆利用、水产养殖、规模以下养殖户养殖量及粪污处理等农业面源进行了普查。

2017年,全县污水排放量1574.86万吨,其中:工业废水291.46万吨,生活污水1283.4万吨。主要水污染物化学需氧量排放量28155.4吨,其中:工业源1036.58吨,农业源23789.8吨,集中式1.99吨,生活源3327.03吨;氨氮排放量412.28吨,其中:工业源24.43吨,农业源387.38吨,集中式0.47吨。工业废气排放量8662662万立方米,主要大气污染物二氧化硫排放量4975.94吨,其中:工业源4900.58吨,生活源75.36吨;氮氧化物排放量8196.34吨,其中:工业源8125.7吨,生活源70.64吨。一般工业固废产生量989121.88吨,综合利用量983500.87吨,储存量78.74吨;危险废物产生量61941.17吨,全部得到综合利用或无害化处置。

生态创建 至2022年底,上高县共有14个省级生态乡(镇),省级生态乡(镇)创建率100%,16个省级生态村,151个市级生态村。

人　物

春秋战国
（前770—前221）

老莱子　春秋战国时期道家始祖之一，其名、其言、其事在《庄子》《战国策》《礼记》中均有记载。战国时楚王知老莱子贤能，亲自驾车，欲接老莱子入朝为官，被老莱子婉拒。为躲避战乱和楚王权势，老莱子隐居蒙山修道，潜心研究并著书15篇，成为举世公认的道家学派创始人之一。老莱子"彩衣娱亲"在中国古代被列为"二十四孝"之首。他72岁时，经常穿着彩衣做孩提时的动作，以取悦双亲。

西晋（265—317）

敖真人　西晋年间上高人，失其名，隐居于县北三里的敖山上潜心修炼，终于得道。能济困救难、惩恶扬善、打抱不平，敖山上有石坛、剑石、丹灶存焉。

东晋（317—420）

陶渊明（365—427）　字元亮，东晋大诗人，有中国第一位田园诗人之称。主要作品《饮酒》《归田园居》《桃花源记》《归去来兮辞》等，嘉庆《上高县志》有记："陶渊明故里，在县北义钧上乡，有秀溪八明，后义钧上乡于宋太平兴国七年割补新昌，故新昌也载。"同治《上高县志》记载：陶渊明"尝家于邑境，今义钧乡有渊明故室、读书堂、石室、藏书椟、洗笔岩请遗迹按地可稽"又云："义钧乡旧属上高；宋太平兴国七年析义钧之半属新昌。故阳乐故城，渊明故里，新昌志也载"。

唐代（618—907）

易重（806—872）　字鼎臣。先居于田心坪溪山田村，在此发科中举。《瑞州府志》和康熙、同治《上高县志》均有记载。会昌五年（845），易重夺魁，被皇帝钦点为状元，赐御笔"进士及第"匾额,成为宜春三年内第二位状元。易重为官清正,官至大理寺评事。易重晚年慕上高山田风水优越,景致优美,携家回迁至上高县千春北钦仁团(今田心镇坪溪村)山田村。

钟传(850—906) 田心椴头人。少年经商。适逢王仙芝农民起义推向江南,众人推钟传为首领,聚万人在九峰,自称高安镇抚使。后以州兵镇压起义军,先据抚州,抢占州县,上报朝廷,诏命封为刺史。中和二年(882),钟传率兵占领洪州。唐僖宗提升他为江西团练使,继授予镇南节度使检校太保中书令,后又封为南平王。

钟传崇佛,捐九峰山故宅辟为寺院(即今九峰崇福寺)。宋代蒋之奇有诗云"沿涧岩入翠霞,寺僧犹记旧钟家",即指钟传故宅——九峰崇福寺。钟传军攻城,必祷佛而行。天复元年(901),钟传兵围抚州,城内突起大火,诸将请急攻之。钟传曰:"乘人之危,不可!"乃祷告火神弗为民害。抚州守将闻之,谢罪听命。钟传兵不血刃,收复抚州,传为佳话。钟传的儿子匡时、匡范,分别为袁州、江州刺史,实力雄厚,父子三人盘踞江西达30余年。

普满 九峰禅寺开山祖师。唐乾宁年间(894—898),洞山良价祖师的高徒普满来九峰作主持开山。开山时,昭宗赐额"宏济寺",后改为崇福禅林,并一直沿用至今。

任涛 锦江六口人,唐代咸通登进士榜。任涛自幼性慧超群,诗名早著,人多传诵,有"露团沙鹤起,人卧钓船流"佳句。常侍李骘视察江西得知任涛诗才,特免除他的徭役。乡人多有议论,李骘断然说:"境内凡诗及得涛者皆可免。"结果无人敢应。时东南多才子,任涛以诗会友,与诗人许棠、喻坦之、温宪、郑谷、李昌符、张乔、周繇、张蠙、剧燕、吴罕、李栖远交往甚厚,吟咏酬唱,史称"咸通十哲"。

宋代(960—1279)

易延庆 字余庆,田心镇坪溪人,唐代状元易重之孙、南唐雄州刺史易赟之子。易延庆自幼聪慧,涉猎经史,尤长声律,以父荫为奉礼郎。授大明府兵曹参军,后任大理寺评事。宋朝统一天下后,出任宋太宗朝大理寺丞,再改知端州。易延庆以孝闻名天下。父亲易赟病故,延庆为父守孝三年,结庐墓侧,寝食其间,不离寸步。州府将此事表奏朝廷,皇上大加褒奖。母亲亡故时,又结庐于墓侧,为母守孝。他知道母亲生前喜食栗子,便在墓侧两边各种下一棵板栗树。不久板栗树枝杈便长在一起,成了连理树,人们都说这是易延庆孝感所致,表奏朝廷后,皇上加封易延庆"纯孝先生"。

赵伯崇 宋太祖次子燕懿王赵德

昭玄孙,迁瑞州塔前,再迁上高。宋朝宗室南渡时任江西观察史,封卫国公。同治《上高县志·封爵志》中有记:"今河南观音阁、上蔡官桥皆后裔也。"

罗肱 字茂勤。野市水口人。豪迈倜傥。年方十八,金兵犯境,肱聚集乡勇,保安数郡。元帅岳飞、韩世忠对他非常信任,名将刘琦也请其出谋划策。绍兴十六年(1146),刘琦大败金兀术于顺昌,罗肱因功高受命为秉义郎江西兵马都钤辖。后因岳飞冤死,愤恨至极,弃官归里,屡召不仕。

罗善同 字信远,自号纯古,野市水口人。宋代著名学者,理学家。自少勤读诗书。主张"人之所以为君子,在不失其本心,要常自检点,勿使一毫私意间之,始可达圣贤地位",被后世尊称为"纯古先生"。晚年闭门谢客,著有诗集藏于家。同治《上高县志》记载,"与程明道(程颢)友善,尝有书信往来"。

邹国宾 字浩,号得志。南港小坪人。与年兄张叔春、黄除台谏,正色朝,真言无隐。后宋庆元二年(1196)升任大理寺评事。遗有诗文《燕居集》和奏疏。

邹琏玉 字瑚,号景阳。南港小坪人。官至大理寺评事,有《策论》《奏疏》诗及序文类遗世。

元代(1271—1368)

邹实则 字淳,号矩心,南港小坪人。初为蒙山银场山长,1293年授任赣州府学正,1298年升温州府教授,直任南台御使,后升任南台左金都御史(正四品)。

曾义山 一名法兴,塔下曾家人。善占术。刘基丞高安,法兴将藏书相赠。刘基深得书中要旨,后协助朱元璋建立了明朝。朱元璋曾问刘基的韬略由谁传授,刘基如实回答。朱元璋当即遣使召见义山,回报义山已故,遂赐"开国第"匾额予以褒奖,并表其坟墓,着人常年守护墓址葫芦石,以资纪念。

邹民则 号紫山,南港小坪人。元至元二十七年(1290),蒙山银矿提举姜荣建正德书院,奏请邹民则讲学。大德二年(1298),龙兴路学录。

伍杰夫(1302—1382) 字俊杰,号略亭。伍杰夫文才武略俱佳,元末兵变,偕长子国英追随宜春侯欧普祥为总镇。洪武四年(1371),领兵归附大明,屡立战功,委镇南直高邮、兴化,世袭总镇(正三品)职位。

明代(1368—1644)

李益显(1343—1404) 字仁卿,号瀛桥,由孝兼任锦衣卫指挥使司指挥使。有力如虎,少读孙吴书,逐通武略,诸老齐曰:此儿必显我门。因而街谈巷议驰声郡县,由郡县而荐剡,由荐剡而征召。累官至锦衣卫指挥使司指挥使,秩正三品,掌侍卫、缉捕、弄狱之事。凡朝令巡幸,则具簿仪仗,率大汉将军等侍从。

李益忠(1357—1408) 字尽卿,号东里。洪武二十四年辛未科(1391)拔贡,任山东郓城县知县,特升广西南宁府横州知州。一生为官清廉,卓有政声。

况和卿(1368—1398) 敖阳街道东门人。明洪武年间以才学出众出任宁波府同知。为政严厉、秉公执法,因而被仇家诬陷下狱,解赴京城。庭审时坚贞不屈,抉目以示为官清白。明太祖朱元璋得知案情,惊异其刚正耿直,命御医医之,并赐绢以旌其直。

黎凤(1465—1527) 字乾兆,号楚蒙,蒙山小步人。明弘治九年(1496)进士。曾任行人司行人,藩封进阶河南道监察御史。巡历有声,典金陵学政,人称楚蒙先生。明武宗时期,因此前直言,得罪权要,罢归乡里。罢归后,倾其所有,依山傍水建成"蒙耕堂",课读子孙,对酒吟咏。

吴应期(1530—1618) 字名卿,号近阳,上高泗溪曾家楼屋人。万历壬辰科(1592)岁贡候选河南司训,任表州府教授,升任河南陕州府通判(正六品)。

李正华(1555—1600) 字懋实,号文沙,南港梅沙人。明万历七年(1579)举人,官至高邮知州(从五品),一生为官清正廉洁,两袖清风。高邮任上解甲归田,百姓士民遮道,攀辕痛哭乞留,立生祠纪念。

曹汝兰(1566—1628) 字斯馨,号心言,南港马湖人。自幼好学,15岁母亡。万历三十五年(1607)中进士,授四川江津知县。江津地处偏僻,路途艰险,曹汝兰乘船赴任,途中船翻漂流十几里却幸免于难。时四川白莲教兴乱,江津县盗匪盛行,讼狱繁多,民众疾苦。曹汝兰到任后,整肃吏治,勤政爱民,判狱断案,不徇私情,很快把江津治理得秩序井然。几年后,升南台浙江道御史、南京浙江道监察御史。泰昌、天启年间又被任命为钦差,巡视江南江北数省。一生刚正不阿,公正廉洁。崇祯皇帝为表彰他的功绩,颁旨为曹汝兰建立"三朝侍御"牌坊。在敖山修建敖山石桥(今石洪桥),石桥有两段呈七字形,兼具溢洪、蓄水双重功能,在全国古桥中少见。著有《日知传习录》《诗集》《南台奏议稿》等。

晏镰 字雅圣,塔下垱头人,天顺元年(1328)选任湖广宁乡知县。其时该县出盗贼,晏镰抚剿并用,使群盗解散,百姓安居乐业。晏镰因政绩调任四川大足知县,对百姓仁爱廉明的本色比前有加无减。任满调入京城，途中因病去世。

易大年 翰堂带源人，洪武乙丑科（1385）进士。任福州府福宁、上元知县，后任陕西道御使（正七品）。

况文 字应奎，敖阳街道人。永乐甲申年（1404）任监察御史、巡按浙江，办案公正严明。明正统己巳年（1449）升任都御史，掌都察院事（正四品），政绩突出，升任广东省左参政（从三品）。任职所到之处，都自书"平恕"两个大字为座右铭，警醒自己。所在任上清正廉明，深得民心。

王纲 字存纪，塔下田北人，永乐辛卯年（1411）科登甲榜进士，任河南等道监察御史，巡按福建、广西、河南。王纲对官场腐败深恶痛切，为官公正无私，执法森严，后升任山西左参政。正统年间又提任山西右布政使，官至从二品。历任四朝，始终尽力尽职，政声卓著。著有《薇垣清兴集》。

罗九逊 字顺泰，号恬翁。镇渡洋田人。任工部营缮所丞，"洁己爱民，事上官不以谀悦为恭"。宣德八年（1433）修理南京宫殿，九逊秉公办事。工部曾有先例：征丁用于公役者十不一二，其余皆为管理者私役。九逊自己决然不占，并力请革除此种弊端。正统二年（1437）加营缮所正衔。

陈愚 明永乐十二年（1414）任长泰县知县，历官三年，治教修行，凡民事讼者皆以理解之，使矛盾化解消释，葺坏补遗，不劳民力。

黄景 字文昭，新界埠光明人，成化五年（1469）进士，曾任礼部主事郎中。同治《上高县志》载：奏对称旨，陞左通政，寻迁礼部左侍郎，官至二品。弘治元年（1488），以时议不合辞官。正德年间（1506—1521），忤逆大宦官刘瑾，谪戍敦煌。瑾诛，乃得赦，归卒。

简芳 字德馨，新界埠人。自幼颖敏好学，明弘治辛酉年（1501）进士，初任南京刑部主事，后升任兵部武选司郎中，性耿介，执法严明公允，不畏权势。

黎龙 字乾德，号念斋，蒙山小步人。明正德三年（1508）进士。出任镇江府推官，后任四川道监察御史，然后转任广西按察司副史。性情刚烈，清正廉洁，因顶撞上司，45岁被罢官。

聂珙 字固贽，敖山接官人。自幼志向高远，性格刚强。明正德六年（1511）中进士，授刑部主事。任职期间，因执法严明，秉公办案，得罪权贵，被贬福建山区小县知县，仍公正刚强，不畏权贵，视百姓为父母，被称为"聂青天"。他在福建泉州任职时，正值倭寇猖獗。许多官员不管百姓死活，自顾逃命。聂珙却挺身而出，带领百姓，筑起石堡，抵御倭寇。他身先士卒，躬冒矢石。聂珙舍身报国和运筹帷幄，坚决阻击来犯的日寇，收复国土，保护百姓，以文治武功升任山东兵备道副使，官至二品。解甲归田后,在接官村办书院,教读儿孙和邻里孩童。其孙聂应科中进士,"爷孙同进士"在上高传为佳话。

晏若川 蒙山浒江人,明嘉靖七年(1528)举人,任廉州同知(从六品)。

聂应科 敖山接管人,聂珙之孙。明万历十一年(1583)进士,曾任御史,为官清正,卓有政声。万历二十三年(1595)因侃侃直陈,不避权贵,"御史聂应科等19人俱调外"。另据《上高县志》记载:聂应科以侍奉90岁的老母为由,"后以亲老告归,侍养廷闱,课督孙子,捐资修葺学宫重新文阁"。专事培养后人,一时声名远播。

吴学诗 字伯兴,号虚宇,敖阳街道人。颖敏好学,经史过目成诵。嘉靖乙丑年(1565)中进士,授庶吉士,累官至终任山西按察司副使,历侍三朝,政绩昭著。后母亲病重,归家尽孝。

王京 字来觐,塔下田北人。隆庆戊辰科(1568)进士,任广东同安知县。同安临海,王京注重海防,操练兵马,倭寇不敢南犯,士民安居乐业。百姓感其内盛外威之治,立"作人""德政"二碑,颂其功绩。后任安徽郡守,以礼让默化士民,使民风向善,孝养谦和蔚然成风。人称"允服先生"。著有《辉映集》。

晏仕翘 蒙山浒江人,嘉靖四十四年(1565)乙丑科进士,官历刑部主事,福建监察御使(正六品)。

晏日曙 蒙山浒江人,晏日启兄长。万历四十年(1612),与弟日启同科中举,授广西在平府左知州,后升任浙江嘉兴府同知,苏州府海防同知。戊寅年任湖广永州知事,升任本省荆西道按察司副使,历广西巡都御使(正四品)。

晏日启 蒙山浒江人,万历四十一年癸丑科(1613)中三甲22名进士。天启年间,任凤阳府知府。后官至河南按察使,左布政使(从二品)。

黄朝宣 字番舆。南港上梅人。父为明朝云南黔公沐府赘婿。黄朝宣受舅家影响,好习武事。沐府推荐他统帅滇兵,因镇压农民起义得功,被京师总督袁继咸拔为副将。崇祯元年(1628),湖广巡抚何腾蛟于长沙招旧部及降将设十三镇,授黄朝宣为总兵,封江楚侯。清顺治二年(1645),分宜县令曹国祺与马湖举人曹志明,号召七姓起兵抗清,约黄朝宣以滇兵为外援。"讵知上(高)新(昌)兵起,而朝宣兵尚未发",以致兵败。清顺治三年,上高、新昌义兵再起,黄朝宣相助,发兵围攻袁州,后退守衡州。顺治四年,清兵入衡州,黄朝宣被擒不屈,遂遇害。

潘涛 世代业医。涛精通医道,危重患者得救者甚多。著有《医学绳墨》一书,其目有十:一切脉,二问证,三断病名,四辨顺逆,五明标本,六立治,七审轻重,八处方,九用药,十调理。当时书行于世。

李敬忠　敖阳街道人,永乐年间以岁贡选任上元主簿,再升任广东四会知县,精于破案审案,人称神明。

李文　字显道,敖阳街道人。由举人授广东乳源知县,后任潮州府同知。在任期间介洁自持,兴学校,崇礼教,政化大行。

黄美　号石龙,锦江团结人。选贡生,性刚介,就读白鹿洞书院,任浙江嘉兴秀水知县。他到秀水县任职前,县衙曾经有一习俗,县官坐堂,当地商会必须日供黄绢一匹给县老爷作辛苦费。到职后命撤去陋习。该县有学子吴鹏,学优而家贫,黄美用俸禄资助他考取功名。黄美任满时,江南巡抚慕其高节,欲聘请他为幕僚,黄美婉言拒绝,并寄去一诗以明志:"不羡金龟好,偏乘白鹿游。"

潘仕绅　字以书,锦江锦南人。明隆庆年间(1567—1572)授五河知县,后为定州知州,再升广州府同知,兵部职方司郎中(正五品)。性情恬淡,品行端正,卓有政声。

黄居德　号惕斋,锦江团结人。以诗文、五经卓异,举荐入京吏部考试,居第一。历任灵山、清河知县。后升任邳州知州,兼摄高邮。理政有方,士民称道。在任时念父已年届90,请辞不许。坚决辞职而归。上司河督潘季驯赞其"知忠知孝知止",赠"三知堂"牌匾以赠。

肖佳　蒙山肖坊人。明朝举人,官至山西按察使(正三品)。

肖尚宾　蒙山肖坊人。明朝举人,任山东胶州知州(从五品)。

黄启生　字嘉通,号衡门。自小喜好读书,于书无所不读,终成饱学之士,以选贡任四川保县知县。保县是汉族与羌族杂居的县,历史上民族矛盾较多,羌人强悍难以治理。启生到任后执法公平、安抚百姓,以威信结交诸位酋长。兴办学堂,亲加教诲,全县士民息讼自励,治安大变。任满调繁西知县,更加勤政爱民,凡大事必亲力亲为。后因身体多病,死于任上。死时身无一钱,士民感泣,请求上级资助,才使其灵柩回乡。保县人为其立祠纪念。著有《清啸亭》《薄游草》《舟中和韵》等诗集。

王文建　字子建,塔下田北人。万历戊午年(1618)初任山东冠县教谕,再升济阳知县。济阳多盗匪,文建恩武并重,使县城赖以保全。上级以边防人才多次向朝廷推荐,任南京东城兵马司指挥。

况锷　字干玉,号湛如,锦江城围人,天启壬戌年(1622)初任广东省雷州府经历,后任山西大原府崞县知县,再升任山东莱州府推官。

李开春　字真吾,号古梅。明万历癸酉科(1573)举人,再登万历壬辰(1592)进士。历任常州府宜兴县、扬州府泰兴知县，广东广州同知。一生刚介质直，为官清白，清廉上闻，百姓拥戴。

罗若金　野市水口人。景泰元年（1450），国内饥荒，以罗若金为首的族人，募1110石（担）粮捐献朝廷赈灾。同年六月二十六日，景泰皇帝钦赐水口族义民之誉，"敕旌义民罗若金之门"，并予以特别嘉奖。族人于景泰四年（1453）建立牌坊。民国六年（1917），族人改建牌坊、为砖石结构，至今。2006年2月，族人捐款修葺。

毛万方　泗溪马岗毛家人。景泰年间江西大旱，以毛万方为首的族人，募1200石粮捐献朝廷赈灾。景泰皇帝为表彰毛万方捐粮赈灾有功，颁旨予以嘉奖，族人因此立下毛氏义民牌坊。毛氏义民牌坊始建于景泰六年（1455），重建于崇祯十六年（1643）。毛氏义民牌坊为四柱三门，砖石结构，通高6.5米，宽8米，深2.4米。门上方嵌石刻匾额两块，中空。其门下面为横匾，曰"景泰六年正月吉旦敕迎"。中间刻大字"旌表义民毛万方门"。落款为"七世孙毛延民重修　崇祯拾陆年贰月吉旦"。上面竖为匾，镂刻"圣旨"二字。

清代（1616—1911）

罗光辉（1628—1726）　泗溪罗家港东人，清顺治十三年（1656）。因随军征战有功，提升为吉安府守备，官至正六品。

晏斯盛（1689—1752）　字虞际，号一斋，蒙山浒江人。康熙五十九年（1720）江西乡试第一名，次年举进士，为庶吉士。雍正元年（1723）授翰林院检讨。五年为会试同考官。后提督贵州学政，再补鸿胪寺少卿。乾隆元年（1736），授安徽布政史，七年三月擢升为山东巡抚。八年三月，调湖北巡抚。次年正月升户部侍郎（正二品）。晏斯盛出身贫苦，一生为官清正廉洁，深知"民以食为天"，故"生平宦辙，所至以士习农田，积贮为先"，备受百姓爱戴。晚年归家，侍奉八旬老母，尽忠尽孝。著有《易经解》《禹贡解》《楚蒙山房易经解》等。

罗福闹（1766—1818）　泗溪罗家人。清乾隆戊申年（1788）中武科举人，己酉（1789）会试，授千总职，正五品。

李祖陶（1776—1858）　字钦之，号迈堂，徐家渡东边贯垅人。嘉庆戊辰（1808）中举人。李祖陶用毕生精力，编选了唐、宋、元、明、清各名家文选，所著之书有：《国朝文录》174卷，《迈堂文略》32卷，《金元明八大家文选》53卷，《迈堂诗稿》24卷，《资治通鉴》144卷，《唐二十家文钞》《国朝四家诗稿》等书。其中，《国朝文录》出版时，被人们赞为："吴楚之间推作者，欧曾（指唐宋八大家中的欧阳修和曾巩)之后此传人",可"与唐代文苑英华媲美"。其人"有杜子美之性情,而兼元遗山之笔力"。其生平事迹已被收录于《中国人名大辞典》和《中国文学大辞典》。是清朝中叶后全国文坛颇有影响的文学家。

郑秉恬(1783—1840) 字性和,号云壑,芦洲均陂人。清道光二年(1822)进士钦点榜眼,官授翰林院编修,不久任山西五寨知县,继署平遥、曲沃。曲沃号称"难治之地"。县内公役有假威挟诈的弊端,郑秉恬为与百姓联系,于通衢路口特设两个"愿闻己过,求通民情"密封投诉筒。白天,供百姓投诉;夜晚,则独自查阅、了解民情。虽不全以为凭,但一县认实情略知。当看到状告差役张某,诈人纹银300两之事,立即进行审查,并严加追究。惩一儆百,官不敢贪,民心大快,四境平安。他通晓诸子百家,尤擅书法,以书法造诣名动江西。郑秉恬秉性廉洁,尤厌攀高结贵,故任知县9年间,尽管政绩显著,始终不曾升迁。道光十六年(1836),因母病归乡,致力教育,主讲豫章书院、鹅湖书院。在鹅湖书院主讲数月,病重而归。道光二十年(1840)病故。后人选辑诗文若干,成《郑太史云壑诗集文附》。

黄懋材(1843—1890) 字不雕,号豪伯,别号柏庭,田心斗门上屋人。出身贫寒,幼年丧父。但勤奋好学,才华出众,16岁考中贡生。因为家境贫困而放弃科举,致力于自学,对数学、天文、地理等尤笃。同治五年(1866),将所见所闻写成《沪游胜记》,得到了江西学政李文田、许庚身等的赏识,受推举进入上海同文馆学习翻译,并以优异成绩毕业。光绪四年(1878)受朝廷派遣,"以四品顶戴,出境换二品顶戴",率领六人前往缅甸、印度、孟加拉、新加坡、越南考察,历时两年多,行程五万余里,沿途搜集了五国政治、经济、军事、文化等方面的第一手资料,绘制成《五印度全图》《西域回部图》《四川至西藏程图》《云南至缅甸程图》等图册。著有《西輶日记》《印度札记》《徼西水道》《游历刍言》等著作刊行,为清政府了解诸国情形提供了真实、详尽的资料。然而,晚清朝廷中,黄懋材的学术政见并不能得到重视。考察结束之后,仅任命黄懋材做云南弥勒、平彝知县。四年后,他以"本学术经济,不乐于吏治"为由请调回京,改授会典馆协修、加稽查同文馆职。从此,他终身以著述、编辑和外语教学为事。其间黄懋材又有《象数新理》《机器略释》《海国见闻录》《沪游吟草》《江城吟草》《危言》《得一斋外集》等20余卷著作刊行于世。

晏旭升(1844—1917) 字岐山,号悟冈,塔下天山人。自幼家贫,一生以教书为业,卖画为生,以一手水墨葡萄画名动江西。上高县博物馆收藏了晏旭升5幅画轴,其中4幅葡萄图、1幅山石菊花图。

江廷魁　字薇臣,镇渡乡江东村人,顺治丙戌(1646)举人,任河北正定府槁城知县。槁城学宫坍塌,地多荒芜。廷魁捐出俸薪,修葺学宫,鼓励耕种。廉而有为,庭无留讼、狱无冤囚,政绩卓异,拔升广东平州知州。槁城百姓立"去思碑",以表其德政与功绩。

聂炜　号怡园,敖山接官人,聂应科之子,聂珙曾孙。顺治年间以拔贡任山东滋阳、广东南雄知县,江南徽州府同知(正五品)。任职之处,爱民如子,政绩卓著,有"生佛"之号。

潘述祖　字绍衣,号谂斋,锦江锦南人。康熙癸巳年(1713)中进士,任翰林院庶吉士。乙未年(1715)任翰林院检讨。自幼资极聪颖,勤奋好学,常在寺观中抱书于神座前苦读,神专气寂,寒暑不辍。潘母严于管教,每日知书督课,必令复诵课文。49岁时因疾而卒。所著《谂斋诗稿》格意高雅,如其为人。

任际虞　字唐臣,号日峰,锦江六口人。自幼颖敏,作文千言立就。康熙甲午年(1714)举乡试第一名(解元)。康熙戊戌年(1718)中进士,授翰林院庶吉士、检讨、纂修史官。雍正元年(1723)任顺天府乡试同考官,次年任云南省乡试主考官。任际虞生性廉慎,为国修史,为朝廷选才,一丝不苟,不负重任,廉洁公允,两袖清风,死时竟无钱治丧,人皆肃敬。儿任文澜,雍正丙午年(1726)举人,孙任德明,乾隆戊申年(1788)举人。

晏命世　字觉先,号九庵,锦江钟家渡人。雍正癸卯年(1723)进士,学问精深,扑茂风华,作文执笔立就,选授贵州省印江知县。离任后被相国朱轼聘为幕僚,担任其子侄的私塾先生。

黄梦兰　字惟馨。锦江团结人。九岁丧父,母得病,日夜守护。年龄稍大,读经史兼医书,精通岐黄,随手奏效。行医济人,不计于利。晚年著有《自鸣草医案》一卷问世。

傅九渊　字深甫,号拙斋,锦江垱上人,道光三年(1823)进士。博览多闻,尤精数学,曾以定用岁轮算金水二星行度术,订正了清朝著名学者江永的"金水二星发微"之误。历任湖北远安、山东长山知县。著《有不为斋算学》四卷。

陈卿云　字瑙虞,又字仙楼,新界埠桐山人。自幼好学,常年手不释卷。16岁中秀才,前往拜谒先达郑秉恬,受到教益。博览群书,专心致志,人以"书迷"称之。道光癸卯(1843)中举。同治辛未(1871)进士,授翰林院编修,后任扬州知府。教民筑堤、挖塘、疏河,田植稻谷,堤上种桑,扬州得治。其赋性刚介,不屑阿谀奉承,触怒当道,即被革职。晚年再度调京任职,官至二品。著有《崇正遗稿》《左传读本》《史记备选》《汉魏六朝文选》《补唐文粹》《叙宋文鉴》《汉魏六朝唐宋诗选》多种。同治九年(1870),参与编修《上高县志》。

李乔松 女诗人,字瀛洲。锦江锦河人。生于道光六年(1826)。自幼聪颖过人,能诗擅画,著有《和鸾集》,抒发鸾凤和鸣、离愁别恨之绪。其诗格调清新,感情真挚,颇具文采,人称才女。年19,婚宜丰举人卢联桂。21岁(1847)早逝。《和鸾集》由卢联桂的孙子卢荣光搜集整理,革命女侠秋瑾大加赞赏:"吾国乡邑有此才女,女学尚未坠地也",并题《沁园春》一阕,付之卷首,一并刊行。

黄光岳 字聚生,号硕庐,锦江团结人。雍正丁未年(1727)进士,任浙江宁海知县,任职六载,深得民心。上司知府李卫倚重其才能,奏请留督海塘要务,后升金华知州。任职金华期间,执法公允,刑清讼简,精审案件。李卫愈加器重。后因劳累致病,逝于任上,灵柩归乡时,金华民众相送,百里不绝。黄光岳著有《宦越草》《粤游草》《随意草》《敖阳三诗合编》等诗文集行世。

晏恍 晏斯盛之子,乾隆十七年(1752)壬申恩科中举人,官授知县(正七品)。

晏炎 晏斯盛侄,乾隆十七年(1752)壬申恩科中举人,曾任江苏知县。

黄克显 字云非,号敬亭,锦江团结人。乾隆六年(1741)拔贡生,后考取宗学人教习,署右厅,叙礼厅。历任岳池、垫江、綦江知县、夔州知府,迁刑部主事兼管北京海运仓监督,户部员外郎,转工部郎中。乾隆三十八年(1773),黄克显在家乡重刊郡守赵世锡的《蚕桑必读》一书,积极推动上高的蚕桑生产。

江学训 字慕尹,号任斋,镇渡人。乾隆壬戌年(1742)进士,任河南桐柏知县。期间河南饥荒,灾民遍野,江学训开仓放粮,他说:"官可罢,民不可虐也。"由此得罪上司,改任饶州府教授。

廖廷佐 字退有,号朴存,锦江锦南人。乾隆乙丑年(1745)进士。选授宜黄县教谕,后升任宜黄知县。廖廷佐少负异才,孝顺继母,孝心名闻乡梓。后选授天津仓大使,主管粮食。再改授四川蓬溪盐大使,主管一方盐政。期间,廖廷佐严守制度,为国把好粮食、盐业民生大权,兢兢业业,一直到花甲之年归乡。

罗学泗 字有源,号杏亭,镇渡洋田人。乾隆甲戌年(1754),以岁贡生选任江西崇义训导。主张"事君以身,不如事君以人",一生端正勤勉,教育学生,先教品德行操,后教四书五经。著有《学庸管窥》2卷、《初学论文四十则》等教学论著。71岁卒于任上,崇义士民谥之"持谨先生"。

任文溥　字汇中,号约斋,锦江六口人。乾隆癸酉年(1753)以拔贡选授建昌教谕,任满升任知县。历任福建仙游、陕西三原等地知县,卓有贤名。升任商州直隶知州(正五品),吏事精明,办案公正,上级屡次委任其清理积案,纠正冤假错案,惩凶安良,人称"任青天"。

黄祚昌　字永锡,号贻堂,锦江团结人。乾隆乙酉年(1765)初授江西浮梁教谕,后继任广东会同、兴宁知县。为官廉洁寡欲,唯以读书为乐。兴宁是广东富邑之地,祚昌一无所取,只是勤劝农事。他说:"积金帛以遗子孙何如留清白以遗子孙?"任满归乡时,依然两袖清风,一身寒服。

黄士续　字继先,号月峰,锦江团结人,黄光岳孙,乾隆间以拔贡任江苏崇明、吴江、镇洋县丞,任满升宝山、镇洋知县。

晏善澄　字准吾,号薇东,新界埠堆峰人。幼聪明好学,精通经史,人谓其文思如韩(韩愈)苏(苏轼),执笔立就。乾隆戊戌年(1778)中进士,官湖北崇阳、孝感知县,再任襄阳郡丞。著有《归田学易》《感秋词》《述园文稿·诗稿》等诗文集。

潘有本　蒙山楼下人,字宿来,号万亭。清代举人,任安徽东流知县。

黄绂　字麟宝,号玉堂,田心斗门人。嘉庆辛酉年(1801)中举,任江西靖安训导。任满后归乡讲学,主讲近圣书院、景高书院、凤仪书院、东周书院、府城书院等。

近现代(1840年至今)

廖正才(1882—?)　本名况正光,锦江泉塘人。因家贫,7岁被过继给城南的廖姓人家,改名廖正才。有一年,继母生病,廖正才从河南街到河北街去请医生。因渡船来迟,他与船夫产生口角。船夫恼怒地说"想快就莫坐船,有本事修座石桥去"。廖正才听了这话后,就把修石桥的事记在心里。至此他把修石桥当作一生的目标来追求,不达目的决不罢休。通过多方奔走,终于有了启动资金,1929年10月18日,石桥破土动工。石桥取名青阳桥。为了修桥,廖正才日夜吃住在工地,白天筹资、夜里守桥。他立下志愿:桥不成,须不剃。经廖正才过手的银圆达到16万之巨,而他却分毫不沾。经过六年的呕心沥血,青阳桥终于修建成功。由于操劳过度,青阳桥建成不久后,染上重病,溘然去世。有上高民众感叹地说"青阳桥,实际上也叫廖正才桥啊!"

傅学祥(1894—1930)　高小文化,蒙山月星充武人。曾为面饼店学徒和雇工。1929年秘密加入中国共产党。1930年8月,在工农红军帮助下,建立中共傅家圩党支部和傅家圩农民协会,并出任党支部书记和农民协会主席。积极组织附近三县穷苦农民团结起来闹革命,打倒土豪劣绅,进行土地革命,为红军筹粮、筹款,使革命烽火在傅家圩一带熊熊燃烧起来。1930年9月,红军奉命转移,傅学祥被捕。狱中,受尽各种酷刑,始终坚贞不屈,体现了对革命的无限忠诚。1930年11月18日,傅学祥在高安壮烈牺牲。就义前他写下了一封书信,鼓励同志们继续革命,这封充满革命浪漫情怀和坚定革命意志的书信,被后人称之为《血泪传》,现存于县博物馆。全文如下:

　　今天,是九月三十日,让我高喊伟大的中国共产党万岁!革命的红军战士万岁!

　　可爱的亲人们:

　　我已经三十六岁了,在三十六年中,每每平凡而过去了,对党对人民没作多少好事,这对不起伟大的中国共产党,对不起广大的穷苦人民,吾实感遗憾!但在这个时候却是我一生中最愉快的时候,……我马上要与大家永别了!要与我们的农民协会永别了!你们要恨国民党,一定要报仇,而且要替全国穷苦人民报仇,我们要像革命的吴德贵同志、何瑞九同志一样,在敌人面前宁死不屈,一定要替革命的先烈报仇!……我不行了,……你们到推开乌云见太阳之时,一定要把国民党的区长——傅桥然彻底埋葬!

　　好吧,再见了,我的亲人们!
　　致礼

傅学祥
一九三〇年秋月

王祥兴(1900—1934)　田心土屋村人。贫苦家庭出身。湘鄂赣苏维埃政权在万载建立后,在田心地区开展活动。王祥兴参加了田心游击队,积极配合红军打白军(国民党的军队)。1932年,他担任游击队联络员,负责传送情报,多次把情报安全地送到了目的地。1934年红军北上抗日后,国民党反动派对苏区和游击区革命力量实行疯狂的屠杀。当时,田心游击队中部分意志不坚定的人主张解散队伍,到白区去"自新"。时任田心游击队队长邹细毛主张解散队伍,向敌人"自首"。王祥兴极力反对,坚定地说:"宁死也不投降,有一粒子弹就要坚持打死一个敌人!"邹细毛恼羞成怒,用枪对着王祥兴威胁说:"你反对我,今天就枪毙你!"王祥兴毫不畏惧地说:"枪毙我也不投降!"这时,叛徒邹细毛扣动了扳机,王祥兴壮烈牺牲。

袁舍(1901—1932)　泗溪袁埠人。出生于贫苦农民家庭,靠租种几亩薄田和帮人杀猪维持生计,非常痛恨地主阶级的剥削和压迫。1932年春,中共万载中心县委白区工作团负责人王玉清在泗溪一带从事秘密活动，启发袁舍懂得革命道理，并介绍其加入中国共产党，担任坪塘区委副书记，负责该地游击队的领导工作。袁舍以在河口摆渡为掩护，积极宣传党的政策，串联发动群众。

1932年农历八月十五日和十月十五日，袁舍领导革命组织负责人两次齐聚良田北公庙，商讨暴动事宜。由于叛徒告密，遭到国民党保安队破坏，暴动失败。1933年农历三月，袁舍被捕，遭严刑逼供，只字不讲，英勇就义。

伍继祖（1902—1954） 字述之，徐家渡火溪人，自幼家贫。青年时期先后就读于宜春中学、国立武昌师范大学。后应聘在南昌省立第一女中任教。此后，相继在宜春、高安、上高、分宜、武宁、万载、宜丰、樟树中学任教。他一生热爱教育，除在外地任教外，还在家乡创办过私立津江中学。

教学之余，伍继祖还喜好钻研机械。1953年，他自制的发动机和电动机在全省自制教具展览会上展示，获得很高评价。

胡菊花（？—1972） 女，第二次国内革命战争时期，她和丈夫周细伢是中共田心区委的地下交通员。1933年春节前夕，掩护和护送湘鄂赣省委白区工作部长邓洪一行通过白区，并指认了杀害红军伤病员的反革命分子黄袁麻子，为红军伤病员报仇雪恨。由于家中来过红军，遭到反动派迫害，被捕后遭受严刑逼供，其夫周细伢重伤不治而亡，胡菊花八个月身孕流产。她虽被放回家中，反动派还是烧毁了她家的房子，并将她及其两个儿子赶出村庄，无家可归的胡菊花只好带着儿子四处流浪，迫于生计不得已将两个儿子送人抚养，自己流落他乡。

全国解放后，江西省副省长邓洪听说了胡菊花家的遭遇后，费了不少周折，终于在1957年1月在万载县找到了胡菊花。人民政府把这位传奇式的女交通员安置在田心村，分给她房子，找回她的儿子。她先后当选江西省第二届、第三届人民代表。1972年逝世。

郑锡龄（？—1930） 男，汉族，敖阳街道郑家人。上高县立高等小学毕业。1926年加入共青团，1927年2月经朱用光介绍加入中国共产党，同年3月担任上高县农民协会委员。1930年被捕，7月在南昌牺牲。1982年8月经江西省民政厅认定为革命烈士。

冷载清（？—1927） 男，汉族，泗溪官桥人，小学毕业。1927年2月经朱用光介绍加入中国共产党。3月，担任上高县农民协会委员，9月，参加秋收起义，牺牲于铜鼓。

黄贤度（1907—2003） 上饶人。1936年到湖南，在湘黔铁路工程局芷江材料厂工作并加入国民党。1938年

6月在南昌新四军驻赣办事处加入中国共产党。

1940年初,国民江西省政府任命黄贤度为上高县长。中共江西省委借这个机会,派遣了一批干部到达上高,协助黄贤度开展抗日斗争。

1941年3月,侵华日军集结6.5万余重兵、100余架飞机,以赣西北的上高为中心,发动了一次大规模扫荡战,即上高会战。

会战打响后,黄贤度利用上高县长身份,发动了3万余名群众,冒着枪林弹雨,夜以继日运送弹粮、维护治安、救护伤员等后勤工作,他还亲自组织慰问队冒着生命危险到前线慰问,并提供大量军粮和食品,保证了作战部队的需要,出色地完成了支前任务,被誉为"战地县长",为上高会战作出了巨大贡献。

新中国成立后,历任上饶专区公款公产清理委员会副主任,江西省劳动局秘书长,省政府参事室副主任,省劳动就业委员会副秘书长,省一、二、三届人大代表,五届人大常委,省六、七届人大常委会副主任。他还是省政协二、三、四届常委、副秘书长。2003年8月20日因病在南昌逝世。

易师闵(1907—1937) 原名易德光,翰堂磙村人。1923年在江西省立第五师范学校读书,1926年毕业。后在上高县立高等小学任教。1927年2月经朱用光介绍加入中国共产党,3月担任上高县农民协会委员,7月之后多次遭到反动派拘捕。1929年改名易雪剑,报考黄埔军校入第八期。1937年在无锡抗击日军侵略的战斗中牺牲。

朱用光(1908—1930) 原名朱炳然,号剑觉。泗溪官桥皂溪人。出生于贫农家庭。7岁入私塾,10岁转入县立高等小学。13岁小学毕业,因家贫未能继续升学,在家帮父亲种田和做工,深刻体会到了地主老财对佃农雇工的残酷压迫与剥削。1923年考入省立第五师范学校(即临江师范)。不仅学习文化知识,而且与一批进步老师、同学结为挚友,阅读大量进步书刊,积极投身学生运动,成为学生运动领袖。1925年5月,秘密加入中国共产主义青年团。同年10月,由学校老师、中共地下党员龙松泉介绍,秘密加入中国共产党。1926年7月从师范学校毕业后,放弃当老师的机会,加入江西省农民协会。1927年在省农民运动训练班结业,受省农协的派遣,以农运特派员身份回上高领导开展农民运动。遵照中共江西区委的指示,秘密发展了胡绍祖、郑锡龄、易师闵、晏国昌、黄翔北、冷载清、肖春生、邹盛召、胡念祖等9名共产党员,在县城成立了上高的第一个党支部——中共上高支部干事会并出任书记。农历四月二十五日,领导发动"官桥农民暴动"。数千名觉悟起来的穷苦农民,手持大刀、梭镖,开展打土豪、烧地契、分浮财的革命运动,从官桥区一直蔓延到县城,有力地配合了全省农民革命运动的开展。

四一二反革命政变后,中共上高支部干事会和农会等革命组织遭到严重破坏,朱用光等革命同志迅速转入地下斗争。1927年8月17日,带领冷戴清、冷大犁、晏国昌秘密前往铜鼓,参加秋收起义。战斗中,与部队失去联系。9月下旬,从宜春转道南昌、九江,最后到达上海,和党组织取得联系。之后,朱用光受党的委派,经常回九江做联络工作,秘密从事革命活动。同时在上海参与编辑出版《青年的呼声》,唤起民众,向反动派投枪。1930年,在上海被捕牺牲,年仅22岁。

胡绍祖(1908—1930) 字君绳,泗溪胡家下胡人,出生于一个小知识分子家庭。自幼聪明伶俐,同情穷苦农民。1919年秋,进入上高县立高等小学。1923年考入江西省立工业学校。受革命思想的影响,积极阅读《向导》《新青年》等进步书刊,投身于学生运动。1925年加入共产主义青年团。1926年回到上高,组织成立上高国民革命先锋社并任社长。经朱用光介绍,1927年加入中国共产党。和朱用光一起,组织开展上高的农民运动和工人运动,并担任工运部长。

四一二反革命政变后,胡绍祖转入地下,奔走于南昌、泗溪、上高县城一带。1929年5月,秘密回上高,6月建立中共上高特别支部并任特支书记,先后发展党员14人。特别支部以制造肥皂为掩护,发展农会、工会等秘密组织,发动群众,开展抗租、抗税、筹备武装起义等斗争。1930年4月,由于叛徒出卖而被捕。在狱中,反动派多次施用酷刑,始终贤贞不屈。7月,被敌人杀害,牺牲时年仅22岁。

黄先(1910—1995) 男,汉族,学名黄国维,田心斗门人。1925年小学毕业考入万载读初中。翌年,转入上高中学。1928年考入南昌鸿声中学读高中。阅读了大量进步书刊。1931年秋,考入上海公学,同年参加了反帝大同盟。1932年6月秘密加入中国共产党,并任上海市法南区委宣传干事,负责领导上海公学、上海交通大学、大厦大学、圣约翰大学的党组织和学生运动。1933年6月遭国民党逮捕下狱,狱中参加和领导绝食斗争。国民党当局迫于国共合作、共同抗日等政治压力,于1937年将其释放。获释后,辗转进入延安中央党校学习,并留校任教,后任中央组织部干部科干事。1939年4月调东南局组织部干部科工作。1939年7月,任中共赣东北特委副书记,建立赣东北抗日革命根据地。1942年始,先后任新四军第七师挺进团政治处主任,皖江区党委组织部副部长,沿江地委副书记、书记。1945年任新四军第七师二十一旅政委。解放战争中任华东野战军六纵十七师政委、华东南下纵队九支队政委,先后率部参加解放宿北、莱芜、南麻和豫东战役。

新中国成立后,历任中共赣东北区党委第二副书记,行署主任,赣西南行署主任,江西省民政厅厅长,省人民政府副省长、省人委副主席。1968年1月始,任省革命委员会副主任,党的核心领导小组成员。1976年10月任山东省革委会副主任。1978年冬,离休回南昌。1995年10月16日因病辞世,享年85岁。

汪祖美(1915—1993) 男,汉族,野市河里人。出生于贫苦农民家庭。1930年8月,毛泽东和朱德率领红一军团向万载进发途径上高时,汪祖美参加中国工农红军,同年12月加入中国共产党。汪祖美作战勇敢,参加过反"围剿"战斗和二万五千里长征。土地革命时期,历任红一军团第三军七师十九团连长、江西第一补充师三团营长、补充八团副团长、甘肃独立二团团长、陕北红二十九军一团团长。抗日战争时期,历任东北抗日民主联军第二十四旅七十团团长、三师三十团团长、第四野战军铁道纵队三支队副支队长兼大队长。新中国成立后,历任中国人民志愿军铁道兵团副师长、师长,中国人民解放军铁道兵第八师师长,第二铁道兵学校校长,铁道兵司令部副参谋长、顾问。1961年晋升少将军衔。获二级八一勋章、二级独立自由勋章、二级解放勋章和一级红星功勋勋章。1982年以副兵团职离休。1993年2月17日在北京逝世,享年78岁。

乡 镇

泗溪镇

泗溪镇位于上高县东北部,北纬28°19′12″,东经115°04′53″,东临高安市,北连宜丰县,因境内有湖溪、洋溪、池溪、淋溪4条溪水而得名。域内多为低矮丘陵,呈西北高、东南低,土地面积165.98平方千米,耕地面积8.87万亩,林地面积11.3万亩,森林覆盖率62%,水域面积1.2万亩,是一个"三分田、六分林、一分水"的典型江南乡镇。泗溪镇于1997年撤乡建镇。至2022年底全镇辖22个村委会,175个村民小组和1个居委会,总人口4.3万人。泗溪镇为上高县的主要产粮地之一,主要农作物有水稻、棉花、花生、油菜等,已建成4个总面积达3万亩的粮食高产示范基地、7个1000~4000亩的高产油茶种植基地、多个百亩以上的特色果园、7个千亩以上的中药材基地(其中3万亩的濒危中药材产业基地1个)。中宅村万亩栀子花基地年吸引游客达2万多人。培育肉牛等养殖专业户40多户、家庭农场200个、农民合作社50多家。其中,汇农种植业专业合作社入选全国"2019年农民合作社500强",列第19位。泗溪镇工业较为发达。工业企业在2003年之前,主要有泗溪瓷厂。2003年之后,全镇大力发展开放型经济,有棉纺、化纤、陶瓷、新能源、新材料等60余家企业,其中规上企业21家,生产总值33.86亿元。2022年完成税收2.2亿元。泗溪镇的集镇建设颇具特色,入选江西省"美丽乡镇"示范类乡镇,集镇覆盖面积达2平方千米,城镇功能完备,城镇品位不断提升。泗溪镇人文历史厚重,是中国共产党早期在上高的主要活动区域。官桥皂角人朱用光,为中共上高县第一个党支部的创始人,曾领导过官桥暴动。胡家村人胡绍祖继朱用光后,建立中共上高特别支部。泗溪镇是上高会战的主战场之一,为抗日战争做出过巨大贡献。

泗溪集镇 泗溪镇镇政府所在地的泗溪集镇,位于县城偏北18千米、320国道穿镇而过,是上高的大集镇之一。泗溪集镇占地面积约2平方千米，人口1.21万人。主要街道有泗溪大道、金牛大道、学府路、园丁路、漳河路、湖溪路、陂溪路、洋溪路、池溪路，大小街道交织，商业气息浓厚。集镇内有大型农贸市场一个，占地15亩，有各类商户60多家。随着社会的发展，各项基础设施日趋完善。镇内建有日供水达2000吨的大型水厂，还有日供电量达7.8万千瓦时的供电所。其燃气、光纤网络、5G信号、有线电视信号已做到了全覆盖。开通了县城至泗溪的公交线路，每天往返的公交车30多班次。在站前广场设置了6个新能源汽车充电桩。集镇有休闲广场、青陂广场、新时代文明实践中心、步行街等设施，丰富了群众的业余文化生活。集镇内还有中学、中心小学、公立幼儿园各1所，方便少年儿童就近入学。泗溪卫生院有病床50余张，承担着全镇群众预防、治疗、住院等卫生健康方面的需求。上高农商银行、邮政储蓄银行、农业银行等金融机构都在泗溪集镇开设了网点，提供金融服务。集镇内有大型超市2家，经营面积达5000平方米。到2022年，泗溪集镇有个体工商户185户。泗溪每逢农历三、六、九为圩日。每年的农历九月二十九为传统大圩日，泗溪人称"赶会场"。

"一乡一品"：美丽乡镇建设

泗溪镇的集镇建设颇有成效，集镇覆盖面积达2平方千米。2021年11月份，江西省城乡环境综合整治领导小组办公室把泗溪镇纳入江西省美丽乡镇五年行动2023年建成的示范类乡镇。

自美丽乡镇建设开展以来，泗溪镇投入大量资金着力提高集镇基础设施水平。2022年泗溪镇投入700万元新建了泗溪中学新教学楼，并在秋季投入使用。开展路面改造、美化、绿化、亮化的"四项工程"，老旧道路升级改造2000余米，道路标线重绘4000余平方米，更换路灯100余盏，道路两旁绿化升级80余亩。投入100万元建设大、小停车场，预计能提供300个停车位。投资40万元新建新能源汽车充电站1个，充电桩6个。2023年集镇投入11万元重新划设部分标线，学府路道路硬化正如火如荼进行。镇区主要道路全部黑化、亮化、绿化，集镇品味显著提升，集镇功能不断完善。中心小学新校区、第二自来水厂等项目建成并投入使用。粮管所完成退镇进郊，公办幼儿园项目正加快建设，污水处理厂管网覆盖面不断扩大。大型商超、电影院及多个品牌店入驻商贸中心、商业步行街。农业银行、农商行、邮政储蓄、工商银行、富民村镇银行纷纷进驻泗溪设立网点。

住宅小区

春天里　位于泗溪集镇老街，2012年开发建设，2016年建成。该小区占地面积21.3亩，容积率1.6，有商品房

143套,建筑面积22731平方米。

幸福花园 位于泗溪镇金牛大道,2011年开发建设,2014年建成。该小区占地面积15.3亩,容积率1.9,有商品房162套,建筑面积19395.2平方米。

村、社区

泗溪社区 辖区范围:东至程家岭新村,南至圳背自然村,西至漳河,北至毕家自然村。面积1.3平方千米,4060人。成立于2003年。目前4个片区:

一片区:位于金牛大道至漳河路,面积0.28平方千米,257户,769人。

二片区:位于泗溪大道至中学,面积0.4平方千米,410户,1306人。

三片区:位于泗良路至老街,面积0.45平方千米,430户,1345人。

四片区:位于泗溪大道至公交站,面积0.17平方千米,198户,640人。

淋溪村 在泗溪东北,村委会驻黄土坪。下级组织:毕家、程家岭、降子上、淋溪、程家岭新村。辖区范围:东至高安,南至杜家村,西至张家村,北至马岗村、高安。面积3.12平方千米,1270人。解放前为泗溪乡第四保。解放初属官桥区泗溪乡,1957年由初级社转为泗溪乡淋溪高级社。1958年为泗溪公社淋溪大队。1968年与杜家、洋港大队合为永红大队,1972年分开,仍为淋溪大队。1984年为泗溪乡淋溪村委会。1997年为泗溪镇淋溪村村民委员会。

塘下庙村 在泗溪马岗水库以北,村委会驻塘下庙。下级组织:坟山村、横塘、黄塘、坑尾、塘下、塘下庙、新居、峨溪。辖区范围:东至刘家村、宜丰县,南至马岗村、刘家村、芦家园村,西至宜丰县、芦家园村,北至宜丰县。面积7.96平方千米,1128人。解放前为墓田乡第七、第八保和第九保的一部分,解放初属官桥区墓田乡,1952年为塘下乡。1957年分别由初级社转为官桥乡塘下庙、刘家、芦家园高级社。1958年为官桥公社塘下庙大队。1960年分设塘下庙、刘家、芦家园大队,1968年为泗溪公社联合大队,1970年改为塘下大队。因与徐家渡公社塘下大队重名,1983年3月更名为塘下庙大队。1984年为泗溪乡塘下庙村委会。1997年为泗溪镇塘下庙村民委员会。

墓田村 在泗溪西北,村委会驻墓田街。下级组织:港背、胡家、岭上、刘家岭、桥头、水塅、上斜山、斜山、新峰、圳背、祖居、吴家、吴斜、东泉山、水塅新村、墓田新村。辖区范围:东至芦家园村、马岗村,南至张家村、床里村,西至官桥村、床里村、小港村,北至宜丰县。面积9.95平方千米,2420人。解放初属官桥区墓田乡。1955年属第六区官桥乡。1957年由5个初级社转为官桥乡吴斜、岭上、桥头、墓田高级社。1958年为官桥公社吴斜、岭上、桥头、墓田大队。1968年合为泗溪公社墓田大队。1984年为泗溪乡墓田村委会。1997年为泗溪镇墓田村民委员会。

官桥村 在泗溪西北漳河西岸,村委会驻官桥。官桥始名牛栏山下,又叫宁泰官桥。下级组织:官桥、洪家桥、山背、新屋下、墙里。辖区范围:东至墓田村,南至床里村、野市乡莲山村,西至小港村,北至小港村。面积3.94平方千米,889人。解放前为墓田乡第一、第二、第三保。解放初属官桥区官桥乡。1955年组成官桥、小港、床墙里初级社。1957年转为官桥乡官桥、小港、墙里高级社。1958年为官桥公社官桥、小港、床墙里大队。1968年合为泗溪公社官桥大队。1984年为泗溪乡官桥村委会。1997年为泗溪镇官桥村民委员会。

小港村 下级组织:厘楼、小港。辖区范围:东至墓田村,南至官桥村、野市乡莲山村,西至野市乡新塘村,北至宜丰县。面积6.58平方千米,1392人。解放初属官桥区官桥乡。1955年组成小港初级社。1956年转为官桥乡小港高级社。1958年为官桥公社小港大队。1968年与官桥、床里合为泗溪公社小港大队。1984年为泗溪乡小港村委会,1995年分开,仍为小港村民委员会。1997年为泗溪镇小港村民委员会。

床里村 下级组织:坟口、港西罗家、塘口、同塘、新屋、皂溪、邹家、床里老屋、床里刘家。辖区范围:东至张家村、熊家村,南至叶山村、熊家村,西至野市乡南村、野市乡连山村,北至官桥村、墓田村。面积6.12平方千米,1465人。解放初属官桥区官桥乡。1955年组成床里初级社。1956年转为官桥乡床里高级社。1958年为官桥公社床里大队。1968年与官桥、小港合为泗溪公社官桥大队。1982年从官桥大队分开仍为床里大队。1984年为泗溪乡床里村委会。1997年为泗溪镇床里村民委员会。

马岗村 在泗溪北部,马岗水库坝首之侧,村委会驻马岗。下级组织:邓家、东塘桥、湖溪、芴山、理塘、廖家、岭背、流塘、马岗、毛家、藕塘、秋塘、杨峰。辖区范围:东至高安市,南至淋溪村、张家村,西至张家村、墓田村,北至芦家园村、刘家村。面积17.15平方千米,3131人。解放初为官桥区马岗乡。1955年组成马岗、湖溪、毛家、芴山、岭背等10个初级社。1957年转为马岗、芴山、毛家、岭背4个高级社,属官桥乡。1958年为泗溪公社马岗、芴山、毛家、岭背大队。1968年合为泗溪公社马岗大队。1984年为泗溪乡马岗村委会。1997年为泗溪镇马岗村民委员会。

熊家村 在泗溪西北漳河两岸,村委会驻熊家。熊家原名黄鹤洲,又叫黄河洲。下级组织：挡口、港东罗家、罗坑、上浦城、石上、塘坎、下浦城、小罗、熊家、叶家、熊家村朱家。辖区范围：东至张家村，南至游市村、漕港村，西至叶山村，北至床里村。面积10.63平方千米，3212人。解放初为官桥区熊家乡。1956年组成官桥乡罗家、熊家、塘坎、游市6个高级社。1958年为官桥公社罗家、熊家、塘坎大队。1968年游市大队划入，属泗溪公社。1971年划出游市大队，仍为熊家大队。1984年为泗溪乡熊家村委会。1997年为泗溪镇熊家村民委员会。

张家村 在泗溪西北，村委会驻张家，张家又叫山下张家。下级组织：老屋、龙背、卢家、聂家、潘家、松树下、杨林、张家、郑家。辖区范围：东至马岗村、淋溪村，南至胡家村，西至熊家村、游市村，北至床里村、墓田村。面积9.1平方千米，1793人。解放初为官桥区游市乡。1957年潘家、松树下转为官桥乡潘家高级社，张家、龙背为泗溪乡张家高级社。1958年分别转为官桥公社潘家大队和泗溪公社张家、聂家大队。1965年张家、潘家、聂家三个大队合为泗溪公社张家大队。1968年改名东风大队。1970年恢复张家大队。1984年为泗溪乡张家村委会。1997年为泗溪镇张家村村民委员会。

游市村 在泗溪西部，漳河北岸，村委会驻游市。游市，又叫游家丛，每年农历十月十五为一年一度的"大圩日"。下级组织：对门、湾溪、下竹、游家屋、游市、中竹、邹刘。辖区范围：东至张家村、胡家村，南至漕港村，西至漕港村，北至熊家村、张家村。面积3.5平方千米，1549人。解放初为官桥区游市乡。1955年组成湾溪、对门、中竹、下竹初级社。1956年转为游市高级社，属泗溪乡。1958年为泗溪公社游市大队。1968年划入熊家大队。1972年分开，仍为游市大队。1984年为泗溪乡游市村委会。1997年为泗溪镇游市村民委员会。

胡家村 在泗溪西侧，漳河西岸，村委会驻胡家。下级组织：城禾、对门、后山、胡家、刘家、桥头、上元王、文家、中元王、巷下、张家、周家、周家山、下元王。辖区范围：东至杜家村、洋港村，南至曾家村、中宅村，西至漕港村、游市村，北至张家村。面积10.08平方千米，3010人。解放初属官桥区泗溪乡。1956年组成胡家、对门、城禾初级社。1957年转为泗溪乡胡家高级社。1958年为泗溪公社胡家大队。1968年改名为红卫大队。1972年复为胡家大队。1984年为泗溪乡胡家村委会。1997年为泗溪镇胡家村民委员会。

漕港村 在泗溪西部，漳河西南岸，村委会驻漕港。漕港，原名下漕港，漕港水库的出口处。下级组织：漕港、陈家、城洋、邓家坪、江上、廖家塅、林峰、梅家、窝溪、羊牯垴、周家、邹家。辖区范围：东至胡家村，南至中宅村、新界埠乡堆峰村，西至敖山镇店上村、泗溪镇、叶山村，北至熊家村、游市村。面积14.44平方千米，2369人。解放初分属官桥区游市、泗溪、熊家乡和界埠区堆峰、东港乡各一部分。1955年组成陈家、漕港、洋林、江上等初级社。1957年转为泗溪乡江上、漕港、洋林高级社。1958年为泗溪公社江上、漕港、陈家、洋林四大队。1968年合为漕港大队。1984年为泗溪乡漕港村委会。1997年为泗溪镇漕港村民委员会。

芦家园村　下级组织：芦家园村、茜坑、农科站、小村前、芦家园熊家、王家、下喻家、梓塘、上喻家、狮子垴。辖区范围：东至马岗村、塘下村，南至马岗村，西至墓田村，北至塘下村、宜丰县。面积5.14平方千米，743人。解放初属官桥区墓田乡。1952年为塘下乡。1957年由初级社转为官桥乡芦家园高级社。1958年为官桥公社芦家园大队。1960年分开。1968年塘下、芦家园、刘家合并为联合大队。1981年分开，仍为芦家园大队。1984年为泗溪乡芦家园村委会。1997年为泗溪镇芦家园村民委员会。

杜家村　在泗溪东南，村委会驻杜家。下级组织：杜家、杜家新村、青陂、小水岭、谢家、院背村、圳背。辖区范围：东至高安市，南至洋港村，西至胡家村，北至淋溪村。面积3.83平方千米，2095人。解放初为官桥区泗溪乡。1955年成立杜家初级社。1956年转为泗溪乡杜家高级社。1958年为泗溪人民公社杜家大队。1968年与淋溪、洋港合为永红大队，1972年分开，仍为杜家大队。1984年为泗溪乡杜家村委会。1997年为泗溪镇杜家村村民委员会。

叶山村　在泗溪西部，三八水库尾部、村委会驻叶家山。下级组织：东上、东下、叶山组、叶山村对山。辖区范围：东至熊家村、漕港村，南至敖山镇居井村，西至敖山镇店上村、廖家村，北至野市乡南村、泗溪镇床里村。面积6.84平方千米，737人。解放初属界埠区东港乡。1955年组成东村、叶山初级社，1956年转为东村高级社，属廖家乡。1958年为敖山垦殖场叶山大队。1969年属水口公社。1975年为泗溪公社叶山大队。1984年为泗溪乡叶山村委会。1997年为泗溪镇叶山村民委员会。

洋港村　在泗溪东南部、漳河东岸，村委会驻洋港。下级组织：前伍家、井房、塘尾、洋港对门。辖区范围：东至高安市，南至安塘村、曾家村，西至胡家村，北至杜家村。面积6.36平方千米，2206人。解放初为官桥区洋港乡。1955年组成洋港、伍家等初级社，属泗溪乡。1957年转为洋港高级社。1958

年为泗溪公社洋港大队,1968年与杜家、淋溪合为永红大队。1972年分开,仍为洋港大队。1984年为泗溪乡洋港村委会。1997年为泗溪镇洋港村民委员会。

刘家村 下级组织:峨坑、庙山、曾杨、刘家、刘家村朱家。辖区范围:东至高安市,南至马岗村,西至马岗村、塘下村,北至宜丰县。面积6.09平方千米,836人。解放初属官桥区墓田乡。1952年为塘下乡。1957年由初级社转为官桥乡刘家高级社。1958年为官桥公社塘下庙大队。1960年分开。1968年塘下、芦家园、刘家合并为联合大队。1981年分开,仍为刘家大队。1984年为泗溪乡刘家村委会。1997年为泗溪镇刘家村村民委员会。

安塘村 在泗溪东南,漳河东岸,村委会驻熊家。熊家,又名安塘熊家。下级组织:堆上、简家、李家、安塘刘家、峦岗、安塘熊家、徐家、安塘卢家。辖区范围:东至良田村、高安市,南至城头村、曾家村,西至曾家村,北至洋港村、高安市。面积4.88平方千米,1574人。解放初属官桥区锦江乡。1952年属良田乡,1955年组成熊家、卢简、刘家初级社,1956年转为刘家乡熊家高级社。1957年属泗溪乡。1958年为泗溪公社安塘大队。1984年为泗溪乡安塘村委会。1997年为泗溪镇安塘村村民委员会。

曾家村 在泗溪东南、漳河南岸,村委会驻坎头。下级组织:车头、坎头、老聂、楼屋、楼屋新村、饶家、杨家、姚家、袁埠、曾家、曾家村朱家、新聂、老聂新村、刘家。辖区范围:东至安塘村、城头村,南至高安市,西至中宅村,北至胡家村、洋港村。面积8.75平方千米,3182人。解放初属官桥区锦江乡。1952年为曾家乡。1956年由初级社转为泗溪乡曾家、袁埠高级社。1958年为泗溪公社曾家、袁埠大队。1968年合为曾家大队。1971年中宅大队划入。1972年分出中宅,仍为曾家大队。1984年为泗溪乡曾家村民委员会。1997年为泗溪镇曾家村民委员会。

良田村 在泗溪东南,村委会驻良田。良田,又名上陈。下级组织:枧头、老王、老朱、良田、田垄、显子、新王、新朱、田垄新村、下陈新村。辖区范围:东至高安市,南至高安市,西至安塘村、城头村,北至高安市。面积6.56平方千米,2277人。解放初属官桥区锦江乡。1956年由初级社转为刘家乡朱坊、田垄、上陈、下陈高级社。1957年属泗溪乡。1958年为泗溪公社朱坊、田垄、上陈、下陈4个大队。1964年合为良田大队。1968年城头大队划入。1979年分出城头,仍为良田大队。1984年为泗溪乡良田村委会。1997年为泗溪镇良田村民委员会。

城头村 在泗溪东南,锦江北岸,

村委会驻城头。下级组织：城头、丁家、河口、江头、岭里、江头新村、愚公山。辖区范围：东至良田村，南至高安市，西至曾家村，北至安塘村。面积3.97平方千米，1301人。解放初属官桥区锦江乡。1956年由岗头、城头初级社转为城头高级社，属刘家乡。1957年属泗溪乡。1958年为泗溪公社城头大队。1968年并入良田大队。1979年分开，仍为城头大队。1984年为泗溪乡城头村委会。1997年为泗溪镇城头村民委员会。

中宅村 在泗溪南、锦江北岸，村委会驻中宅新村。下级组织：陈家、大泮、坑里、岭下、中宅村、朱家、前村、伍家、下宅。辖区范围：东至曾家村，南至高安市，西至新界埠乡洲上村、新界埠乡堆峰村，北至胡家村、漕港村。面积10.69平方千米，1594人。解放初为界埠区堆峰乡，1955年组成中宅、下宅等7个初级社。1957年转为界埠乡中宅高级社。1958年为界埠公社中宅大队。1968年为泗溪公社中宅大队。1970年并入曾家大队。1972年分开，仍为中宅大队。1984年为泗溪乡中宅村委会。1997年为泗溪镇中宅村民委员会。

敖山镇

敖山镇前身为敖山农场，创建于1957年。1972年11月为敖山垦殖场，1979年因安置归国侨民划归省侨务办公室管理，副县级编制，更名为国营敖山华侨农场。1987年下放到上高县管理，定为副县级事业单位，实行企业管理，2008年撤场设敖山镇。敖山镇地处上高县东北部，320国道旁，东临泗溪镇，西毗县城，南与新界埠镇接壤，北连野市乡，县高新园区穿插其中，集镇距离县城4千米。境内多为低矮丘陵，呈西南高、东北低。土地面积41.7平方千米，耕地面积932公顷，林地1034.8公顷，森林覆盖率81%，水域面积1053.3公顷。2022年底，全镇辖12个村委会和1个居委会，其中有洋林、大坪2个归侨少数民族聚居村，居有汉、瑶、侗、傣、京、壮、苗等7个民族。全镇共有住户3904户、人口10177人。其中集镇人口7159人，乡村人口3018人。敖山镇工业基础扎实，目前辖区内共有工业企业45家，其中规上工业15家，并有侨明医疗、奉兴科技、华源玻璃、圣牛米业、奉兴化工等县域知名企业。2022年底规上工业总产值16.7亿元，实现财政收入1.56亿元。敖山镇的柑橘曾经是拳头产品，种植面积达800余公顷，被誉为"柑橘之乡"。后经过产业调整，敖山镇的养猪业蓬勃发展。敖山镇在发展经济的同时，还十分注重文化事业的发展。敖山镇大力推进的"七彩洋林"特色旅游小镇建设，

2017年成功举办"三月三"民俗文化节,并连续举办,获得中央、省级媒体的高度肯定和人民群众的喜爱。为充分利用和发挥少数民族特色优势,目前,洋林村已建有民族广场、归侨历史文化长廊、游客服务中心,规划红色名村、特色民宿、热带水果园等5个项目。1995年成立了"农民书法协会",有会员45人,被誉为上高的"书法之乡"。

境内有狮子墩遗址,属新石器时代晚期至商周时期,面积达7万平方米,文化层厚30~60厘米。

敖山集镇 敖山镇政府所在地石洪桥,离县城仅4千米。石洪桥是一座古桥,能泄洪,也能蓄水,是马湖人曹汝兰所建,地以桥名。

石洪桥集镇面积1.5平方千米,集镇人口1326人。沿320国道是其主要街道。由于靠近县城,集镇内商贸活动较为频繁。至2022年底,集镇内有各类工商户404户。集镇内有农贸市场1个,占地面积800平。敖山卫生院于2012年新建,于2017投入使用,并于2023年新建感染楼,其中门诊综合楼建筑面积1594平方米,感染楼面积5400平方米。集镇内日供水78吨,供电1780度。5G信号、有线电视信号已做到全覆盖。1路公交车运营路线途径石洪桥。集镇内有中心小学1所、中心幼儿园1所。

"一乡一品":七彩洋林

洋林归侨少数民族村,地处敖山镇东部,紧邻320国道,距上高县城约15千米。1982年,国家为安置印支归侨而建立洋林归侨少数民族村,村民由汉族及瑶、壮、傣、京、苗、侗6个少数民族组成,有少数民族101户,410人,是江西三大归侨聚居地之一。全村共有土地622亩(果园面积522亩),水域面积40亩。41年来,在党和政府的关怀下,各少数民族在这片富饶的土地上辛勤耕作,使这里的村民逐渐富裕起来。"三月三"是少数民族的传统节日。为了尊重少数民族的风俗习惯,敖山镇党委政府,每年的"三月三"都会组织村民们举办各种形式的庆祝活动。久而久之,"三月三"就成为洋林归侨少数民族村的重要日子。扎粽子、蒸饭团、跳竹竿舞这些少数民族传统的娱乐活动逐渐引起周边群众的兴趣,很多人都在"三月三"这天来到洋林村,与少数民族群众一起欢度佳节,体验他们特有的民族风情。这一文化现象引起敖山镇党委政府及洋林村委会的高度关注。他们因势利导,引导村民们把"三月三"打造成"七彩洋林"文化节,建设旅游小镇。2016年,他们在洋林村举办首届"七彩洋林"文化节,受到上高广大群众的喜爱,使"七彩洋林村"成为敖山镇的一张名片。此后,洋林少数民族村,在每年的"三月三"都会举办"七彩洋林"少数民族文化节,吸引了大量县内外的人士来到洋林,亲力体验少数民族风情里那多彩的情趣。

住宅小区

洪福小区 洪福小区,位于石洪桥社区,320国道北边,2010年开发建设,2013年竣工。占地30亩,建有住宅楼4栋144套,总建筑面积21000平方米。

新昌小区 新昌小区,位于石洪桥社区,320国道南边,1999年开发建设,2000年竣工。占地47亩,建有住宅楼7栋276套,总建筑面积31000平方米。

村、社区

石洪桥社区 下级组织:新昌小区、洪福小区。辖区范围:东至石洪桥野鸡水,西至园区新光路,南至晏家新村港背组,北至锦秀路。面积1.5平方千米,1469人,693户。石洪桥社区居民委员会由城镇居民选举产生的群众性自治组织。2008年设立。

接官村 在石洪桥东南、锦江北岸,村委会驻接官亭。下级组织:柏柱、长堆、丁家、堆上、接官老屋、岭下、罗家园、上万、下万、秋塘。辖区范围:东至新界埠镇车溪村,南至锦江,西至贯埠村,北至黄金堆工业园。面积5.97平方千米,1791人,659户。解放初属界埠区简市乡。1953年属长堆乡。1957年由初级社转为接官高级社,属界埠乡。1958年为敖山垦殖场接官大队。1968年与店上大队合并为敖山公社(场)立新大队。1972年分出店上,为水口公社接官大队。1977年为敖山垦殖场接官大队。1979年为敖山华侨农场接官大队。2003年10月12日并入野市乡。为野市乡接官村委会。2008年设立敖山镇后重回敖山镇,为敖山镇接官村民委员会。

晏家村 在石洪桥南、锦江北岸,村委会驻晏家。下级组织:对家边、港背组、高家、老屋组、李家、罗家。辖区范围:东至廖家村,南至贯埠村,西至黄金堆工业园,北至石洪桥社区。面积3.0平方千米,1346人,541户。解放初属官桥区新民乡。1952年属一区新民乡。1955年属一区高岗乡。1957年由初级社转为晏家高级社,属界埠乡。1958年为敖山垦殖场晏家大队。1967年改为红卫大队。1968年并入"三忠"大队(包含东港、贯埠、晏家、镜山),属敖山公社(场)。1972年为敖山垦殖场晏家大队。1979年为敖山华侨农场晏家大队。2003年8月镜山村委会并入晏家村委会。2003年10月晏家村委会属野市乡。2008年4月为敖山镇晏家村民委员会。

廖家村 在石洪桥东南面,鸡公山东南侧,村委会驻廖家。下级组织:东港、黄家、廖家、四保。辖区范围:东至黄金堆工业园,南至晏家村,西至古岭村,北至居井村。面积5.99平方千米,1342人,479户。解放初属界埠区简市乡。1953年属长堆乡。1957年由初级社转为廖家高级社,属界埠乡。1958年为敖山垦殖场廖家分场。1959年改为廖家大队。1968年与东港、贯埠、晏家、镜山合为"三忠"大队。1968年属敖山公社(场)。1972年为水口公社廖家大队。1977年为敖山垦殖场廖家大队。1979年为敖山华侨农场廖家大队。1984年为敖山华侨农场廖家村委会。2003年8月东港与廖家合为廖家村委会。2003年10月并入野市乡。2008年为敖山镇廖家村民委员会。

  贯埠村 在石洪桥东南,锦江北岸,村委会驻贯埠。下级组织:山脚下、新塘下、谷子树下。辖区范围:东至敖山镇接官村万家组,南至锦江,西至晏家村罗家组,北至敖山镇廖家村和晏家村。面积1.99平方千米,573人,222户。解放初属界埠区简市乡。1953年属长堆乡。1958年为敖山垦殖场贯埠大队。1968年与廖家等5个大队并为"三忠"大队(包含东港、贯埠、晏家、镜山),属敖山公社(场)。1972年属水口公社廖家大队。1977年属敖山垦殖场廖家大队。1978年分开,复名贯埠大队。1979年为敖山华侨农场贯埠大队。2003年10月12日并入野市乡。2008年4月14日设敖山镇后,属敖山镇贯埠村民委员会。

  店上村 在石洪桥东偏北,村委会驻夏家。下级组织:店上、黄山、泉塘下、夏家。辖区范围:东至泗溪镇漕港村,南至新界埠镇堆峰村,西至黄金堆工业园,北至黄金堆工业园。面积4.717平方千米,482人,157户。解放初属界埠区堆峰乡,1955年属省渡埠劳改农场。1957年由初级社转为店上高级社,属界埠乡。1958年属敖山共产主义劳动大学。1959年并入洋林大队,属敖山垦殖场。1960年分出,成立店上大队。1968年与接官合并为立新大队。1972年分开,复为店上大队。1979年更改为敖山华侨农场店上大队。2003年10月场乡分开,并入野市乡。2008年为敖山镇店上村民委员会。

  居井村 在石洪桥北面,村委会驻居井。居井,因建在石洪桥以北3千米的龟形颈上。下级组织:居井、潘家、塘下、新屋下、周井。辖区范围:东至泗溪镇叶山村,南至大坪村,西至野市乡高坎村,北至野市乡南村。面积4.18平方千米,642人,225户。解放初属界埠区东港乡。1956年属廖家乡。1957年由初级社转为居井高级社,属界埠乡。1958年属敖山垦殖场叶山大队。1963年与叶山分开为居井大队。1964年又并入叶山。1968年属敖山公社(场)叶山大队。1972年属水口公社。1975年分出叶山为居井大队。1977年为敖山垦殖场居井大队。1979年属敖山华侨农场居井大队。2003年10月并入野市乡。2008年敖山设镇后为敖山镇居井村民委员会。

镜山村 在石洪桥西南,锦山东麓,村委会驻庙前。下级组织:庙前、严家。辖区范围:东至锦江,南至镜山森林公园,西、北至高新园区。面积2.64平方千米,727人,264户。解放初属城厢区敖阳乡。1952年属敖凌乡。1957年由初级社转为庙前高级社,属敖阳镇。1958年为敖山垦殖场镜山大队,1968年并入"三忠"大队(包含东港、贯埠、晏家、镜山),1972年分开复为镜山大队,属敖山垦殖场。1979年为敖山华侨农场镜山大队。1984年为敖山华侨农场镜山村委会。2008年为敖山镇镜山村民委员会。

长岭村 下级组织:长岭、电器厂。辖区范围:东至敖山县拘留所与金利隆交汇处,南至320国道与廖家村交汇处,西至大坪村,北至居井村。面积0.75平方千米,267人,113户。2008年4月14日设敖山镇后,为敖山镇长岭村民委员会。

洋林归侨少数民族聚居村 下级组织:洋林归桥少数民族聚居村。辖区范围:东至泗溪镇胡家村,南至泗溪镇中宅村、新界埠镇堆峰村,西至洋艺村,北至泗溪镇漕港村。面积0.413平方千米,380人,126户。原名上高园艺场,1968年改为敖山垦殖场园艺分场。1979年为敖山华侨农场洋林分场。1982年3月国务院侨办安置印支华侨难民设立果业分场:洋林分场。2008年4月为敖山镇洋林村民委员会。

洋艺村 下级组织:洋艺、亭上。辖区范围:东至洋林村,南至泗溪镇漕港组陈洋自然村,西至泗溪镇洋林塪自然村,北至泗溪镇游市村。面积3.67平方千米,360人,160户。2008年4月为敖山镇洋艺村民委员会。

大坪归侨少数民族聚居村 下级组织:大坪。辖区范围:东至上高东A连接线,南至320国道,西至晏家村高家组,北至居井村。面积0.41平方千米,489人,181户。1957年属敖山垦殖场,1982年3月为安置印支华侨难民设敖山华侨农场下属大坪分场,2008年4月14日设敖山镇后,为敖山镇大坪归侨少数民族聚居村民委员会。

野市乡

野市因地形似野鸡头,名野鸡塪。此地素有旅店,故又称野市。野市乡位于上高县东北部,北纬28°30′91″,东经114°93′45″。其东邻泗溪镇,南连敖山镇,西襟敖阳街道、锦江镇,北毗宜丰澄塘镇,昌栗高速上高东出入口坐落境内,320国道北外环、上棠公路穿境而过。土地面积86.8平方千米,山林面积81664亩,森林覆盖率达50.35%,水域面积6215亩。2022年底,全乡辖8

个行政村、2个直属队、1个居委会,共69个自然村,总人口10555人。野市乡原名水口公社,因与新余市渝水区水口公社同名,1983年春改为野市乡,野市乡气候适宜,土地肥沃,是上高的主要产粮地之一。

在工业上,野市坚持项目为王,强攻产业,加快转变经济发展方式,现有企业36家,截至2022年12月,全乡完成固定资产投资6.92亿元,规上工业总产值2.7亿元,主营业务收入2.83亿元。野市乡历史文化厚重。水口村素有"义民"村之誉,忠孝传家、捐资卫国的家风传承至今。开国少将汪祖美是野市乡河里村人,他的英勇事迹在家乡广为传唱。野市乡是上高会战的核心战场之一。下陂桥,是一座不起眼的小桥。但是在"上高会战"中,这座小桥却成为中国军队和日军争夺的焦点。下陂桥,几度易手,鲜血染红了这座小桥。是民政部公布的著名抗日英烈张雅韵牺牲的所在地。野市乡南村还存有上高会战遗迹。近年,野市乡提出"生态之乡,秀美野市"发展口号,着力建设"一园四区",打造一个集乡村旅游、现代化农业观光、水上乐园为一体的上高县城的后花园。现拥有国家4A级景区五谷村丛林酒博园和省4A级景区神山湖生态园,还有全县最大的夏威夷水上乐园。

野市集镇 野市乡政府所在地即是野市集镇。占地面积约0.5平方千米,人口390人。集镇离上高县城仅11千米,昌栗高速、上棠公路、县城环城公路皆穿境而过,交通尤为便利。近年来,野市乡着力打造生态旅游,使野市集镇也日益繁荣起来。夏威夷水上乐园、神山湖生态园、五谷村丛林酒博园都在集镇一线,旅客如织。集镇基础设施完善。日供水量65吨,供电量3100度,电信、移动、联通、广电网络已全覆盖。主要街道野市大道上有大型超市两家,营业面积1000平方米,经营着上千个品种。集镇有公立幼儿园1所、中心小学1所,方便儿童就近上学。乡卫生院占地2000平方米,有病床25张,可就近解决群众在卫生健康上的需求。

"一乡一品":将军故里,山水野市

野市乡始终践行"绿水青山就是金山银山"的理念,致力于打造集乡村游玩、文化体验、康养休闲于一体的"县城休闲后花园"。目前区域内有1个4A级生态旅游景区,1个4A级工业旅游景区,1个水上旅游项目,22个农家乐,1个康养之家。

住宅小区

半山壹号院 半山壹号院住宅小区,位于野市乡明星路33号,2016年开发建设,2023年竣工。占地50亩,建有住宅楼15栋426套,总建筑面积73200平方米。

村、社区

东翔社区　东翔居委会成立于2018年12月27日,由原凤形居委会更改而来。现有工作人员4名,4个网格。辖区内有居民204户、390人,其中党员7名,低保户21户,残障人士3人。

野市村　在野鸡垴周围,上棠公路两侧,村委会驻野鸡垴。下级组织:眼口、王坎、水尾、晏塘、笔架、凤形、枫树桥。辖区范围:东至野市乡游家村,南至野市乡明星村,西至野市乡稍溪村、河里村,北至野市乡水口村。面积11.73平方千米,1009人。解放初属官桥区水口乡。1952年属第一区河里乡。1955年改属新民乡。1956年冬由晏塘、夏家、凤形、水尾、枫树桥、眼口等初级社组成晏塘高级社。1957年新民乡并入水口乡。1958年为水口公社晏塘大队。1968年晏塘与河里合为野市大队。1978年分出河里,仍为野市大队。1984年为野市乡野市村民委员会。

水口村　在野鸡垴北偏东,村委会驻水口。水口,因地处东湖塘里诸水出口,故名。下级组织:坎里、岭上、上汪、汗里、清源、书屋、新村、晏源、洲上。辖区范围:东至连山村、南村、新塘村、水口,南至游家村、野市村,西至稍溪村,北与宜丰交界。面积10.75平方千米,1390人。解放初属官桥区水口乡。1956年由水口、洲上、书屋、塅里等初级社组成水口高级社;清源、晏源初级社组成清源高级社,属泗溪区大塘乡。1957年为水口乡。1958年为水口公社水口、清源大队。1968年合为水口大队。1984年为野市乡水口村委会。

连山村　在野鸡垴东北,村委会驻连山。下级组织:垱头、店前、连山、南槎、汪家、晏家。辖区范围:东至泗溪镇床里村,南至野市乡南村,西至野市乡水口村,北至泗溪镇小港村、野市乡新塘村。面积6.91平方千米,1007人。解放初属官桥区南村乡。1956年分别组成南村、大塘、连山等高级社,属大塘乡。1957年属水口乡。1958年为水口公社南村、大塘、连山大队,1968年合为永红大队,1972年改为连山大队。1981年连山、新塘、南村分开。1984年为野市乡连山村民委员会。

稍溪村　在野鸡垴西北,村委会驻稍溪。下级组织:东江、江家、南源、上神山、稍溪、蛇形、树溪、下神山、夏家。辖区范围:东至水口村、野市村,南至河里村,西至锦江镇大塘村,北与宜丰交界。面积9.94平方千米,1352人。解放初为官桥区水口乡和敖阳区三和乡、新民乡各一部分。1956年由稍溪、笔架、蛇形、南源、江家、东江等初级社组成稍溪、蛇形、东江高级社。1957年为水口乡。1958年为水口公社蛇形、稍溪大队。1962年宜丰的笔丰、下山、刘丰、上神山前相继划入。1968年合为稍溪大队。1984年为野市乡稍溪村民委员会。

南村 下级组织:卢下、南村。辖区范围:东至泗溪镇床里村,南至敖山镇居井村、泗溪镇叶山村、野市乡高岗村,西至野市水口村,北至野市乡连山村。面积6.16平方千米,649人。解放初属官桥区南村乡,1956年分别组成南村、大塘、连山等高级社,属大塘乡。1957年属水口乡。1958年为水口公社南村,大塘,连山大队。1968年合为永红大队。1972年改为连山大队。1981年南村、大塘、连山分开,为南村大队。1984年为野市乡南村村民委员会。

游家村 在野鸡垴东南,村委会驻游家。下级组织:柏树、贺街、燕窝、游家。辖区范围:东至野市乡高岗村,南至野市乡明星村,西至野市乡明星村,北至野市乡水口村。面积5.03平方千米,962人。新中国成立初属官桥区南村乡。1953年属一区高岗乡。1956年为敖阳区新民乡。同年冬成立胜利、高岗、港口高级社。1957年撤区并入水口乡。1958年冬转为水口公社胜利、高岗、港口大队。1968年合为游家大队。1981年分为游家、高岗、港口大队。1984年为野市乡游家村民委员会。

高岗村 下级组织:港口、高岗、柴架、田东、肖家、港口新村。辖区范围:东至敖山镇居井村,南至工业园,西至野市乡游家村、明星村,北至野市乡南村。面积8.38平方千米,1226人。解放初属官桥区南村乡。1953年属一区高岗乡。1956年为敖阳区新民乡(同年冬成立高岗、港口、胜利高级社)。1957年撤区并入水口乡。1958年冬转为水口公社胜利、高岗、港口大队。1981年分为游家、高岗、港口大队。1984年为野市乡高岗村民委员会。1994年高岗、港口合并为野市乡高岗村民委员会。

明星村 在野鸡垴南偏东,上棠公路两侧,村委会驻新屋。下级组织:塘湾、皂溪、老官石、新官石、新屋、徐楼、下陂、下陂桥、罗家、前村、老屋。辖区范围:东至野市乡游家村,南至工业园,西至敖阳街道何家垴村,北至野市乡野市村、野市乡河里村。面积9.61平方千米,2088人。解放初为新民乡。1956年由老屋、新屋、塘湾、徐楼、下陂桥、下陂等初级社组成明星高级社;罗家、皂溪、官石、前村等初级社组成三星高级社。1957年新民乡并入水口乡。1958年为水口公社明星、三星大队,1968年合为永忠大队,1972年改为明星大队。1984年为野市乡明星村民委员会。

河里村 在野鸡垴西南,村委会驻潭溪。潭溪,又名棠陂。下级组织:莲塘、河里、潭溪、塘家、上夫。辖区范围：东至野市乡明星村，南至敖阳街道何家埒村、野市乡明星村，西至锦江镇大塘村，北至野市乡稍溪村。面积7.55平方千米，820人。解放初属官桥区新民乡。1952年属第一区新民乡。1956年冬由河里、潭溪、上夫等6个初级社组成河里高级社。1957年属水口乡。1958年为水口公社河里大队（以驻地得名）。1968年并入野市大队，1978年分开，复为河里大队。1984年为野市乡河里村。

新塘村　下级组织：廖家、新塘。辖区范围：东至泗溪镇小港村，南至连山村、水口村，西、北与宜丰交界。面积2.89平方千米，379人。解放初属官桥区南村乡。1956年组成大塘高级社。1957年属大塘大队，1968年合为永红大队，1972年属连山大队，1982年由连山大队分出。1984年为野市乡新塘村。

敖阳街道

敖阳街道位于敖山之南，北纬28°14′，东经114°5′。从唐中和年间始至今，为上高县治所在，也是全县的政治、经济、文化、教育、商业的中心。东邻敖山华侨农场，西接锦江镇，南隔锦江与塔下相望，北跟野市相连。1953年由敖阳街改为敖阳镇，1958年撤销敖阳镇成立人民公社，1961年由人民公社改回为敖阳镇，2002年撤镇设立街道。下辖东门、敖山、五马、何家埒4个村委会和沿江中路、建设北路、正阳、学园路、桂林、镜山路、和平路、商城路8个居委会，常住人口13万人，户籍人口7万余人。敖阳街道地势北高南低，锦江从西向东穿境而过，分街道为南、北两个街区。主要山岭有敖山、镜山。敖山位于县城北侧，东与镜山相连，海拔163.4米。镜山位于县城北侧，是街道最高点，海拔170.9米，是著名的"上高会战"的核心阵地，镜山口建有"上高会战抗日阵亡将士陵园"。境内主要水库有大海、小海、万丰、雪子岭、凤形等。其中水库库容为46.4万立方米，有效灌溉面积33.3公顷。其内交通便利，陆路以公路为主，320国道穿境而过，上新、上浏、上分、上棠等省级公路，皆以这里为起点或终点。总面积为23.9平方千米，其中城镇面积20.96平方千米，耕地面积68公顷，森林面积678公顷，辖有和平路、建设路、人民路、敖山大道、镜山大道、兰家大道等30余条街道。截止2022年底，街道完成财政收入1.96亿元，完成固定资产投资8.79亿元。15家规上工业企业实现工业总产值23.9亿元，同比增长20.03%，营业收入28.89亿元，同比增长26.8%，新增规上工业3家。

"一乡一品"："1+6"工作体系

敖阳街道牢固树立群众观念，推行以社区党建为引领，推行"组织建设过硬、邻里关系和谐、社区治理规范、基础建设完善、管理机制健全、服务重点突出"的社区治理"1+6"工作体系，并融入微网格治理元素，将已有网格划分成若干个微格，并聘请987名微网格员进行精细化管理。从网格到"微格"，敖阳街道坚持发展新时代"枫桥经验"，立足多元化解矛盾纠纷，不断创新信访工作机制，实现"小事不出村居，大事不出街道，矛盾不上交"，群众获得感、幸福感、安全感显著提升。

村、社区

商城路社区 成立于2001年8月，隶属敖阳街道办事处。辖区面积约为1平方千米，位于敖阳北路以东，和平路、学园路以南，敖山大道以北。辖区内划分11个网格，现有社区居委会干部8人，有行政机关、企事业单位30个，社区内常住户2946户，常住居民9502人。商城社区党委下设党支部5个，党小组5个，党员总数231人。社区内设有新时代文明实践站、党员活动室、劳动保障服务站、城镇解困脱困办公室、平安建设室、矛盾纠纷调解室、退役军人服务站、计生服务室，为居民提供再就业、扶贫帮困等各种服务。

镜山路社区 成立于2007年5月，隶属敖阳街道办事处。辖区面积约为1.7平方千米，位于东起镜山口，西至敖阳南路，北接敖山大道，南至镜山大道。辖区内划分17个网格，现有社区居委会干部8人，有行政机关、企事业单位5个，辖区有3所幼儿园。社区内常住户3085户，常住居民9589人。镜山路社区党支部党小组4个，党员总数81人。社区内设有新时代文明实践站、党员活动室、劳动保障服务站、城镇解困脱困办公室、平安建设室、矛盾纠纷调解室、退役军人服务站、计生服务室，为居民提供再就业、扶贫帮困等各种服务。

沿江中路社区 成立于2007年，位于沿江中路以东，和平路以南，建设中路以西，敖山大道以北，面积约0.85平方千米，辖区范围：沿江中路2—22号，和平路27—45号，建设中路1—15号，敖山大道48—90号，人民路1—22号，黄家桥1—19号，交通路54—72号，交通路81—89号，辖区内划分7个网格，社区居委会干部10人，有行政机关、企事业单位6个。社区内常住户2160户，常住居民6330人。社区设立党委，下设3个党支部，党员总数139人。辖区内有1个大型农贸市场约6000平方米，1个建材市场约3000平方米，社区内设有1个居家养老服务中心，1所幼儿园位于交通路，辖区内有3家便民医院，分别位于人民路、交通路和建设中路。

学园路社区　成立于2001年8月,隶属于敖阳街道办事处。地处县城北面,属城乡接合部地带。东起上高二中,西至九觉寺,北至县天然气公司,南至学园路,辖区面积1.8平方千米。辖区划分12个网格,住户2922户,常住人口9211人,党员135名,党小组11个,党支部5个,社区干部9人。辖区内有上高二中、上高五中、学园路小学、上高县第三幼儿园、上高县特殊教育学校等多所学校。社区毗邻镜山广场、友谊广场等健身休闲场所,环境优美。社区内部为居民设有新时代文明实践站、党员活动室、劳动保障服务站、城镇解困脱困办公室、平安建设室、矛盾纠纷调解室、退役军人服务站、计生服务室,为居民提供各种服务。

和平路社区　成立于2001年8月,隶属上高县敖阳街道,位于城区中心位置,辖区共划分为7个网格,面积0.7平方千米,现有常住户2183户,5044人。社区党委下设5个党支部,现有党员170余名。和平路社区对社区党群服务中心、新时代文明实践站进行了提升改造,服务中心设置有城市书屋、红色驿站、青年创客中心、心理咨询室、老年人日间照料中心、舞蹈瑜伽室、多媒体活动室等20多个功能室,为居民提供了学习培训、休闲娱乐、养老托幼、协商议事、文体康养、就业创业等公共服务。

桂林社区　成立于2007年5月,隶属于敖阳街道。位于上高县城南部,东至敖阳南路,南至镜山大道,西抵锦江河,北至敖山大道。辖区面积约2平方千米,现有社区居委会干部10人,有省、市、县驻辖区行政、企事业单位8个,辖区内常住居民4514户,常住总人口13152人。2020年10月,社区党支部升格为党委,下设5个党支部,15个党小组,其中有中共党员151名。将辖区划分为20个网格。辖区内有上高四中、敖阳小学、红太阳幼儿园、第五幼儿园、滨江公园。社区内设有新时代文明实践站、党员活动室、劳动保障服务站、城镇解困脱困办公室、平安建设室、矛盾纠纷调解室、心理咨询室、退役军人服务站、计生服务室,为居民提供再就业、扶贫帮困等各种服务。

建设北路社区　2001年8月在原河北街办事处基础上改建,隶属于敖阳街道办事处。辖区面积约为3平方千米,东至建设北路,南至和平路,西至沿江西路,北至上宜公路。辖区内划分为18个网格,现有社区干部7人,有行政机关、企事业单位12个,辖区内有上高中学、上高县实验小学、上高县幼儿园、上高正德小学四所学校。社区内常住户4942户,常住居民17300人。建设北路社区党委下设党支部5个,12个党小组,党员总数265人。社区内设新时代文明实践站、党员活动室、劳动保障服务站、城镇解困脱困办公室、平安建设室、矛盾纠纷调解室、退役军人服务站、计生服务室，为居民提供再就业、扶贫帮困等各种服务。

正阳社区 成立于2007年5月，隶属敖阳街道办事处。辖区面积约为0.5平方千米，管辖和平路以西，建设北路以东，学园路以南区域。辖区内划分9个网格，现有社区居委会干部9人，有行政机关、企事业单位2个，万象广场在本辖区内。社区内常住户2546户，常住居民8630人。正阳社区党委下设党支部4个，党小组9个，党员总数100人。社区内设有新时代文明实践站、党员活动室、劳动保障服务站、城镇解困脱困办公室、平安建设室、矛盾纠纷调解室、退役军人服务站、计生服务室，为居民提供再就业、扶贫帮困等各种服务。

东门村 在镇驻地西北，驻学园路26号。东门村，位于上高县城东面，辖区面积3平方千米，下辖3个片区，一片东临建设南路，南临盛荣滨江小区，西临沿江东路，北临兰家大道，1、2组村民居住；二片东临台仔巷，南临宣化路，西临贯山巷，北临东干路，3、4组村民居住；三片东临友谊路，南临学园路，西临泽塘路，北临友谊广场，5、6、7、8组村民居住。辖区总人口591户，2011人，有4个党小组，现有党员69人。村集体经济收入以房屋租赁收入和上级转移支付为主。全村以农业蔬菜生产、招商引资、创办经济实体为主导产业，引进了江西莱威特化学建材有限公司、宜春康盛高分子新材料有限公司、上高飞乐电子科技有限公司、上高县奇峰涂料有限公司、江西省珑悦电子科技有限公司等园区企业，另外引入九龙半岛大酒店、江西银行、赣州银行等20多家外商企业，使年财政税收过2000万元。按照上高县城市规划，建成建设北路、兰家大道、锦丰路、东丰路、友谊路等主要街道。

敖山村 在镇驻地南部，驻农民南路11号。敖山村，位于上高县城，属城中村，位于东起镜山口，西至敖阳南路，北接敖山大道，南至镜山大道，辖区面积3.8平方千米，下设10个村民小组。辖区总人口521户，2248人，现有党员103人。村集体经济收入以房屋租赁收入和上级转移支付为主。全村以招商引资、创办经济实体为主导产业，引进了江西省方尊医药有限公司、江西省中科木华有限公司、江西省圣诚矿业有限公司、江西伟群塑胶有限公司等园区企业，财政税收依靠上高县银海建筑工程有限公司、江西省裕玥建设有限公司、江西省丽焱建设有限公司、江西省日煜建设有限公司、江西省天盛建设有限公司等本土企业，另外引入上饶银行、浙江富民村镇银行等多家外商企业。

何家垴村　位于街道办驻地西北，南与五马村相邻，西与锦江镇朱桥村交界，北与锦江镇大塘村交界，东与野市乡河里村交界。何家垴村，成立于1950年，辖区面积5.6平方千米，耕地面积1288亩，山林面积4600亩，水库4座，约1000亩。辖区划分8个网格。村两委干部4人，平均年龄37岁。辖区内总户数247户，人口1179人，村设立党支部1个，党小组3个，党员35人。村民主要以进城经商、务工为主，粮食、蔬菜种植为辅。村委会服务中心面积达1000多平方米，服务中心内设"一站式"办事大厅、警务室、红色影院、农家书屋、新时代文明实践站、心理咨询室、志愿者服务中心等功能室。新造美丽宜居的秀美乡村杨家湾，杨家湾先后被评为国家森林乡村、宜春市秀美乡村示范村。村委会正着手将杨家湾、九郎新村、柏树林、王田村四个自然村打通，连成一片，建一个大型农村示范点，培育经营主体，发展合作经济。近年来村发展农民专业合作社2家，培育种养大户15户，其中蔬菜种植年产值135万元，每户纯收入达8万元。村委在街道党工委、办事处的大力支持下，打造好服装产业园，成功引进企业入驻，现该产业园已在土地平整中。

五马村　在街道办驻地西北。"五马"原在东门村内。地处县城西郊，距离县城不足1千米。位于东起青年路，西至朱桥村，北接何家垴村，南傍锦江河，沿江西路、学园西路、上宜公路穿村而过，交通较为便利。明成化年间况琏任四川茂州知府，进秩奉直大夫。南台御史王邦直匾书"五马"后，建"五马坊"，故名。1980年，故址因土地征用被拆迁，居民迁于今址，仍用原名。全村3个村自然村，辖区人口388户共1447人，其中村民153户，共544人。村"两委"干部5名。党员34名。全村辖区面积2.1平方千米，耕地面积620亩，山地面积410亩。村民主要以进城经商、务工为主，粮食、蔬菜种植为辅。近年加强招商引资，引进实体企业，先后引进江西东利隆建设工程有限公司、上高县酷森服饰有限公司、江西旺胜建设工程有限公司、宜春建智餐饮管理服务有限公司等企业，实体企业纳税额超过500万元。

锦江镇

锦江镇，因锦江从境内流过，地以河名，故名。地处上高县西北，东临敖阳镇和野市乡，北接宜丰县澄塘镇、石市镇，西界芦洲乡，南连塔下、上甘山，境内西北高，东南低，北属丘陵，南为平原。锦江镇是江西省级生态乡(镇)，资源丰富，分布较广的矿产资源主要有石灰石、高岭土、瓷土、河沙、水泥白岩、硫铁矿等，尤以石灰石为全县之冠，品质极为优良。农产品主要有优质水稻、甘蔗、花生、西瓜、油菜籽、蔬菜、生猪、家禽、中药材、蚕桑、草莓、葡萄等。锦江镇目前下辖13个行政村，2个直属队和4个社区。全镇总面积82平方千米，其中集镇面积6.13平方千米。耕地面积2536公顷，有林地面积2476公顷，总人口3.4万人。2022年全镇财政收入实现1.81亿元。规上企业14家，主要有江西银利隆锻造有限公司、上高县卫玲电子科技有限公司、江西省华佳显示技术有限公司等。锦江镇有江西省第一个农民摄影协会，被文化部命名为"全国农民摄影艺术之乡"。锦江镇是中国共产党早期在上高的主要活动地之一。凌江人漆连云在1938年5月奉中共万载中心县委的指示回到上高发展党员，并成立了中共上高临时县委。同年11月，中共上高县委正式成立，漆连云任县委书记。1958年设立锦江人民公社（驻斜口），1984年春撤社改乡，1997年8月撤乡建镇至今。新华人徐万九是上高县第一个农业互助组、农业初级合作社、高级农业合作社的创建人，先后两次出席江西省劳动模范代表大会。钟家渡人刘细珠，是全国"三八红旗手"，曾出席党的第十一次全国代表大会。

"一乡一品"：农民摄影之乡

1984年，由24名农民组成的摄影协会在锦江乡宣告成立，是江西省成立的第一个农民摄影协会。

30多年来，锦江农民摄影队伍由小变大，成员由24人扩大到今天的143人，摄影装备由普通逐渐升级至专业。其间，5名成员加入中国摄影家协会，11名成员加入江西省摄影家协会，21名成员加入宜春市摄影家协会。协会成员创作新闻、艺术类作品12000余幅，在各级报刊发表照片300余幅，参加省、市、县各级展览6000余幅（次），产生了全国金牌奖作品《春潮》、全国银牌奖作品《村里来了新老师》等一大批优秀作品。1996年10月，在北京中国美术馆举办"锦江农民摄影艺术作品展"，受到国内外专家及观众的好评。

为了让农民摄影这种艺术正式更好地传承下去，锦江镇政府于2021年初开始建造农民摄影展馆，同年10月竣工并投入使用。展馆占地面积约500平方米，共设三个功能厅：摄影作品厅、人文历史厅及创作体验厅。此外，还设有"农民摄影艺术长廊"，展出锦江镇农民摄影大事记、摄影历程、摄影故事及优秀作品精选目录等。

村、社区

青阳路社区 成立于2018年5月，位于河南城区。辖区范围：东至塔下边界，南至锦惠路，西至锦江大道，北至锦江河。现有社区干部6人，配有6名网格员。该社区常住居民2490户，人口7273人,划分为7个网格单位。内设"一站式"办事大厅,为辖区内居民提供便捷服务。

观音阁社区　位于刘家桥路和解放路的交汇路口,辖区范围:东至胜利路,南至锦江大道,西至锦河村,北至解放路。于2001年8月成立,现有社区工作人员6人,专职网格员3人。常住居民876户,人口2767人,划分为5个网格,内设有"一站式"办事大厅、日照中心、心理咨询室、书法室、儿童港湾、图书阅览室、警务室等。

万寿宫社区　位于锦华小区内,辖区范围:东至胜利路,南至320国道,西至锦河村,北至爱民路。于2001年8月成立,现有工作人员6人,专职网格员4人,组网格员6人。该社区共有居民2804户,人口6531人,划分为6个网格。内设"一站式"办事大厅,为辖区内居民提供便捷服务。

锦惠路社区　位于河南城区,辖区范围:东至塔下边界,南至320国道,西至兴旺路,北至锦惠路。成立于2018年5月。现有社区干部5名,配有6名网格员。该社区常住居民2277户、人口7732人,划分6个网格单位。内设"一站式"办事大厅、阅览室、爱心加油站,为辖区内居民提供便捷服务。

锦河村　在凉亭(位于原锦江乡政府旁)东面,锦江南岸,村委会驻刘家桥路。下级组织:南家庄、凉亭、傅家巷、锦河李家、刘家街、楼子下、丁家。辖区范围:东至上高县县城,南至锦江镇锦南村,西至锦江镇石湖村,北至敖阳镇五马村、锦江镇朱溪村。面积1.97平方千米,2685人。解放初属城厢区民主乡。1955年组成石湖、凉亭、昭文、锦河初级社,属敖阳区锦水乡。1957年由4个初级社合为锦河高级社,属锦江乡。1958年为锦江公社锦河大队。1959年分出昭文大队。1961年又分为凉亭大队。1966又并为锦河大队。1984年为锦江乡锦河村委会。1997年为锦江镇锦河村民委员会。

锦南村　在凉亭东南,锦江南岸,村委会驻潘家村。下级组织:锦南丁家、段家、街头、廖家、潘家、严家新村、严家墓。辖区范围:东至上高县县城,南至塔下乡上新村,西至锦河村,北至锦河村。面积3.19平方千米,2253人。解放初属城厢区民主乡。1957年由4个初级社转为锦南、街头两个高级社,属锦江乡。1958年为敖阳公社锦南大队。1961年改属锦江公社。1962年为街头、锦南大队。1968年合为锦南大队。1984年为锦江乡锦南村委会。1997年为锦江镇锦南村民委员会。

大塘村　在凉亭西北,上浏公路两侧,村委会驻大塘。下级组织:城围、大塘、横江、焦坑、况家、浪亚洲、潘家、曲水、石门前、城围新村。辖区范围:东至野市乡河里村,南至锦江镇六口村,西至锦江镇凌江村,北至宜丰县。面积17.23平方千米,3401人。解放初属城厢区三和乡。1957年由7个初级社组成五里、城围高级社,属锦江乡。1958年为锦江公社城围、大塘、曲水、横江4个大队。1961年属凌江公社。1968年由4个大队合为大塘大队,属锦江公社。1984为锦江乡大塘村委会。1997年为锦江镇大塘村民委员会。

凌江村 在凉亭西北,锦江北岸,村委会驻上城村。下级组织:上城、下城、凌江街。辖区范围:东至锦江镇大塘村,南至锦江镇六口村,西至锦江镇新华村、宜丰县,北至锦江镇南源村。面积3.61平方千米,988人。解放初属城厢区利民乡。1956年组成第一、二初级社,属三和乡。1957年合为胜利高级社,属锦江乡。1958年为锦江公社凌江大队。1961年属凌江公社。1968年与南源、六口、罗家边合为锦江公社联合大队。1972年分开,仍为凌江大队。1984年为锦江乡凌江村委会。1997年为锦江镇凌江村民委员会。

钟家渡村 在凉亭西北,锦江南岸,村委会驻钟家渡。下级组织:花柱、茅窝、排形、茜源、乌龟塘、釉子洞、钟家渡、大屋、新屋、茜源新村、茅窝新村。辖区范围:东至新华村,南至芦洲乡新桥村,西至宜丰县石市镇,北至锦江。面积6.6平方千米,1559人。解放初属城厢区新华乡。1955年组成钟家渡初级社。1956年转为凌江乡新华高级社。1957年属锦江乡。1958年属锦江公社新华大队。1960年为凌江公社钟家渡大队。1968年为锦江乡钟家渡大队。1984年为锦江乡钟家渡村委会。1997年为锦江镇钟家渡村民委员会。

新华村 在凉亭西北,锦江南岸,村委会驻长连下。长连下,又名长陵下。下级组织:徐家新屋、徐家老屋、桥头、长连下、东郭、江家、龙王庙、棚里、泉塘、仁里、赛口、土屋、小港、小水、熊家、洋公山、新华窑上、易家、余家、黄家。辖区范围:东至六口村,南至芦洲乡新桥村,西至钟家渡村,北至凌江村。面积11.04平方千米,4956人。解放初属城厢区新华乡。1952年分属一区新华乡和七区长赛乡。1956年属敖阳区利华乡。1957年新华、新锦、新建高级社合为新华高级社,属锦江乡。1958年为锦江公社新华大队。1961年属凌江公社,分设赛口、长连下、新建、龙王庙大队。1968年复为锦江公社新华大队。1984年为锦江乡新华村委会。1997年为锦江镇新华村民委员会。

六口村 在凉亭西北,锦江北岸,村委会驻六口村。下级组织:楼下、六口、罗家边、彭家。辖区范围:东至锦江镇朱桥村,南至锦江镇新华村,西至大塘村,北至锦江镇大塘村。面积6.38

平方千米,1504人。解放初属城厢区利民乡。1956年由3个初级社转为三和乡和平高级社。1957年属锦江乡。1958年为锦江公社三和大队。1959年分为六口、罗家边大队,属锦江公社。1961年属凌江公社。1968年并入凌江大队,属锦江公社。1972年分开,仍为六口大队。1984年为锦江乡六口村委会。1997年为锦江镇六口村民委员会。

朱桥村 在凉亭西北,锦江北岸,村委会驻朱桥。下级组织:朱桥、石下、施家、炉里。辖区范围:东至敖阳镇五马村,南至锦江镇锦河村,西至锦江镇团结村,北至锦江镇六口村。面积3.76平方千米,690人。解放初属城厢区胜利乡。1954年属一区敖凌乡。1956年建立朱桥初级社。1957年转为朱桥高级社,属敖山乡。1958年属锦江公社团结大队。1968年属何家堖大队。1979年分出为锦江公社朱桥大队。1984年为锦江乡朱桥村委会。1997年为锦江镇朱桥村民委员会。

五里村 在凉亭西面,锦江南岸,村委会驻320国道旁的胡家村。下级组织:戴家、胡家、茅屋、旁口、汪家、樟树、中陵。辖区范围:东至团结村,南至芦洲乡黄山村,西至芦洲乡新桥村、新华村,北至六口村。面积2.6平方千米,1705人。解放初为城厢区长圣乡、幸福乡、团结乡、利民乡各一部分。1957年由7个初级社转为樟树高级社,属锦江乡。1958年为锦江公社胡家大队。1961年为中陵、胡家大队。1968年合为锦江公社五里大队。1984年为锦江乡五里村委会。1997年属锦江镇五里村村民委员会。

团结村 在凉亭西北,锦江北岸,村委会驻白沙湾。白沙湾,又名团结。下级组织:白沙、团结新村、下湾、邹家团结、后龙。辖区范围:东至石湖村,南至斜口村、五里村,西至五里村,北至六口村、朱溪村。面积3.5平方千米,3300人。解放初为城厢区团结乡。1956年组成7个初级社,属敖凌乡,1957年并为团结、白沙、后龙、堖上4个高级社,属锦江乡。1958年为锦江公社团结大队。1961年分为团结、白沙、后龙大队。1968年并为团结大队。1984年为锦江乡团结村委会。1997年属锦江镇团结村村民委员会。

石湖村 在凉亭西北,锦江南岸,村委会驻320国道旁的石湖堖。下级组织:边家咀、江家洲、罗家、上柘树、石湖堖、下柘树。辖区范围:东至锦河村,南至董丰村、斜口村,西至团结村,北至朱桥村。面积1.68平方千米,1707人。解放初属城厢区民主乡。1957年由4个初级社转为锦河高级社,属锦江乡。1958年为锦江公社石湖大队,1968年并入斜口大队,1972年分开,仍为石湖大队。1984年为锦江乡石湖村委会。1997年属锦江镇石湖村民委员会。

斜口村 在凉亭西南,锦江南岸,村委会驻斜口李家。下级组织:斜口李家、田屋里、斜口汪家、樟树垴下。辖区范围:东至石湖村,南至董丰村,西至芦洲乡黄山村、锦江镇五里村,北至团结村。面积3.09平方千米,2070人。解放初属城厢区民主乡。1952年属七区利华乡。1956年组成4个初级社,属敖阳区利华乡。1957年转为斜南高级社,属锦江乡。1958年为锦江公社斜口大队。1968年石湖并入斜口,1972年分出石湖,仍为斜口大队。1984年锦江乡斜口村委会。1997年为锦江镇斜口村委会。

董丰村 在凉亭西南,白鹤山西北,村委会驻董家。下级组织:董家、枫树下、坎头、龙田、段中、沈家、猪婆窝。辖区范围:东至南家庄村,南至塔下乡下林村,西至芦洲乡田背村、黄山村,北至斜口村、石湖村。面积4.19平方千米,1712人。解放初属城厢区枫塘乡。1952年属七区。1957年由5个初级社转为董丰高级社,属锦江乡。1958年为锦江公社董丰大队。1967年改名跃进大队。1970年恢复今名。1984年为锦江乡董丰村委会。1997年为锦江镇董丰村村民委员会。

垴上村 下级组织:垴上。辖区范围:东至团结村,南至团结村,西至六口村,北至朱桥村。面积2.1平方千米,580人。1954年属一区敖凌乡。1956年属朱桥初级社。1958年属锦江公社垴上大队。1966年属锦江公社团结大队。1982年与团结分开属锦江镇直属队。1984年为锦江乡垴上村委会。1997年属锦江镇垴上直属队。

南源村 在凉亭西北,村委会驻南源。位于凉亭西北12千米处。西与宜丰埠头交界,面积3.53平方千米,107户,533人。下级组织有彭家、南源罗家、阳家。解放初属城厢区三和乡。1956年组成南源彭家第三初级社。1957年转为南源高级社,属锦江乡。1958年为锦江公社南源大队。1961年属凌江公社。1968年与凌江、六口、罗家边合为联合大队,属锦江公社。1972年分开,仍为南源大队。1997年为锦江镇南源直属队。

塔下乡

塔下乡位于上高县城南郊,锦江南岸,东邻新界埠镇,西毗芦洲乡、翰堂镇,南接上甘山林场、蒙山乡,北界敖阳街道、锦江镇,经纬度与县城相近。境内交通便利,320国道、上新公路、上新铁路穿境而过,形成四通八达交通网络。境内属低矮丘陵,地势西南高、东北低,与上甘山林场穿插相连。东北部地势平坦、开阔,给城镇化建设创造了条件。土地面积48.4平方千米,耕地面积1085公顷,林地面积196.23公顷,森林覆盖率为48.6%。2022年底,全乡辖10个行政村、1个直属队和1个居委会,总人口约1.6万人。塔下乡境内气候宜人,年平均气温17.6℃,全年无霜期平均269天。境内降水丰富,年降水量达到1642毫米。锦江、锦惠渠穿境而过,为工业、农业生产提供充足水源。主要经济作物有油菜籽、西瓜、柑桔、辣椒、红薯、生姜、紫皮大蒜等。其中"三辣"(辣椒、生姜、紫皮大蒜)产品远近闻名,主动对接江西绿万佳富硒功能农业项目,大力发展富硒大米、紫皮大蒜、皇菊等功能农业,紫皮大蒜成为上高县地标产品。2022年年底工业总产值26.7亿元,实现财政收入9144万元。田北人王纲,明朝永乐进士,任河南道监察御史,著有《薇垣清兴集》。天岭人晏旭升为近代书画家,善画葡萄,他画的葡萄早上看有露珠,晚上看有亮光,一时名动江西。塔下乡还是上高的红色革命的区域之一。1933年在天岭村成立了中共上简区委和农协会,晏麻佬任书记和农协主任。上简区委成立后,在天岭、上甘山、县城近郊开展革命活动,打土豪、为红军筹款等,壮大了上高的革命气势。

田北人王总水,曾击落台湾蒋介石政权的U2侦察机,两次荣立一等功,受到毛泽东、周恩来等党和国家领导人的接见。

塔下集镇 塔下乡政府所在地大坪是塔下集镇。塔下集镇离县城仅3千米,位于上新公路两侧,因而交通很便利。塔下集镇占地面积2.1平方千米,人口3863人。塔下集镇是上高的老工业区,原辖区内的江西标准件厂属于省"三线"工厂。宜春发电厂、水泥厂、白水泥厂、火车站、塔下粮油公司等企业,在塔下的发展过程中发挥了积极作用。随澳联商贸城、大观老街、晟茂汽车城的开发,塔下集镇的规模进一步扩大。目前,集镇的主要街道有大观大道、上新公路等。4路公交车至白水泥厂为终点。集镇供水、供电充足,光线网络及有线电视网络已全覆盖。塔下中心小学、中心幼儿园,均为公立学校,为少年儿童提供了就近入学的便利条件。塔下卫生院为全乡群众提供了医疗卫生服务。集贸市场占地450平方米,为附近农民提供农产品销售的专门市场。至2022年,集镇内有各类工商业户135户。

"一乡一品":剪纸之乡

塔下乡是著名的剪纸之乡。塔下农村妇女有剪纸的传统习惯。过去,她们剪纸主要是为了生活。改革开放后,生活得到极大改善的她们,不愿放下手中的剪刀,转而把剪纸朝着艺术化的方向发展。1991年成立妇女剪纸协会,会员发展到500多人,每年举办2期培训班,创作剪纸作品数千幅,多次参加省、市特色文化联展,江西日报等新闻媒体专题报道。该乡群众以农家生活、历史故事、民间传说、廉政文化等为题材,不断创作出具有乡土特色的剪纸作品,作为年历、日历画进入千家万户,并广泛用于橱窗、专栏的装饰图案、信笺书签等。近年来,塔下乡打造"妇女剪纸"文化产业品牌,多渠道培训农村妇女,通过微店和淘宝网销售剪纸作品,帮助农村妇女就业增收,实现了"文化搭台、经济唱戏",成为该乡的一张名片,被誉为"妇女剪纸艺术之乡"。

村、社区

大坪社区 2003年成立,位于大观大道490号,有工作人员6名,2个网格。辖区内居民1105户,2873人。其中党员328人,低保户67户,残疾人员126人。

田北村 在大坪北,锦江南岸,村委会驻田北。下级组织:上田北、下田北、太子塘。辖区范围:东至县桑蚕场,南至铜鼓岭村,西至塔下乡上新村,北至上高县县城。总面积约1.87平方千米,1912人。解放初为城厢区塔下乡。1957年由初级社转为锦丰高级社,属锦江乡。1958年属锦江公社塔下大队。1959年为敖阳公社田北大队。1960年属锦江公社。1968年属上甘山公社(场)长山大队。1972年场、社分开,为上甘山公社田北大队。1984年为塔下乡田北村民委员会。

上新村 在大坪西南的上新铁路两侧,村委会驻陶家。下级组织:石陂头、塔下、陶家、茅屋组、新队。辖区范围:东至新界埠镇富港村,南至铜鼓岭村,西至塔下乡田北村,北至县蚕桑场。面积5.7平方千米,1015人。解放初分属城厢区塔下乡和太平乡。1957年由初级社转为塔下、陶家、杨林高级社,属锦江乡。1958年为锦江公社宝塔、陶家、杨林大队。1959年合为塔下大队。1960年改名上新大队。1968年属上甘山公社(场)。1972年场、社分开,为上甘山公社上新大队。1984年为塔下乡上新村民委员会。

长山村 在大坪东南、上新公路两侧,村委会驻短山。下级组织:黄岗、麻堆、塘上、晏家、印塘、曾家、雷家、夏家。辖区范围:东至新界埠镇富港村,南至上甘山林场,西至塔下乡田北村,北至塔下乡原种场和新界埠镇泽山村。面积5.02平方千米,1670人。解放初分属界埠区富港乡和城厢区新民乡。1957年由初级社转为长山、胜利高级社。1958年分属界埠公社富港大队和锦江公社长山大队。1959年合为敖阳公社长山大队。1960年属锦江公社。1968年冬扩社并队时归属新组建的塔下乡政府。1972年场、社分开,为上甘山公社长山大队。1984年为塔下乡长山村民委员会。

下林村 在大坪西南、白鹤山下、村委会驻丁家北。丁家北,又名沈家北。下级组织:店前、丁家北、石坎尾、新家龙、瑶坪、周家。辖区范围:东至罗源村,南至芦洲乡章江村,西至芦洲乡田背村,北至锦江镇董丰村。面积5.28平方千米,768人。解放初属城厢太平乡。1956年成立新家龙、店前、石坎尾初级社。1957年转为下林高级社,属锦江乡。1958年为锦江公社下林大队。1968年为上甘山公社(场)下林大队。1972年场、社分开,为上甘山公社下林大队。1984年为塔下乡下林村民委员会。

塘富村 在大坪东南,上新公路两侧,村委会驻塘富。下级组织:查山、陈家、挡头、后村、京堂、塘富、仁源。辖区范围:东至新界埠镇端溪村,南至新界埠镇城陂村、蒙山镇抗头村,西至蒙山镇楼下村、上甘山高椅窝分厂,北至上甘山铜鼓岭分厂。面积4.9平方千米,1251人。解放初属界埠区富港乡。1956年成立查山、挡头、塘富、陈家4个初级社,1957年合为塘富高级社,属城陂乡。1958年为界埠公社联合大队。1962年为城陂公社塘富大队。1968年属上甘山公社(场)。1972年场、社分开,为上甘山公社塘富大队。1984年为塔下乡塘富村民委员会。

茅江村 在大坪南,上新铁路终点山坑内,村委会驻茅江。下级组织:独木桥、鸽形、罗源、毛江、上棚。辖区范围:东至塔下乡槐树岭村茶楼组,南至塔下乡茶十村,西至上甘山林场罗源分场,北至塔下乡槐树岭村。面积6.83平方千米,730人。新中国成立前为唐良乡第三、第五保,解放初为城厢区茶十乡。1956年成立茅江、鸽形、塘尾、罗源4个初级社,1957年转为茅江高级社属永圣乡。1958年为永圣公社茅江大队。1968年属上甘山公社(场)。1972年场、社分开,为上甘山公社茅江大队。1984年改为塔下乡茅江村民委员会。

建新村 在大坪西南、村委会驻石门岭。下级组织:敖背、刘家、石门岭、大竹山、台山、钟家、什水塘。辖区范围:东至塔下乡毛江村,南至塔下乡茶十村,西至翰堂有源村,北至芦洲乡章江村。面积6.8平方千米,1056人。解放初属城厢区太平乡。1957年由初级社转为刘家、钟家、敖背3个高级社,属永圣乡。1958年为永圣公社刘家、钟家、敖背大队。1968年合为建新大队,属上甘山公社(场)。1972年场、社分开,为上甘山公社建新大队。1984年为塔下乡建新村民委员会。

茶十村 在天山上,村委会驻十字路。下级组织:坳里背、茶窝、长坑、甘竹窝、挂壁斜、虎形口、王家坪、井下、孔下、梨树窝、牛角岭、亭子边、无边、烟家湖、元形、张家。辖区范围:东至槐树岭,南至蒙山镇浒江村,西至天山村,北至建新村、高椅窝村。面积15.8平方千米,906人。解放初属城厢区永圣乡。1953年属茶十乡。1956年属敖阳区永圣乡。1958年为永圣公社茶十大队。1960年属上甘山公社(场)。1973年属上甘山公社。1980年为上甘山林场茶十大队。1984年为上甘山林场茶十村委会,后为上甘山乡茶十村委会。2003年为塔下乡茶十村民委员会。

天山村 在天岭山窝里,村委会驻天山。下级组织:天山、新牛陂。辖区范围:东至茶十村,南至金坑村、蒙山镇浒江村,西至黄家村,北至建新村。面积6.87平方千米,1114人。解放初属城厢区永圣乡。1952年属四区天山乡。1957年由初级社转为天山高级社,属永圣乡。1958年为永圣公社天山大队。1968年为上甘山公社天山大队。1980年为上甘山林场天山大队。1984年为上甘山林场天山村委会,后为上甘山乡天山村委会。2003年为塔下乡天山村民委员会。

槐树岭村 在株树山西南,村委会驻槐树岭。下级组织:茶楼、槐树岭、鲤鱼亭、岭背、蛮田、茜坑、茜坑棚、石陂、潢塘。辖区范围:东至上甘山林场铜鼓岭分场,南至上甘山林场高椅窝分场,西至毛江村,北至上新村。面积4.21平方千米,864人。解放初属城厢区永圣乡,1952年属一区茶十乡。1956年建立初级社。1957年属永圣乡。1958年分属永圣公社茶十、塘富、茅江大队。1968年属上甘山公社(场)槐树岭大队。1973年属上甘山林场,仍为槐树岭大队,后为上甘山乡槐树岭村委会。2003年为塔下乡槐树岭村委会。

黄家村 在株树山西南,村委会驻麦家坪。下级组织:黄家、龙窝里、茜陂坑、社背坑、丁家田、左水牛、窑子背。辖区范围:东至天山村,南至上甘山林场金坑分场,西至南港镇梅沙村,北至翰堂镇有源村、上甘山林场罗源分场。面积6.66平方千米,418人。1953年属天山乡。1958年为永圣公社黄家大队。1960年属南港公社梅沙大队。1973年从梅沙分出为黄家大队。1980年划归上甘山林场为黄家大队。1984年为上甘山林场黄家村委会,后为上甘山乡黄家村委会,2003年为塔下乡黄家直属队。

新界埠镇

新界埠,因地与高安临界,并设有码头,故名界埠。1984年,因与新干的界埠同名,更名为新界埠。1949年前是界埠乡和城陂乡、接官乡的各一部分。1949年为界埠区的界埠、堆峰、简市、富港、端溪、慈溪乡和城陂乡的一部分。1956年为界埠、简市乡和城陂乡的一部分。1957年为界埠乡和城陂乡的一部分。1958年冬成立界埠公社。1984年春,政社分开后,更名为新界埠乡,2012年更名为新界埠镇。其地理位置在上高县东南部,北纬28°13′33″,东经115°03′9″,东邻高安相城镇,西连上甘山林场,北界敖山镇,西南与蒙山乡和高安田南乡接壤,东北与泗溪镇毗邻。土地面积107.24平方千米,耕地面积3404公顷,森林覆盖率43.58%,林地面积4867公顷。截至2022年底,全镇辖14个行政村,1个镇林场和1个居民委员会,114个自然村,7610户,总人口2.2405万人,其中集镇319户,584人,林场59户,170人。界埠、城陂、光明3处有圩市。

新界埠镇是传统农业大镇,全镇以水稻种植为主,2022年全镇95%以上的水田种植了早稻。主要农作物有水稻、茶叶、烟叶、棉花等,同时也有不少特色种植、养殖业,800亩烟叶种植,2000亩上高蜜橘,150亩螃蟹养殖基地,2000余亩的茶叶基地,1000多亩的中药材基地等。动、植物资源比较丰富,分布较广,地上除有杉、松、竹等丰富的植物资源外,还有穿山甲、凤尾锦鸡等多种野生动物资源,地下有丰富的赤铁矿、石灰石、石英石等矿藏,还有久负盛名的堆峰明珠(又名石青子)。文化遗产丰富,有堆峰隋代墓群、端溪南朝荆王墓、桐山陈卿云故居、桐山村红军旧址、上高会战中国军队第七十四军战时医院旧址、上高会战中国军队第七十四军第五十一师战时指挥部旧址、传统古建筑群集等。1968年因棉花种植产量高、面积大,被华东区奖励了一辆跃进牌卡车。

新界埠集镇 新界埠镇政府所在地即为新界埠集镇,位于县城东12千米处的锦江南岸的山丘上。

新界埠集镇每逢农历的二、五、八当圩。相传明朝末年,由舒、邹、金三姓在此立圩,传承至今。

新界埠集镇占地468.75亩,常住人口1329人。集镇内的主要街道有五洲路、仰山路、沿渠路、横桥路、崇岭路等。锦惠渠穿镇而过,灌溉着两岸上万亩良田。集镇日供水2800吨、供电21万千瓦时,5G信号和有线电视网络已覆盖。已开通新界埠集镇—县城的公交线路,一天有6班,方便群众往来。万家购物中心是集镇上最大的超市,占地面积400平方米,经营品种达2000多种,年营业额超80万元。鼎硕基地是一个由退役军人为主体的娱乐基地,以红色文化为主要元素,配以军事知识和部队常规训练及其他娱乐设施。新界镇集镇有中、小学各1所,公办幼儿园1所。镇卫生院承担着全镇群众卫生、健康、治疗方面的职责,做到群众小病不出镇。

"一乡一品":桐山红色文化

1930年8月,红一军团所属红四

军经上高、宜丰准备攻打长沙,其中第三纵队在高安、上高交界地区分散做群众工作,指挥部设在桐山村陈氏祠堂。由于当时桐山村群众基础好,1931年至1933年间,中央红军及湘鄂赣苏区红军部队在桐山这一带开展革命斗争。村内红色遗址保护较好,在陈氏祠堂正门两侧的墙壁上写有红军当时开辟的宣传栏保存至今,被后人誉为"红军墙",因此,被列为江西省第三批红色名村。现在桐山村成为上高县红色旅游景点,也是对青少年进行革命传统教育的基地。

住宅小区

界埠花园 界埠花园,住宅小区,位于新界埠镇五洲南路,2016年9月开发建设,2018年10月竣工,占地14.2亩,建有住宅楼5栋120套,总建筑面积17237平方米。业主自行管理。

村、社区

仰山社区 辖区范围:东邻高安相城镇,西连上甘山林场,北界敖山镇,东北与泗溪镇毗邻。距县城12千米,面积468.75亩,居民319户,人口584人。

横江村 在界埠东北,锦江南岸,村委会驻坛上。下级组织:坎上、岭脚、岭窝、坛上、西屋、中屋、界埠。辖区范围:东至高安市,南至桐山村,西至洲上村、五星村,北至洲上村。面积3.3平方千米,1049人。解放初期属界埠乡。1957年由初级社转为界埠乡横江高级社,1958年为界埠公社横江大队。1968年与桐山、五星合为红旗大队,1972年横江从桐山分出,复为横江大队。1984年为新界埠乡横江村委会,2012年为新界埠镇横江村民委员会。

洲上村 在界埠北面,锦江北岸,村委会驻晏家。下级组织:艾家、黄家洲、冷家、李家、洲上刘家、洲上舒家、谢家、洲上晏家、姚家、冷水坑。辖区范围:东至横江村,南至五星村、横江村、横江村,西至湾溪村、车溪村,北至堆峰村、车溪村。面积4.38平方千米,1860人。解放初属界埠区堆峰乡。1957年由初级社转为洲上高级社,属界埠乡,1958年为界埠公社洲上大队。1968年与车溪、堆峰合为三忠大队。1970年改为堆峰大队,1972年与堆峰、车溪分开,仍为洲上大队。1984年为新界埠乡洲上村委会,2012年为新界埠镇洲上村民委员会。

堆峰村 在界埠西北,村委会驻堆峰。下级组织:堆峰、洪源。辖区范围:东至泗溪镇中宅村,南至洲上村,西至车溪村、敖山镇店上村,北至泗溪镇漕港村。面积6.69平方千米,957人。解放初期属界埠区堆峰乡。1957年由初级社转为界埠乡堆峰高级社。1958年为界埠公社堆峰大队。1968年与洲上、车溪合为三忠大队。1972年分出洲上、车溪,仍为堆峰大队。1984年为新界埠乡堆峰村村委会,2012年为新界埠镇村民委员会。

车溪村 在界埠西北,锦江北岸,村委会驻车溪。下级组织:车溪。辖区范围:东至堆峰村、洲上村,南至湾溪村、洲上村,西至敖山镇接官村,北至敖山村店上村。面积2.96平方千米,719人。解放初属界埠区堆峰乡。1957年由初级社转为界埠乡车溪高级社,1958年为界埠公社车溪大队。1968年与洲上、堆峰合为三忠大队。1970年三忠大队改名堆峰大队。1972年分开,仍为车溪大队。1984年为新界埠乡车溪村委会,2012年为新界埠镇车溪村民委员会。

先锋村 在界埠西南,锦江南岸,村委驻五坎上。下级组织:白溪、先锋陈家、黄家、王坎上、王竹园。辖区范围:东至光明村、泽山村,南至县桑蚕场,西至敖山镇敖背村、敖山镇镜山村,北至敖山镇晏家村、敖山镇贯埠村。面积5.19平方千米,1465人。解放初属界埠区简市乡。1956年成立初级社。1957年转为界埠乡先锋、白溪高级社,1958年为界埠公社先锋、白溪大队。1968合为先锋大队。1984年为新界埠乡先锋村村委会,2012年为新界埠镇先锋村村民委员会。

光明村 在界埠西面,锦江南岸,村委会驻祖居。下级组织:堆上、古塘、兰背、南洲、坪上、王田、西头、严家、祖居。辖区范围:东至湾溪村,南至端溪村,西至泽山村,北至敖山镇接官村。面积11.9平方千米,2294人。解放初属界埠区简市乡。1957年成立界埠乡简市高级社。1958年为界埠公社光明大队。1968年泽山、湾溪并入光明大队。1972年泽山、湾溪分开,仍为光明大队。1984年为新界埠乡光明村委会,2012年为新界埠镇光明村民委员会。

湾溪村 在界埠西面,锦江南岸,村委会驻中湾。中湾,原名黄泥湾,后改为中湾。下级组织:桥子头、湾溪雷家、上湾、田港、下湾、中湾。辖区范围:东至洲上村,南至端溪村,西至光明村,北至车溪村、敖山镇接官村。面积6.89平方千米,1699人。解放初属界埠区界埠乡。1957年由初级社转为界埠乡湾溪高级社,1958年为界埠公社湾溪大队。1968年并入光明大队。1972年分开,仍为湾溪大队。1984年为新界埠乡湾溪村委会,2012年为新界埠镇湾溪村民委员会。

泽山村 在界埠西面,村委会驻泽山。下级组织:戴家、泽山雷家、楼下、泽山。辖区范围:东至光明村,南至富港村、县蚕桑场,西至县蚕丝场,北至先锋村。面积3.07平方千米,787人。解放初属界埠区简市乡。1956年由初级社转为泽山高级社,1957年属界埠乡。1958年属界埠公社光明大队，1961年从光明分出，为泽山大队。1968年并入光明大队。1973年又分出，仍为泽山大队。1984年为新界埠乡泽山村村委会，2012年为新界埠镇泽山村村民委员会。

桐山村 在界埠东南，蒙水两岸，村委会驻桐山。下级组织：桐山白土坑、何家、鹤岭、上简、桐山、桐山桥、下简、桐山阳家、桐山垴上。辖区范围：东至高安市，南至高安市，西至五星村，北至横江村。面积6.55平方千米，2094人。解放初属界埠区慈溪乡。1957年由初级社转为界埠乡桐山高级社，1958年为界埠公社桐山大队。1968年与横江、五星合为红旗大队。同年冬分出五星。1972年分出横江，仍为桐山大队。1984年为新界埠乡桐山村委会，2012年为新界埠镇桐山村民委员会。

富港村 在界埠西面，上新公路东侧，村委会驻钩塘下。下级组织：富港、钩塘下、皇峰岭、富港刘家、窑下、章家、邹家岭。辖区范围：东至泽山村、端溪村，南至塔下乡塘富村、新界埠镇端溪村，西至塔下乡长山村，北至泽山村。面积3.5平方千米，838人。解放初属界埠区富港乡。1957年由2个初级社转为富港高级社，属界埠乡。1958年为界埠公社富港大队。1984年新界埠乡富港村委会，2012年为新界埠镇富港村民委员会。

五星村 在界埠南面，蒙水两岸，村委会驻潘家。下级组织：五星陈家、大里、甘家、兰田、廖家、卯溪、垴背、垴上、五星潘家、下坑、袁家、潘家新村。辖区范围：东至桐山村，南至高安市，西至端溪村，北至洲上村。面积5.61平方千米，1709人。解放初属界埠区慈溪乡。1956年分别成立垴上、陈家、下坑、潘家、甘家5个初级社。同年合为五星高级社。1957年属界埠乡。1958年为界埠公社五星大队，以5个高级社得名。1968年与桐山、横江合为红旗大队。同年冬与桐山、横江分开，仍为五星大队。1984年为新界埠乡五星村村委会，2012年为新界埠镇五星村村民委员会。

端溪村 在界埠西面，蒙水两岸，村委会驻端溪。端溪，又名短港。下级组织：垱背、老屋、端溪陈家、港背、钩塘、端溪潘家、宋家、陶陂、亭溪、完塘、下坊、端溪周家、邹家、下屋。辖区范围：东至五星村，南至三星村、城陂村，西至富港村、塔下乡塘富村，北至光明村、湾溪村。面积17.03平方千米，1866人。解放初属界埠区端溪乡，1957年由初级社转为界埠乡端溪高级社，1958年为界埠公社端溪大队。1961年为城陂公社端溪大队。1968年与城陂、喻家、三星、陶陂等大队合为永忠大队。1969年分开，仍为端溪大队，属界埠公社。1984年为新界埠乡端溪村村委会,2012年为新界埠镇端溪村村民委员会。

城陂村 在界埠西南,上新公路两旁。村委会驻城陂。下级组织:城陂、大村、甘堆、各山、胡家、湖边、华堂、计垅、浪富、老圩、力山、新枥港、龙窝、禄塘、墙里、山田、塘下、土桥、新圩、喻家、城陂周家。辖区范围:东至三星村,南至上甘山新城分场,西至蒙山镇抗头村、塔下乡塘富村,北至端溪村、塔下乡塘富村。面积17.04平方千米,3055人。解放初属城陂乡。1957年,甘堆、禄塘、塘下、历山等初级社转为甘堆高级社。华堂、土桥、喻家、湖边等初级社转为喻家高级社,属城陂乡。1958年为界埠公社城陂、金星大队。1961年为城陂公社城陂、金星大队。1968年金星大队并入城陂大队,属界埠公社。1984年为新界埠乡城陂村委会,2012年为新界埠镇城陂村民委员会。

三星村 在界埠南面,上新公路东侧,村委驻地山北圩。下级组织:敖家、泡泉、中泡泉、下泡泉、枫树下、坑尾、山北圩、许子岗、三星晏家、寨里、赵家。辖区范围:东至高安市,南至高安市,西至城陂村,北至五星村、端溪村。面积14.06平方千米,1295人。解放初为界埠区慈溪、城陂乡各一部分。1957年由初级社转为泡泉、山北、南岭3个高级社,属城陂乡。1958年为界埠公社泡泉、山北、南岭大队。1961年为城陂公社泡泉、山北、南岭大队。1968年并入界埠公社永忠大队。同年冬分出,仍为三星大队。1984年为新界埠乡三星村村委会,2012年为新界埠镇三星村村民委员会。

蒙山镇

蒙山镇位于上高县东南部,蒙山东北麓,北纬28°07′22″,东经114°57′55″。东邻高安田南镇,西连南港镇,北界上甘山林场,南接新余鹄山乡。1968年冬由原永圣公社及蒙山垦殖场合并成场、社合一单位,1972年场、社分开,公社由大庙迁驻今址。1985年撤销蒙山人民公社,设蒙山乡。2013年12月撤乡设镇。土地面积74.28平方千米,耕地面积27015亩,山塘水库100多座,蒙河、浉江贯穿全镇。截至2022年底,全镇辖12个村委会、2个直属队、1个居委会,总人口16538人。境内投资环境优良,2022年完成招商引资任务4个,其中入园项目2个,引资额达24.9亿元。2022年全镇规上工业总产值23.3亿元,主要工业产品有鞋服、建材、包装材料等。地方财政收入1.73亿元。蒙山是上高的"水酒之乡",蒙山镇曾先后举办过三届"水酒文化节",宣传和推荐蒙山特色。

境内文化积淀深厚,人才辈出。有中共九大、十大代表、省劳动模范晏火生,有留下了激励后人革命到底的革命先烈傅学祥。境内矿产资源丰富,主要有方解石、硅灰石、白云石、石灰石等非金属矿。其中硅灰石储量8000万吨,占全国储量的四分之一,素有"硅灰石之乡"的美誉。

蒙山集镇 蒙山镇政府所在地水口圩为蒙山集镇。水口圩位于县城南偏东约20千米的太平南麓。

蒙山集镇逢农历二、五、八为圩日。每年的农历十月十五日,为蒙山集镇传统的大圩之日。蒙山人有酿造水酒的传统习俗。2018年、2019年、2020年,连续三年镇政府利用十月十五的传统大圩,举办内容丰富的"蒙山水酒文化节",打造"蒙山水酒"这个特色品牌。

集镇占地25公顷,常住人口约650人。集镇主要街道为蒙新大道。有商贸城,设有肉类、水产、蔬菜、农产品等专业市场。日供水230吨、供电3300千瓦时,5G网络、有线电视全覆盖。已开通水口圩—县城公交线路,每日有公交车4班,方便群众往来。集镇内最大的购物中心为宏达购物中心,面积300平方米,经营3000多种商品。集镇有中心学校1所、私立幼儿园1所。镇卫生院有病床30张,救护车1辆,可以解决当地群众在卫生健康上的基本需求。

"一乡一品":蒙山水酒

"烤着木炭火,吃着糯麻糍,喝着老米酒"这是一首流传在蒙山的民谣。

蒙山水酒是选用当地山涧深脚田所产的高杆糯米,用新鲜山泉水洗净去杂,再浸泡12小时,上甑蒸熟、降温摊凉、淋水打散饭团,然后拌酒曲入缸发酵,是蒙山人家家户户都会酿造的一种甘甜醇厚的小酒。蒙山水酒含有十多种氨基酸,其中八种是人体不能合成而又必需的,其赖氨酸的含量比葡萄酒和啤酒要高出数倍,所以有"人参补气,米酒养人"之说。农历十月十五,下元节,是蒙山镇的传统大圩。蒙山镇政府为了打造蒙山特色,推介地产品至今已连续举办过三届"水酒文化节",通过民俗表演、水酒开缸、打麻糍、品酒等形式,向世人展示蒙山传统的民俗风情。

村、社区

水口圩社区 辖区范围:蒙山镇集镇。面积0.24平方千米,常住人口650人。2019年1月成立社区,有工作人员5人,1个网格。内设民政、新农合、新农保、退役军人、新时代文明实践站等窗口。有党员14人,低保户7人,残障人士2人。

小下村 下级组织:小下、院坑。辖区范围:东至杭头村,南至小上村,西至清湖村,北至潢里村。面积3.73平方千米,1006人。新中国成立初为新余县鹄山区小步乡。1955年成立小步、潢里、水口圩、皂江等9个初级社。1956年转为小步、潢里高级社。1958

年为新余县万宝公社小步大队。同年转为蒙山垦殖场小步分场。1960年划入上高县,属蒙山垦殖场。1968年属蒙山公社(场)小步大队。1972年场、社分开,为蒙山公社小步大队。1981年由小步大队分出为小下大队。1984年为蒙山乡小下村委会,2013年为蒙山镇小下村民委员会。

小上村　下级组织:小上、大斜。辖区范围:东至抗头村,南至新余市,西至清湖村,北至小下村。面积7.61平方千米,939人。新中国成立初期为新余县鹄山区小步乡。1955年成立小步、潢里、水口圩、皂江等9个初级社。1956年转为小步、潢里高级社。1958年为新余县万宝分社小步大队。同年转为蒙山垦殖场小步分场。1960年划入上高县,属蒙山垦殖场。1968年属蒙山公社(场)小步大队。1972年场、社分开,为蒙山公社小步大队。1981年由小步大队分出为小上大队。1984年为蒙山乡小上村委会,2013年为蒙山镇小上村民委员会。

楼下村　在水口圩西北,瑶咀垴山下,村委会驻楼下。下级组织:楼下、牛陂、桃源、陷里、袁家坊、竹坝坳。辖区范围:东至塔下乡塘富村、抗头村,南至富坑村,西至塔下乡茶十村,北至上甘山林场高椅窝分场。面积11.27平方千米,1800人。新中国成立初属城厢区永圣乡。1957年由初级社转为富坑、陂下、陷里、楼下高级社。1958年为永圣公社楼下、富坑大队。1968年合为蒙山公社(场)楼下大队。1972年场、社分开,为蒙山公社楼下大队。1984年为蒙山乡楼下村委会。2013年为蒙山镇楼下村民委员会。

浒江村　在水口圩西北,天山南麓,村委会驻浒江。下级组织:浒江、严坑。辖区范围:东至芰湖村、富坑村,南至潢里村、新村,西至上甘山分场金坑分场,北至塔下乡天山村、茶十村。面积7.03平方千米,1362人。解放初属新余鹄山区小步乡。1957年由初级社转为浒江高级社。1958年为新余万宝公社浒江大队。同年属蒙山垦殖场小步分场。1960年划入上高属蒙山垦殖场。1968年为蒙山公社(场)卫东大队。1972年场、社分开,为蒙山公社浒江大队。1984年为蒙山乡浒江村委会,2013年为蒙山镇浒江村民委员会。

富坑村　在水口圩西北5千米处,村委会驻富坑。下级组织:陂下、富坑、坑严、林竹。辖区范围:东至抗头村,南至潢里村、芰湖村,西至浒江村、塔下乡茶十村,北至塔下乡茶十村、蒙山镇楼下村。面积5.54平方千米,1042人。新中国成立初期属城厢区永圣乡。1957年由初级社转为富坑、陂下高级社。1958年为永圣公社富坑大队。1968年合为蒙山公社(场)楼下大队。1972年场、社分开,属蒙山公社楼下大队。1984年分出,成立蒙山乡富坑村委会,2014年为蒙山镇富坑村民委员会。

抗头村 在水口圩东面,上新铁路两侧,村委会驻抗头湾。下级组织:陂头、堆上、堆下、方山庙、抗头湾、桥西、青山、罗港。辖区范围:东至新界埠镇城陂村、上甘山新城分场,南至肖坊村,西至潢里村、小下村,小上村,北至楼下村、塔下乡塘富村。面积15.68平方千米,1520人。解放初属界埠区钧溪乡。1957年由抗头湾、桥西、堆上三个初级社转为抗头高级社,属城陂乡。1958年为界埠公社抗头大队。1961年为城陂公社抗头大队。1968年城陂公社撤销,抗头划归蒙山公社(场)。1972年场、社分开为蒙山公社抗头大队。1984年为蒙山乡抗头村委会,2013年为蒙山镇抗头村民委员会。

清湖村 在蒙山北麓,水口圩西南,村委会驻大田。大田,又名陷田里。下级组织:柘兰九组、大田、清湖、石溪、柘兰十组、邹江、高家。辖区范围:东至小上村,南至分宜县,西至南港镇庙前村,北至蒙山镇新村。面积10.79平方千米,1474人。解放初属新余鹄山区小步乡(1957年由两个初级社转为大田高级社,1958年为新余万宝公社大田大队)。1958年属蒙山垦殖场小步分场。1960年划归上高蒙山垦殖场。1968年清湖、新村、大田大队合为东风大队,属蒙山公社(场)。1972年场、社分开,为蒙山公社清湖大队,1976年划出新村,仍为清湖大队。1984年为蒙山乡清湖村委会,2013年为蒙山镇清湖村民委员会。

潢里村 下级组织:潢里、老水口圩、皂江。辖区范围:东至抗头村,南至小下村,西至清湖村、新村,北至茭湖村。面积2.84平方千米,777人。新中国成立初期为新余县鹄山区小步乡。1955年成立小步、潢里、水口圩、皂江等9个初级社。1956年转为小步、潢里高级社。1958年为新余县万宝分社小步大队。同年转为蒙山垦殖场小步分场。1960年划入上高县,属蒙山垦殖场。1968年属蒙山公社(场)小步大队。1972年场、社分开,为蒙山公社小步大队。1981年由小步大队分出为潢里大队。1984年为蒙山乡潢里村委会,2013年为蒙山镇潢里村民委员会。

钧石塘村 在水口圩东南,村委会驻钧石塘。下级组织:钧石塘。辖区范围:东至月星村,南至芦家田村,西至芦家田村,北至上甘山林场新城分场。面积6.9平方千米,1238人。解放初属界埠区钧溪乡。1957年由2个初级社转为钧石塘高级社。1958年为界埠公社钧石塘大队。1961年为城陂公社前进大队。1968年为蒙山公社(场)钧石塘大队。1972年场、社分开,为蒙山公社钧石塘大队。1984年为蒙山乡钧石塘村委会,2013年为蒙山镇钩石塘村委会。

肖坊村 在水口圩东南,上新铁路两侧,村委会驻肖坊。下级组织:大泉、丁家、上塘、肖坊。辖区范围:东至芦家田村,南至新余市,西至抗头村,北至抗头村。面积7.77平方千米,1486人。解放初属界埠区钩溪乡。1956年组成肖坊初级社。1957年转为肖坊高级社,属城陂乡。1958年为界埠公社肖坊大队。1961年属城陂公社。1968年属蒙山公社(场)。1972年场、社分开,为蒙山公社肖坊大队。1984年为蒙山乡肖坊村委会,2013年为蒙山镇肖坊村委会。

芦家田村 在水口圩东南,村委会驻芦家田。下级组织:芦家田、土库、鹅塘。辖区范围:东至月星村,南至新余市,西至肖坊村,北至钩石塘村。面积4.84平方千米,1189人。解放初为界埠区钩溪乡。1956年组成芦家田、丁家、大泉、上塘、土库、鹅塘6个初级社。1957年转为幸福高级社,属城陂乡。1958年为界埠公社幸福大队。1961年属城陂公社。1968年属蒙山公社(场)。1972年场、社分开,为蒙山公社芦家田大队。1984年为蒙山乡芦家田村委会,2013年为蒙山镇芦家田村委会。

月星村 在水口圩东南,上新铁路西侧。地处上高、新余、高安三县交界地。村委会驻袁家。袁家,原名洋港。下级组织:袁家、月星新村、充武、花园、棚下、上棚。辖区范围:东至高安田南,南至新余市,西至肖坊村、钩石塘村,北至钩石塘村。面积4.16平方千米,1192人。解放初属界埠区钩溪乡。1956年由袁家、花园、棚下、充武4个初级社转为月星高级社,属城陂乡。1958年为界埠公社月星大队。1961年属城陂公社。1968年属蒙山公社(场)。1972年场、社分开,为蒙山公社月星大队。1984年为蒙山乡月星村委会,2013年为蒙山镇月星村民委员会。

新村村 在水口圩西南,白泥石山下,村委会驻新村。下级组织:铁厂、新村。辖区范围:东至潢里村,南至清湖村,西至南港镇小坪村,北至浒江村。面积4.53平方千米,540人。解放初属磻村区上简乡。1955年成立白石初级社。1957年转为幸福高级社,属南港乡。1958年属南港公社庙前大队,1960年为蒙山垦殖场新村分场。1968年属蒙山公社(场)清湖大队。1976年与清湖分开,为新村大队。1984年为蒙山乡新村村民委员会,2013年为蒙山镇新村直属队。

茭湖村 地处水口圩西部,村委会驻茭湖村。辖区范围:东至陂下,南至潢里村,西至浒江,北至富坑、林竹,面积1.63平方千米,369人。解放初属新余鹄山区小步乡。1957年由初级转为浒江高级社。1958年为新余万宝公社浒江大队。同年属蒙山垦殖场小步分场。1960年划入上高属蒙山垦殖场。1968年为蒙山公社(场)卫东大队。1972年场、社分开为蒙山公社浒茭湖大队。1984年为蒙山乡茭湖村委会,2013年为蒙山镇茭湖村直属队。

南港镇

南港镇位于上高县南部,蒙山西北麓,上分线、大广高速、蒙华铁路等穿境而过,与新余市渝水区、分宜县接壤。辖9个村、1个直属生产队、1个居委会和1个国营林场。全镇土地面积112.82平方千米,其中集镇面积0.3平方千米。耕地面积22729.5亩,森林面积120363亩,森林覆盖率高达71.12%。全镇总人口20446人。2022年全镇完成财税收入1.39亿元,固定资产投资8.37亿元,同比增长34.56%,规上工业总产值25.27亿元,同比增长157.07%。

南港镇历史文化悠久、人文底蕴深厚、生态环境优美、旅游资源丰富。全镇修建了中型水库南港水库1座,小(一)型水库2座,小(二)型水库14座,塘坝46座。

南港镇是旅游资源比较丰富的乡镇,有国内最大、保存最完整的蒙山古银矿遗址,享誉海内外的江南佛教"五宗七派"发源地圣济禅寺,有建于元朝、享誉江南的正德书院,建于明末的珍稀亭桥金锁桥、三朝侍御牌坊,清末的风水宝塔文峰塔等历史名迹。有烟叶种植、"苎麻之乡"、农业采摘、观光体验园、农家乐等乡村旅游资源,还有国家AAA级景区白云峰大峡谷漂流、梅沙紫薇文化产业园等休闲旅游项目。

南港集镇 南港镇政府所在地即为南港集镇,位于县城南偏西的上分公路旁,蒙山西北麓。

南港集镇占地0.3平方千米,共682人,主要街道为南港大道。有农贸市场1个、市场面积2600平方米。已开通蒙山林场至上高西客站的公交线路,从早上7:00至下午6:00,约2小时一班次。集镇内主要有南港大酒店、多福饭店、德贵饭店、桶桶饭店等餐饮店,主要经营特色牛脚、猪头肉、烂熟汤等特色佳肴。商超主要有如海超市和顺宝超市等。

相传清朝同治年间,南港开始兴圩,逢农历三、六、九为集市日。每年的农历五月二十九日为传统大圩日,南港人称为"马圩"。

南港集镇有中心学校1所,公办幼儿园1所,方便适龄少儿就近入学。南港卫生院,占地2615平方米,有门诊部、住院部、预防接种门诊。院内有床50张,救护车1辆,危重病人可以住院治疗,也可送往上高、宜春、南昌等地治疗。

"一乡一品"：南港藏书票

上高南港农民藏书票兴起于1990年。改革开放以来，随着物质生活水平的提高，南港农民的业余生活也在改变，他们不愿仅限于打打扑克、搓搓麻将那些传统的娱乐方式，他们要求读书看报、学文化知识、学科学技术，热衷于买书、藏书了。农民家中的藏书多了，就读出花样来。他们摹仿那些文人墨客在书的扉页上，或签个大名，或盖上一方朱印，或画些小图案，或贴上一枚珍邮，或在小纸片上描描画画、签名、盖章，然后将它贴在书扉上。这便是南港农民藏书票的萌芽。经过多年的积累，南港农民藏书票艺术不断发展，已粗具群体艺术规模，在全省乃至全国藏书票领域占有一席之位，并有多幅作品参加了全国第四届至第八届藏书票艺术大展，并被"中国藏书票收藏馆"珍藏。有30幅作品收录在第一张世界华人藏书票光盘《千禧华人藏书票珍藏光碟》。南港农民藏书票以其出自农民之手，表现和反映当代农民的新变化、新面貌、新生活为特点，因而书斋墨香之外，还具有浓郁的泥土芳香。南港农民藏书票被媒介誉为"全国第一个乡级农民藏书票艺术群体""中国农民藏书票艺术之乡"。

村、社区

南港社区 成立于2008年，有工作人员4名，2个网格。辖区内有居民276户663人。其中党员32名，低保户31户，残障人士9人。居委会设有社保、医保、养老、社会救助等窗口，为民办实事，居委会驻南港。

南港村 在南港集镇周围，村委会驻南港。下级组织：北港、东风桥、东港、东湖、干田、皮家庄、茜田、狮形下、土库、新北港、瑶下、洲上、王泥坪、瑶下新屋。辖区范围：东至大窝里村、庙前村，南至大窝里村和员山村，西至员山村、前进村，北至茶垅村和小坪村。面积14.76平方千米，辖区内有村民1146户，3243人。解放初分属磻村区上梅、干田、上简乡。1956年冬由9个初级社转为南港高级社，属南港乡。1958年为南港公社南港大队。1959年属磻村公社。1962年属南港公社。1968年划进小坪大队，1972年分开，仍为南港大队。1984年改为南港乡南港村委会，1998年改为南港镇南港村民委员会。2001年瑶下村、东湖村划入南港村，为南港镇南港村民委员会。

梅沙村 在南港北，上分公路两旁，村委驻梅沙。下级组织：坳里、峨坑、樊家田、枫树顶、甘山口、何家、河仔背、垅上、梅沙廖家、梅沙、狮子口、石山下、石头坑、水竹坳、宋家、王泥坑、下店、营前、袁家。辖区范围：东至小坪村、塔下乡天山村，南至茶垅村，西至前进村、翰堂镇陇塘村，北至翰堂镇有源村。面积11.79平方千米,辖区内有村民1286户,3610人。解放初属磻村区梅沙乡。1957年梅沙、石头坑分别由初级社转为梅沙高级社、石头坑高级社,属南港乡。1958年为南港公社梅沙大队、石头坑大队。1959年属磻村公社。1962年属南港公社。1968年石头坑并入茶埁大队,1969年划进黄家、团结大队。1972年分开,仍为梅沙大队、石坑大队。1984年为南港乡梅沙村委会,1998年为南港镇梅沙村民委员会。2003年石头坑村委会并入梅沙村。

小坪村 在南港东北,村委会驻历头。下级组织:历头、小坪、新屋、鸟坑、飞龙峰。辖区范围:东至蒙山镇新村,南至大庙前村,西至南港村,北至梅沙村。面积8.45平方千米,辖区内有村民385户,1134人。解放初属磻村区北港乡。1956年由小坪、历头两个初级社转为小坪高级社,属南港乡。1958年为南港公社小坪大队。1959年属磻村公社。1968年并入南港大队,属南港公社。1972年分开,仍为小坪大队。1984年为南港乡小坪村委会,1998年为南港镇小坪村民委员会。

茶埁村 在南港西北,村委会驻茶埁。下级组织:百公庙、茶埁、寨山桥、石岩洞、寨下、滁山。辖区范围:东至小坪村,南至南港村、前进村,西至前进村,北至梅沙村。面积3.69平方千米,辖区内有村民310户,870人。解放初属磻村区上梅乡。1956由石岩洞、茶埁初级社转为茶埁高级社,属南港乡。1958年为南港公社茶埁大队。1959年属磻村公社。1962年属南港公社。1968年划进石头坑大队,1972年分开,仍为茶埁大队。1984年改为南港乡茶埁村委会,1998年改为南港镇茶埁村民委员会。

前进村 在南港西部,村委会驻上梅。下级组织:高楼、黄家、流源、上梅、石陂、塘仔尾、下梅、新寮、摇篮窝、袁家塘、塘下、茶苑。辖区范围:东至南港村,南至员山村,西至萤火村、翰堂镇江边村与分宜交界,北至翰堂镇翰堂村、陇塘村。面积15.83平方千米,辖区内有村民810户,2434人。解放初为磻村区上梅乡。1956年由梅湖、桥头初级社转为前进高级社,属南港乡。1958年为南港公社梅湖、桥头大队。1959年属磻村公社。1962年属南港公社。1968年前进、桥头、张家、茶苑4个大队合并为前进大队。1972年张家、茶苑分出,仍为前进大队。1984年改为南港乡前进村委会,1998年改为南港镇前进村民委员会。2001年茶苑村委会并入前进村民委员会。

长坑村 在南港西南,上分公路两侧,村委会驻长坑。下级组织:八甲里、白竹塘、长坑、大龙、洞口、洞下、干科、横坑、长坑横龙背、花园里、里田。辖区范围:东至员山村,南至新余市,西至新余市,北至南港林场。面积 6.52 平方千米,辖区内有村民 312 户,976 人。解放初属磻村区马湖乡。1955 年属干田乡。1957 年属南港乡。1958 年春由初级社转为长坑高级社。同年冬为南港公社长坑大队。1959 年属磻村公社。1962 年属南港公社。1968 年并入员山大队。1972 年分开,仍为长坑大队。1984 年改为南港乡长坑村委会,1998 年改为南港镇长坑村民委员会。2003 年里田并入长坑村民委员会。

员山村　在南港西南,上分公路两侧,村委会驻员山。下级组织:桥边、山口老屋、山口新屋、老上马湖、田壁里、新上马湖、员山、郑家、飞龙峰、白水坑。辖区范围:东至南港村,南至新余,西至长坑村、南港镇林场,北至南港前进村。面积 15.31 平方千米,辖区内有村民 822 户,2370 人。解放初属磻村区马湖乡。1955 年属干田乡。1957 年属南港乡。1958 年春由初级社分别转为马湖、桥边、山口高级社。同年冬转为南港公社员山、山口、桥边大队。1959 年属磻村公社。1962 年属南港公社。1969 年划进桥边、山口、里田、长坑大队。1972 年分出里田、长坑,仍为员山大队。1984 年为南港乡员山村委会,1998 年为南港镇员山村民委员会。2001 年白水坑村委会并入员山村民委员会。

庙前村　在南港西面,村委驻庙前。下级组织:白石、丁家、庙前、泥坑、上简、小历下、双子院、邹家。辖区范围:东至蒙山镇新村、新余市,南至大窝里村,西至南港村,北至小坪村。面积 14.85 平方千米,辖区内有村民 590 户,1745 人。解放初为磻村区上简乡。1957 年由初级社转为庙前高级社,属南港乡。1958 年为南港公社庙前大队。同年冬划入蒙山垦殖场。1972 年场、社分开,仍为蒙山林场庙前大队。1984 年为蒙山林场庙前村委会。2003 年冬并入南港镇,为南港镇庙前村民委员会。

大窝里村　在南港西南,村委会驻沈家。下级组织:庵里、花峰、九龙、老屋、里村、龙窝、垴子上、沈家、太子壁、肖家、鸭婆坑、樟木桥、三角塘。辖区范围:东至新余市人和乡,南至新余市洞村乡,西至南港村、员山村,北至庙前村。面积 15.53 平方千米,辖区内有村民 698 户,2064 人。解放初属鹄山区大窝乡和鸭溪乡。1956 年并为大窝乡。同年冬由初级社转为风景、绿化两个高级社。1957 年冬属国营蒙山综合垦殖场。1958 年为蒙山垦殖场绿化、美丽、风景三个大队。1968 年合为大窝里大队。1972 年为蒙山林场大窝里大队。1984 年为蒙山林场大窝里村委会。2003 年冬并入南港镇,为南港镇大窝里村民委员会。

萤火村　直属队，在南港西部，队部驻土屋里。下级组织：大林壁、塘窝里、土屋里、萤火、榨下、萤火张家、萤火廖家。辖区范围：东至前进村，南至南港镇员山、南港林场，西与分宜交界，北至前进村。面积4.83平方千米，辖区内有村民192户，567人。解放初属磻村区上梅乡。1956年属桥头高级社。1957年属南港乡。1958年为南港公社张家大队。1959年属磻村公社。1962年属南港公社。1968年并入前进大队。1972年分开，仍为张家大队。因与泗溪公社张家大队重名，1983年以境内萤火村改名。

蒙山林场　国营蒙山林场的前身是1957年冬南昌专区机关干部上山下乡创建的国营蒙山综合垦殖场。1960年蒙山垦殖场改属上高县管辖。后经场、社合并，1972年场、社分开，恢复蒙山建制，同年6月改名蒙山林场。2004年划归南港镇管辖。辖区内有村民298户，572人。现有土地面积2088公顷，其中：林业用地面积为2087公顷，在林业用地中，有林地面积1406.5公顷，疏林地面积为86.5公顷，灌木林地面积为594公顷。在有林地中，现有用材林505.9公顷，防护林22.4公顷，特种用途林1.2公顷，经济林为167.3公顷，竹林为362.3公顷，全场活立木总蓄积为98240立方米。

翰堂镇

翰堂镇，1981年由翰堂公社改设为翰堂乡，2000年由翰堂乡改设为翰堂镇。其地理位置在上高县西南部，北纬28°8′58″，东经114°47′40″，其西南与新余分宜接壤。境内为丘陵地貌、呈东西高、中间低。土地面积91.25平方千米，耕地面积2205公顷，林地面积4684公顷，森林覆盖率51.33%，水域面积462公顷。2022年底，全镇辖10个村委会和1个直属队，118个村民小组和1个居委会，住户7857户，人口23801人。翰堂镇为上高县的主要产粮地之一。主要农作物有水稻、花生、油菜等。2018年，翰堂镇积极鼓励"凤还巢"回乡创业，通过外联优势、牵线搭桥等方式开展招商活动，大力发展开放型经济，有建材、电子、纺织、制革等47家客商企业入驻。2022年底工农业总产值38.2亿元，实现财政收入9304万元。翰堂镇是上高会战中国军队第十九集团军指挥部所在地，也是上海妇女战地服务团驻地。上海妇女战地服务团在团长共产党员胡兰畦的带领下，1939年随部队进入翰堂，宣传抗战中的英雄事迹，上前线表演节目，并为士兵做好后勤保障工作，为抗日战争做出过巨大贡献。

镜内矿产资源比较丰富，其中水泥

岩、瓷土蕴藏量居全县之首。翰堂养殖业比较发达，全镇养殖业面积666.7公顷，并建立36.7公顷的鳗鱼养殖基地，养殖业产值占农业产值的比重曾经达到51.2%。

莲花洞是翰堂境内一处自然景观，位于钊田村柏树村民小组村头的山脚下，在洞内采集到31万~10万年前脊椎动物牙齿化石17件，新石器时期犀牛牙齿化石1件，剑齿甸牙齿化石1件。

翰堂集镇 翰堂镇政府所在地是翰堂集镇，位于县城西南21千米处。翰堂集镇有圩日，每逢农历二、五、八为集市日。每年农历五月二十五日为传统的大圩日，翰堂人称之为"马圩"。

翰堂集镇占地2.21平方千米，人口7218人。集镇主要街道有翰堂路、翰丰大道、民主路、解放路。集镇内有集贸市场1个，占地5000多平方米，设有各种摊位107个。翰堂镇政府对集镇道路进行绿化、亮化，绿化面积25610平方米，安装路灯150多盏。有2个大型超市，即好又多超市和毅平超市，各经营近2000种商品。集镇有宾馆1间，即商贸宾馆，有客房12间。主要餐饮有吉祥饭店、实惠饭店、荣华饭店、金辣子饭店。已开通翰堂至客站西站公交线路，一天有六七趟公交车。镇自来水厂每日可供1000吨水给集镇居民使用，每日用电量约为3500千瓦时。

5G网络、广电网络均已全覆盖。有金融网点2个，为群众提供金融服务。翰堂是上高会战的指挥中心。罗卓英的第十九路军总指挥部就设在离翰堂镇仅2千米处的道陂村。集镇内还有妇女战地服务团的旧址，为省级文物保护单位。因此，翰堂镇也是个旅游集镇。翰堂集镇有中学、小学各1所、公立幼儿园1所。翰堂卫生院占地5500平方米，有门诊部、住院部、预防接种门诊等业务工作。住院部有病床50张，配有救护车1辆，可对危重病人进行治疗或转送救治。

"一乡一品"：磻村赛龙舟

五月五，龙船鼓。每年的端午节，是磻村最热闹的日子。

端午划龙舟，是翰堂镇磻村的传统体育活动，迄今已有六百多年的历史。磻村人姓易，是一个始祖传下的香火。他们的龙舟赛其实是兄弟姐妹之间的竞争。因为是同姓人，所以，磻村人的龙舟赛虽然紧张激烈，但从未发生过打架相骂的情况。相反，通过龙舟赛，激发了他们热爱家乡的情怀，加强了家族各房之间的沟通和理解，使全村呈现出了一派团结友善、欣欣向荣的景象。

磻村人的龙舟赛以"房"为单位进行，以"抢标"为乐趣。

所谓"房"，就是一支香火传下来的血脉为一房，相对于其他易姓同宗，有更亲近的关系。他们以"房"为单位参加龙舟赛。

所谓"抢标",就是热心人出的赞助。写上固定的金额和捐者的名字,做成一支支标。比赛时,有人在桥上负责掷标,依据名次的不同,掷下一两支标给相应的龙舟作为奖励。赛后,竞赛者打开标,就可以找到捐助者,领到标上标明的奖赏。

村、社区

翰堂社区　位于翰社路,1999年5月成立,有工作人员5名,1个网格。辖区内有居民418户,809人。其中有党员24名,低保户10户,残障人士93人。居委会内设民政、新农合、新农保、退役军人、新时代文明实践站等窗口,为辖区居民提供便捷服务。

翰堂村　在翰堂集镇周围,村委会驻翰堂。下级组织:解放、民主、白斜、白水田、道陂、黄家、罗家、落窝、落坳、山脚下、社湖、邹家、坐塘尾。辖区范围:东至磻村,南至南港镇前进村,西至中楼村、下山村,北至芦洲乡陈家村、芦洲乡郭溪村。面积11.86平方千米,3747人。解放初属磻村区翰堂乡。1956年由6个初级社转为翰堂高级社,属翰堂区乌塘乡。1957年属翰堂乡。1958年分别为磻村公社锁坑、白水、民主、解放、道陂5个大队。1961年属翰堂公社。1968年5个大队合为翰堂大队。1984年为翰堂乡翰堂村委会,2000年为翰堂镇翰堂村民委员会。

棠陂村　下级组织:庵山脚下、况家、泥湖、棠陂、蜈蚣形、下棠陂。辖区范围:东至芦洲乡章江村,南至有源村、磻村,西至磻村,北至芦洲乡儒里村。面积3.82平方千米,1190人。新中国成立初属磻村区磻村乡。1957年由初级社转为棠溪、况家高级社。1958年为磻村公社棠溪、况家大队。1961年属翰堂公社。1968年棠溪、况家、密村合为棠陂大队。1980年分出密村,仍为棠溪大队。1984年为翰堂乡棠陂村委会,2000年为翰堂镇棠陂村民委员会。

下山村　在翰堂西南,村委会驻竹埠头。下级组织:河南桥、枧上、坎头、下山、烟竹坑、院山、竹埠。辖区范围:东至翰堂村,南至中楼村,西至钊田村,北至徐家渡镇泉港村。面积11.55平方千米,2478人。新中国成立初属田心区湖境乡。1957年由初级社转为竹埠、下山高级社,属翰堂乡。1958年为磻村公社竹埠、下山大队。1961年属翰堂公社。1968年合为下山大队。1984年为翰堂乡下山村委会,2000年为翰堂镇下山村委会。

磻村村　在翰堂东面,上分公路两旁,村委会驻磻村。下级组织:大屋、大垣、枧田、南陂山、山堆上、王良下、小江、云陂山、中村。辖区范围:东至棠陂村、有源村,南至有源村,西至陇塘村、翰堂村,北至芦洲乡郭溪村、芦洲乡儒里村。面积9平方千米,3873人。新中国成立初属磻村区磻村乡。1957年由磻村、中村、大垣等初级社转为磻村高级社,属翰堂乡。1958年为磻村公社磻村大队。1961年为翰堂公社磻村大队。1984年为翰堂乡磻村村委会,2000年为翰堂镇磻村村委会。

陇塘村 在翰堂东南,村委会驻陇塘。下级组织:陇塘、大屋、田山下。辖区范围:东至有源村、磻村、南港镇梅沙村,南至南港镇梅沙村,西至翰堂村,北至翰堂村、磻村。面积4.83平方千米,806人。新中国成立初属磻村区翰堂乡。1956年属磻村乡。1957年由初级社转为陇塘高级社,属翰堂乡。1958年为磻村公社陇塘大队。1961年为翰堂公社陇塘大队。1984年为翰堂乡陇塘村委会,2000年为翰堂镇陇塘村民委员会。

有源村 在翰堂东南,上分公路东侧,村委会驻有源村。下级组织:有源、带源、磻良下、石溪。辖区范围:东至上甘山罗源分场、塔下乡天山村,南至南港镇梅沙村,西至陇塘村、磻村,北至棠陂村、磻村、芦洲乡章江村。面积7.09平方千米,2129人。新中国成立初属磻村区磻村乡。1957年由初级社转为有源、带源高级社,属翰堂乡。1958年为磻村公社带源、有源大队。1961年属翰堂公社。1968年与带源合为有源大队。1981年有源大队分开为有源、带源、石溪3个大队。1984年为翰堂乡有源村委会,2000年为翰堂镇有源村民委员会。

中楼村 在翰堂西南,村委会驻楼下。下级组织:茶田、刘溪、楼下、桥头、山龙、乌塘、屋溪。辖区范围:东至翰堂村,南至江边村,西至钊田村,北至下山村。面积6.37平方千米,1779人。解放初属磻村区钊田乡。1956年属乌塘乡。1957年初由初级社转为楼下、乌塘高级社,属翰堂乡。1958年为磻村公社楼下、乌塘大队。1961年属翰堂公社。1968年并入钊田大队。1972年楼下、乌塘从钊田分出,合为楼下大队。因与蒙山乡楼下大队重名,经县政府批准于1983年改为中楼大队。1984年为翰堂乡中楼村委会,2000年为翰堂镇中楼村民委员会。

钊田村 在翰堂西南,村委会驻钊田街。下级组织:石陂头、高湖、湖坳、枧头、金家岭、岭下、寮里、岭溪、彭溪、上榄、新村、钊田街、钊田屋。辖区范围:东至江边村、中楼村,南至分宜,西至广坪村,北至下山村、徐家渡镇泉港村。面积15.3平方千米,3019人。新中国成立初为磻村区钊田乡。1956年属乌塘乡。1957年由初级社转为上榄、钊田、岭溪高级社,属翰堂乡。1958年为磻村公社钊田、上榄大队。1961年属翰堂公社。1968年与江边、洋溪、楼下合为钊田大队。1972年分开,复为钊田大队。1978年洋溪大队划入，仍为钊田大队。1984年为翰堂乡钊田村委会，2000年为翰堂镇钊田村委会。

江边村 在翰堂西南，村委会驻上江边。下级组织：林竹塘、漫江、上江边、田西、下江边、庙前。辖区范围：东至南港镇前进村，南至分宜县，西至钊田村，北至中楼村。面积6.5平方千米，977人。解放初属磻村区钊田乡。1957年初由初级社转为江边高级社，属翰堂乡。1958年为磻村公社江边大队。1961年属翰堂公社。1968年并入钊田大队。1972年分开，仍为江边大队。1984年为翰堂乡江边村委会，2000年为翰堂镇江边村委会。

广坪村 在翰堂西南，村委会驻广坪。下级组织：广坪、水井坑、苏塘下、塘下、湾头、喜塘下。辖区范围：东至钊田村，南至分宜，西至田心镇湖镜村，北至徐家渡镇泉港村。面积11.98平方千米，2189人。解放初属田心区湖境乡。1957年由初级社转为广坪、湾头高级社，属湖境乡。1958年为湖境公社广坪、湾头大队。1968年合并为翰堂公社广坪大队。1984年为翰堂乡广坪村委会，2000年为翰堂镇广坪村委会。

密村村 在翰堂东北，村委会驻黄家。下级组织：密村黄家、甘家、梅家咀、院里、周家。辖区范围：东至翰堂林场，南至棠陂村，西至芦洲乡儒里村，北至芦洲乡田背村。面积3.1平方千米，661人。新中国成立初属磻村区磻村乡。1957年由初级社转为密村高级社，属翰堂乡。1958年为磻村公社密村大队。1961年属翰堂公社。1968年与棠溪、况家大队合为棠陂大队。1980年分开仍为密村大队。1984年为翰堂乡密村村委会，2000年为翰堂镇密村村委员会。

芦洲乡

芦洲乡前身为江口公社，1984年更名为芦洲乡。芦洲乡位于上高县城东南面，东靠塔下乡，南与上甘山林场、翰堂镇接壤，西邻徐家渡镇，北接锦江镇，320国道、上分公路（省道）、武吉高速公路穿境而过，浩吉铁路在芦洲设站。全乡总面积80.76平方千米，下辖11个村委会、1个居委会，84个自然村，村民小组75个。全乡总户数6438户，人口约1.86万人。林地面积5.28万亩，耕地面积2.46万亩。

2022年，全乡完成税收1.1095亿元，规模以上工业总产值15.8亿元，同比增长5.28%；规模以上主营业务收入17.8亿元，同比增长0.82%。服务业营业收入0.84亿元，同比增长25%。完成固定资产投资6.98亿元，同比增长5%。引进景泽锂电、锂顺再生资源、铭盛纺织等企业7家，引进资金

11.3亿元；德源胶辊、景泽锂电、广佑电子等5个重大项目竣工投产，完成投资8.6亿元；新增规模以上工业企业3家，规模以上工业企业达17家，工业实体企业达62家；工业投资大幅增长，固定资产投资达6.3亿元，工业带动第三产业，服务业营收同比增长53%，企业有效投资激活了工业经济"一池春水"，为芦洲发展注入"原动力"。

乡村建设品质好。引进农业龙头企业奔象果业，丰产期产果达900多吨，辐射带动周边的柑橘果业发展1000多亩。因地制宜发展黄山太空莲、江口槟榔芋、中腰猕猴桃、章江粉防己等"一村一品"特色产业，直接带动村集体经济增收10万元以上，460余村民在家门口就业。

芦洲集镇　芦洲乡政府所在地即为芦洲集镇。因与永丰、赣县的江口重名，1984年经省人民政府批准，更名为芦洲。芦洲集镇，离县城8千米，在上分公路两侧。相传清朝末年，芦洲儒里等地居民在这里立足经营，后演变为集镇，开市立圩。因此，每逢农历三、六、九为芦洲的集市日。

芦洲集镇，占地面积2平方千米，人口498人，主要街道有秉恬路、芦洲大道、学园路。集镇内有大型超市兄弟超市、芦洲超市、食惠佳超市。餐饮行业主要有如意饭店、祥和饭店、芦洲饭店等。集镇内日供水300吨，供电5323千瓦时，5G网络和广电网络已全覆盖。集镇内有中学、小学各1所、公立幼儿园1所，卫生院1所。

"一乡一品"：芦洲的民间器乐

芦洲乡民风淳朴，源远流长的历史文化造就了一代又一代的民间器乐艺人。

据统计，芦洲乡11个行政村中，村村有乐手，远近闻名的乐手就有近30名。这些乐手平时在本村自编、自演，他们技艺精湛、作品贴近生活，深受当地百姓的欢迎。

芦洲的民间器乐演奏，主要以唢呐、笛子、二胡、锣、镲、架子鼓、洋鼓、洋号、电子琴、手风琴演奏为主，演奏中配有男女声伴唱。

为了让这朵带有浓郁泥土芬芳的艺术之花开得更加艳丽多姿，2007年6月在芦洲乡党委、乡政府的关心支持下，成立了"上高县芦洲民间器乐协会"，协会现有会员37名，由文化站聘请县文化馆艺术人员担任艺术指导，每年负责举办1~2期民间器乐培训班。

2009年，芦洲乡被确定为全县唯一的"民间器乐之乡"。如今，芦洲的民间乐手在协会的组织领导下，在上级文化部门的精心辅导下，技艺日渐娴熟，其影响力日渐扩大。

村、社区

芦家洲社区　位于芦洲乡秉恬路与芦洲大道交叉口东100米（无门牌

号）。辖区范围：芦洲乡集镇，即东至江口村龙口组，西至江口村芦洲组，北至江口村斜溪组，南至江口村易家组。面积2平方千米，498人。2012年由上高县人民政府批准设立。

江口村 在芦洲集镇周边，江口水两岸，村委会驻芦洲集镇。下级组织：宋家、赵家、斜溪、邓家、流陂、芦洲、田头、龙口、易家、窗前、两江口、上汗。辖区范围：东至黄山村，南至儒里村，西至郭溪村，北至中腰村。面积9.4平方千米，2615人。解放初属城厢区幸福乡。1952年为第七区幸福乡。1956年由初级社转为幸福高级社，属敖阳区江口乡。1957年并入锦江乡。1958年为锦江公社幸福大队。1962年为江口公社芦洲大队。1968年与黄山合为献忠大队，1972年分开，仍为江口大队。1984为芦洲乡江口村委会。

新桥村 在芦洲北面，村委会驻官桥老屋。下级组织：官桥、老屋、新屋、胡家、兰家陂、刘家、彭家、元窝、山头、土陂、余家、丁家陂。辖区范围：东至锦江镇五里村，南至黄山村、江口村，西至芦洲乡中腰村，北至锦江镇钟家渡村、新华村。面积8.55平方千米，2140人。解放初属城厢区长圣乡，1952年属第七区新圣乡。1956年由初级社转为新圣高级社，属江口乡。1957年属锦江乡。1958年为锦江公社官桥、洋塘、燕窝大队。1962年属江口公社。1968年改为永红大队。1972年仍为官桥大队。因与泗溪公社官桥大队同名，1983年改为新桥大队。1984年为芦洲乡新桥村委会。

中腰村 下级组织：蒲泉、中腰、高陂、坑仔。辖区范围：东至新桥村，南至江口村，西至大垣村，北至锦江镇钟家渡村。面积7.9平方千米，982人。解放初属城厢区长圣乡。1956年组成长圣高级社，属江口乡。1957年属锦江乡。1958年为锦江公社中腰大队。1962年属江口公社中腰大队。1968年与大垣、田溪合为永忠大队。1972年分开，仍为中腰大队。1984年为芦洲乡中腰村委会。

黄山村 在芦洲东北，村委会驻晏家。晏家，始名奇塘。下级组织：长窝、浪山、黄家山、棚里、黄村、晏家。辖区范围：东至锦江镇斜口村、董丰村，南至田背村，西至江口村，北至锦江镇五里村、芦洲乡新桥村。面积5.71平方千米，1352人。解放初属城厢区利华乡。1952年属第七区利华乡，1956年由晏家、黄家山、王村3个初级社转为黄山高级社，属江口乡。1957年属锦江乡。1958年为锦江公社黄山大队。1962年为江口公社黄山大队。1968年与芦洲大队并为献忠大队，1972年分开仍为黄山大队。1984年为芦洲乡黄山村委会。

大垣村 在芦洲西北面，村委会驻

刘家。下级组织：垱里、刘家、彭溪、熊家坊、引溪、袁家。辖区范围：东至中腰村，南至芦洲乡郭溪村，西至芦洲乡田溪村，北至锦江镇、宜丰石市。面积6平方千米，1460人。解放初属城厢区长圣乡。1952年属第七区长圣乡。1956年成立大垱高级社，属江口乡。1957年属锦江乡。1958年为锦江公社大垱大队。1962年为江口公社大垱大队。1968年与中腰、田溪并为永忠大队。1972年分开，仍为大垱大队。1984年为芦洲乡大垱村委会。

田溪村 在芦洲西面，村委会驻田溪。下级组织：田溪、窝里、库下、板桥。辖区范围：东至大垱村，南至郭溪村，西至徐家渡镇破塘村，北至宜丰县。面积4平方千米，1036人。解放初属城厢区长圣乡。1956年组成田溪高级社，属江口乡。1957年属锦江乡。1958年属锦江公社田溪大队。1962年为江口公社田溪大队。1968年与大垱、中腰合并为永忠大队。1972年分开，仍为田溪大队。1984年为芦洲乡田溪村村委会。

田背村 在芦洲东南蜈蚣山东侧，村委会驻田背。下级组织：田背、元家、元山、茶楼、水塘、塘里。辖区范围：东至锦江镇董丰村，南至章江村，西至翰堂镇密村，北至黄山村。面积4.9平方千米，735人。解放初属城厢区枫塘乡。1952年属第七区枫塘乡。1956年密村、枫塘组成密塘高级社，属江口乡。1957年为锦江乡。1958年为锦江公社田背大队。1962年与密村分开，为江口公社田背大队。1968年与章江合为联合大队。1972年分开，仍为田背大队。1984为芦洲乡田背村委会。

郭溪村 在芦洲西南，村委会驻郭陂桥。下级组织：郭陂桥、均陂、李家、岭塘、山下、袁家、邹家。辖区范围：东至儒里村，南至翰堂镇磻村、翰堂村，西至陈家村，北至大垱村。面积10.71平方千米，2630人。解放初属城厢区郭溪乡。1952年属第七区郭溪乡。1957年初由郭溪、李家、邹家山下等初级社转为郭溪高级社，属锦江乡。1958年为锦江公社郭溪大队。1962年为江口公社郭溪大队。1968年与袁家合并为胜利大队。1972年分开，仍为郭溪大队。1984年为芦洲乡郭溪村委会。

儒里村 在芦洲西南，村委会驻黄家儒里。下级组织：上新、湾溪、洋湾、黄家、江背、猪脚坑、龚家、黄家新村。辖区范围：东至芦洲乡田背村，南至翰堂镇棠陂村、磻村，西至郭溪村，北至江口村。面积6.33平方千米，2253人。解放初属城厢区儒里乡。1952年为第七区儒里乡。1956年组成儒里高级社，属江口乡。1957年属锦江乡。1958年为锦江公社儒里大队。1962年为江口公社儒里大队。1968年改为前进大队。1972年仍为儒里大队。1984

年为芦洲乡儒里村委会。

章江村 在芦洲东南,村委会驻章江。下级组织:章江、兰门、潘家、头塘、习家、熊家、鄢家、袁家、张家、钟家、周家、猪婆洞口、左家、龙口。辖区范围:东至上甘山林场罗源分场,南至翰堂镇有源村,西至田背村翰堂镇林场,北至塔下乡下林村。面积 7.52 平方千米,1491 人。解放初属城厢区江源乡。1956 年组成章江、土桥高级社,属永圣乡。1958 年为锦江公社章江、土桥大队。1962 年为江口公社章江、土桥大队。1968 年土桥、章江、田背并为联合大队。1972 年田背分出,土桥、章江合为章江大队。1984 年为芦洲乡章江村委会。

陈家村 在芦洲西南,村委会驻陈家。陈家,又名砂石江。下级组织:陈家、兰湖、淡溪、台石。辖区范围:东至郭溪村,南至翰堂镇翰堂村,西至翰堂镇下山村,北至徐家渡镇燮田村。面积 6.26 平方千米,1054 人。解放初属磻村区下山乡。1956 年成立下山高级社,1957 年属翰堂乡。1958 年为翰堂公社陈家大队。1971 年为江口公社陈家大队。1984 年为芦洲乡陈家村村委会。

徐家渡镇

徐家渡,因地处锦江南岸,有古渡口曰徐家,故名徐家渡。1959 年,成立徐家渡人民公社。1984 年,改为徐家渡乡。1985 年,撤乡成立徐家渡镇。徐家渡镇位于上高县西部,北纬 28°14′5″,东经 114°42′18″,东接宜丰县石市镇,北与墨山乡、宜丰县芳溪镇相邻,320 国道穿境而过。境内地势西高东低,海拔最高 801.9 米,最低 55 米。全镇总面积 133.64 平方千米,耕地面积 3037.5 公顷,山林面积 107828.7 亩,森林覆盖率 56.13%。水资源比较丰富,有水库 29 座,其中小(一)型水库 7 座,小(二)型水库 22 座。2022 年底,全镇辖 1 个国有林场、1 个居委会、18 个村委会及 2 个直属队,132 个自然村,10963 住户,34000 人。2009 年后,全镇大力发展开放型经济,有天然气,玩具加工,陶瓷等 40 余家客商企业。

主要农作物有水稻、西瓜、油菜等。民间特产有油豆腐、酱南瓜干、青皮干豆等。矿产资源有石灰石、方解石等多种非金属矿,其中石灰石储量达 6.8 亿吨,占全县储量的四分之一。徐家渡旅游资源丰富,境内九峰森林公园属省级森林公园。园内动植物资源丰富,植物种类达 2000 余种,动物种类 700 多种。园内有九峰寺、观音泉、天竺峰等自然景观及人文景观。徐家渡建集镇已有 400 多年历史,地处湘赣通衢要冲,历来商贾云集、商贸繁荣,素有"小南京"之称。清代学者李祖陶嘉庆年间中举人。他博览群书、知识渊博,著有注文、评论等298卷,名极一时。1932年,工农红军第十六军进驻徐家渡,建立了苏维埃政权,使徐家渡很早就建立了红色政权。

徐家渡集镇 徐家渡镇政府所在地为徐家渡集镇,又名徐市,位于县城以西25千米的锦江南岸。徐家渡为上高、宜丰交界处,历来为交通要地,商埠云集、集市发达,素有"小南京"的称谓。据《上高县志》记载,徐家渡圩为明朝时寿塘下李寿山父子倡立,传承至今。徐家渡集镇每逢农历一、四、七为集市日。徐家渡的"牛墟"是附近闻名的墟日,耕牛交易量大,对各地农业生产有较大影响。

徐家渡集镇占地面积2.3平方千米,常住人口3180人。主要街道有明星街、站前路、功成路等。大型超市有美廉福购物中心、紫荆广场、乐每家超市,每个超市都经营2000多种商品、营业面积超1000平方米。餐饮业主要有南方酒店、和平饭店、福满楼、新雅轩农庄、锣鼓饭店等,特色菜肴主要有水煮鱼、水豆腐、串子泡腐等。集镇日供水16000吨、日供电1.9万千瓦时,5G网络、广电网络已全覆盖。徐家渡的水豆腐和串子泡腐是当地有名的美食,其串子泡腐已列入由宣传部、文广新旅局评选的"一桌菜"中。徐家渡集镇有中学、小学各1所,幼儿园2所、卫生院1所。

"一乡一品":九峰森林公园

徐家渡镇九峰景区位于县城西南35千米处,距320国道约9千米,1993年被批准为省级森林公园,2016年被评为国家AAA级旅游景区。景区位于墨山山脉,面积10平方千米,森林覆盖率95%,最高海拔891米,平均海拔600米以上。境内动植物资源丰富,有动植物种类2000余种,是上高动植物资源的天然基因库。九峰山因有香炉峰、天竺峰、芙蓉峰、云末峰、峨嵋峰、清流峰、翠霞峰、苍玉峰、飞云峰等九座山峰而得名,还有观音泉、聂珙墓、蜈蚣桥、石林、天然溶洞等众多景点。

景区内的九峰禅寺是当今世界唯一女众禅宗祖庭,是历史上有名的尼众祖师——了然禅师的道场,始建于唐昭宗年间,距今有1000多年历史。唐乾宁年间(894—898),延请当时名僧洞山良价之法嗣普满禅师来此开山,授徒传经,声名渐盛。唐昭宗赐额"宏济",天复年间(901—904)又改额"崇福禅林"。普满禅师之后由大觉道虔禅师接代,成为著名的九峰道场。当时的九峰山与宜丰的洞山、黄檗、五峰、高安的真如,并称"五大道场",杨歧宗创始人方会,就是在九峰寺落发为僧的。九峰寺又名崇福寺,为唐南平王钟传旧宅,2016年八月初八九峰禅寺重建开光,现为江西省重点寺院之一。

村、社区

徐家渡社区 徐家渡居委会成立于1958年2月,位于明星路225号,有工作人员8名,4个网格。位于上高西北部,北临宜丰县,距县城25千米,320国道穿境而过,辖区内有1655人,其中党员39名,低保户11户,残障人士148人。主要便民措施:生育审批、身份证办理、户口迁移、法律咨询、政策咨询、农技知识咨询、水电维修、计生服务、民事纠纷调解等。

火溪村 在徐家渡西北,锦江南岸,村委会驻火溪。下级组织:荷塘、火溪、檀塘、印山、袁家、荷塘新村。辖区范围:东至塘下村,南至塘下村,西至下兰村、石源村,北至锦江。面积5.58平方千米,2020人。解放初属宜丰宣风区火溪乡。1957年由初级社转为火溪高级社。1958年为宜丰芳溪公社火溪大队。1969年划归上高县,为徐家渡公社火溪大队。1984年为徐家渡乡火溪村委会,1992年为徐家渡镇火溪村委会。

燮田村 在徐家渡东南,村委会驻燮田。下级组织:城下、郭家园、田背、燮田。辖区范围:东至芦洲乡田溪村,南至芦洲乡陈家村,西至秀美村,北至西至秀美村。面积3.8平方千米,969人。新中国成立初属徐市区秀美乡。1953年属翰堂乡。1957年由初级社转为高级社,属泉港乡。1958年为泉港公社燮田大队。1959年属徐家渡公社。1961年属泉港公社。1968年与秀美、破塘合并为徐家渡公社秀美大队。1984年为徐家渡乡燮田村委会,1992年为徐家渡镇燮田村委会。

塘下村 在徐家渡西南,村委会驻寿塘下。下级组织:陈家、寿塘下、塘源、王家咀、周山上、塘下邹家。辖区范围:东至宜丰县,南至山背、万坑村,西至石源村,北至火溪村。面积6.24平方千米,1547人。解放初属徐市区徐市乡。1957年由初级社转为泉港乡塘里高级社。1958年为泉港公社塘下大队。1959年为徐家渡公社塘下大队。1961年又属泉港公社。1968年为徐家渡公社卫东大队。1972年为徐家渡公社塘下村委会。1984年为徐家渡乡塘下村委会,1992年为徐家渡镇塘下村委会。

蛇尾村 在徐家渡西南,锦江西北岸,村委会驻蛇尾。下级组织:池塘下、蛇尾、潭上、邹家、肖家路。辖区范围:东至下兰村、石源村,南至洲江村、石源村,西至镇渡乡社田村、江东村,北至宜丰。面积6平方千米,1059人。解放初属徐市区石陂乡。1955年成立蛇尾、潭上、筛塘塍上初级社。1956年属东边乡石陂高级社。1958年冬与石陂分开,为东边公社蛇尾大队。1959年春为徐家渡公社蛇尾大队。1984年为徐家渡乡蛇尾村委会,1992年为徐家渡镇蛇尾村委会。

石源村 在徐家渡西南,锦江东岸,村委会驻老屋。下级组织:内支、窑前、亭子里、平步、新店、土屋里、前边、鄢家。辖区范围:东至塘下,南至王陂,西至洲江,北至蛇尾。面积6.5平方千米,1268人。耕地5690亩,种水稻为主。解放初属徐市区石源乡。1957年由7个初级社转为东边乡石源、洲江高级社。1958年为东边公社石源大队。1959年为徐家渡公社石源大队。1961年分为白沙洲、洲江、平步、石源、下兰5个大队。1968年合为石源大队。1972年分开,复为石源大队。1984年为徐家渡乡石源村委会,1992年为徐家渡镇石源村委会。

万坑村 在徐家渡南面,村委会驻老屋。下级组织:湖里、刘家边、左家、松塘尾、万坑村老屋、杨家边、榨边。辖区范围:东至山背村,南至寨里村,西至王陂村,北至塘下村。面积7.6平方千米,1455人。解放初属徐市区徐市乡。1957年由初级社转为泉港乡万星高级社。1958年为泉港公社万坑大队。1959年为徐家渡公社万坑大队。1961年属泉港公社。1968年与山背合并,改名红卫大队,属徐家渡公社。1972年分开,独立为徐家渡公社万坑大队。1984年为徐家渡乡万坑村委会,1992年为徐家渡镇万坑村委会。

山背村 在徐家渡南部,在徐家渡至泉港公路两侧,村委会驻井上。下级组织:井上、山背、山背廖家、上坪㙟、柘溪、中腰。辖区范围:东至麻塘村、宜丰县,南至泉港村、麻塘村,西至万坑村,北至塘下村。面积7.45平方千米,1606人。解放初属徐市区万坑乡。1957年由初级社转为泉港乡山背高级社。1958年为泉港公社万坑大队。1959年为徐家渡公社山背大队。1961年属泉港公社。1968年与万坑合并,改名红卫大队,属徐家渡公社。1972年分开,复为山背大队。1984年为徐家渡乡山背村委会。1992年为徐家渡镇山背村民委员会。

王陂村 在徐家渡西南,村委会驻王陂。下级组织:王陂、蓝塘、邹家山、凤形前。辖区范围:东至塘下、寨里,南至东边,西至东边,北至石源。面积2.5平方千米。164户,740人,解放初属徐市区东边乡(1957由初级社转为东边乡王陂高级社)。1958年为东边公社王陂大队。1959年为徐家渡公社王陂大队。1968年并入东边大队,1972年分开,复为王陂大队。1984年为徐家渡乡王陂村委会。1992年为徐家渡镇王陂村民委员会。

东边村 在徐家渡西南,320国道两侧,村委会驻东边。下级组织:邓家、东边、冬茅丛、洞口、江背、兰家、龙身、彭家山、石头边、下路口。辖区范围:东至王陂村、寨里村,南至村泉村,西至路口村、墨山乡石水村,北至石源村。面积10.71平方千米,860户,3094人。解放初属徐市区东边乡。1957年由初级社转为东边乡东边高级社。1958年为东边人民公社东边大队。1959年并为徐家渡公社。1968年更名为忠红大队。1972年复为东边大队。1984年为徐家渡乡东边村委会。1992年为徐家渡镇东边村民委员会。

麻塘村 在徐家渡东南,村委会驻麻塘。下级组织:池下、福田、官仓、寮里、麻塘、施家、榨下、梧桐石。辖区范围:东至秀美村,南至翰堂镇下山村,西至徐家渡镇泉港村,北至山背村、宜丰县。面积8.37平方千米,545户,2225人。解放初属徐市区麻塘乡。1953年属翰堂区麻塘乡。1957年由初级社转为麻塘高级社,属泉港乡。1958年为泉港公社麻塘大队。1959年属徐家渡公社。1961年属泉港公社。1968年为徐家渡公社麻塘大队。1984年为徐家渡乡麻塘村委会。1992年为徐家渡镇麻塘村委会。

洲江村 又名大屋里。下级组织:永家垴、大屋里、白沙洲、下栅、垴子上。辖区范围:东至石源、东边,南至东边、路口,西至墨山乡,北至镇渡、徐家渡蛇尾。面积2.4平方千米,971人。解放初属徐市区石源乡。1957年由7个初级社转为东边乡石源、洲江高级社。1958年为东边公社石源大队。1959年为徐家渡公社石源大队。1961年分为白沙洲、洲江、平步、石源、下兰5个大队。1968年合为石源大队。1972年分出复为徐家渡公社洲江大队。1984年为徐家渡乡洲江村委会。1992年为徐家渡镇洲江村民委员会。

秀美村 在徐家渡东南,村委会驻秀美。下级组织:潘家门前、秀美、钟家、花园、棚子里。辖区范围:东至破塘村和夑田村,南至夑田村,西至麻塘村,北至宜丰县。面积10.15平方千米,254户,990人。新中国成立初属徐市区秀美乡。1953年属翰堂乡。1957年由初级社转为秀美、夑田高级社,属泉港乡。1958年为泉港公社秀美、夑田、破塘大队。1959年属徐家渡公社。1961年属泉港公社。1968年合并为徐家渡公社秀美大队。1984年为徐家渡乡秀美村委会。1992年为徐家渡镇秀美村委会。

路口村 在徐家渡西南,320国道两侧,村委会驻上路口。下级组织:上路口、贯龙、廖家、张家、荒山㘵、窝子山。辖区范围:东至东边,南至九峰,西至墨山果园新村,北至洲江。位于徐家渡西南南(昌)东(风界)公路两侧。驻地路口。面积7平方千米,有238户,998人。新中国成立初属徐市区东边乡。1957年由初级社转为路口高级社。1958年为东边公社路口大队。1959年属徐家渡公社。1968年并入东边大队。1972年与东边分开,复为路口大队。1984年为徐家渡乡路口村委会。1992年为徐家渡镇路口村民委员会。

泉港村　在徐家渡东南,村委会驻姚家边。下级组织:高员、泉港老屋、王家边、下新屋、新屋里、姚家边、榨里、旧屋。辖区范围:东至麻塘村,南至坎头村,西至白土村、寨里村,北至山背村。面积5.49平方千米,419户,1971人。解放初为徐市区泉港乡。1957年由初级社转为泉港高级社。1958年为泉港人民公社泉港大队。1959年属徐家渡公社。1961年属泉港公社。1968年为徐家渡公社泉港大队。1977年划入坎头大队。1980年分出坎头大队,仍为泉港大队。1984年为徐家渡乡泉港村委会。1992年为徐家渡镇泉港村民委员会。

寨里村　在徐家渡南部,墨山北麓,村委会驻黄牸洞下。下级组织:曹下、寒塘下、何家、黄牸洞下、黄家榨、兰家田、卢家、石里、帅家、熊家、寨里、寨里戈家、寨里新村。辖区范围:东至泉港村,南至白土村、村泉村,西至东边村,北至王陂村、万坑村、山背村。面积8.89平方千米,639户,2385人。新中国成立初属徐市区东边乡。1957年由初级社转为翰里、寨里高级社,属泉港乡。1958年为泉港公社熊家、寨里大队。1959年属徐家渡公社。1961年属泉港公社。1968年合为徐家渡公社永忠大队。1970年改为寨里大队。1984年为徐家渡乡寨里村委会。1992年为徐家渡镇寨里村民委员会。

坎头村　在徐家渡东南,村委会驻敖头。下级组织:敖头、大塘源、戴家、苟塘、坎头、坎头鄢家、龙江、南里下、上新屋、双陂、田东、小石下、严家。辖区范围:东至麻塘村,南至翰堂镇下山村、钊田村,西至白土村,北至泉港村。面积9.05平方千米,609户,2572人。新中国成立初属徐市区泉港乡。1956年由5个初级社转为坎头高级社。1957年属泉港乡。1958年为泉港公社坎头大队。1959年属徐家渡公社。1961年属泉港公社。1968年属徐家渡公社泉港大队。1980年春与泉港分开,复为坎头大队。1984年为徐家渡乡坎头村委会。1992年为徐家渡镇坎头村民委员会。

白土村　在徐家渡南面,村委会驻白土村。下级组织:岸里下、白土、陈家北、上垇垴、巫峰岭、下山塘、王家沙、新庵门前、喻家。辖区范围:东至泉港村,南至田心镇湖镜村,西至村泉村,北至寨里村。面积8.81平方千米,418户,1523人。新中国成立初属田心区湖境乡。1953年为翰堂区白土乡。1957年由初级社转为红旗高级社,属泉港乡。1958年为泉港公社白土大队。1959年属徐家渡公社。1961年属泉港公社。

1968年为徐家渡公社白土大队。1984年为徐家渡乡泉港村委会。1992年为徐家渡镇白土村民委员会。

村泉村 在徐家渡南,墨山脚下,村委会驻门楼里。下级组织:村里、村泉戈家、槐村窝、黄家、门楼里、山峰坳、天台仔上、瓦窑窝、王家田、屋场湾、杨家、黄家岭、陈家坑、山泉。辖区范围:东至白土村,南至田心镇湖镜村、南江村,西至田心镇田心村、坑里村、石水村,北至东边村、寨里村。面积11.78平方千米,198户,758人。新中国成立初属东边乡。山泉村解放前属东边乡第五保。新中国成立初属徐市区寨里乡。1957年由初级社转为山泉高级社,属泉港乡。1958年属泉港公社曹下大队。1959年属九峰垦殖场。1969年为墨山公社(场)山泉大队。1972年为九峰林场山泉大队。1984年为九峰林场山泉村委会。2003年山泉村、村里村合并为徐家渡镇村泉村委会。

破塘村 在徐家渡东部,徐芦线穿境而过,下辖1个自然村,1个村小组。辖区范围:东与芦洲田溪村交界,南与雪田村相连,西与秀美村毗邻,北与宜丰夏讲村交界。面积1.6平方千米,230人。1993年与秀美村分开,独立为破塘自然村(直属队)。

下兰村 在徐家渡西南部,始名蓝溪,从明朝洪武二年(1369)开基至今,有着650多年的悠久历史,下辖1个自然村,4个村民小组。辖区范围:东至火溪村,西至蛇尾村,南至石源村,北临锦江河。面积3.4平方千米,592人。1981年与石源村分开,独立为下兰自然村(直属队)。

九峰林场 在徐家渡镇南部,距320国道约9千米。辖区范围:东接翰堂镇,北毗徐家渡镇,南界思泉铺。位于县城西部末山山脉,面积约10平方千米。1957年兴办国营林场,1993年成立中共九峰林场委员会。1965年列为省级风景名胜区,1993年经江西省批准为省级森林公园,2016年12月批准为国家级AAA级景区。2003年因九峰林场机构改革并入徐家渡镇。

墨山乡

墨山乡,位于上高县西部。1956年6月,开始筹建墨山垦殖场,1957年12月为副县级单位,隶属南昌专署。1958年7月更名为墨山综合垦殖场,隶属宜春专署。1968年8月划归上高县管辖,属场社合一单位,为正科级建制。1972年8月改名为墨山垦殖场,保留正科级建制。1985年4月经上级批准为墨山乡人民政府。2003年11月撤销乡建制,保留垦殖场。2013年11月经省民政厅批准,重新设立乡建制,保留墨山垦殖场,再次成为场乡合一单位。距县城39千米。位于东经

114°61′，北纬28°17′，东接徐家渡，西邻万载县，南连田心镇，北界镇渡乡。境内多属低矮丘陵，西南高东北低，土地面积23平方千米，耕地面积11680亩，果园1220亩，林地20955亩。2022年底，辖6个村委会、1个居委会，住户3231户、11298人。主要农产品有水稻、柑橘、绿色蔬菜等。2000年之后，全乡大力发展开放型经济，有鞋革服装、水泥建材等30余家企业。2022年底规上工业总产值18.9亿，实现财政收入0.87亿元。墨山是上高发展乡镇企业较早的地方之一，20世纪90年代，乡镇企业占全场经济的60%以上。其中的万新羽绒厂是上高乡镇企业中的明星企业。它生产的万新牌羽绒服畅销省内外。2005年后，墨山有近万人参与服装加工业，被誉为"服装之乡"。每年农历八月二十五，是传统的"路口墟"日。路口墟最早成于南宋时期的徐家渡路口村，据说是岳飞买马的地方。清朝乾隆皇帝下江南时曾夸"天下大武汉、江南大路口"。后来，路口墟移至墨山集镇，成为闻名赣、湘、鄂数省的大墟。每当八月二十五的墟日，墨山集镇内人山人海，商贾商贩络绎不绝，各类商品琳琅满目。

墨山集镇 墨山乡政府所在地思泉铺为墨山集镇。思泉铺，又名芹麦陂，位于县城西39千米的墨山西北麓，320国道两旁。思泉铺原是通往万载、宜丰的要地，设有茶饭铺。又因思泉铺缺水，当地人思泉心切，故名思泉铺。思泉铺占地约2平方千米，人口4860人，主要街道有思泉大道等6条。集镇内有大型超市两个，即万民福超市、乐百惠超市。已开通墨山——西客站交通线路。还有上高至墨山、田心的出租车运营，城乡交通极为便利。集镇日供水800吨、日供电1300千瓦时，5G网络，广电网络已全覆盖。集镇内有中心小学1所、红太阳幼儿园1所、公立幼儿园1所。思泉铺卫生院2012年设立，为私立医院。思泉铺每逢三、六、九为集市日。每年的农历八月二十五为传统的大圩日，称为"路口圩"。

"一乡一品"：上高西部商贸中心

墨山乡位于上高县西部，毗邻万载县，与徐家渡镇、田心镇、镇渡乡接壤，是上高县的西大门。320国道穿境而过，昌栗高速设有下线口，宜万同城快速通道上高出口设于墨山，是通往宜春方向的必经之地。基于交通发达的区位优势，吸纳周边乡镇近万人在墨山置业兴业，已然成为上高西部商贸中心。据统计，墨山集镇现有商贸相关企业70多家，个体经营户260余家，主要行业有：木材加工企业4家，建材20家，批发零售30家，餐饮46家，住宿4家，日用品13家，家电7家，超市2家。每逢农历三、六、九当圩日，周边乡镇的群众不约而同来到墨山赶集，有专门从万载、宜春等地进货贩卖的。特别是一年一度的"路口墟",持续时间5天,湘、鄂、贵、赣及周边县市的商贩云集于此,盛况空前。一直以来,为进一步打造上高西部商贸中心,增强配套服务功能,墨山乡投入资金建设了新农贸市场和公租房,打造水墨心田公路驿站,开展棚户区改造,对集镇道路全部黑化、亮化,实现雨污分流管网,有序推进宜业宜居的"商贸活乡"建设。

住宅小区

墨山新城　位于墨山集镇的320国道旁,2014年开发建设,2017年竣工。占地30亩,建有住宅楼6栋180套,总建筑面积21600平方米。

锦昌小区　住宅小区,位于墨山集镇的320国道旁,2002年开发建设,2004年竣工。占地25亩,建有住宅楼8栋160套,总建筑面积20800平方米。

墨山花园　住宅小区,位于镇渡高速连接线至320国道。2010年开发建设,2012年竣工。占地50亩,建有住宅楼14栋320套,总建筑面积38400平方米。

村、社区

思泉铺社区　思泉铺居委会成立于2001年,有工作人员4名,5个网格。辖区内有户籍人口4769人。其中党员58人,低保户67户,残障人士95人。主要便民措施:在生育、户口迁移、社保、医保办理上实行一站式服务。

思泉村　又名一分场,在思泉铺周边,村委会驻思泉铺总场南侧。下级组织:九小队、新村、天子岗、羊舍里。辖区范围:东至思泉居委会,南至田心镇坑里村,西至田心镇官溪村,北至田心镇官溪村。面积1.1平方千米,935人。2013年以前为墨山垦殖场思泉铺分场(又名一分场,始建于1956年冬)。2013年为墨山乡思泉村民委员会。

果园新村　又名二分场,在思泉铺东侧、320国道北侧,驻果园村。下级组织:果园新村、小坑林。辖区范围:东至徐家渡镇路口村,南至徐家渡镇村泉村,西至墨山乡石水村,北至徐家渡镇洲江村。面积2.8平方千米,730人。所在行政区:墨山乡。2013年以前分别为墨山垦殖场路口分场(又名二分场,建于1957年)、墨山垦殖场果园分场(又名五分场,建于1974年)。2013年为墨山乡果园新村村民委员会。

界港村　又名三分场,在思泉铺西北,锦江东南岸,村委会驻界港。下级组织:界港、李家屋。辖区范围:东至镇渡乡镇南村,南至墨山乡坑林村,西至镇渡乡苑新村,北至镇渡乡龙家村。面积2平方千米,307人。2013年以前为墨山垦殖场界港分场(又名三分场,建于1957年)。2013年为墨山乡界港村民委员会。

香山村　又名四分场,在思泉铺西

北,村委会驻蕃薯棚。下级组织:蕃薯棚、猪婆窝。辖区范围:东至田心镇斗门村,南至田心镇王家村,西至万载县,北至斗门村。面积1.73平方千米,226人。2013年以前为墨山垦殖场香山分场(又名四分场或茶亭岭分场,建于1957年)。2013年为墨山乡香山村民委员会。

坑林村 在思泉铺东北,村委会驻何家。下级组织:何家、下坑林、邬家。辖区范围:东至徐家渡路口村、石水村,南至石水村、墨山乡,西至镇渡苑新村,北至镇渡乡镇南村。面积5.11平方千米,751人。新中国成立初属徐市区东边乡。1956年成立初级社。1957年转为坑林高级社,属东边乡。1958年为东边公社坑林大队。1959年属徐市公社。1962年划归田心公社。1966年属墨山垦殖场。1973年属镇渡公社。1978年仍为墨山垦殖场坑林大队。1985年为墨山乡坑林村委会。1997年为思泉铺镇坑林村委会。2004年为田心镇坑林村委会。2017年为墨山乡坑林村民委员会。

石水村 思泉铺以东,村委会驻冷溪自然村。下级组织:冷溪、宋坎、丁家、布塘、吴家棚、垱下。辖区范围:东至徐家渡镇村泉村、徐家渡镇路口村,南至田心镇坑里村,西至墨山乡思泉村,北至墨山乡坑林村。面积9.4平方千米,1586人。新中国成立初属徐市区东边乡。1956年成立初级社。1957年转为石水高级社,属东边乡。1958年为东边公社石水大队。1959年属徐市公社。1962年划归田心公社。1966年属墨山垦殖场。1973年属镇渡公社。1978年为墨山垦殖场石水大队。1985年为墨山乡石水村委会。1997年为思泉铺镇石水村委会。2003年为田心镇石水村委会。2017年为墨山乡石水村民委员会。

田心镇

田心镇位于上高县西部,素有上高西大门之称,北纬28°8′13″,东经114°36′13″,与万载县、袁州区、分宜县接壤。境内西南高、东北低,属丘陵,地貌表现为由灰岩组成的岩溶丘陵地形和以砂岩为主的堆状低山高丘。土地面积161.35平方千米,耕地面积35.48平方千米,林地面积98.64平方千米,森林覆盖率达55%,水域面积11.1平方千米。1968年江南、田心、斗门、湖境四个人民公社合并为田心人民公社,1984年田心人民公社改为田心乡,1992年,撤乡改镇。2022年底,全镇辖25个行政村和1个居委会,人口42370。田心镇为上高县的重要产粮地之一,主要农作物有水稻、凉薯,油菜等。全镇大力发展开放型经济,有棉纺、医药、鞋材等38家客商企业落户。

2022年底规上工业总产值26.9亿,实现财政收入1.425亿元。2015年创建成立田心小微企业创业园,至2022年底,已有田心中杰、鸿诺精密、苏瑞管业等10家企业落户,成功帮扶2500余人就业。进一步完善了基础设施,完成了4.5万亩高标准农田建设,国道沿线35户以上人口的自然村新农村点建设全覆盖,投资200万元对敬老院进行改造,投资600万元的中心幼儿园投入使用,投资400多万元新建中心小学综合楼,投资3000万元的上八线18.558千米专项公路升级改造已通车,宜万同城快速通道连接线2022年11月份正式通车。田心镇历史文化悠久,名人辈出。晚唐南平王钟传,晚清时期旅行家、外交家黄懋才,新中国成立后担任江西省委常委、省政府副省长的黄先均出自于此。田心镇还具有光荣革命历史传统,第二次国内革命战争时期,在党的领导下成立了全县境内的第一支游击队,是上高县率先打响反对国民党武装斗争第一枪的地方。1930年10月成立中共田心区委。1929年至1934年武装斗争期间,在田心涌现了一批英烈,如视死如归的王祥兴,革命妈妈胡菊花等。牺牲的革命烈士多达24名,他们为保卫苏维埃政权、推动革命发展作出了不朽的贡献。而位于田心村的马鞍山革命烈士陵园,成为上高缅怀革命先烈、进行公祭的主要场所。

田心集镇 田心镇政府所在地为田心集镇。田心集镇位于县城西南43千米的墨山西南麓。田心集市是我县开埠较早的集市之一,在宋朝末年就已开市。田心集镇每逢农历二、五、八为圩日。每年的农历八月二十八日,为传统的大圩之日。

田心,是一块红色的土地。第二次国内革命战争时期,受湘、鄂、赣革命根据地的影响,在中共万载县委的领导下,田心地区的武装斗争风起云涌,演绎了许多可歌可泣的革命英雄事迹。屹立于田心集镇之东侧的马鞍山革命烈士纪念碑,是上高的红色旅游景点之一,也是上高县进行烈士纪念日公祭活动的主要场所。

田心集镇占地0.6平方千米,人口2000人,主要街道有田心大道、工业大道、马鞍山路、振兴路、沁园路、月溪路、思强路等。集镇有集市贸易市场,占地800平方米,市场内有铺位100多个,经营着鱼、肉、蔬菜和田心当地的土特产。大型超市有两个,即万民福超市和百姓超市。餐饮业主要有客来香、闻香来、食家庄等。已开通田心—西客站的公交车,每天20多趟公交车往返。集镇内日供水1000吨,日供电13800千瓦时,5G、广电网络已全覆盖。

集镇内有中、小学各1所,公立幼儿园1所。

田心卫生院占地8000平方米,有

门诊部、住院部、预防接种门诊对外开放。住院部有病床85张,救护车1辆。

"一乡一品":三八影社

田心"三八影社"成立于1986年3月29日,因参与会员均为女性,故定名为"三八影社"。发展至今,"三八影社"已历36个春秋。成立以来,"三八影社"邀请全国各地摄影专家、老师举办摄影讲座、培训班60余期。在专家学者们的精心指导下,"三八影社"摄影技术水平不断提升。她们用镜头发掘生活中的美,记录乡村悄悄改变的瞬间,也留下田心女性们走出厨房、走向市场的倩影,累计拍摄照片20余万幅。其中,280幅作品在全国、省、市、县级摄影比赛、影展中获奖,2600余幅作品先后在北京王府井、中国美术馆和多个省级美术馆展出,670余幅作品分别在国家级、省级报刊上发表。8幅作品走出国门在美国纽约、日本东京等地展出。"三八影社"已成为田心的一张"名片"。

村、社区

田心社区 田心社区(居委会)成立于1998年3月,有工作人员5人,1个网格。辖区占地800平方米,居民322户,1287人。其中党员38名,低保户18户,残障人士22人。居委会内设有民政、新农合、新农保、退役军人等窗口,为居民提供便捷服务。

田心村 在田心集镇周边,村委会驻田心。下级组织:方田边、下方田、田心、黄土坪、石峰山下、石灰厂下、土湖里、肖家桥、潭下。辖区范围:东至徐家渡镇村泉村、坑里村,南至南江村、枧头村、连桥村,西至店前村,北至坑里村、官溪村。面积14.42平方千米,3488人。解放初属田心区田心乡。1957年由初级社转为田心高级社。1958年为田心公社田心大队。1961年分为田心、中心大队。1964年合为田心大队。1968年坑里大队划入。1972年分出坑里,仍为田心大队。1984年为田心乡田心村委会。1992年为田心镇田心村委会。

坪溪村 在田心西北、320国道两侧,村委会驻坪溪。下级组织:上新屋、下新屋、山田、石龙、圳上、卢家、土屋(上新屋一、七、八组统称)。辖区范围:东至官溪村,南至新生村,西至河龙村,北至镇渡乡埠头村。面积4.38平方千米,1486人。解放初为田心区坪溪乡。1957年由6个初级社转为坪溪高级社,属斗门乡。1958年为田心公社坪溪大队。1968年官溪、店前大队及小江边划入坪溪大队。1972年官溪、店前分出,仍为坪溪大队。1984年为田心乡坪溪村委会,1992年为田心镇坪溪村委会。

官溪村 在田心西北、320国道两侧,村委会驻官路口。下级组织:官路口、坳里、小江边、潘家塘、弓形前、子竹、白竹窝、王伯塘、大坪、炭山窝、张家、官路口下屋、官路口上屋、子竹新村。辖区范围:东至墨山乡,南至店前村,西至坪溪村,北至镇渡乡苑新村。面积6.26平方千米,1471人。解放初为田心区田心乡。1957年初级社转为官溪高级社。1958年为田心公社官溪大队。1968年改为先锋大队,同年并入坪溪大队。1972年分开,仍为官溪大队。1984年为田心乡官溪村委会。1992年为田心镇官溪村委会。

河龙村 在田心西北、320国道两侧,村委会驻河龙。下级组织:河龙、秋田里、沿陂、彭家、小陂里、河龙佈里。辖区范围:东至坪溪村,南至利石村,西至斗门村,北至镇渡乡埠头村。面积6.4平方千米,1962人。解放初为田心区坪溪乡。1957年由初级社转为河龙高级社。1958年为斗门公社河龙大队。1968年与利石大队合并,为田心公社河龙大队。1984年为田心乡河龙村委会,1992年为田心镇河龙村委会。

店前村 在田心西北,村委会驻园田里。下级组织:店前、石墙里、寮里、吴家、园田里。辖区范围:东至田心村,南至连桥村,西至新生村,北至官溪村。面积3.47平方千米,1334人。解放初属田心区园林乡。1957年由初级社转为园林、团结高级社,属田心区。1958年为田心公社团结、园林大队。1966年合为店前大队。1968年并入官溪大队。1972年分开,仍为店前大队。1984年为田心乡店前村委会。1992年为田心镇店前村委会。

坑里村 在田心东北,村委会驻坑里。下级组织:坑里、马湖塘、谢家。辖区范围:东至徐家渡村泉村,南至田心村,西至田心村,北至石水村。面积5.35平方千米,1108人。解放初属田心区田心乡。1952年属大坪乡。1957年由坑里、谢家、马湖塘初级社转为坑里高级社。1958年为田心公社坑里大队。1968年并入田心大队。1972年分开,仍为坑里大队。1984年为田心乡坑里村委会,1992年为田心镇坑里村委会。

斗门村 在田心西面,村委会驻斗门小学旁。茶亭岭西与万载相处。下级组织:茶亭岭、反山、榨里、桐树窝、下林塘、合银屋、杨家山、斗门。辖区范围:东至河龙村、利石村,南至新田村、王家村,西至墨山林场香山分场,北至河龙村。面积5.4138平方千米,1650人。解放初属田心区斗门乡。1957年由斗门、合林初级社转为兰山高级社。1958年为斗门公社斗门大队。1959年属田心公社。1961年为斗门公社斗门、合林大队。1968年属田心公社。1970年斗门、合林、大屋、王家大队合为斗门大队。1978年划出大屋、王家仍为斗门大队。1984年为田心乡斗门村委会。1992年为田心镇斗门村民委员会。

新生村 村委会驻柳树下。下级组织:柳树下、秋陂山、社村、田丘里、上山、杨柳塘、新生袁家、榨下新屋里。辖区范围:东至店前村,南至连桥村,西至新田村、利石村,北至坪溪村。面积2.85平方千米,1147人。解放初属田心区园林乡。1957年由初级社转为新生高级社,属田心乡。1958年为田心公社新生大队。1968年并入连桥大队。1972年分开,仍为新生大队。1984年为田心乡新生村委会。1992年为田心镇新生村委会。

王丰村 在田心西南,村委会驻王丰。村建凰凤岭上。下级组织:王丰、岭上、王丰吴家、坳背、王丰余家。辖区范围:东至球湖村、分宜县,南至分宜县,西至斜溪村,北至堑陂村。面积2.4平方千米,557人。解放初属田心区湖塘乡。1956年并入江南乡。由王丰、下保等初级社转为王丰高级社。1958年为江南公社王丰大队。1968年并入斜溪大队。1972年与斜溪村分开,为王丰大队。1984年为田心乡王丰村委会。1992年为田心镇王丰村民委员会。

新田村 在田心西南,村委会驻新屋场。下级组织:石脚下、闪家堎下、上塘尾、屋仔里、石里、束头里、铜锣山下、水口里、香店里、大岭下、新田李家、罗家、新屋场、新庄下、田背、高家、布上、新田余家。辖区范围:东至新生村、连桥村,南至堑陂村、洙村,西至王家村,北至斗门村、利石村。面积9.13平方千米,2403人。解放初为田心区正塘乡。1955年冬由初级社转为新庄下、田背、石水、高余、香山高级社,属斗门乡。1958年为斗门公社新田、石水、高余、香山大队。1959年属田心公社。1968年新田、石水、高余、香山合为新田大队,属田心公社。1984年为田心乡新田村委会。1992年为田心镇新田村委会。

红卫村 在田心西南,原名连桥,村委会驻连桥。下级组织:连桥、燕子窝、卢家门前、竹仔棚、楼山下、潘家庄下、北寨里、臻佳、田塅里、谢池里、官山里、坎头、口家。辖区范围:东至枧头村,南至球湖村,西至更生村,北至店前村。面积1.57平方千米,1248人。解放初属田心区连桥乡。1956年并入田心乡,由6个初级社转为连桥、和平、更生高级社。1957年属堑陂乡,1958年为江南公社连桥、和平、更生大队。1959年2月改属田心公社。1966年"连桥"改"赤卫","和平"改"红卫"。1968年赤卫、红卫、更生、新生合为连桥大队,属田心公社。1972年划出新生。1995年为田心镇红卫村委会。

湖境村 在田心东偏南,墨山东麓,村委会驻湖境圩。下级组织:月形岭下、湖境新屋里、上山塘、兰家田、沙子下、袁家、十字路、下湖境、上湖境、下山塘。辖区范围:东至翰堂镇广坪村,南至分宜县,西至南江村,北至徐家渡镇村泉村、徐家渡镇白土村。面积13.87平方千米,1942人。解放初属田心区湖境乡。1952年属翰堂区。1956年属田心区。1957年由初级社转为上湖境、下湖境、山塘高级社。1958年为湖境公社上湖境、下湖境、山塘大队。1968年合为田心公社湖境大队。1984年为田心乡湖境村委会。1992年为田心镇湖境村委会。

南江村 在田心东南、墨山南麓,村委会驻南江。南江,始名横江,又名南港,后以村南有小江,更名南江。下级组织:南江、长水坑、石刀背、梅家、童家塘、南江潘家、界山、刘家、南江榨里、山下、山陂。辖区范围:东至湖境村,南至分宜县,西至枧头村,北至徐家渡镇村泉村、田心村。面积18.2平方千米,2610人。解放初属田心区南港乡。1957年由初级社转为南枧高级社,属湖境乡。1958年为湖境公社南港、长水坑、界山大队。1968年上述3个大队与枧头大队合为红旗大队。1972年分出枧头为南港大队。因重名,1983年3月改南江大队。1984年为田心乡南江村委会。1992年为田心镇南江村民委员会。

枧头村 在田心南面,村委会驻地枧头。下级组织:枧头、大布、江仔背、羊牯院、马颈里、狮子垴下、井头、小岭背、柘湖、童家、院前、塘背、田南、槐树坑、叶水洞、晏家、杨家、枧头潘家、沈家、易家、岭下、庵仔里。辖区范围:东至南江村,南至分宜县,西至球湖村、连桥村,北至田心村。面积8.97平方千米,3298人。解放初属田心区东陂乡和南港乡。1956年组成东陂、南枧高级社,分属堑陂、湖境乡。1958年为江南公社东陂大队和湖境公社枧头、田南大队。1962年合为枧头大队,属田心公社。1968年更名前进大队。同年与南港大队合为红旗大队。1972年分开,复为枧头大队。1984年为田心乡枧头村委会。1992年为田心镇枧头村民委员会。

洙村村 在田心西南,村委会驻邹家。下级组织:邹家、塆里新村、对门新屋、塘塍背、白屋里、燕田里、官厅下、塆里、易坑、棚里、丰元毂里、院口、朱南坑、土屋里、香山。辖区范围:东至堑陂,南至斜溪村,西至浮楼顶,北至新田村。面积6.02平方千米,1512人。解放后属田心区湖塘、正塘乡,1956年并入江南乡。1957年由12个初级社转为洙村高级社。1958年为江南公社洙村大队。1969年香山、堑陂、球湖划入,属田心公社,1972年划出堑陂、球湖,仍为洙村大队。1984年为田心乡洙村村委会。1992年为田心镇洙村村委会。

堑陂村 (又名井陂)下级组织:

堑陂、沟子石。辖区范围：东至湖球村，南至王丰村，西至洙村、斜溪村，北至连桥村。面积3.48平方千米，1047人。解放初属田心区堑陂乡。1956年并入江南乡。1957年由初级社转为堑陂高级社。1958年为江南公社堑陂大队。1959年属田心公社。1961年属江南公社。1968年并入洙村大队，属田心公社。1972年分开，仍为堑陂大队。1984年为田心乡堑陂村委会。1992年为田心镇堑陂村委会。

球湖村 在田心西南，村委会驻球湖。球湖，居址环以池塘，春潮水涨浸庭前，波光浩荡。居址高于水面，若球浮于湖面，故曰球湖。下级组织：球湖、浅山下、道士岭、丰科岭下、箬坑、张家庙前、球湖梨树下。辖区范围：东至枧头村，南至分宜，西至堑陂村、王丰村，北至连桥村。面积5.97平方千米，1723人。解放初属田心区堑陂、东陂乡。1956年并入江南乡。1957年由球湖、箬坑、道士岭3个初级社组成联合高级社。1958年为江南公社联合大队。1959年分设仇湖、箬坑大队，属田心公社。1965年合为球湖大队，属江南公社。1968年属田心公社。1969年并入洙村大队。1972年分开，仍为球湖大队。1984年为田心乡球湖村委会。1992年为田心镇球湖村民委员会。

斜溪村 在田心西南，村委会驻堎下。下级组织：磨眼里、湖塘、上新队、新屋里、大院里、堎下、罗田老屋、阁前、罗田煅里、同江、唐家、郭家、闻家、泉里、清水塘、仙陂、上布、习家。辖区范围：东至王丰村、堑陂村，南、西至江南村，北至洙村。面积11.99平方千米，3019人。解放初属田心区湖塘乡。1957年由7个初级社转为清溪、斜溪、负陂、湖塘、闻家高级社，属堑陂乡。1958年为江南公社斜溪大队。1959年属田心公社。1962年为江南公社湖塘、斜溪、清溪大队。1968年合为斜溪大队，属田心公社。1984年为田心乡斜溪村委会。1992年为田心镇斜溪村委会。

王家村 在田心西偏南，村委会驻王家。下级组织：王家村王家、南塘下、布龙里、中神山、大屋里、铁桥门、王家村袁家、月光塘、石婆坑。辖区范围：东至新田村、斗门村，南至新田村，西至万载，北至斗门村。面积4.43平方千米，1421人。解放初属田心区斗门乡。1955年组成王家、大屋初级社。1956年并入兰山高级社。1958年属斗门公社斗门大队。1959年属田心公社。1961年为斗门公社王家、大屋大队。1968年合为斗门大队，属田心公社。1978年分出斗门，为王家大队。1984年为田心乡王家村委会。1992年为田心镇王家村委会。

江南村 在田心西南，村委会驻江

南。下级组织:江南、无里、杨柳里、梧塘、彭家岭、院坑里、石龙前、梨树下、梨树窝、张公山、江北、坪里。辖区范围:东至斜溪村,南至宜春市袁州区寨下镇,西至石造村、南塘村,北至宜春市袁州区寨下镇。面积13.35平方千米,3800人。解放初属田心区江南乡。1955年先后组成15个初级社。1957年转为江南高级社,属堑陂乡。1958年为江南公社江南、江北两大队。1968年江南、江北、南塘合为江南大队,属田心公社。1972年分出南塘,仍为江南大队。1984年为田心乡江南村委会。1992年为田心镇江南村委会。

南塘村 在田心西南,村委会驻南塘。"蓝""南"谐音,故名。下级组织:南塘、坑东、白竹山、花狗岭上、新屋里。辖区范围:东至江南村,南至江南水库,西至万载县,北至万载县。面积3.6平方千米,526人。解放初为田心区江南乡。1956年属堑陂乡。1957年由初级社转为南塘高级社。1958年为江南公社南塘大队。1968年并入江南大队,属田心公社。1972年分开,为南塘大队。1984年为田心乡南塘村委会。1992年为田心镇南塘村。

册塘村 辖区范围:东至赤卫村,南至球湖村,西至堑陂村,北至新田村。面积0.5平方千米,230人。解放初属田心区堑陂乡。1956年并入江南乡。1957年由初级社转为堑陂高级社。1958年为江南公社堑陂大队。1959年属田心公社。1961年属江南公社。1972年分开,仍为堑陂大队。1988年和堑陂分开成立田心乡册塘村委会。1992年为田心镇册塘村。

赤卫村 下级组织:邹家坊。辖区范围:东至红卫村,南至球湖村,西至更生村,北至更生村。面积1.5平方千米,1245人。解放初属田心区连桥乡。1956年并入田心乡,由6个初级社转为连桥、和平、更生高级社。1957年属堑陂乡。1958年为江南公社连桥、和平、更生大队。1959年2月改属田心公社。1966年"连桥"改"赤卫","和平"改"红卫"。1968年赤卫、红卫、更生、新生合为连桥大队,属田心公社。1972年划出新生为今名。于1995年,赤卫、红卫分村。

更生村 下级组织:龙口、小田心、台仔上、胡家、更生张家、更生刘家、更生彭家、更生邵家。辖区范围:东至红卫村,南至赤卫村,西至新田村,北至新生村。面积5.75平方千米,1893人。解放初属田心区连桥乡。1956年并入田心乡,由6个初级社转为连桥、和平、更生高级社。1957年属堑陂乡,1958年为江南公社连桥、和平、更生大队。1959年2月改属田心公社。1966年"连桥"改"赤卫","和平"改"红卫"。1968年赤卫、红卫、更生、新生合为连桥大队。属田心公社。1972年划出新生。于1995年,赤卫、红卫分村取名为更生村。

利石村 下级组织:利石、梅家塘、利石村易家。辖区范围:东至新生村,南至新田村,西至斗门村,北至河龙村。面积1.9平方千米,654人。1968年与河龙大队合并,为田心河龙大队,1984年改名田心乡河龙村委会。1995年分开为田心镇利石村。

石造村 在田心西南,村委会驻石造里。下级组织:石造里(又名李家)。辖区范围:东至江南村,南至寨下杜溪村万载县,西至万载县,北至江南水库。面积1.07平方千米,410人。解放初为田心区江南乡。1956年属堃陂乡(1957年由初级社转为南塘高级社)。1965年为江南公社南塘大队。1968年并入江南大队,属田心公社。1972年分开,为南塘大队。1974年分开为石造大队。1977年为田心乡石造村委会。1992年为田心镇石造村。

镇渡乡

镇渡乡位于上高西部的锦江之滨,北纬28°12′17″,东经154°36′05″,东邻徐家渡镇,南界田心镇、墨山镇,西接万载县的三兴镇、罗城镇,北毗宜丰县芳溪镇,距县城45千米,土地面积55.35平方千米。截至2022年底,辖12个行政村、1个居委会、63个自然村、101个村民小组,总人口11780人,2552户。境内以丘陵为主,锦江、罗河分别从万载鹅峰、罗城入境,素有"两河夹一溪、富饶鱼米区"之说。

镇渡水资源丰富,是上高境内水稻生产的重要区域,其出产的洋田水碓米,素以细、白、明、软著称,营养丰富。因其水资源丰富,在20世纪90年代,小水电很发达,先后建有社田电站、枧山电站等水力发电站。镇渡主要的农产品还有花生、油菜、甘蔗、西瓜等。由于河流小溪众多,给养殖业提供了得天独厚的条件,全乡水面养殖达到3126.7公顷,出产草、鲢、鲶等多种溪水鱼类。

镇渡是传统的农业乡,耕地面积1096公顷,人均0.1公顷,森林覆盖率49%。随着改革开放的不断深入,镇渡乡除了在农业生产上精耕细作外,还大力推进工业生产的发展。2000年之后,镇渡乡狠抓招商引资项目,做大经济总量,拓展经济发展渠道,他们先后引进了江西鑫普德科技有限公司、江西长远科技有限公司等外资企业。截至2022年底,全乡实现税收7649万元,财政一般公共预算收入2927万,工业产值10.52亿元,其中规上工业9.1亿元。税收7649万元,财政收入2927万元。工业总产值10.52亿元,规上工业总产值9.1亿元。固定资产投资额6.6亿元,主营业务收入6.4亿元,规上服务业主营业务收入5.2亿元。限上商贸企业销售额4000万余元。

镇渡集镇 镇渡乡政府所在地即为镇渡集镇。镇渡位于锦江与罗河的汇合口,是通往宜丰、万载的要津,元代已有汛兵镇守。又因设有渡口,故曰镇渡。

镇渡集镇每逢农历一、四、七为集市日。

镇渡集镇占地面积4.5万平方米,人口500多人,主要街道有大桥路、沿江路。有农贸市场1个,约600平方米,内有各种摊位70多个,经营肉、鱼、蔬菜及当地的土特产。集镇内日供水60吨、日供电5000度,5G、广电网络已全覆盖。集镇有九年一贯制中心学校1所,村小教学点3个,公办中心幼儿园1所。卫生院1个,占地2499平方米,有病床30张,有救护车1辆,可解决群众在医疗方面的基本需求。

"一乡一品":镇渡三样

镇渡大米品质优良,久负盛名,还有土扎粉、莲子等。镇渡三样是镇渡乡扶贫产品,即干竹笋、干豆角、霉干菜,采用传统的加工方法经过人工筛选、蒸煮、烘干而成的产品,既保住了产品的特有风味,又有利于保存。

干竹笋:具有高蛋白、低脂肪、低淀粉、多纤维等特点,有助于开胃健脾、开膈消痰、增强机体免疫力、提高防病抗病能力。

干豆角:干豆角中含有植物蛋白、维生素C、胡萝卜素等营养成分,具有健脾养胃、补气生津等功效与作用。

霉干菜:其成分包括芥菜干、油菜干、冬菜干、白菜干,通过晾晒、腌制、晒干、封装而成,具有美容养颜、润肠通便、益气生津的作用,能降低体内的胆固醇含量,有效预防一些肠道疾病。

镇渡三样产品种植基地位于龙家村,基地规模为48亩,由上高鼎宴小坊农副产品有限公司生产销售,年产量达9000斤,年产值达27万余元。

村、社区

镇渡社区 镇渡居委会成立于2018年7月,有工作人员4个,3个网格。辖区内有居民198户、520人。其中党员7名,低保户21户,残障人士3人。其主要便民措施有:做好社会福利、综合治理、社会救助、公益活动、社会管理和服务、组织开展志愿活动等。

镇南村 在镇渡东偏南,村委会驻镇南。下级组织:镇南、镇南山下。辖区范围:东至徐家渡镇洲江村、路口村,南至墨山乡坑林村,西至墨山乡界港村,北至镇渡乡社田村、镇北村。面积3.95平方千米,765人。解放初属徐市区镇渡乡。1955年组成大屋里、塘角边初级社。1956年合为大屋里高级社。1957年属镇渡乡。1958年为镇渡公社镇南大队。1968年与镇北、龙家合为东风大队。1973年龙家划出,更名为镇渡大队。1978年分出镇北,仍为镇南大队。1984年为镇渡乡镇南村民委员会。

洋田村 在镇渡北偏西,罗河西岸,村委会驻洋田。下级组织:宝兴、洋田旧屋里、洋田岭下、茅店里、洋田上新屋、下街头、洋田下新屋、新街里、洋田。辖区范围:东至江东村,南至罗溪村,西至万载县,北至万载县。面积6.9平方千米,1991人。解放初属徐市区洋田乡。1956年并入镇渡乡。1957年由洋田初级社转为洋田高级社。1958年为镇渡公社洋田大队。1968年与建新大队合为永红大队。1972年分开复为洋田大队。1984年为镇渡乡洋田村民委员会。

罗溪村 在镇渡西北,村委会驻兰家畲。下级组织:坳背、密螗、利家山、兰家畲、洋田湾、院下、岭子上、大窝里、上王岗、下王岗。辖区范围:东至江东村,南至镇北村、龙家村,西至黄田村、万载县,北至洋田村。面积4.35平方千米,632人。解放初属徐市区洋田乡。1955年先后建立兰家畲、院下、利家山初级社,1956年转为建新高级社。属镇渡乡。1958年为镇渡公社建新大队,1968年与洋田合为永红大队。1972年分开仍为建新大队。因与上甘山公社建新大队重名,1983年3月以境内多居罗姓更为今名。1984年为镇渡乡罗溪村民委员会。

社田村 在镇渡北,锦江与罗河之滨。下级组织:胡家山下、戴家场、青兰、社田。辖区范围:东至徐家渡镇蛇尾村、徐家渡镇洲江村,南至镇南村,西至镇北村,北至江东村。面积3.35平方千米,750人。解放初为徐市区洋田乡。1956年并入镇渡乡。1956年由胡家山下、社田初级社合为社田高级社。1958年由社田高级社转为镇渡公社社田大队。1968年将江东大队、社田大队合并为社田大队。1982年又将社田大队分为江东大队和社田大队。1984年为镇渡乡社田村民委员会。

江东村 在镇渡北,罗河东岸,下级组织:江东老屋里、江东塅上、塅里、龟仔井、梅家、江东山下、沈家、下狮桥。辖区范围:东至宜丰县、徐家渡镇蛇尾村,南至社田村、镇北村,西至洋田村,北至宜丰县。面积4.95平方千米,926人。解放初为徐市区洋田乡。1956年并入镇渡乡。1956年冬由下狮桥、山下、塅里、老屋初张社合为江东高级社。1958年由江东高级社转为镇渡公社江东大队。1968年将江东大队、社田大队合并为社田大队。1982年又将社田大队分为江东大队和社田大队。1984年为镇渡乡江东村民委员会。

黄田村 在镇渡西南,村委会驻周家。下级组织:周家、喉咙坑、毛布里、楼里、墙子上、院坑、邹基园。辖区范围:东至洋田村、龙家村,南至井头村,西至万载县,北至万载县。面积4.62平方千米,693人。解放初属埠北乡。1957年由楼屋里、黄田初级社转为黄田高级社,属镇渡乡。1958年10月为镇渡公社黄田大队,1968年与井头、罗家、邹家大队合为卫东大队。1972年分开,复为黄田大队。1984年为镇渡乡黄田村民委员会。

镇北村 在镇渡西,锦江北岸,村委会驻石墙里。下级组织:赤脚下、大畲里、店咀岸、培背、镇北培子上、石墙里、王家屋、燕窝里。辖区范围:东至社田村、江东村,南至镇南村、墨山乡界港村,西至龙家村,北至洋田村。面积4.9平方千米,1209人。解放初为徐市区镇渡乡。1957年由大畲里、赤脚下、培背、王家屋初级社合为镇北高级社。1958年冬为镇渡公社镇北大队。1968年与龙家、镇南大队合为东风大队。1973年划出龙家大队为镇渡大队。1978年与镇南分开为镇北大队。1984年为镇渡乡镇北村民委员会。

井头村 在镇渡西南,下级组织:温家、对门屋、岭下、彭家、毛布坑。辖区范围:东至罗家村,南至罗家村,西至万载县,北至黄田村。面积2.9平方千米,620人。解放初属埠北乡。1955年成立井头、茅布坑初级社。1957年并入镇渡乡,为邹家高级社。1958年为镇渡公社井头大队。1968年与黄田、邹家、罗家大队合为卫东大队。1972年划出黄田为井头大队,1979年与罗家、邹家分开,改为井头大队。1984年为镇渡乡井头村民委员会。

龙家村 在镇渡西南,锦江西岸,村委会驻下龙。下级组织:车上、上会、上龙、社布上、下龙。辖区范围:东至镇北村,南至墨山乡界港、苑新村,西至罗家村、井头村,北至洋田村。面积4.83平方千米,633人。解放初属埠北乡。1956年由上会、龙家初级社转为高级社,属镇渡乡。1958年为镇渡公社龙家大队。1968年与镇南、镇北合为东风大队。1973年分开为龙家大队。1984年为镇渡乡龙家村委会。

罗家村 在镇渡西南,锦江北岸,村委会驻罗家。下级组织:巢家、祠堂下、大屋里、大院沙、对门培仔上、均车、岭家、罗家、牛背贤上、罗家上新屋、万家山、下坑仔、罗家下新屋、邹家。辖区范围:东至龙家村、苑新村,南至埠头村,西至万载县,北至井头村。面积6平方千米,1408人。解放初属徐市区埠北乡。1957年由5个初级社并入邹家高级社。1958年为镇渡公社罗家大队。1962年从邹家大队分出为罗家大队。1968年与黄田、邹家、井头合为卫东大队。1972分出黄田,属井头大队。1979年从井头大队分出复为罗家大队。1984年为镇渡乡罗家村民委员会。

苑新村 在镇渡西南,锦江南岸,村委会驻家罗园。罗家园,又名苑新。

下级组织：罗家园、枣溪。辖区范围：东至墨山乡界港行政村、墨山乡坑林村，南至田心镇官溪村，西至埠头村，北至龙家村。面积4.16平方千米，643人。解放初属徐市埠南乡。1955年成立苑新、新堂初级社。1957年转为高级社，属镇渡乡。1958年为镇渡公社苑新大队。1968年与埠头大队合并为立新大队。1973年分开为苑新大队，1984年为镇渡乡苑新村委会。

埠头村 在镇渡西南，锦江南岸，村委会驻岸下村。下辖六个自然村：岸下、螺田坑、石坑、长坑、叶家洲、召家车。辖区范围：东至苑新村，南至田心镇坪溪村、田心镇河龙村，西至万载县，北至万载县、罗家村。面积3.35平方千米，957人。解放初属徐市区埠南乡和田心区坪溪乡的一部分。1956年属埠北乡。1957年初由石坑、埠头、赵家车初级社组成埠头高级社，属镇渡乡。1958年为镇渡公社埠头大队。1968年与苑新大队合为立新大队。1972年分开复为埠头大队，1984年为镇渡乡埠头村民委员会。

锦阳街道

上高县锦阳街道办事处，前身为2006年设立的新城区建设指挥部。2010年4月成立锦阳新区管理委员会，2021年3月设立锦阳街道办事处，同年6月，县委设立锦阳街道党工委，原锦阳新区管委会撤销。锦阳街道位于上高县城东侧，地处锦江河之北，故取名"锦""阳"两字，"阳"又有意为高处见到光明的地方，意寓上高人民积极向上、奋勇登高之意。锦阳街道东靠320国道，南临锦江河，西起镜山大道至镜缘路接明星路，北沿县工业园明星路至高岗村卢家店、田东自然村，区域面积26.07平方千米，至2022年底，街道辖锦阳、锦绣路两个居委会，划分27个网格，常住人口2.5万人。锦阳街道基础设施完善，区域内交通、网络、供水、供电、邮政通信、文化体育、排污、排水、夜间照明等基础设施完善，公共服务市政设施完备。县行政中心、县委党校、新人民医院、县文化广场、锦阳广场、芙蓉广场、抗日阵亡将士陵园等位于其内，有锦阳中学、锦阳小学、镜山小学及锦阳幼儿园等中小学校。锦阳街道区位引领作用明显，昌栗高速上高东出入口直接接入境内，320国道穿境而过。县高新园区镜山综合园和新经济产业园囊括其内，紧邻高新园区黄金堆工业园，带动了周边居民就业，形成了以产促城、以城兴产的产城融合局面。

"一乡一品"："红色物业"服务体系

为适应城市社会治理发展的新形势、新要求，破解小区治理及矛盾纠纷调解中遇到的一系列难题，锦阳街道探索党建引领红色物业治理模式,设立了物业企业联合党支部,并在有条件的小区成立了以网格党小组为引领的"红色物业",积极构建党组织、网格员、物业、各类志愿者组成的工作体系,以党建联建畅通业主、业主委员会、物业企业三方之间的沟通渠道,实现居民自治管理、业委会监督管理、物业公司服务管理相结合,形成红色力量推动网格服务,打开共建共治共享新局面。街道积极围绕"红色物业"服务体系,组织街居干部下沉一线,开展了家政服务、文体活动、心理疏导、红色宣讲40余次,协商议事20余件,解决矛盾纠纷100多起,做到有事共同商量,齐心协力解决问题,真正发挥"红色物业"凝聚人心、服务业主的重要作用,切实提升了辖区居民安全感和满意度。

村、社区

锦阳社区 锦阳居委会于2019年11月成立,辖区范围为镜山大道以东,西至观塔路,镜山公园以南,锦江河以北。辖区面积为2.62平方千米,有单位院落9个,物业小区16个,其中壹号院、江畔院子2个小区尚在建设中,道路13条,规划住户1.7万户,可容纳6万余人,现已入住3375户,人口12758人。

现社区干部有10名,党员61名,网格员15名。对外服务窗口:1.对人口情况开展动态管理和服务;2.协助居民做好低保申请、大病医疗救助,对城市低收入家庭进行调查核实;3.开展社区居民计划生育动态管理服务工作;4.调解居民矛盾纠纷;5.培育发展社区公益组织,发展社区工作志愿者队伍;6.开展社区卫生、文化方面的宣传和服务。组织开展社区卫生评比和居民文体娱乐活动;7.做好党和街道交办的其他工作。8.学雷锋志愿者服务点及公益广告的宣传。

锦绣路社区 位于镜山园区,东起新光路,西至镜山口,南到锦江河,北至与野市乡明星村交界处。居委会成立于2016年4月份,辖区面积3.5平方千米。目前,辖区共有小区19个,其中封闭式小区15个,未封闭式小区4个。共有9677户,已入住4035户,现有常住人口12305人,其中户籍人口852人,共划分12个网格,居委会现有工作人员8人,网格管理员12人,辖区党员6人。

锦绣路社区秉承"以人为本、服务居民"的工作理念,以党建引领、服务群众、传承文化为核心,以创建"近邻家政"服务特色为载体,高标准建设社区,高水平整合社区,高质量服务社区,高效能管理社区,合心合力进取打造美好社区。

敖背村 下级组织:敖背、戴家。辖区范围:东至新界埠镇先峰村,南至塔下乡田北村,西至县人民医院新址,北至镜山村。面积2.45平方千米,272人,92户。1958年建场。1979年为敖山华侨农场敖背分场,2008年为敖山镇敖背村民委员会。2021年3月之后,属锦阳街道,为锦阳街道敖背村民委员会。

田东村 现有26户,120人,耕地278亩。2021年3月之前属野市乡高岗村,2021年3月之后为锦阳街道田东村。

港口村 因位于两港汇口而得名。明朝成化年间,聂干五从敖山接官老屋迁此,为聂姓、龚姓聚居地。67户,320人,耕地485亩。2021年3月之前属野市乡高岗村,2021年3月之后为锦阳街道港口村。

卢家店村 因村庄处于上高至游市大路旁,设有酒店,故名。相传卢姓由县城东门迁此已12代。29户,102人,耕地120亩。2021年3月之前属野市乡高岗村,2021年3月之后为锦阳街道卢家店村。

以上敖背村村委会、田东自然村、港口自然村、卢家店自然村,目前仍由原乡镇代管。

大事记

春秋战国　上高境域先后属吴、越、楚三国。

秦朝　上高属九江郡。

前201(汉高祖六年)　始立建城县。属建城。

184—189(东汉中平间)　析建城县地始立上蔡县,今徐家渡破塘。

222—228(三国吴黄武间)　析上蔡县地增立宜丰、阳乐二县。

280(晋太康元年)　以上蔡人怀念故土,更名望蔡县。

319(晋大兴二年)　元月地震。

376—395(晋太元间)　并宜丰县入望蔡县。

589(隋开皇九年)　并望蔡县入建城县。

622(唐武德五年)　复立望蔡县。武德八年(625)再废望蔡县,并入高安,属洪州。

882(唐中和二年)　钟传(今上高田心镇椴头人)赶走江西观察使高茂卿,占据洪州(今南昌)。被任为镇南节度使,封南平王。

882—884(唐中和间)　镇南节度使钟传,初立上高镇。上高自此得名。

894—897(唐乾宁间)　钟传捐宅为寺,昭宗赐额"宏济"。天复中改名崇福寺。寺在末山九峰,故又名九峰寺。

907(后梁开平元年)　正月,淮南黑云都指挥使吕师周兵屯上高。

909(后梁开平三年)　七月,淮南行营都指挥使米志诚、都尉吕师造在上高大战岳州军,岳州刺史苑玫大败。

937—943(南唐升元间)　立上高场。

952(南唐保大十年)　以场升县,名上高县,县治敖阳,至今未变。

982(北宋太平兴国七年)　划上高县义钧、宣风二乡之半入宜丰县。

1082（宋元丰五年） 知县李怀道在县西首建学宫。苏辙作有《上高县学记》。

1125（宋宣和七年） 城隍庙从河南岸迁建河北县治西，经三年建成。1972年建县粮食局办公楼拆毁。

1126（宋靖康元年） 李成、曹成杀上高男妇几尽，被岳飞击溃。

1128（宋建炎二年） 僧绍济重修圣济寺，此寺始建于唐，由道明禅师开山。

1143（宋绍兴十三年） 知县谢安行创建县署。

1200（宋庆元六年） 在蒙山多宝峰（又名太子壁）置银场；元至元十三年（1276）设提举司，至正十一年（1351）提举陈以忠申报停办。明永乐五年（1407），复立炉冶炼；明万历二十二年（1594）六月立碑封禁。

1205—1207（宋开禧元年至三年） 知县赵元夫重修浮虹桥（旧名通济桥）。明嘉靖三十二年（1553），知县陈延举始迁跃锦门，易名跃锦桥，俗称浮桥。1981年敖阳大桥建成后废。

1237—1240（宋嘉熙间） 知县江湘修葺城墙，城有四门：东为礼贤门，南为朝京门，西为宣化门，北为宜丰门。

1240（宋嘉熙四年） 蝗灾甚烈。

1241（宋淳祐元年） 知县江湘重修普济桥，易名惠政桥，桥在县西斜口。

1290（元至元二十七年） 蒙山银场提举司提举姜云创建正德书院。址设蒙山夜合山之阳，开创了厂矿办学先例。

1352（元至正十二年） 农民起义军首领徐寿辉遣部将钟普高攻据上高。

1353（元至正十三年） 江西左丞火尔赤遣镇守张万户收复上高，不久，复为农民起义军徐寿辉部将刘江占领。刘江攻茶陵阵亡后，弟刘敬接替镇守上高。

1359（元至正十九年） 三月，刘普燔攻取上高。

1360（元至正二十年） 春，雨雪60日。夏六月地震。

1362（元至正二十二年） 明兵取江西，刘敬率众归附。

1375（明洪武八年） 知县黄权兴修里陂，历经两月建成。作有《里陂行并叙》。

1394（明洪武二十七年） 创建桑枣园。每团1所，全县48所。

1452（明景泰三年） 冬至次年春，雪凝60日。

1455（明景泰六年） 大旱。民食野草、树皮。

1460（明天顺四年） 夏四月，山崩。

1506（明正德元年） 夏大旱。秋七月，大水山崩。

1511（明正德六年） 知县张翀，加固城墙，并开护城壕。

1514（明正德九年） 虎入市伤人。

1520（明正德十五年） 大水。

1522（明嘉靖元年） 春、夏大水。漂没民房无数。

1523—1527（明嘉靖二至六年） 知县陆时雍纂修《上高水利志》（今佚）。

1535（明嘉靖十四年） 四月，熊入市，被居民擒获。

1536（明嘉靖十五年） 始建金石书院。院址在学宫东，面临金石，故名，明末毁。

1537（明嘉靖十六年） 夏大水，秋大旱。

1538（明嘉靖十七年） 飞蝗蔽天，树叶被吃尽。

1546（明嘉靖二十五年） 三月，冰雹，雹如鹅卵，坚似砖石。青苗、人畜受伤害。

1554（明嘉靖三十三年） 八月，知县陈延举首纂《上高县志》，现存影印本。

1566（明嘉靖末） 县治改建砖城。城有五门：东名旭屏门，南名跃锦门，西名末华门，北名招敖门，东南名环洲门。

1589—1590（明万历十七、十八年间） 知县吴达可，在青阳门外架木为桥，名青阳桥，又名下浮桥，清乾隆间废。

1573—1620（明万历间） 在梅沙村，始建三孔青石拱桥，名金锁桥，又名梅沙桥。桥上建有桥亭，此桥是上高现存唯一有桥亭的古桥。

1629—1633（明崇祯二年至六年间） 瑞州知府杨大名，在上高离楼桥设营，置守备1员，增兵300百，统辖3县（高安、上高、宜丰）把总，镇压农民起义。

1637（明崇祯十年） 知县蒋克显，增高县治城墙二三尺，改方垛为圆垛。

1642—1644（明崇祯末） 李自成、张献忠率农民起义，四方响应。以邱仰寰（福建人）、卢锦三（上高人）、刘奇龙（新昌人）为首，率众起义以万载天井窝为据点，聚众万余，转战万载、上高、新昌（今宜丰）。

1643（明崇祯十六年） 春正月，天气寒冷，结冰不解，压毁房屋树木无数。

九月，大府派董把总率兵围剿卢锦三，董把总全师陷没。

1644（明崇祯十七年） 二月二十九日，卢锦三率领农民起义军万余人进攻县城，县令张朝荃莅任七日，守御无备，城被攻破。卢锦三据城三日后攻打新昌，被九江总督派四路大军围剿，受抚，不久在九江被袁继咸砍头示众。

同年,在县署前为曹汝兰建"三朝侍御"牌坊,顺治八年(1651)迁建状元洲,道光二十七年(1847)迁建马湖村,现修复一新。

1645(清顺治二年)　六月,大水平地丈余,房屋被淹、田地冲毁、人畜伤亡无数。

十二月,马湖举人曹志明为首反清。分宜县令曹国祺和本县举人聂栋、晏杨勋、李维祯,武解元王平东、黄模等参加,并率领大队人马攻占县城。次日,进攻新昌,御史陈泰来,招募乡兵,积极响应起义。抚省大吏得报,命新昌举人戴国士、上高贡生黄鼎彝等人领兵镇压。十二月十三日,陈泰来在棠浦被戴国士率兵打败。十四日,曹国祺、曹志明在界埠被黄鼎彝督兵打败,回归马湖。

1646(清顺治三年)　正月初五日,黄鼎彝率兵围攻马湖,曹国祺逃回湖广,曹志明力战阵亡。

1647(清顺治四年)　发生特大灾荒,遗尸遍野,满目荆榛,虎狼成群,有的全团逃亡。

1664(清康熙三年)　知县范时英重修大成殿(学宫)。

1665(清康熙四年)　知县范时英重建县署。

1670(清康熙九年)　三月,大风暴雨,雹似鹅卵,拔树伤苗。十二月,大雪。积雪60日,雪深五六尺,毁房无算。

1673(清康熙十二年)　三月初七日,大风暴雨,雹大的六七斤重,拔树倒屋,春苗尽损,伤人无算。

1674(清康熙十三年)　吴三桂反清,遣将夏国相由长沙袭袁州。连陷萍乡、安福、上高、新昌,后被清兵右营游击佟国栋收复。同年九月,知县刘启泰纂修《上高县志》六卷。

1710(清康熙四十九年)　八月十五日。知县王耘修复里陂。历2个月竣工。又修水神庙于此,招僧看守。

1711(清康熙五十年)　知县王耘在状元洲创建敖阳书院。

1722(清康熙六十一年)　傅姓重建高湖书院。中有傅九渊读书堂,御史陈庆镛书额"有不为斋"。1941年春,私立上高大同小学迁此。

1728(清雍正六年)　添设外委把总1员,分防上高县汛。

1747(清乾隆十二年)　知县周珲捐俸在学宫西始建近圣书院。晏斯盛有记。

1756(清乾隆二十一年)　十一月十六日酉时,地震。

1757(清乾隆二十二年)　清查住户,造具烟户清册。上高计编5区,52团,147图。

1787(清乾隆五十二年)　知县范元飓创建大观塔,正门石刻"大观塔"

为范元飏手书。现塔体完好。

同年六月二十日,地震。

1808(清嘉庆十三年) 五月,连续降雨十日,山洪骤至,县城被浸,里陂被冲毁。

1811(清嘉庆十六年) 二月,知县刘丙纂修《上高县志》17卷,首1卷,末1卷。

1817(清嘉庆二十二年) 由刘克斋倡导,谈问渠为头,成立宾兴堂,负责筹集管理学捐。通过筹募劝捐,全县共筹金钱1400余缗(吊)。为生童科岁乡、会两试之资。

1822(清道光二年) 为郑秉恬立榜眼入第门坊。

1823(清道光三年) 十二月,知县林元英纂《重修上高县志》十二卷,首一卷,末一卷。

1831(清道光十一年) 五月大水,冲毁房屋及稻田。

1835(清道光十五年) 夏旱,蝗灾,庄稼无收。

1839(清道光十九年) 五月初八日,在末山北麓冷水石动工建景高书院。

六月初八日,在官路口动工建西箴书院。

同年,一、二区之下乡和三、四、五区在县西学宫崇福祠后公建五之书院。

1855(清咸丰五年) 十月,石达开率领西征的太平军首次攻占了上高县城。

1856(清咸丰六年) 六月二十五日,督带援江楚军普承尧、曾国华、刘腾鸿进剿太平军,太平军撤出县城。二十九日,官军拔营东下进攻瑞州,太平军复占县城。

十二月十五日,湖南候选知府肖启江,率领"果字营"攻占上高县城,太平军被迫撤出。

1857(清咸丰七年) 六月二十二日,太平军一路数百人从泗溪出发,诱敌南追;另一路数千人,从北路进攻县城,与"果字营"恶战数日,旋为任起鹏率六溪乡兵与宝营增援夹击所败。太平军南撤途中,涉水过江,淹死约有2000人,被捕杀近200人。

1858(清咸丰八年) 春三月蝗虫,夏五月大水,禾苗尽损。

1861(清咸丰十一年) 三月三十日,太平军忠王李秀成率领2万人马抵上高湾头、田北,四月初一日,经斜口北渡锦江,至垴上、大塘等地。举人晏联奎、生员晏伟、九品傅德朋等为首率领乡兵阻击太平军。武举罗裕从水口率乡兵2000余人,在野鸡垴与太平军激战,罗裕战死,太平军北进新昌。

六月,忠王李秀成率太平军由新昌入县,驻扎县城。

1865(清同治四年) 七月的一天下午,广坪村喜塘下李家烧毁民房220多间,烧毁稻谷12万多斤。

1869（清同治八年） 夏四月，大水漂没人。

1870（清同治九年） 八月，知县冯兰森纂《重修上高县志》14卷，首1卷，末1卷。

1878（清光绪四年） 七月初七日，黄懋材（斗门人）奉命从四川成都出国考察，历时2年，行程5万里，足迹遍及印度、缅甸、孟加拉、新加坡、越南等国，圆满完成了考察使命。回国时向当朝呈交了《五印度全图》1册、《西域回部图》1册、《四川至西藏程图》1册、《云南至缅甸程图》1册，《游历刍言》和《西徼水道》各1卷。

1903（清光绪二十九年） 二月，首创上高县官立高等小学堂。校址县城河北考棚。

1904（清光绪三十年） 十月，开办景高公立高等小学堂，校址末山北麓冷水石景高书院。

1905（清光绪三十一年） 废科举，兴学堂。

1906（清光绪三十二年） 县署设劝学所。

1909（清宣统元年） 成立上高县商会。

1910（清宣统二年） 官纱夏布因其"质料细腻，朗润光滑"获江西物产总会二等奖。

1912

1月1日，县城张灯结彩。热烈庆祝孙中山就任临时大总统。

1913

6月14日，倾盆大雨，洪水成灾。

1914

废府兴道，上高属庐陵道。

1919

5月，受五四运动影响，锦德小学师生上街讲演，游行示威到商店清理日货，开展反帝反封建爱国运动。

1922

创办上高中学，校址设县城河北考棚。

1925

大旱，粮价飞涨，民食野草、观音土度日。

1926

3月，改县署为县政府，改知事为县长。

9月14日，北伐军第三军二十六团李明扬团长率领部队，攻克上高县城。次日，北伐军和县城居民共聚一堂，在县城河南廖家祠举行祝捷大会，会上团长李明扬宣布蒋笈任县长。

9月下旬,青年学生胡绍祖等,组织上高国民革命先锋社,提出"打倒军阀豪绅地主,建设新上高"。

年底,成立国民党上高县党部。

1927

3月,创建中共上高县支部干事会,朱用光为支部书记,这是中共上高第一个党支部。

同月,在县城福音堂召开了上高共青团第一次会议,成立了中共上高青年团支部,朱用光兼团支部书记。

同月,成立了上高县农民协会,朱用光任委员长。

5月25日晚上,朱用光领导官桥农民暴动,带领农协会员1000多人,抄了土豪劣绅喻开元的家,没收了财产,烧毁了地契。

5月26日,朱用光、曾燕堂率领五区农协会员400多人,从官桥出发,步行40华里,到县城游行示威,在县城开展了打土豪斗争,抄了土豪劣绅李友生、严宪初、郑作群的家。

同年,县总机安装使用,为有电话之始。

1928

5月,共产党员廖所福在田心地区成立埠头农会和埠头赤卫队。

同年,县城开设第一钱庄——晋昌钱庄,庄址观音阁。

同年,全县产夏布85万匹,产量在全省名列前茅。

同年,县城有鸦片烟馆8家,不少人吸毒成瘾。

1929

6月,中共江西省委派共产党员胡绍祖回上高,成立中共上高特别支部,胡绍祖为支部书记。

11月10日,上高青阳石桥开基。1935年12月24日,青阳石桥竣工。

同年,实现区、乡、闾、邻编制。全县设6区、146乡、12镇、1473闾、7288邻。

1930

2月,由于叛徒告密,胡绍祖在南昌被捕,7月底被国民党杀害。

3月,中共上高党组织创始人朱用光在上海被捕,惨遭杀害。

6月,田心游击队成立,队长黄坤。

7月,红四军第三纵队(萧克任纵队长)第七支队在上高、高安、新余三县边界活动,帮助中共上高特别支部成立泗溪苏维埃政府和赤卫队。

8月8日,红一军团红四军攻克上高县城,在万寿宫召开了群众大会,成立上高县农会。

同日,红三军三纵一部由宜丰进入徐家渡一带。红四军、红三军在上高期间扩红1000余名。

10月中旬,中共傅家圩支部成立。傅学祥任支部书记。

10月下旬,中共上(高)分(宜)工作团派祝高明、潘文贤、黎达3名共产党员到田心开展革命活动,成立了中共田心区委。

1931

1月25日,红军第十六军第九师,发动群众成立了徐市苏维埃政府。

2月5日,红十六军攻克县城,国民党十八师溃退。

6月,上宜新(上高、分宜、新余)游击队成立。

同月,成立中共田心临时区委,隶属中共万宜上县委。

1932

4月,中共万载中心县委派出9人组成的前方工作委员会到达上高,建立田心、连桥、梓塘埠、引龙陂、邹家坊5个党支部。

5月1日,动工兴建赣湘公路上高至高安段,11月20日举行通车典礼,次年元旦上高至万载段通车。

8月,成立中共万(载)宜(春)上(高)县委。

同月,上高至宜丰、上高至杨桥两条长途电话线通话,为上高有长途电话之始。

9月,中共高安中心县委成立,辖上高、新喻、清江、高安四县,下设三个工作团:上高为第一工作团。

同月,红十六军再次攻打上高县城取得胜利,歼敌一个营。占领上高县城后打开县监狱,放出了200多名被捕的革命同志和群众。10日凌晨,红十六军离开上高向奉新方向进发。

11月,万(载)宜(春)上(高)第一次苏维埃代表大会在万载高城花谷园召开,成立了万宜上苏维埃政府,钟逢九当选为主席,潘保为副主席。

1933

2月1日,中共上高临时中心县委成立,辖上高、高安、新余、分宜,下设3个区,有党员120多名。

3月,红十六军一部和上宜新游击队在镇渡袭击国民党罗霖部的一个营,缴获步枪200余枝、机枪4挺、俘敌官兵数百人。

4月,成立了中共上筒区委和赤色农会,隶属万宜上县委。

同月,推行保甲制度,全县设8区、302保、3149甲。

5月,中共上高县城支部成立。

6月,中共新赤区委成立,隶属中共万铜丰县委。

10月,天宝区宁泰乡苏维埃政府成立,设官桥上房,隶属修(水)铜(鼓)宜(丰)县委。

同年,上(高)宜(丰)铜(鼓)公路动工兴建,次年9月10日,上高至宜丰段通车,此后延伸至浏阳。

11月,国民党县党部候补监委黄运生等人,指使铲共义勇队在斗门抓获10名红军战士,于墨山鹧鸪洞边用刀砍杀,尸体丢在洞里。

1934

1月6日,中共湘鄂赣省委常委白区工作部部长邓洪,带领一支由11人组成的武装交通队,从万载仙源前往湘赣省委驻地永新县城,向中共中央委员兼湘赣省委书记任弼时汇报工作,途经田心时遭国民党军警搜捕。地下交通员胡菊华千方百计保护邓洪,她的丈夫周细牙护送邓洪越过敌人封锁线回来后,遭敌杀害。

3月,成立中共新分上(新余、分宜、上高)中心县委(隶属湘鄂赣省委)。

1936

湘鄂赣省委派辛苦到上高一带开展工作,先后建立了中共党支部、区委和县委机关。

1937

1月,成立上高县卫生院。

8月15日,江西省裕民银行上高办事处成立。

同年,商人漆含早在青阳石桥局开办机米厂,为上高机器加工大米之始。

9月14日,上(高)新(余)公路动工兴建。

1938

4—5月间,成立中共上高临时县委。同年冬,正式成立中共上高县委(隶属中共万载中心县委)。

11月5日(夏历九月十四日),侵华日机18架轰炸县城,炸死743人,县城成了一片废墟。

1939

6月15日,侵华日机再次轰炸县城,伤亡数百人。

同年,第十九集团军司令部驻翰堂乡道陂村。1942年调防后,第一集团军接防。

同年,上高县抗敌后援会成立。

1940

2月,成立中共上高县政府支部(属中共江西省委和中共赣西北特委领导)。

4月,成立中共上高中学支部,隶属江西省委。

1941

3月15日—4月9日,中国军队同侵华日军在赣西北地区进行了一次大会战,史称上高会战。此役中国军队毙伤日军15000余人,被誉为"抗战以来最精彩之战"。

1942

大水成灾,粮价猛涨,饥民无数。

1943

春,上高中学从塔下迁于县城河北考棚(今址)。

8月4日,成立上高县发动一县一机运动委员会,全县募购机款10万元。

1944

4月,筹募抗日将士慰劳基金3.47万元。同年10月又筹募慰劳金2万元。

同年,撤销区制,全县设20乡(镇)、208保、1803甲。

1945

7月28日,侵华日军从长沙撤退经过上高时,沿途城乡被洗劫一空,县城河南大街(胜利路)、横街(爱民路)店房全被烧毁,石湖罗家、赵家、竹陂头、翰堂、道陂等村民房被烧毁数百栋。至8月2日逃窜。

9月8日上午8时,在县体育场举行抗日胜利庆祝大会。下午7时,举行火炬游行,并公演平剧3天。

1949

4月,中共上高县直属支部成立,郑信芳为支部书记。隶属中共闽浙赣区党委湘赣工作委员会。

7月11日,中共上高县委工作委员会、上高县人民政府在南昌成立,刘长波任书记,王秉政任县长。

14日,中国人民解放军第四野战军四十三军一二九师三八五团解放了上高,各界人民热烈欢迎。

17日,刘长波、王秉政率33名南下干部到达上高。

18日,上高县人民政府正式挂牌办公。

21日,江西省粮食公司第四采购组进驻上高,收购粮食,并调运大批食盐、棉布等日用品供应市场,以稳定物价,安定人民生活。

同月,成立县接管委员会,先后接管了邮政局、电报局、公路段、汽车站、卫生院、江西省银行上高办事处,很快恢复了秩序,开展了工作。

8月4日至24日,中共上高县工委开办青年干部训练班,招收学员75名。为上高解放初期培养了第一批城乡基层骨干。

同月,中国人民解放军上高县大队成立。

同月,废除保甲制度,建立区政权。

9月,中国人民解放军第二野战军

五兵团随营学校和99支队进驻上高剿匪。全县开始剿匪反霸，况耀华、陈国佐两股土匪被歼灭，击毙匪徒11人，俘匪13人。到年底，全县收缴枪支889支（内含机枪15挺），手榴弹35枚，子弹2.62万发。

10月1日，中华人民共和国成立。县城各界人民举行集会游行，热烈庆祝。

19—23日，首届各界人民代表会议在县城举行，到会代表329人。

12月，中国新民主主义青年团上高县委员会成立。

1950

1月，县长王秉政创办第一个国营工厂——胜利工厂，经营粮食加工，发电照明。此为新中国成立以后上高县办工厂之始，也为发电照明之始。

9月，裁并县大队部，成立县民兵支队部。

25日，全县第一次各界妇女代表会召开。

11月23日，上高县抗美援朝反侵略委员会成立。

冬，全县首届劳模大会召开。

全年登记在册的工商个体户382户，从业人员794人，流动资金46918万元（旧币）。

1951

1月30日，上高县土地改革委员会成立，纪辉兼主任委员。全县开展轰轰烈烈的土地改革运动（简称土改），分三期于次年4月结束。

7月10日，动员人民参军，进行抗美援朝。适龄青年踊跃报名，全县有318名青年光荣参军，超额完成任务。

同月，县总工会成立。

秋，成立第一个信用社——团结乡信用社。年底，全县信用社发展到11个，信用组20个，参加信用社（组）的农户881户，股金678万元（旧币）。

11月，上高县成立抗美援朝反侵略委员会，全县人民捐献购买飞机款375650363元（旧币）。

12月，县民兵支队改为中国人民解放军上高县人民武装部。

是年，动工兴建上（高）分（宜）公路，此后分期分段进行，至1959年建成通车。

是年，全县第一个手工业生产合作社——染织社成立。

1952

1月3日，成立"反贪污、反浪费、反官僚主义"领导小组（简称"三反"领导小组）。

2月，省水利局以半奖半售方式，拨给上高2台10匹马力煤气机。1台装在一区新华乡仁里村，1台装在五区简市乡。这是上高用机械提灌之始。

5月14日，全县已组织互助组

1230 个,参加互助组的农户达 6100 户,26700 人,劳动力 9560 个。

9月7日,全县8个区人民政府改为区公所,作为县人民政府派出机构,不作一级政权机关。

10月9日,全县首届物资交流大会在徐家渡举行。

11月,召开上高县第一次烈军属代表会。

11月,省电影25队来上高巡回放映,此为上高有电影之始。1954年10月,该电影队下放归县管。

12月底,统计表明,县城有私营工商业 359 户,农村有私营工商业户 839 户,全年营业额 191 万元。

1953

3月,全县第一个初级社——新华农业初级合作社成立,社长徐九万。

5月20日,成立县选举委员会,开始普选,次年3月结束。选出首届人民代表大会代表145名。

6月25日,全县工商业代表大会召开,成立上高县工商业联合会。

7月1日,举行第一次人口普查,全县有 41296 户,133881 人。

12月,全年发展党员 128 名,其中机关 28 人。年底全县共有党员 589 人。

1954

2月19日,县委举办互助合作训练班,2月28日结束,培训干部439人,主要内容是学习党在过渡时期的总路线总任务。

3月26日,县首届人民代表大会第一次会议召开,会期6天,出席代表139人。

4月,新华初级农业生产合作社被评为省特等模范社,荣获金质奖章一枚。

7月,县、区撤销人民武装部,县设兵役局。

1955

7月20日,县人民政府改称县人民委员会。

7月,县城29户小商小贩自愿申请并经政府批准,首批成立5个合作商店,1个合作小组。

10月,上高县剧团成立。

11月全县第一个高级农业生产合作社——新华高级社成立。

同月,林业部奖给泗溪乡胡家村福克森—35型拖拉机一台。这是上高县有拖拉机之始。

1956

1月底,全县已建社 816 个,参加农户 29594 户,占农户总数的 77.2%。

2月2日,县接收安置上海志愿垦荒群众指导委员会成立。4月,接收上海垦民 424 户,2027 人,安置于泗溪、官桥、喻家、大塘、刘家等5个乡。

5月10日,锦惠渠动工兴建。

5月16日,中国共产党上高县第一次代表大会第一次会议在县城举行,庄文玉当选县委书记。

6月,县广播站成立。

12月1日,县气象站建成。站址锦水乡胡家村。

冬,南昌专区农垦局投资筹建墨山农场,隶属南昌专署。1968年下放县管。

是年,成立上高县手工业生产合作总社,全县建成手工业生产合作社24个,合作小组17个,社(组)员936人,占从业人员的95.4%,实现了手工业合作化。

是年,新民印刷厂与宜春迁来的永大印刷店合并成立上高县印刷厂。

1957

3月1日,新华高级农业生产合作社被评为全省特优劳模单位。

4月29日,全县第一次肃反运动结束,历时一年零四个月。

5月3日,全县第一个中型引水工程——锦惠渠建成,在进水闸举行竣工放水典礼。省长邵式平剪彩,地县党政领导参加了放水典礼。

20日,全省大型抽水机站之一的斜口抽水机站改建工程竣工。

7月,国营上高饭店开业。

9月6日,上高徐市、宜丰廖市(含火溪)合并,成立南昌专区徐家渡办事处。

9月10日,成立县委整风领导小组,开展整风"反右"运动,在运动中划定右派65人,到1983年全部纠正。

11月,成立敖山农场(后改华侨农场,今敖山镇)。

冬,南昌专区机关干部上山组建蒙山垦殖场,隶属南昌专署,1960年下放县管。

是年,县直机关干部上山组建九峰垦殖场。

是年,创办上高酒厂。

1958

4月1日,创办中共上高县委机关报——《上高报》。1959年9月1日停刊,共出刊211期。

8月,成立中共上高县委党校。

8月,创办共产主义劳动大学上高分校,校址设镜山口敖背,同时蒙山、墨山、敖山设有分校,次年合并为共大上高分校。

8月,以敖阳镇中医院为基础组建的县中医院成立。

8月,南港水库、江南水库、马岗水库开工兴建。

9月15日,钢铁突击运动月开始,至10月15日结束,全县共投入大炼钢铁的劳动力达1万人。

9月20日，全县第一个公社——锦江人民公社成立。此后，一个月内，全县实现了人民公社化。人民公社实行政社合一。

10月6日，县城至蒙山林场公路建成通车，全长25千米，为上高第一条通往本县山区的公路。

12月25日，上高县人民医院在原县卫生院基础上挂牌开业，成为以医疗为主的综合医院。

1959

3月1日，成立上高交通管理站，管理上高、高安、奉新、靖安、安义、铜鼓、宜丰7县的机动车辆。

3月6日，成立上高县文学艺术工作者联合会。

5月1日，上(高)新(余)公路正式通车。该线全长64千米(其中上高境内18.5千米)。

10月21日，经县委、县人委研究决定成立上高县园艺场，并从敖山、泗溪、界埠、锦江抽调32名劳动力作为第一批员工。

11月1日，县委主办的内部刊物——《追赶》出刊，出刊163期，1961年3月16日停刊。

11月，县兵役局改为人武部。

是年，田心小学被评为全国教育先进单位。

是年，蒙山水库开工兴建，1965年扩建为中型水库。

1960

1月，成立上高县皮肤病防治所。

2月，宜春地区管辖的蒙山垦殖场下放上高县管理。同时，新余县的浐江、小步、青湖、大窝里四个大队划归上高县管辖。

2月，上高蒙山猪被定为全省良种猪之一，列入《江西畜禽品种志》。

6月27日，水利水电部授予南港水库全国先进单位称号。

8月，成立县汽车队。

是年，七宝山至塔下段铁路竣工通车。

是年，动工兴建县委、县人委办公大楼，次年竣工投入使用。

是年，始建上高电影院。

1961

2月，中国人民解放军对空情报兵由临川迁上高。

9月，宜春地区船舶修造厂由宜春迁到上高，厂址设塔下。

9月，在县城利民路东侧，建造第一座水塔，塔高30米，储水量60吨。

12月，中国人民解放军总参谋部军训部在上高永圣人民公社楼下大队竹埧坳建立中国人民解放军楼下农场，首批广州军区退伍官兵40余人到达上高建场。后改为803农场、锦江农场，

1965年并入上甘山林场。

是年,在毛家渡始建宜春地区锦河贮木场,1971年10月迁上高火车站铁路南侧。

1962

1月11日至2月7日,中共中央在北京举行扩大的工作会,县委第一书记辛枫出席会议。

4月,对全县1958年以来受过处分或批判的244名脱产干部的案件逐个进行甄别。对原处理有错的63人给予了纠正。其中27人撤销原处分,36人的处分被减轻。

4月,成立县卫生防疫站。

是年,全县精减下放城镇人口3757人。

是年,界埠人民公社被评为华东区农业先进单位,荣获半奖半售跃进牌汽车一辆。这是上高县农村人民公社有汽车之始。

是年,宜春汽车分局202车队由南昌迁至上高,共有"依法牌"货车20余辆。承运上高及宜丰、铜鼓等周边县工农业生产任务。

1963

3月5日,毛泽东发出"向雷锋同志学习"的号召发表后,全县开展了学雷锋活动。

同年,县敖阳小学经省教育厅批准为省重点小学,改名为上高县实验小学。

1964

1月1日,中国农业银行上高县支行成立。

5月24日,江口水轮泵站建成,白天抽水灌田,晚上发电照明,为上高有水轮泵站之始。

7月1日,进行第二次人口普查,全县有户数46578户,总人口185212人。

是年,开始动员城镇知识青年上山下乡。本县首批上山下乡知识青年130名,萍乡、清江的275名安置在国营农(林)场的240名、社办企业的87名、生产队的78名。

是年,城陂公社抗头大队陂头生产队,户平贡献粮食1万斤,被评为全省先进生产队,队长晏火生出席了全省先进单位代表大会。

1965

4月,县委响应毛主席"农业学大寨"的号召,提出"大批大干拼命上,两年建成大寨县"的口号。全县掀起农业学大寨运动。

是年,202车队迁回南昌,203车队由万载迁入上高。

1966

3月5日,始建江西专用设备厂,

厂址位于县城北敖山南麓,隶属省国防工办。同月,始建江西标准件厂,厂址设塔下乡,隶属省国防工办。

4月,无锡机床电器厂调出一部分工人干部到上高筹建江西机床电器厂,厂址设城北人民路77号。

5月27日,县委"文化革命领导小组"成立,县委书记兼组长。

1967

2月,有一部分群众组织联合成立"上高县临时革命委员会"(简称临委),从此,全县各级党委陷于瘫痪,基层党组织停止活动。

11日,成立以武装部为主的"上高县抓革命促生产委员会",取代县委、县人委职权。

8月25日,宜春地区的群众组织"大联筹""联络站"在上高发生武斗,造成重大流血事件。

12月13日,上高县临时领导小组成立。

是年,中国食品总公司将上高列为全国200个生猪生产重点联系县之一。

1968

3月27日,成立"军、干、群"三结合的上高县革命委员会,下设办公室、政治部、保卫部、抓促部,正式宣布县人民委员会撤销。

8月至11月,大批干部和学校教师下放农村插队落户,走"五七"道路,接受贫下中农再教育。到次年5月,全县下放干部868人。至1976年年底大多数已收回安排工作。

秋,外交部在上高创办"五七"干校,校址设镜山南麓(现二中校址),并在竹子棚、七郎埠以西、城陂和泽山村等处设立分校。1978年外交部"五七"干校撤销。

是年,筹建上高柴油机厂,厂址设县城工农路22号,隶属宜春地区,1980年停办。

1969

年初,在县城兴建了"毛泽东思想万岁馆"(俗称"忠字馆")。后改成县图书馆、博物馆。

3月23日,首批上海知青800余人,下放上高农村。

4月1日,中国共产党第九次全国代表大会在北京举行,上高县"农业学大寨"的标兵模范,蒙山公社抗头大队陂头生产队队长晏火生当选九大代表,出席了大会。

6月27日,山洪暴发,县城青阳石桥被冲毁。

8月,县革命委员会党的核心小组成立。江西省第三机床厂由南昌迁上高县城,隶属江西工学院。

1970

2月,上高大桥动工兴建,1971年

5月1日竣工通车。是南（昌）东（风界）公路最大的公路桥。大桥共4孔，每孔净跨45米，高12米，桥面宽7+2×1.5（米），全长200米，结构为砼双曲拱桥，耗资95万元。

春，首次引进一批早稻矮秆良种，对全县粮食增产起了重要作用。

8月，创建县化肥厂，1983年10月关停。

9月20—30日，组织全县各公社书记和部分单位主要负责人共20多人，到山西昔阳大寨大队参观学习。

是年，田心马鞍山革命士纪念碑建成。

1971

5月，县计划生育委员会成立。

10月，全县召开全体党员大会，传达中共中央〔1971〕57号文件，宣布林彪叛党叛国事件。

1972

7月21日至26日，全县"五·七"大军会议在县城召开，参加会议人员568人。上海市革委会赴江西慰问团，宜春地区革委会内务组也派人到会指导参与。

11月24日，恢复上高县人民法院。

同年，宜春地区林化厂从宜春迁到上高毛家渡。

1973

1月15日，县委决定，撤销县革委保卫部，恢复县公安局。

8月创办上高县第二中学，同时上高中学改名上高县第一中学。

8月24日至28日，中国共产党第十次代表大会在北京召开。蒙山公社抗头大队陂头生产队长晏火生当选代表出席会议。

1974

6月20日，县委专门组织力量对1968年间"清理阶级队伍"和"一打三反"运动中的错案进行甄别落实。

8月，召开全县"广积粮"经验交流会，号召全县人民节约储粮，备战备荒。

10月，县消防中队成立。

12月，本县年内出口大米13.35万公斤，此后，上高年年出口大米。

1975

3月6日至9日，全县召开"工业学大庆"经验交流会。

5月12日，省委书记江渭清到上高视察工作，先后视察了锦江、泗溪等地。

10月20日，县委提出贯彻中央20号文件，加快发展生猪生产。1975年实现平均每4人卖1头。1980年平均1人卖1头。

是年,开始到海南岛繁殖杂交水稻良种。主要品种有汕优二号、威优三五、威优六四、汕优六三等。到1985年,全县推广二晚杂优面积占85%以上。平均亩产838斤。改变了二晚低产面貌。这是农业生产上的又一重大突破。全县粮食平均亩产达812斤,第一次跨过农业发展纲要。

1976

6月,上高县派人出席在上海市金山县召开的全国生猪生产会议。

9月9日,中共中央主席、中共中央军委主席毛泽东逝世。9—18日,全县停止一切娱乐活动,进行吊唁、悼念。18日下午2:30时,全县1.3万人在上高县城广场举行追悼大会。

11月,全省生猪生产现场会在上高召开。

11月,县城召开声讨"四人帮"反党集团大会。

1977

4月23日16:16时,出现罕见的风雹,受灾严重涉及7个公社和农场。上甘山林场死亡4人,伤180人,损失折价300万元。

12月,创办宜春农业中等专业学校。校址县城北部竹子棚,隶属宜春行署。后撤并。

1978

5月3日,县委决定成立"右派分子摘帽"领导小组,由组织、宣传、公安等有关部门人员组成。

12月25日,县委常委会学习党的十一届三中全会精神。

1979

1月5日,县革委发出通告,开放农村集市贸易。

2月1日,县委常委会座谈讨论党的工作中心转移问题:1.解决思想问题;2.解决作风问题;3.解决政策问题。

2月5—11日,县委召开全县三级干部大会,传达中共中央十一届三中全会精神,全县把工作重点转移到社会主义现代化建设上来。

同月根据中央文件精神,给地主、富农、反革命、坏分子(俗称"四类分子")"摘帽",并给其子女改变家庭出身,到年底有3328人摘掉了"四类分子"帽子,占原有"四类分子"总数的98.4%。

2月,全县登记在册的工商个体户15户。

5月20日,恢复县人民检察院。

是年,在全县干部职工中开展真理标准的学习和讨论。

是年,停止下放城镇知识青年。

1980

4月11日,县委常委会听取落实政策汇报,全县平反2287人,对反右及"文化大革命"中非正常死亡的均作改正或平反结论和相应的补偿。

12月,第一份《上高县"四专一联"生产责任制典型材料汇编》下发全县农村基层组织。

是年,登记在册的工商个体户34户,从业人员34人。

1981

1月,县委党史办公室成立,开始党史资料征集工作。

2月21日,县革委会撤销。县第七届人民代表大会第一次会议召开,选举产生了县人民政府县长、副县长。

2月26日,中国人民政治协商会议江西省上高县委员会成立。

春季,在全县农村推行"四专一联"(专业队、专业组、专业户、专业工,联产计酬)生产责任制。

5月,各公社(场镇)撤销革命委员会,恢复原管理委员会。

9月,田心公社率先推行大包干生产责任制。

10月23日,敖山华侨农场接受第一批由深圳迁来的柬埔寨、老挝难民10户41人。

同年,全县按照革命化、年轻化、专业化、知识化要求,共提拔139名优秀中青年知识分子担任各级领导职务。其中,从技术人员中提拔75人,是历年提拔中青年知识分子担任领导职务最多的一年。

是年,上高县派人出席在北京召开的全国第二次农房工作会议,会上,印发了南港公社前进大队新村建设试点经验。

1982

3月20日,敖山华侨农场接收第二批由广西转来的越南难民121户共678人。

3月,设立打击经济领域犯罪活动办公室。

3月,九峰崇福寺被列入《中国名胜词典》。

6月,南港乡员山村蒋圣苟购买了一辆汽车,成为上高第一个汽车运输专业户。

7月1日,进行第三次人口普查,全县有总户数62273户,总人口273335人。

8月,国营商业推行"四定一奖"(定人员、定营业额、定费用、定利润、超额奖励)责任制。

秋,全县农村普遍推行家庭联产承包责任制。

1983

全年登记在册的工商个体户577

户,营业额达291.99万元。

4月,县长吕菊香当选第六届全国人大代表。

1984

1月13日,上高县首届个体劳动者代表大会在县城召开,成立了上高县第一届个体劳动者协会。

3月18日,经考核,上高为基本消灭血吸虫病县。省委血防领导小组颁发了考核证书、奖杯和奖旗。

4月7日,根据中共中央、国务院〔1983〕35号《关于实行政社分开建立乡人民政府的通知》精神,县人民政府颁发上政字〔1984〕26号文件,各人民公社改称乡,建立乡人民政府,撤销人民公社管理委员会。

同月,全县商业系统普遍推行经营承包责任制,各专业公司与商业局签订经营承包合同。

5月10日,县委、县政府提出《关于放宽开发山地政策的意见》,内容分:①落实自留山;②鼓励开发性承包;③现有的山林和草地实行多种形式的责任制;④对开发性承包的雇工应予放宽;⑤对山地开发予以扶助;⑥合理确定林产品的处理。

5月30日,县委、县政府出台《减轻农民负担的八条规定》。

6月,全县开展打击严重刑事犯罪第一战役。

6月10—11日,全省改革的5位"闯将"之一,上高县饮食服务公司经理胡波出席省广播电视厅、江西日报社联合发起的改革者座谈会、畅谈改革经验并回答记者提问。

7月24日,县委统战部向县委常委会汇报落实各项统战政策情况:几年来,全县在政治上平反了29名党外人士的冤假错案,改正了84名原划右派和55名原定"中右"人员的结论,补发了108人在"文革"中被停发的工资227323.73元,补发了61人应领未领的定期利息3818.16元,总共退赔金额254464.52元,复工、复职86人,恢复受牵连的家属子女的城镇户口和商品粮209人,并对132名原工商业者进行了区别工作。

1985

1月10日,县政府作出《关于保护农村专业户合法权益,支持农村专业户发展商品生产的规定(试行)》,共计20条。

2月1日,中国工商银行上高县支行成立。

6月11日,县委成立整党办公室,开始整党。全县整党分三批进行。

7月1日,上高电视台开始试播。

10月26日至30日,第二次全国村镇建设形势情报交流会在上高召开。

11月,上高县被列为全国瘦肉型

猪生产基地县之一。

12月,根据中央关于处理地下党员党籍问题的有关规定和省委的有关指示,县委对1949年4月成立的中共闽浙赣区江西地下党湘赣边工作委员会上高支部重新进行调查核实,恢复了9位地下党员的党籍。

1986

1月18日,省委书记万绍芬到敖山华侨农场视察,并走访大坪分场归国华侨。

3月8日,中国人民解放军江西省上高县人民武装部改归地方建制交接工作领导小组成立。6月18日,中国人民解放军江西省上高县人民武装部改为地方建制,下放地方领导,改称江西省上高县人民武装部,在县政府礼堂举行交接仪式。

3月,国务院授予上高县计划生育红旗单位光荣称号,颁发锦旗1面,金质奖章1枚。同时,授予锦江乡、新界埠乡、县计划生育技术指导领导小组为全国计划生育先进集体。

4月,锦江乡农民丁文文的摄影作品《春潮》,在全国首届农民摄影大赛上获得金牌。

10月5日,上高县被国家教委授予"基础教育先进县"光荣称号。

是年,登记在册的工商个体户4123户,从业人员5898人,营业额2000.14万元。

1987

1月25日,经省政府审定,观澜阁塔、蒙山银矿遗址、镜山抗日战场遗址为省级文物保护单位。

1月,上高县农民摄影协会成立。

1月,在全县工商业企业中推行经济承包责任制。

5月14日,县委、县政府联席会议决定,凡被授予全国劳动模范称号或被选为全国党代会代表、人大代表以及担任过副县级以上领导职务的农民(含其他阶层的非国家工作人员),在其年老不能担任基层职务,并取消误工报酬后,除乡、村按规定给予必要的生活补贴外,县财政每人每月发给生活补助费20元。当时有条件享受此待遇的有晏火生、刘克生、刘细珠3人。

7月,县政府首次在南昌江西饭店设立"招贤台",引进人才、技术、资金、项目,以发展县办工业和乡镇工业。

7月30日,恢复工商业联合会。

8月31日,县委、县政府做出《关于深化企业改革,搞好承包经营的有关规定(试行)》,共计15条,从1987年9月1日起试行。

1988

3月26日,县城程控电话开通。

4月4日,成立县监察局。

7月,田心乡马鞍山革命烈士纪念碑进行重建。

8月22日,上高县驻北京联络处成立。1993年1月30日更名为上高县人民政府驻北京办事处。2002年10月22日更名为上高县人民政府驻北京联络处。2010年取消。

8月,香港同胞马陆伦投资10万元在上高县独资开办新乐酒家,开上高县招商引资先河。

10月,上高县被评为全国教育先进县。

11月21日,全县150幅农民摄影作品在北京中国美术馆展出。

12月9日,省委书记毛致用到上高视察。

1989

6月,省委书记毛致用到上高视察。

6月上旬,全县认真学习《中共中央国务院告全体共产党员和全国人民书》,维护各方面正常秩序。

7月1日零时,第四次全国人口普查开始。经普查统计,全县人口为308475人。

12月,《上高人民革命史》出版。

12月,《中国共产党江西省上高县组织史资料》出版。

是年,新中国成立后第一本《上高县志》出版发行。

1990

5月20日,县委作出《关于在全县农村开展评"三户"活动的决定》,要求按照县委工作组在锦江乡锦南村进行开展评"双文明户、五好家庭户、遵纪守法户"试点经验开展活动。

10月5日,县委、政府作出《关于进一步稳定家庭联产承包责任制,完善双层经营体制的若干规定》。

是年,登记在册的工商个体户4260户,从业人员7090人,营业额3037.22万元。

1991

2月25日,县委、县政府制定《上高县"八五"区域经济发展要点》,《要点》提出全县"八五"区域经济的发展战略、奋斗目标和主要措施。

3月25日,县委、县政府制定《关于发展上高经济的优惠办法(试行)》。

6月,上高抗日阵亡将士陵园竣工,国务院原副总理、国防部原部长张爱萍为陵园题写匾额。

10月1日,上高电视台开播。

10月,省政府命名上高为"农民摄影之乡"。

1992

3月10日,县委发出通知,要求在全县形成认真学习贯彻邓小平同志南方重要谈话的热潮。

8月15日,县委、县政府研究决定,成立县招商局。

9月1日,全县粮油价格放开,取消居民粮油平价定量供应,将之纳入市场调节。全国通用粮票、江西省地方粮票在全县停止流通。

1993

3月14日,县委、县政府作出《关于减轻农民负担的决定》,从1993年开始,对农民负担实行定额限额,总量控制。

4月16日,60幅上高县农民摄影作品应美国纽约摄影学会邀请赴美参展,这是新中国成立以来中国农民首次出国办影展。

4月20日,国务委员陈俊生在省委书记毛致用陪同下到上高县视察工作。

5月30日,省委书记毛致用视察泗溪乡、敖山华侨农场。

9月3日,县委、县政府作出《关于加快发展个体和私营经济的决定》。

9月18日,县委、县政府作出关于领导干部廉洁自律的10条规定。要求全县各级领导干部带头贯彻执行中央和省委有关廉政建设的规定,坚持党性原则,严守党纪政纪,做遵纪守法的模范和廉政勤政的表率。

10月25日,全县个体私营经济表彰大会在县城召开。

1994

6月6日,县酒厂生产的"七宝山"牌老窖酒获第五届亚太地区贸易博览会金奖。

6月28日,由省电视台摄制的反映上高县田心镇"三八"影社的电视片《田心女子摄影队》在江西电视台黄金时间播出。

9月15日,省委书记毛致用率领全省地市委书记、专员、市长到上高县视察乡镇企业。

11月1日,县总商会成立,与县工商联实行两块牌子一套人马。

1995

1月1日,县委、县政府制定《关于进一步加快发展个体私营经济的决定》。

2月,经国家教委审查,上高县基本达到国家关于现阶段基本普及九年义务教育和基本扫除青壮年文盲的各项要求。

4月14日,中共中央政治局原常委、中央组织部原部长宋平视察上高。

11月12日,县委、县政府印发《上高县1995—1997年强攻工业"1144"计划》。

1996

3月15日,江西省上高县人民武

装部由地方建制收归军队建制序列,改称中国人民解放军江西省上高县人民武装部。

4月8日,县委制定印发《上高县国民经济和社会发展"九五"计划和2010年远景目标要点》。

6月22日,召开全县个体私营经济表彰大会。

1997

3月,新界埠乡富港村村民李南远主动向村委会承包闲置田地30亩,开创该乡土地向种田能手集中的先例。

7月21日,县委办、县人民政府办下发《关于切实做好1997年减轻农民负担工作的通知》。

7月29日,县委、县政府下发《关于建立上高县镜山工业开发试验区的决定》。

1998

3月1日,县委、县政府下发《关于加快农业产业化经营的决定》。

5月,上高被文化部评为全国社会文化先进县。

6月30日,全国政协副主席毛致用在省市领导陪同下到上高县视察。

7月1日,县政府颁发《上高县招商引资奖励办法》。

1999

4月7日,县委召开全县"三讲"(讲政治、讲学习、讲正气)教育动员大会。

10月22—25日,上高解放后首批到上高工作的南下干部及其陪护人员41人回访上高。

11月25日,县委、县政府下发《关于全县工业企业产权制度改革的实施意见》和《关于进一步解放思想、优化环境、深化改革、扩大开放、加快县域经济发展的决定》(简称三十六条)。

12月31日,县委总结,全县共引进客商197家,实际引进外资289万美元,引进县外资金1.3亿元,客商投资企业共嫁接县乡企业81家,提供就业岗位(含季节性)1.3万个,全年上交税金达900万元,上缴租赁费330多万元。

2000

上半年,上高县制定《招商引资奖励实施办法》共计14条。

本年度,招商引资新成效,全县引进项目168个,引进资金1.18亿元,其中工业项目120个,引进项目中,投资500万以上的13个。

2001

3月8日,县委、县政府决定,在城郊镜山地段设立县民营科技工业园,并成立园区建设指挥部。

6月25日,县委、县人民政府制定

《关于深入解放思想加快经济发展的若干规定》。

本年度,旺旺集团江西总厂入驻上高。

2002

3月14日,县委、县政府制定《上高县引进优秀人才奖励暂行办法》。

10月22日,县委设置工作部门5个,县政府设置工作部门22个,县委、县政府设置议事协调机构的办事机构、部门管理机构共5个。经过调整,县政府工作部门由原来28个精简为22个,精减21.4%。乡镇机构改革按乡镇人口、财政收入、土地面积三项指标计算总指数,全县17个乡镇划分为一、二类:泗溪、田心、敖阳镇、锦江、徐家渡、翰堂、新界埠7个乡镇为一类,其余为二类。各乡镇的事业站所由原来14个精减为7个。乡镇站所事业编制按一类乡镇控制在40名以内,二类乡镇控制在35名以内核定,全县乡镇事业站所总编制要精减23.5%以上。乡镇党政机构保留人大主席团、纪律检查委员会、人民武装部,并统一设五个综合性办公室,均为正股级单位。县乡镇群团组织按各自的章程和有关规定设置。

2003

6月30日,县发电厂、大理石厂、水磨石厂实行产权制度改革,687名职工身份置换,解除劳动关系,移交社区管理。

9月,省生态畜牧小区现场会在上高召开。

同年,县信访办开通县长热线电话,设立县长信箱

2004

2月29日,"上高最大的优势就是上高人"主题教育活动动员大会召开。

3月27—28日,国务院督查组一行督导检查上高县贯彻落实中央经济工作会议精神情况。

7月26—27日,上高县农网建设与改造工程通过省级验收。

10月17日,中共中央政治局常委、国家副主席曾庆红到上高考察。

10月19日,中央巡视组一行5人到上高考察。

2005

1月13日,中央"五侨"慰问团到敖山华侨农场走访慰问侨民。

1月31日,县委、县政府决定开展向首届"十佳上高人"的学习活动。

3月15日,省委巡视组到上高县检查保持共产党员先进性教育活动开展情况3月22日,宝成国际集团考察团一行15人,在省台办及市委领导陪同下,到上高考察,并于下午3点38分举行宝成国际集团投资上高签约仪式。

6月15日,省委调研组到上高县调研社会主义新农村建设情况。

9月21—23日,全省关心下一代工作会议在上高县召开。

10月,香港特别行政区万志仁慈善基金会向县妇幼保健所捐赠救护车、胎儿监护仪等医疗保健设备,总价值30余万元。

11月11日,安徽省党政代表团到上高县考察旺旺集团上高瑞麦食品有限公司。

2006

1月5日,全省科技特派员试点作物现场会在上高召开。

1月8日,全国人大代表和省人大代表视察组到上高县视察。

2月22日,县委下发《关于制定全县国民经济和社会发展第十一个五年计划纲要的建议》。提出今后五年经济社会发展的主要目标是聚焦工业园、决战双百亿,建设新农村、加速奔小康。

6月30日,中央文献研究室考察组到上高县参观考察。

本年度,江西匹克实业有限公司入驻五里岭产业园。

2007

2月8日,县委、县人民政府发文通报表彰第二届"十佳上高人"。

4月6日,中共电视台二套经济频道《金土地》栏目"希望快车"——上高站在县镜山广场开拍。

4月15日,江西省党政代表团到上高县考察。

9月24日,国务院督导组到上高县指导保证市场供应、维护副食品价格稳定工作。

10月15日,全国超级水稻示范推广现场观摩暨现场交流会在上高县召开。

10月29日,"中国红歌会"大型明星演唱会在上高县举行。

12月10日,江西南方水泥集团200万吨水泥建设项目签约仪式在上高县举行。

2008

1月20日,武吉高速公路基本建成通车暨全省高速公路通车里程突破2000千米,320国道大城至万载一级公路改扩建工程基本建成通车庆典在上高县举行。

4月29日,中国华电集团与上高县签订沼气,火力发电开发战略合作协议。

5月28日,省部分工业园吸引利用台资经验交流会在上高召开。

6月5日,农业部专家到上高检查指导工作水稻病虫害防治工作。

7月4日,国家粮食研究中心粮食问题调研组到上高县调研。

10月14日,国家级食品安全示范县考核评估组到上高县考核评估。

12月21日,上高县在北京举行2009年上高县经济发展恳谈会。

本年度,被国家食品药品监督管理局授予"国家食品安全示范县"。

被省政府授予"全省县级财政收入三年翻番奖"全省造林先进县,被省委、省政府授予"全省计划生育综合先进县""全省农村合作经济组织发展先进县"称号。

县供电公司、县地税局、县国税局、中储粮上高直属库、县新华书店、县交通稽查征费所、县人民检察院、县公路分局,被省委、省政府授予江西省第十一届文明单位。

2009

本年度被文化部授予"全国文化先进县"称号,被教育部授予"全国推进义务教育均衡发展工作先进地区"称号,被财政部授予"2009年生猪调出大县"称号。

被省委、省政府授予"全省'光明·微笑'工程先进县"称号,被省政府授予"全省造林绿化'一大四小'工程建设先进县"称号,上高县工业园区被省政府授予"2009年度全省先进工业园区"。

1月18日,县委、县政府通报表彰第三届"十佳上高人"。

12月27日,上高县以"欢聚上高"为主题,举行为期3天的"2009浙商(上高·明月山)恳谈会",近200名应邀远道而至和已投资扎根上高多年的浙江客商相约齐聚上高,畅叙友情,共谋发展。

是年,被省政府评为全省造林绿化先进县、土地管理和全国"双保"先进县(保经济增长、保耕地红线)。

2010

3月29日,县委印发《上高县科学发展长效机制》的通知。

4月17日,中国摄影协会《大众摄影》影友联谊会在中国农民摄影之乡——上高县举行。

7月14日,农业部水稻专家一行到上高县考察超级水稻推广种植、水稻高产创建及早稻受灾等情况。

8月4日,中宣部文物局专家到上高考察抗日战场遗址。

12月2日,省委第一巡视组到上高县巡视。

本年度,上高县被全国绿化委员会授予"全国粮食生产先进县"称号,被国家能源局、农业部授予"国家绿色能源示范县"称号,被农业部、财政部授予"全国生猪调出大县"称号,并获"全国科技救灾先进县"称号。

县人民检察院、县财政局、县地税局、县国税局、县供电公司、县农村信用联社、县新华书店被省委、省政府授予江西省第十二届文明单位。

2011

4月2日,上高县在抗日阵亡将士陵园举行纪念上高会战胜利70周年暨公祭抗战忠烈典礼。

6月28日,上高县与上海市浦东新区和浙江省嘉善县联合举办的"红色影像"大型主题摄影展在县图书馆开展。

本年度,被国土资源部授予"首届国土资源节约集约模范县"称号,被文化部授予"中国民间文化艺术之乡"称号,被文化部、财政部列为"全国创建公共文化服务体系示范县",被国家能源局、财政部、农业部列为"国家绿色能源示范县"。

被省委、省政府授予2011年"全省农村经济结构调整先进县"称号,被省政府授予2011年"县级财政收入三年翻番奖""江西工业崛起年度贡献奖"及"全省粮食生产先进县"称号、"2011年度市县政府考核评价农业发展先进县"称号。

被列为全省县级政府政务公开和政务服务试点县市、全省永久性基本农田划定试点县、全省第二个县级加工贸易业务审批点。

被评为"2011年春季森林防火平安县"。

9月24日,中国水稻所所长、农业部专家组一行来到上高,就"北粳南移"进行调研。

11月20日,中国龙健杯2011年全国第三届"县长杯"乒乓球赛在上高进行。

2012

1月15日,县委、县政府表彰第四届"十佳上高人"。

1月20日,县城青阳大桥竣工通车。

3月,省发改委正式下达批复,同意将上高绿色食品产业基地认定为省级特色产业基地。

6月,上高县应匈牙利共和国邵什库特县长的邀请,赴该县进行友好城市缔结事宜,并进行亲切会谈,双方签订建立友好城市关系意向协议书。

12月,上高紫皮大蒜成功申报"国家农产品地理标志"。

本年度,实现生产总值101.5亿元,财政收入15.02亿元,敖阳街道财政收入率先迈上亿元台阶。

是年,粮食总产6.4亿斤,实现九连增,生猪养殖连续六年被评为全国生猪调出大县。

2013

5月,"上高会战"和"蒙山银矿"遗址晋级为第七批国家级重点文物保护单位。

同月,中国农业科学院中国农业科学院水稻所、作物所及江西、湖南、浙江等省的全国知名农业专家、教授团队一行45人到上高县,就国家粮食增产模式攻关项目实施情况进行视察调研。

6月17日,召开全县"千名干部进镇村、助推城乡一体化",深化"三个走遍"活动动员会。

8月,"上高蒙山猪"获国家农产品地理标志登记公示。

9月,上高县获"全国食品工业强县"称号。

9月,上高县被列为2013年江西省第五批小型农田水利重点县。

10月,上高县"一乡一色、一村一品"特色文化建设项目通过文化部专家评审验收,成为首批国家公共文化服务体系建设示范县。

10月,农业部牵头组织新华社、人民日报、经济日报、农民日报、中央人民广播电台、中央电视台等中央媒体,对上高县粮食生产情况进行"秋粮探访"为主题的采访活动。

11月,继2007年后,上高县连续第七年被列为"全国生猪调出大县"。

2014

1月,县工业园区被省政府评为重点省级工业园区,成为全省22家重点省级工业园区之一。

3月,总投资2.7亿元的天然气供应及配套管道项目落户上高。

7月28日,县委办、县政府办印发《上高县城市棚户区改造三年攻坚实施方案》,标志大规模棚户区改造正式启动。

9月1日,经党中央、国务院批准,国务院公布了第一批80处国家级抗战纪念设施、遗址名录,纪念上高会战的"抗日阵亡将士陵园"榜上有名。

同月,上高县被命名为江西省"民间文化艺术之乡"。

11月1日,县委宣传部承制的《赣西明珠——江西上高》形象片在北京王府井新华影廊大屏播映。

11月22日,辽宁省政府考察团到上高县考察农村土地改革情况。

12月,上高县(农民摄影)被文化部授予2014—2016年度"中国民间文化艺术之乡"称号。

是年,再次通过文化部第三次"全国文化先进县"复查,继续保留"全国文化先进县"荣誉称号。

是年,被文化部授予全国文化先进县。被省委、省政府授予科学发展综合考核评价先进县、全省外贸出口先进县、全省利用外资先进县、粮食生产先进集体。

2015

3月,农业部下发《农业部关于认

定第二批全国农村集体"三资"管理示范县的通知》,上高县获"全国农村集体三资管理示范县"荣誉称号。

4月25日,"纪念中国人民抗日战争胜利暨世界反法西斯战争胜利70周年"全国集邮巡回展览江西站邮展启动仪式在上高会战抗日阵亡将士陵园举行。

4月,上高县被财政部、农业部列为全国生猪调出大县。2007—2015年,上高县连续9年获此殊荣,共获得中央奖励资金4692.9万元,主要用于粪污处理、病死猪无害化处理,畜禽技术推广服务和疫病监测等方面。

8月19日,"台商在上高"成果图片展在宜春市举行。

10月29日,举行上高县重大工业项目集中开(竣)工仪式。

10月,在全省森林防火暨湿地候鸟保护、松林线虫病防控工作会议上,上高县获2013—2015年度全省"森林防火工作先进县"称号。

是年,上高县获"2013—2015年度全省森林防火工作先进县"称号。

2016

2月17日,全县2016年招商安商百日行动动员大会召开。

2月18日,江西省生物新能源重点示范项目——江西圣牛米业公司投资3000万元建设稻壳气化发电综合利用项目投产,成为全国第一个科技创新、产业创新的生物利用典范。

2月,反映上高会战的题材电影《我的上高》在浙江横店影视城开拍。2017年3月8日,在中央电视台电影频道首播。

4月1日,在县博物馆举行上高会战文物捐赠仪式,同时举办捐赠的抗战文物展示。县收藏爱好者向县博物馆无偿捐赠65件抗战文物缅怀先烈。

5月18日,上高县举行27个重大工业项目集中开(竣)工活动。

5月18日,上高县一施工人员在野市游家(现电子信息产业园)建设工地施工时,挖出12枚恐龙蛋化石。

5月25日,上高县第三次全国农业普查工作正式在敖山镇启动。

5月,为破解工业园区企业员工住宿难新建的公租房小区惠泽花苑1300余套公租房开始正式投入使用,并迎来第一批入住者。

是年,登记在册的工商个体户13926户,私营企业6490户,农民专业合作社700户。

2017

1月1日,历时2年建设、总投资1.4亿元、全长3.8千米的省重点建设项目——省道石镇线上高段建成通车。

1月21日,投资1.73亿元、日供水12万吨的上高县重点民生工程——县城第二水厂竣工投产。

1月21日，上高县举行保丰水库扩建工程开工仪式。

1月，总投资9000万元、历时三年建设的上高大桥新建工程主体工程全部完工。该桥全长840米，为上下双层结构。

5月4日，由中铁北京工程局承建的蒙华铁路上高段31标四工区杨树岭隧道顺利贯通，成为蒙华铁路31标暨蒙华铁路湘赣指挥部管道内第一个贯通的4千米以上隧道和整条蒙华铁路中第一个贯通的一级风险隧道。

15日，上高县召开"千名干部进万家，助推脱贫攻坚大会战"活动动员部署会。

5月，举行锦阳大桥、体育广场开工仪式。

6月2日，上高县举行15个重大项目集中开(竣)工仪式。

7月4日，上高飞乐电子科技有限公司10亿元项目成功签约落户。

8月31日，中央文明办在新疆乌鲁木齐市举办"中国好人榜"发布仪式暨全国道德模范与身边好人现场交流活动。镇渡乡伺候百岁婆婆传为佳话的七旬农妇喻根华上榜。

10月25日，上高县举行重大项目集中开(竣)工仪式。

11月17日，中央精神文明建设指导委员会发布《关于表彰第五届全国文明城市、文明村镇、文明单位和第一届全国文明校园的决定》，上高中学获第一届"全国文明校园"光荣称号。

本年度，获评"全国社会治安综合治理先进集体"。

2018

2月9日，第六届"十佳上高人"颁奖晚会在县影剧院举行。

2月，县监察委员会挂牌成立，撤销县监察局，县人民检察院反贪、反渎、预防等机构职能、人员转入县监察委员会。

3月19—23日，县政府组织人员赴日本开展经贸交流友好访问。

5月9日，省脱贫攻坚第七督察组督察上高县脱贫攻坚工作见面会召开。

5月15—19日，县委、县政府组织人员赴深圳、香港参加赣港经贸合作交流会并开展招商引资。

7月4日，中国农业科学院水稻专家组一行到上高县观摩早稻绿色高质高效创建。

7月30日，新界埠镇城陂村第一书记杨志萍入选2018年"中国好人榜"敬业奉献最美中国好人。

10月1日，敖山镇洋林归侨少数民族村党支部书记唐国徵，以全国民族团结进步模范个人身份，在北京参加庆祝中华人民共和国成立70周年现场大会。

10月10日,台资企业中杰鞋业有限公司出资45万元,捐助全县602名品学兼优的贫困学生。

10月,位于芦洲乡的蒙华铁路进站大道正式开工建设。

11月19日,上高县投资2400万元建设的28座水质自动监测站完成调试并与县环保监控联网,标志着上高县地表水污染源监测网络基本形成。

是年,全县入园企业达392家,新增规上工业企业45家,工业固定资产投资增长21.4%,外贸29亿元,列宜春市第一。纳入省、市、县三级联动重大项目32个,创历史新高。

2019

1月7日,县消防救援大队举行授衔和换装仪式。

1月22日,上高县举办城镇村客运公交一体化启动仪式,90辆新能源公交投入使用。

1月,上高县第四次全国经济普查启动仪式在敖阳街道举行。

1月,全县落实农机购置补贴1100万元,补贴插秧机、粮食烘干机、联合收割机等各类农机具645台/套,受益农户达980多户。

2月28日,投入3亿元,占地58亩,建筑面积2万平方米,日处理垃圾400吨的上高县生活垃圾焚烧发电厂开始运行发电。

2月,上高县制定中草药种植3年行动计划,新增中药材基地8375亩,总面积达3.9万亩。

2月,上高县登记注册的开业企业户数达10027户,突破万户大关,人均企业户数位居宜春市第一,总量位居全市第四。近三年,全县新增企业户数年均增长30%以上。

3月8日,敖阳街道镜山路社区荣获"全国巾帼文明岗"称号。

3月,国家民委下发第六批全国民族团结进步创建示范区(单位)的决定,敖山镇洋林归侨少数民族聚居村榜上有名。

4月18日,上高县举行2019年第一季度工业项目集中开竣工仪式,集中开工项目12个,竣工项目9个,总投资达24.9亿元。

4月,河南小学选手夺得2019年首届江西省青少年智能机器人竞赛一等奖和二等奖。

5月1日,上高县首届农耕文化节开幕。全县农耕好手齐聚一起开展农耕趣味比赛,享受劳动乐趣,感知科技力量。

5月23日,中国科学院院士、中国工程院院士专家到泗溪镇曾家村绿色优质稻高产高效栽培技术综合试验示范基地调研指导。

5月30日,县人民医院东迁项目工程奠基仪式举行。

6月17日,敖山镇洋林少数民族村举行第十一届全国少数民族运动会互联网火炬传递仪式。

6月,启动"百村示范,千村整治"农村人居环境改善工程,每年重点完成30个左右美丽示范村庄创建和300个左右基础村点的农村人居环境整治提升,到2020年,全县创建100个美丽示范村庄和1000个基础村点。

7月1日,上高县大型民生工程——城区供水引水管网工程举办通水仪式,该工程于2018年1月正式开工建设,总投资1.96亿元,从南港水库和保丰水库取水,在芦洲两江汇合,经增压泵站加压后送入县城第二水厂管网,供水管线总长30.57千米,年平均日供水量为7万吨,从根本上满足城区居民的安全饮水需求。

7月2日,赤道几内亚农业、畜牧、森林和环境部长尼古拉斯·奥东奇·阿卡波一行到上高考察指导。

7月18日,上高县首届浙商大会召开。

7月24日,2019年宜春市工业项目第三次集中开(竣)工活动主会场设在上高县举行。其中上高县的23个项目投资额超过110.49亿元,23个项目中包括开工项目12个,计划投资78.88亿元,竣工项目11个,计划投资31.61亿元,涵盖电子信息、锂电新能源、新材料、环保等多个领域。

9月20日,宜春市委、市政府领导走访慰问部分上高县获得"庆祝中华人民共和国成立70周年纪念章"人员,为他们转送由中共中央、国务院、中央军委为他们颁发的"庆祝中华人民共和国成立70周年纪念章"。

10月14—15日,上高中学管乐队选送的《勇往直前》《龙舌兰》获江西省第五届中小学合唱节暨首届器乐(管乐)节高中组一等奖。

10月,县政协主编的《知青与上高》一书出版发行。

2020

1月8日,省文联、省书协、省作协主办,县文联、县书协、县作协承办的"万名文艺家下基层"——江西省文联系统"名家讲堂"走进上高县新时代文明实践中心,活动分别在县文广新旅局和县图书馆举行。

1月20日,上高县迎新春暨"最美奋斗者"颁奖晚会在上高艺术中心隆重举行。

1月,成立新冠疫情工作领导小组,组建疫情防控应急指挥部。

1月,武汉爆发新型冠状病毒感染的肺炎(后简称新冠肺炎),并迅速在全国蔓延。县内立即启动防控机制。除与疫情防控和居民生活密切相关的单位外,全县各单位居家办公,工矿企业停产,商铺关门歇业,学校停课并开展线上学习。倡导市民居家不串门、勤洗手、常通风、出门戴口罩。县内各企业和有识之士纷纷捐款捐物，共同抗击疫情。2月24日，按照省市部署，机关单位开始恢复正常上班，企业逐步恢复生产。5月之后学校分步恢复课堂授课。

2月3日，上高县锦华小区出现首例疑似病例，2月4日确诊，2月16日治愈出院。为做好防疫工作，上高县新型冠状病毒感染的肺炎疫情防控应急指挥部立即对该小区采取封闭管控措施，为期7日。

2月21日，在全市重大招商引资重大项目不见面网络视频签约仪式上，上高县成功签约一投资达5亿元的项目。

2月，在疫情防控的特殊时期，上高县组织中小学生通过有线电视、互联网电视、赣教云和空中课堂平台等开展线上学习，确保疫情防控期间中小学校停课不停学。5月18日，上高县124所小学，170所幼儿园学生已安全返校复学。

3月13日，上高县举行2020年一季度重大项目集中开（竣）工暨"双百"竞赛活动启动仪式，此次集中开（竣）工项目共有33个，总投资达82亿元。

3月31日，上高县公安局森林分局举行揭牌仪式。

3月，泗溪镇淋溪村的谢诗勇捐赠100万元修建村中的道路和篮球场，并为村中挖掘一口鱼塘养鱼，为家乡的发展尽自己的一份心意。

4月12日，学园路小学老师的《新课程背景下语文古诗词教学策略研究》在全国优质科研成果评选活动中，获教育部基础教育课程改革研究中心授予的一等奖。

6月1日，民盟江西省"烛光行动示范基地"揭牌仪式在南港中心学校举行，并为南港中心学校送去价值10万元的教学设备、1000册图书。

7月20日，上高县召开"优环境、促发展"大讨论活动动员大会，推动环境大优化、经济大发展，凝聚起聚精会神搞建设、一心一意谋发展的强大合力，凝聚起全面从严治党、构建风清气正政治生态的强大合力。

7月21日，上高县召开第七次全国人口普查工作动员大会，传达国家、省、市人口普查领导小组全体会议精神，安排部署全县第七次全国人口普查工作。

8月10日，水利部一行4人对上高县申报全国第一批深化小型水库管理体制改革示范县进行现场评估，实地考察上高县小型水库管护情况。

8月24日，国家统计局督察组一行到上高开展统计执法督查工作。

8月26日，民政部、财政部考核验收组一行三人就民政局社会化养老服务工作进行考核验收。

8月,上高县台资企业中杰鞋业在全县16个乡镇(场、街道)集中开展2020年爱心助学活动,为全县562名贫困学生发放助学金47.47万元。

9月11日,县慈善会、匹克(江西)公司进行慈善助学金发放仪式,为全县20名考取二本以上的应届贫困学子每人发放5000元慈善助学金。

9月24日,县委宣传部、县文广新旅局、县市场监督管理局联合主办上高县"一桌菜"评选活动在县体育馆隆重举行,"有头有脸"等被评为上高县"十大金牌本地菜"。

11月19日,上高县被水利部公布为第一批深化小型水库管理体制改革样板县。

12月30日,上高县举行县政府任命的国家工作人员宪法宣誓仪式。

12月31日,中央文明办发布11月"中国好人榜",本县陈锁生上榜。

2021

1月10日,县公安局在县艺术中心举办庆祝首个中国人民警察节文艺晚会。

1月25日,上高县首台负压救护车在县人民医院投入使用。负压救护车被称为"移动的N95",它能防止车内空气外泄,车内污染空气经无害化处理后再排出,在病患转移过程中最大程度保证隔离,防止病毒对外传播。

1月31日,上高县党政学习考察团到丰城、樟树、高安,考察学习丰樟高在招商引资、项目建设、工业发展等方面的新思想、新理念、新路径、新举措。

3月17日,国家禁毒委到上高县调研禁毒工作。

4月21日,中央环保督察组到上高县调研。

5月8日,省政府教育督导委员会通报2020年度县(市、区)党政领导干部履行教育职责督导评价结果,上高县位列优秀等次。这是2018年以来上高县连续三年获此殊荣。

5月10日以上高革命烈士傅学祥故事为原型的采茶戏《血泪传》举行开排仪式。

5月,田心革命历史展馆在田心镇落成。

6月22日,上高县矛盾纠纷调处中心正式揭牌启用。

6月28日,上高县召开"七一"表彰大会,为全县"两优一先"表彰对象代表和"光荣在党50年"纪念章获得者代表颁发了证书和纪念章。

同月,县政协主编的《人文上高》一书,由江西人民出版社正式出版。

同月,"红军在上高"陈列馆在新界埠镇桐山村落成。

7月1日,文旅特色小镇,大观老街正式对外开放,接待旅游顾客。

7月19日，水稻新品种双季早粳"中科发早粳1号"现场会在上高县举行。通过现场测产验收，平均亩产567.64公斤，标志着这一新品种实现了全国双季早粳稻"零的突破"。

8月10日，全省唯一一家水稻科技小院——江西农业大学上高水稻科技小院新楼正式在泗溪镇曾家村启用。

8月23日，上高县召开创建全省文明城市、省级卫生县城工作推进会。就创城工作开展动员部署，凝聚全县上下共识，全力以赴打赢创城工作攻坚战。

9月7日，民盟江西省委在上高举行"烛光行动"示范基地捐赠活动，向南港中心学校捐赠价值15万元的办公电脑。

9月18日，上高县举行纪念中国人民抗日战争胜利76周年暨上高会战胜利80周年抗战文物展。

10月16日，由省教育厅、省体育局、团省委主办，市教体局、团市委承办，县全民健身促进中心、县教体局、团县委、县体育总会协办的2021年江西省第七届青少年"未来之星"阳光体育大会在县体育馆正式拉开帷幕。

10月17日，省农业技术推广中心种植业新技术示范基地在泗溪镇曾家村科技小院举行揭牌仪式。

10月，县公安局泗溪派出所协同局治安大队成功处置位于泗溪镇张家村一村民自家宅基地上、泗溪镇漕港村一荒地上两枚侵华日军遗留炮弹，及时消除安全隐患。

11月19日，江西师范大学授予上高二中"教育实践基地"匾牌。

11月25日，教育部公布第三批全国中小学中华优秀传统文化传承学校名单，镇渡中心学校的舞龙舞狮榜上有名。

12月16日，上高县获全国平安建设和社会综合治理的最高荣誉"平安中国建设示范县"。

12月22日，全省精神文明建设表彰大会在南昌隆重召开，上高县被省委、省政府授予"第七届江西省文明城市"荣誉称号。

12月，上高县被省教育厅推荐遴选为全国义务教育优质均衡发展先行创建县。

12月，上高县获评2021年首批国家级水产健康养殖和生态养殖示范区。

12月，县体育局、县消防救援大队获评2017—2020年度全国群众体育先进单位。

2022

1月9日，第九届"中国百强中学"发布会暨第九届中学名校校长论坛在北京大学博雅国际酒店举行，上高二中被授予"2020—2021年度（第九届）中国百强中学"，这是上高二中继2009、

2011、2013、2019 年后,第五次获此殊荣。"中国百强中学"被誉为"中国中学的最高荣誉",在全国享有盛誉。

1 月 27 日,上高县位于县体育馆的首批新能源充电桩正式运营。

2 月 10 日,省政府正式发文批复,同意将江西上高工业园区更名为江西上高高新技术产业园区。

2 月 16 日,上高县举行 2022 年首次重大项目集中签约仪式,现场签约重大项目 10 个,总签约金额 181.6 亿元。

2 月 16 日,2022 年"三请三回"企业家、优秀人才恳谈会暨第七届"十佳上高人"颁奖活动在县艺术中心隆重举行。活动中,颁发了"十大领军企业"奖、"十大工匠"奖、"上高招商大使"证书、第七届"十佳上高人"奖、第七届"十佳上高人"提名奖,举行了重大项目集中签约仪式、银企签约活动和企业家活动日启动仪式。

3 月 9 日,在 2021 年度高质量发展考核评价"教育发展"考核中,上高县获全市第一、全省第三。

4 月 27 日,江西赣能上高 2×1000MW 清洁煤电项目签约。

4 月 28 日,江西旺旺食品有限公司工会主席刘惟果荣获"全国五一劳动奖章"。

5 月 30 日,"全国科技工作者日"市县联合活动在上高县举行,活动围绕主题"创新争先,自立自强"展开。

6 月 15 日,全县省级卫生县城考核验收反馈会召开。

6 月 22 日,省科协到上高县举行"主席接待日"系列活动。围绕各自领域在科技工作创新、科学技术推广、科技发展难题等方面开展座谈。

7 月 1 日,上高县举行"光荣在党 50 年"纪念章颁发仪式。

8 月 21 日,由江西广播电视台主办的 2022 润田翠"幸福江西行"活动走进上高。活动以"喜迎二十大、健步走起来"为主题,以"开明诚信、务实创新、遇见上高、步步登高"为口号,在镜山广场举行。

9 月 1 日,原上高外国语学校由民办转为公办,新增公办学位 4000 个,彰显教育的公益性。

9 月 27 日,上高县实验小学非物质文化遗产戏曲进校园活动,入选中央宣传部、国家发展改革委、中央军委政治工作部、北京市主办的全国"奋进新时代主题成就展"。

10 月 8 日,中国化学会公示第 36 届中国化学奥林匹克(初赛)一等奖学生名单,其中上高二中的黄一楠荣获一等奖。

10 月 13 日,"宜春这十年"系列主题新闻发布会(上高县专场)举行。江西日报、经济晚报、宜春日报、江西广播电视台、江西网络电视台、香港商报等媒体记者围绕上高县营商环境建设、发展数字经济、项目建设、城乡建设、基层治理、增进民生福祉等方面提问。县委、县政府主要领导分别作答。

10月16日至22日,敖山镇副镇长唐国徽作为正式代表出席中国共产党第二十次全国代表大会,不负重托、不辱使命,正确行使权利,忠诚履行职责,圆满完成党代表的光荣使用。25日,将党的二十大精神带回家乡。

10月,上高县被列入"首批省级富硒功能农业重点县"。

12月6日,县委、县政府、县人大、县政协等四套班子领导集中收听收看了江泽民同志追悼大会现场直播。

12月10日,由宜春交投集团投资建设的宜万同城快速通道全线通车。宜万同城快速通道由G220万载至袁州段改建工程和G320上高墨山至万载段改建工程两个项目组成。项目途经袁州区、宜阳新区、宜春经开区、万载县、上高县等5个县(区、管委会)和10个乡镇、街道,全长53.55千米,总投资58.23亿元。

12月19日,江西上高高新技术产业园区举行正式揭牌仪式。

12月27日,内蒙古森林消防总队大兴安岭支队100名指战员,采取公路输送和航空输送的方式,历时5天跨越3000多千米到达宜春上高驻防,开展为期5个月左右的驻防,协助做好赣西片今冬明春的森林防灭火工作。

12月,省文学艺术界联合会、省电影家电视艺术家协会举办"喜迎二十大 讴歌新时代"《我们这十年》微电影微视频原创作品大赛。由县文化广电新闻出版旅游局、江西名优传媒有限公司报送的《上高正好》获得最佳短视频奖。

资料来源和参考文献

冷群安主编:《上高人民革命史》,南海出版社1989年版。

王化成主编:《上高县志》,南海出版公司1990年版。

上高县邮电局编:《上高县邮电志》,科学普及出版社1996年版。

刘东明主编:《中国共产党上高县历史大事记(1919—2002)》,江西人民出版社2003年版。

晏慧珍等主编:《上高县志(1986—2005)》,方志出版社2016年版。

卢建萍主编:《中国共产党江西省上高历史》第一、二卷,中共党史出版社2015年、2022年版。

刘清华等主编:《蒙山古银矿》,江西人民出版社2016年版。

中共江西省委党史研究室:《江西改革开放简史(1978—2018)》,江西人民出版社2018年版。

刘清华主编:《敖邑撷珍》,江西人民出版社2018年版。

晏晓勤主编:《人文上高》,江西人民出版社2021年版。

上高县民政局编:《江西省上高县地名志》(内部资料),1984年印。

上高县博物馆编:《上高文物志》(内部资料),1986年印。

上高县政协编:《上高会战史料选编》上、下册(内部资料),1986年印。

上高县交通局编:《上高县交通志》上、下册(内部资料),1988年、1997年印。

上高县史志办编:《锦绣上高》(内部资料),1988年印。

上高县统计局编:《上高县国民经济统计资料》(1949—1988年)(1988年)(1989年)(1990年)(内部资料)

上高县委组织部编:《上高县组织史》第一、二、三卷(内部资料),1989年、1998年、2015年。

上高县水利局编:《上高县水利志》(内部资料),1992年印。

上高县统计局编:《上高统计年鉴(2008—2021)》(内部资料)。

上高县人大编:《上高人民代表大会志》(内部资料),2009年印。

上高县政协编:《上高县政协志(1981—2009)》(内部资料),2010年印。

上高县人武部编:《上高县军事志》(内部资料),2010年印。

上高县政协编:《上高县古建筑和非物质文化遗产选录》(内部资料),2010年印。

上高县政协编:《上高县名人故居和古今楹联集锦》(内部资料),2011年印。

上高县统计局编:《上高统计年鉴(2012—2021)》(内部资料)。

上高县教体局编:《上高县教育志》(内部资料),2012年印。

上高县政协编:《纵横古今看上高》(内部资料),2016年印。

李盛秋编:《锦江饮食文化》(内部资料),2017年印。

上高县政协编:《知青与上高》(内部资料),2019印。

上高县统计局编:《上高县人口普查年鉴》1—3册(内部资料),2020年版。

全县各乡镇场街道、县委各部门、县直各单位、企业、学校资料由相关单位提供。

后　记

寒来暑往,春华秋实,《上高通览》即将付梓了。

放下手中的笔,掩上散发着浓郁墨香之气的书稿,心里充满感慨的不仅是出书的喜悦,更是对上高这片神奇热土的挚爱,是对上高人民创造历史的一种敬仰。抚摸着厚厚的这摞初稿,其每一页,每一字,都是上高人民在这1350平方千米的土地上,1800年的时空里,用他们的勤劳,智慧和心血书写出来的。

《上高通览》,忠实地记录着上高这段历史。

但是,上高故事还在书写,依然热烈。在锦水之滨,在蒙末之阳,一段新的文明正在形成。这段以改革开放为标志,以新时代中国特色社会主义为特征的文明史,正以我们前人从未达到的高度,进入历史的眼帘。如何记录这段文明史,是值得我们深思的问题。今天,我们的社会正在发生着深刻而巨大的变化,中华民族伟大复兴的中国梦正在实现,这是一个伟大的时代。应该说,这是所有文史工作者的春天。因此,我们应该振奋精神,肩负使命,用我们手中的笔,以极端负责的态度,一点一滴,记录下这个伟大时代的发展脉络,记录下它每一次的心跳。如此,则是我辈之幸,历史之幸矣!

但愿《上高通览》是一次有益的践行。

《上高通览》得以顺利出版,是县委、县政府高位推进和大力支持的结果,在此表示感谢。此外,《上高通览》还得到许多单位和个人的大力支持,在这里深表谢忱。首先要感谢的是县史志办、县文广新旅局。这两个单位,条目之多,几近《上高通览》的十分之一。其次,要感谢各个乡镇场街道,它们提供了"乡镇篇"的大部分资料。再次,就是为《上高通览》提供了资料的各单位和所有人员,他们为本书的成稿也付出了辛勤劳动。因为篇幅的原因,在此不一一注明。

本书在编辑、出版过程中,得到了江西人民出版社的大力支持和帮助,在此表示衷心的感谢!

本书编纂伊始,曾召开专门会议和发相关函件,向社会各界征集各条目内容,得到了社会各界的积极响应,极大地推动了本书的编纂工作。本着客观记录和体现行业丰富性的原则,书中罗列了部分商贸服务业企业及个体工商户,他们在历史悠久性、创新力、品牌影响力以及社会责任感等都有一定的代表性。书中各类企业的相关数据,均由权威部门或企业自身提供,部分企业因缺乏数据而未能收入,殊为遗憾。由于人员、时间有限,书中定有遗漏和缺憾,还望读者谅解。《上高通览》与读者见面了,我们有喜悦,也有忐忑。因为第一次使用词条式的方法来编辑文史资料,其可行性,有待于读者的评判。也由于水平有限,在编辑过程中难免有不妥之处,敬请广大读者提出宝贵意见,以便以后改进。

《上高通览》编辑部